HEYNE GESCHICHTE

In der Reihe »Heyne Geschichte« sind bereits erschienen:

1	Paul Sethe	Deutsche Geschichte im letzten Jahrhundert
2	Alistaire Cooke	Amerika
3	Peter Norden	Prag 21. August
4	Friedrich Heer	Das Heilige Römische Reich
5	Karl Buchheim	Die Weimarer Republik
6	Herbert Rosinski	Die deutsche Armee
7	Werner Scheck	Geschichte Rußlands
8	Alfred Mühr	Herrscher in Purpur
9	Germán Arciniegas	Geschichte und Kultur Lateinamerikas
10	Marlis G. Steinert	Die 23 Tage der Regierung Dönitz
11	Fritz Schachermeyr	Griechische Geschichte
12	William L. Shirer	Der Zusammenbruch Frankreichs
13	Wilhelm v. Schramm	Aufstand der Generale
14	Paul Sethe	Morgenröte der Gegenwart
15	Dick Wilson	Mao Tse-tungs langer Marsch
16	Matthias Pusch	Der Dreißigjährige Krieg
17	Maurice Ashley	Das Zeitalter des Absolutismus
18	Alfred Mühr	Die deutschen Kaiser
19	E. J. Feuchtwanger	Preußen
20	Waldemar Erfurth	Der finnische Krieg
21	Kurt Frischler	Das Abenteuer der Kreuzzüge
22	Paul Dreyfus	Die Resistance
23	Reinhard Raffalt	Große Kaiser Roms
24	Donald Bullough	Karl der Große
25	E. W. Zeeden	Das Zeitalter der Gegenreformation
26	Franz Herre	Anno 70/71
27	Götz Bergander	Dresden im Luftkrieg
28	Michael Freud	Die große Revolution in England
29	Karl-Heinz Janssen	Das Zeitalter Maos
30	Christopher Duffy	Die Schlacht bei Austerlitz
31	Joseph Vogt	Die Römische Republik
32	Charles L. Mee	Die Potsdamer Konferenz 1945

Henry Kamen

DIE SPANISCHE INQUISITION

Verfolgung und Vertreibung

Wilhelm Heyne Verlag
München

Das Titelbild stellt die autodafe des Hl. Dominikus dar
(Gemälde von Pedro Berruguete)

Titel der englischen Originalausgabe
THE SPANISH INQUISITION
Deutsche Übersetzung von Arno Dohm

Genehmigte, ungekürzte Taschenbuchausgabe
Copyright © 1965 by Henry Kamen
Die Originalausgabe erschien bei George Weidenfeld & Nicolson Ltd., London
Copyright © der deutschen Übersetzung 1967 by Verlagsgruppe Bertelsmann, München
Printed in Germany 1980
Die Zeittafel wurde erarbeitet von Horst Lange, München
Umschlagbild: Archiv für Kunst und Geschichte, Berlin
Bildnachweis: Archiv für Kunst und Geschichte, Berlin
Umschlaggestaltung: Atelier Heinrichs, München
Gesamtherstellung: Presse-Druck, Augsburg

ISBN 3-453-48061-9

Inhalt

7	Einführung
19	Die große Diaspora
32	Die Inquisition kommt auf
55	Eine Minderheit in Opposition
73	Schweigen ist auferlegt …
110	Das Ende der Mauren in Spanien
122	Rassereinheit und Rassismus
142	Die spanische Inquisition — ihr Aufbau
167	Die spanische Inquisition — ihre Prozeßmethoden
182	Die spanische Inquisition — Prozeß und Urteil
201	Besondere Zuständigkeiten
218	Die letzten Tage der Conversos
237	Politischer Konflikt
253	Das ancien régime
278	Die Abschaffung der Inquisition
294	Schlußbetrachtung
314	Anmerkungen
333	Zeittafel
343	Namenregister

FÜR KAREN

Einführung

> Sancho Pansa: »Ich bin ein Christ von altem
> Blut, und um ein Graf zu werden, ist mir das
> genug.«
> Don Quijote: »Genug und mehr als genug.«
> Cervantes, *Don Quijote*, Buch I, Kapitel XXI

Am 19. Oktober 1469 wurde die Prinzessin Isabella von Kastilien feierlich dem Prinzen Ferdinand von Aragonien angetraut. Durch diese Ehe wurden die Dynastien der beiden bedeutendsten Königreiche auf der Iberischen Halbinsel vereinigt. In Kastilien kam Isabella allerdings erst 1474 auf den Thron, und den von Aragonien bestieg Ferdinand weitere fünf Jahre später. Von dem Zeitpunkt an wurde in den beiden Reichen, die zwar durch Personalunion ihrer Herrscher verbunden waren, sonst aber, in ihrer Regierung und den amtlichen Einrichtungen, selbständig blieben, eine Politik der äußeren und inneren Konsolidierung betrieben. Daher wird die Ära Ferdinands und Isabellas – der sogenannten Katholischen Majestäten – als eine der glorreichsten in der Geschichte Spaniens betrachtet. Spanien und ganz Europa standen damals auf der Schwelle zu einer Epoche mächtiger Expansion, in der sich aus den durch die Feudalherrschaft und eine noch mittelalterliche Denk- und Vorstellungswelt erzwungenen Freiheitsbeschränkungen ganz neue wirtschaftliche, politische und kulturelle Kräfte regten. Schon in der folgenden Generation sollte Spanien als politische Macht, und zwar als eine der stärksten, an den Ereignissen in Europa teilnehmen.

Am Ende des 15. Jahrhunderts teilten sich in die Iberische Halbinsel die drei Königreiche Portugal, Kastilien und Aragonien. Portugal beherrschte die Atlantikküste der Halbinsel. Von dort aus begannen, angespornt durch Prinz Heinrich den Seefahrer, die Portugiesen mit ihren Entdeckungsreisen, durch die sie die ersten Früchte des Handels und der Kolonisation in Asien und Amerika ernten sollten. Das aus den drei Provinzen Valencia, Aragon und Katalonien bestehende Königreich Aragonien blickte von der Ostküste der Halbinsel auf ein Reich, das sich dereinst übers Mittelmeer bis nach Griechenland erstreckt hatte. Zwischen diesen zwei dynamischen Mächten lag Kastilien, gleichsam eingeschlossen, doch weit stärker bevölkert und viel reicher als seine beiden Nachbarn. Der Krone von Kastilien gehörten zwei Drittel des Gebiets der Halbinsel, zu einer Zeit, als die gesamte Landmasse von 570 000 Quadratkilometern von 11 350 000 Menschen besiedelt war. Das viel dichter als die angrenzenden Reiche bevölkerte Kastilien schuf sich mehr Raum, indem es südwärts gegen die letzten Reste der Mauren vordrang, die einst den größeren Teil der Halbinsel bewohnt hatten und jetzt nur noch im maurischen Königreich Granada auf spanischem Boden saßen. Weil die Kastilier dieses maurische Reich immer als eine hartnäckig festgehaltene Enklave auf ihrem Boden empfanden, behielten allein sie den festen Willen, sich das Gebiet zurückzuerobern, diesen Willen, den in den letzten vierhundert Jahren alle christlichen Spanier gehabt hatten. So hatte sich auch nur in Kastilien eine den Erfordernissen dieses langdauernden Kreuzzugs gegen die muslimischen Eindringlinge angepaßte Gesellschaft herangebildet.

Die *Reconquista*, die »Wiedereroberung«, bestand in der allmählichen, systematischen Ausdehnung christlicher Herrschaft über alle die Gebiete, in denen seit dem 8. Jahrhundert Muslimen wohnten. Infolgedessen gerieten nicht nur die Heere, sondern auch die Lebensformen der Christen und der Muslimen in harte Konflikte. Zerstört jedoch wurde durch die Reconquista die trotz fortwährender kriegerischer Auseinandersetzungen erhaltene rassische und religiöse Koexistenz, auf die das mittelalterliche Spanien eigentlich stolz sein durfte. Ein Zeitgenosse hat behauptet, daß die Christen den Krieg gegen die Mauren »weder wegen des Gesetzes noch wegen der Sekte, der sie angehören« [1], begannen, sondern daß es ihnen ausschließlich um das von den Arabern beherrschte Land gegangen sei. Lange Zeiten waren im Mittelalter die Spanier auf der Halbinsel bei dem engen Kontakt zwischen den Volksgruppen zu gegenseitiger Duldung der drei religiösen Gemeinschaften, der Christen, Juden und Mauren, gelangt. Auf dem Territorium jeder dieser Gemeinschaften wurden die andersgläubigen Minderheiten so großzügig geduldet, daß die rassischen und religiösen Gegensätze zeitweise nahezu verschwanden: Christen *(mozárabes)* lebten unter maurischer Herrschaft und Muslimen *(mudéjares)* unter christlicher. Sicherlich waren bei solchem Verhalten hauptsächlich politische Erwägungen maßgebend. Immerhin hatten diese verschiedenen Gemeinschaften teil an einer gemeinsamen Kultur, durch die rassische Gegensätze verwischt wurden, und militärische Bündnisse wurden oft ganz unabhängig von der jeweiligen Religion geschlossen. Ferdinand III. (»der Heilige«), König von Kastilien von 1230 bis 1252, nannte sich »König der drei Religionen«, was angesichts der in Europa ständig wachsenden Intoleranz durchaus etwas Besonderes war. Das bedeutet, daß die ersten Phasen der Reconquista kaum als Kreuzzug aufgefaßt wurden und die betreffenden Gruppen in Spanien sich daran gewöhnt hatten, in einer relativ »offenen« oder freien Gesellschaft miteinander zu leben, also in einem idealen Zustand, der für jene Zeit höchst beachtlich war. Allerdings hing diese Koexistenz offenbar davon ab, wieweit das politische Gleichgewicht zwischen diesen drei Volksgruppen sich halten ließ. Als dieses durch die besonders großen Gebietseroberungen der Christen nach der Niederlage der Mauren bei Las Navas de Tolosa im Jahre 1212 gestört wurde, trübte sich das friedliche Nebeneinander. Nach und nach machte das Gesetz des Erobernden sich geltend. Gegen Ende des 13. Jahrhunderts behielten die Mauren kaum noch mehr als das Gebiet von Granada. Im 14. Jahrhundert begannen die Pogrome.

Natürlich war es nichts Neues, daß Minderheiten unter Verfolgung leiden mußten, und Massenmorde, besonders an Juden, hatte es auch vor dieser Zeit schon wiederholt gegeben. Am 30. Dezember 1066 wurden in Granada ungefähr viertausend Juden durch die Mauren hingemetzelt. Um die Mitte des 12. Jahrhunderts führte das Eindringen der intoleranten maurischen Almoraviden aus Afrika in weiten Gebieten zu Mord und Zerstörung sowie zu Zwangstaufen von Juden und Christen. Zu derartigen Ausbrüchen kam es zwar selten, aber bis zum 14. Jahrhundert hatte sich das Bild doch so geändert, daß »Christen, Mauren und Juden nicht länger unter demselben Dache Schutz finden konnten, weil die Christen sich nun stark genug fühlten, um mit jener traditionellen spanischen Sitte zu brechen, dergemäß die Christen Kriege geführt und das Land bebaut, die Mauren Häuser errichtet und die Juden als Agenten des Fiskus oder als geschickte Techniker die verschiedenen Unternehmen überwacht hatten« [2]. Somit wurde die Chance, daß sich in Spanien ein vom Gedanken gegenseitiger Toleranz geprägtes Zusammenleben mehrerer Rassen entwickelte, von den Männern, die nun die Herrschaft über die Halbinsel errangen, mit Entschiedenheit verbaut.

Ferdinand und Isabella erbten ein Reich, das durch dynastische und persönliche Streitigkeiten unter dem Adel in ein politisches und finanzielles Chaos geraten war. Die vordringliche Aufgabe war, inneren Frieden zu schaffen. Die Entwicklung der unter den katholischen Monarchen gebildeten Bruderschaften, der *hermandades*, die auf dem Lande für Frieden sorgten und Maßnahmen gegen widerspenstige Adlige durchführten, war nur eine der vielen wichtigen Reformen jener Zeit. Aber mit der Befriedung allein war es nicht getan, vielmehr mußte die Krone auch zu einer dauerhaften Verständigung mit den maßgebenden Adelskreisen kommen. Die Politik, die Ferdinand und Isabella betrieben, sollte von höchster Wichtigkeit für die Geschichte Kastiliens werden.

Zum besseren Verständnis dieser Politik sei ein Blick auf die damalige Position des Adels im Lande gestattet. Im Jahre 1482 betrug die Gesamtbevölkerung Kastiliens und Aragoniens ungefähr neun Millionen. Davon, so hat man ausgerechnet, gehörten etwa 0,8 Prozent zum höheren Adel und etwa 0,85 Prozent zur städtischen Aristokratie. Der Adel machte also nur 1,65 Prozent der Bevölkerung aus [3]. Dieser winzige Bruchteil der Bevölkerung herrschte, direkt oder indirekt, als Besitzer über 97 Prozent des Bodens der Halbinsel. Praktisch die ganze Provinz Andalucía gehörte adligen Familien und dem Erzbischof von Toledo, und in den meisten anderen Gegenden Spaniens war es nicht wesentlich anders. Nicht nur hatten die Adelshäuser in einer Epoche, in der Ackerland das Hauptmittel zur Erzeugung des Lebensunterhalts der Bevölkerung war, diese Vorherrschaft, sondern zogen daraus geradezu phantastisch hohe Einnahmen. Der Marquis de Villena rühmte sich damals, 100 000 Dukaten im Jahr einzunehmen, als ein Dukat dem Lohn eines – heutigen – Facharbeiters für acht Tage entsprach. Nach Begriffen unserer Zeit wäre das ein jährliches Einkommen von über 10 000 000 Mark gewesen, also ein an sich schon enorm hoher Betrag, aber geradezu erschütternd hoch angesichts des allgemeinen Lebensstandards im Spanien des 14. Jahrhunderts. Fast ebensoviel vereinnahmte die höhere Geistlichkeit. Die spanische Kirche hatte ein Jahreseinkommen von mehr als 6 000 000 Dukaten, und der Erzbischof von Toledo allein bezog pro Jahr 80 000 Dukaten. Da diese Einnahmen vorwiegend aus dem Landbesitz kamen und Spanien in allererster Linie ein Agrarland blieb, ist klar, daß die adligen Schichten über die wirtschaftliche Entwicklung des Landes allein bestimmten.

Den Katholischen Majestäten wird gewöhnlich zugute gehalten, sie hätten die Macht und den Einfluß dieser Kreise verringert [4]. Diese Auffassung rührt unter anderem daher, daß die Cortes (die Ständeversammlung des Landes), als sie 1480 in Toledo tagten, die den Adligen ohne besondere Veranlassung bewilligten Zuschüsse so weit widerriefen, daß ins Königliche Schatzamt jährlich 80 000 Dukaten zurückflossen. Diese und andere Maßnahmen, wie etwa das Schleifen von Adelsschlössern und die Förderung der *hermandades*, haben manchen Adligen hart am Geldbeutel getroffen und ihn politisch zur Räson gebracht. Indes wurde bei alledem eine Schwächung der sozialen und wirtschaftlichen Macht des Adels nicht erreicht. Gewiß, die Cortes in Toledo ordneten die Rückerstattung der seit dem Jahre 1464 empfangenen Vergütungen an, doch alle vor der Thronbesteigung Heinrichs IV. von Kastilien (1454) gewährten Zuwendungen wurden ausdrücklich bestätigt, was bedeutete, daß die wesentlichen Profitquellen des kastilischen Adels unangetastet blieben. Den katholischen

Königen scheint tatsächlich mehr an der Befriedung als an Reformen gelegen zu haben, und dieser Versuch, einen Kompromiß zu schließen, führte zwangsläufig zu einem Bündnis zwischen der Krone und den herrschenden Klassen. Das entsprach dem allgemeinen Trend in Westeuropa, wo das Aufkommen der neuen Königshäuser auf Allianzen mit dem reichen Landadel, in Opposition gegen die städtischen Mittelklassen, beruhte. Die Folgen dieser Politik in Kastilien gehen uns hier unmittelbar an, denn die dortigen Ereignisse waren es, die zum Entstehen der spanischen Inquisition führten.

Die Verständigung zwischen dem kastilischen Adel und der Krone sollte, wirtschaftlich und gesellschaftlich gesehen, von überragender Bedeutung werden. Der Kompromiß von 1480 wurde zur Grundlage der Vorzugsstellung des Landadels. Die Folgen zeigten sich bald, und zwar in der landwirtschaftlichen Krise von 1504, als es den Großgrundbesitzern gelang, ihre Machtbereiche durch Aufkauf des Landes unabhängiger Bauern noch zu erweitern [5]. Der Hochadel jedoch war in der Landbewirtschaftung nachlässig, ihm lag, ebenso wie der Krone, vor allem an möglichst schnellem Geldgewinn. Aus dieser Tendenz erklärt sich, warum Krone und Aristokratie die sogenannte Mesta, die Gilde der Schafhalter, unterstützten, deren Weidenutzungsrechte auf Kosten des Ackerbaus durch die Regierung begünstigt wurden, so daß verfügt werden konnte, fruchtbares Land nicht zu bestellen, sondern den über die Ebenen Kastiliens ziehenden Schafherden als Weidefläche vorzubehalten. Welche Folgen das für die besonders auf Ackerbau basierende Ernährungswirtschaft hatte, braucht nicht besonders erwähnt zu werden [6]. Die drei Millionen Schafe in den Herden der Mesta gehörten zu Beginn des 16. Jahrhunderts in der Mehrzahl kleinen Bauern, doch es kam dazu, daß schließlich reiche Adlige, wie die Herzöge von Béjar und Infantazzo, Herden besaßen. Durch die königliche Unterstützung wurde die Mesta letztlich zu einem »Eckpfeiler« für die Finanzen der Krone. Auch noch durch eine andere wichtige Maßnahme spielte die Gesetzgebung der katholischen Monarchen die Wirtschaft Kastiliens dem Adel in die Hände. Die 1505 in Toro erlassenen Gesetze (los Leyes de Toro) erlaubten den Adligen, mayorazgos, d. h. unveräußerliche Erbgüter, zu gründen, was zur Folge hatte, daß im Laufe der Jahre dieser ererbte Besitz durch Zukäufe, Ehen und Vermächtnisse weiter anwuchs. Wie überall in Europa, zeigte sich, daß solche Riesengüter der Volkswirtschaft in keiner Weise zum Vorteil wurden.

In einem Staat, dessen Regierung nicht nur ihrem Geist nach, sondern auch personell aristokratisch war, mußte damit gerechnet werden, daß die Interessen des alten Adels über die Bedürfnisse der Volkswirtschaft gestellt wurden. Wie sehr sie vorherrschten, läßt sich an den letzten Stadien der Reconquista erkennen, die im Februar 1482 eingeleitet wurden durch die Eroberung von Alhama, einer kleinen Stadt an den Grenzen des Königreichs Granada. Der Krieg um Granada endete erst im Januar 1492, als die große Stadt mit diesem Namen kapitulierte. So ruhmreich diese Feldzüge für die adligen Krieger Kastiliens waren – die Gewinne, die nun registriert wurden, waren noch herrlicher: Mit Ausnahme von Gebieten im Osten Granadas, die man andalusischen Bauern zuteilte, wurde das ganze soeben eroberte Königreich dem Adel überlassen, als Ausgleich für dessen Verluste im Jahre 1480[7]. Somit wurde hier nur das hergebrachte System der Reconquista fortgesetzt, indem man dem Adel, vor allem den militärischen Orden von Santiago und Calatrava, die Aufgabe stellte, eroberte Gebiete mit Christen neu zu besiedeln. Stets behielt die Krone für sich selbst die großen Städte mit Umgebung, alles übrige Land wurde restlos den Adligen, den militärischen Orden und der Kirche zugeeignet[8]. Dementsprechend groß waren auch die Vermögen, die damit in Granada gemacht wurden. Der Sekretär der Katholischen Majestäten, Hernando del Pulgar, erhielt etwa 600 Acker Land geschenkt, doch den größten Gewinn machten die Leute mit den großen Namen: der Marquis von Moya, der Herzog von Medina Sidonia, der Herzog von Alba (dem die Stadt Huéscar zugesprochen wurde), der Marquis von Zenete und zahlreiche andere Adlige[9].

Nun, da wir wissen, daß der Adel in wichtigen Zweigen der Verwaltung, der allgemeinen und der lokalen, zu bestimmen hatte; daß seine wirtschaftliche Vormachtstellung bestätigt worden war; daß er mit der Beendigung der Reconquista seine militärischen und sozialen Ideale als mit Recht verwirklicht ansah – kommen wir zu dem entscheidenden Umstand in der Entwicklung des modernen Staates Spanien. Wollte Kastilien sich als eine »offene«, freie und vielgestaltige Gesellschaft entwickeln, in der unterschiedliche Ideale zu gemeinsamer Lebensart beitrugen, oder wollte es sich ein einziges Ideal setzen und alle übrigen ausschließen? Über diese Frage wurde im Laufe, d. h. gegen Ende des 15. Jahrhunderts entschieden und die Entscheidung durch den Erfolg der kastilischen Aristokratie bei der Belagerung der Stadt Granada bestätigt. Von dem Zeitpunkt an entwickelten die Ereignisse sich mit unerbittlicher Zwangsläufigkeit. Am 2. Januar 1492 zogen die katholischen Majestäten mit Pomp in die Stadt Granada ein. Und knapp drei Monate später, am 31. März, befahlen sie die Vertreibung aller Juden aus Spanien.

Über die zu diesem Schritt führenden Motive und Umstände werden wir später sprechen. Betont werden muß aber, daß die Vertreibung als Tatsache weder überraschend noch eine seltene Ausnahme war. Die Juden waren im Lauf ihrer Geschichte aus fast allen Ländern

Europas vertrieben worden, unter Begründungen, die zumeist zwischen religiös-rassischem Fanatismus und schlichter Habgier wechselten. Spanien oder doch das Spanien im Mittelalter darf sich rühmen, diese Minderheit länger als die meisten anderen Nationen bei sich geduldet zu haben, denn die Vertreibung im Jahre 1492 erfolgte über zwei Jahrhunderte später als die Vertreibung der Juden aus England, die Edward I. am 18. Juli 1290 befohlen hatte. Wichtig ist daher das Jahr 1492 nicht wegen der Vertreibung an sich, sondern ihres historischen Zusammenhangs wegen. Im weitesten Sinne des Wortes war sie ein Versuch des feudalistischen Adels, jene Elemente des Mittelstandes, die ihrer Vorherrschaft im Staat bedrohlich wurden, auszuschalten. Es war die Weigerung der alten Stände, sich mit dem wachsenden Einfluß jener Bevölkerungsgruppen abzufinden, die den Geldverkehr und den Handel in den Städten beherrschten, eine Reaktion, die sich bereits seit dem frühen 14. Jahrhundert vorbereitete, als die durch die christlichen »Wiedereroberungen« des 13. Jahrhunderts gefährdete Koexistenz der verschiedenen Volksgruppen auf der Halbinsel zu Ende ging. Gleichzeitig mit dem Bewußtsein eines wirtschaftlichen Interessenkonfliktes entwickelte sich der Gedanke an mögliche rassische oder religiöse Gefahren von seiten der beiden großen Minderheiten im Lande, nämlich der Juden und der Mauren.

Mit dem Edikt von 1492 wurde jedoch, wie wir wissen, das Problem nicht gelöst. Tausende von Juden wollten lieber in Spanien bleiben und sich »freiwillig« taufen lassen, und so setzte sich der Konflikt unter neuen Formen fort. Alte und erst neu Bekehrte – *conversos* oder Neuchristen genannt, zum Unterschied von den nichtjüdischen alten Christen – behielten als Gesellschaftsschicht und Klasse weiterhin den Handel und den Geldmarkt in ihren Händen. Um die Ernsthaftigkeit ihrer Konversion zu untersuchen, wurde im November 1478 durch päpstliche Verfügung die Inquisition gegründet. Da durch die Vertreibung diese Volksschichten nicht völlig ausgeschieden wurden, amtierte die Inquisition mit verstärkter Gewalt weiter. Aus dieser Situation ergab sich, daß die Inquisition nicht mehr und nicht weniger war als die Waffe einer bestimmten Klasse, mit der allen Volksgruppen auf der Halbinsel die Ideologie dieser einen Schicht, nämlich der weltlichen und der kirchlichen Aristokratie, aufgezwungen werden sollte. Deren Religion und Ideale sollten hinfort für das Leben in Kastilien allgemein bestimmend sein. Dieser Umstand führte in einigen Fällen zu einem geradezu heroischen Spiritualismus, oft genug aber auch zu einem Rassenhaß schlimmster Art, nämlich dem einer einzigen Klasse.

Auf diese Weise gewannen die Adligen, indem sie überall im Lande ihre wirtschaftliche Vorherrschaft wieder festigten und anders-

13

gläubige Minderheiten von der Halbinsel vertrieben, entscheidenden Einfluß auf die Geschicke Spaniens. Wir werden im Verlauf unserer Darstellung noch Gelegenheit haben, die materiellen Folgen dieses Zustands näher zu betrachten. Hier soll zunächst die Feststellung genügen, daß die Krone auf ihre traditionelle Rolle als Schiedsrichter zwischen den verschiedenen religiösen Gruppen der Nation verzichtete und sich statt dessen mit derjenigen Klasse solidarisch erklärte, die sie als entscheidend wichtig für ihre eigene Existenz ansah [10]. So etwa weigerte sich Ferdinand III., auf die Ratspersonen der wichtigsten Städte Spaniens zu hören, die ihm ihre Sorgen über die wirtschaftlichen Folgen der Einführung der Inquisition und die dadurch veranlaßte Flucht von Conversos darlegen wollten [11]. Der König vertrat den Standpunkt, daß religiöse Gründe schwerwiegender seien als bloße materielle Bedenken hinsichtlich der Volkswirtschaft. So half er mit, den »Kreuzzugs«-Idealen des kastilischen Adels politische Wirklichkeit zu verleihen.

Erschreckend an dieser neuen Situation war, daß die Haltung des Adels nicht auf diese eine Klasse beschränkt blieb, sondern Gemeingut wurde. In Kastilien hatte es – zum Teil wohl deshalb, weil die Bevölkerung lange Zeit hindurch fast ausschließlich von dem Kampf gegen die Mauren in Anspruch genommen war – nie einen echten Feudalismus gegeben mit einer in Leibeigenschaft oder in sonstwie institutionalisierter Abhängigkeit befindlichen Landbevölkerung. Zwar befanden sich Bauern und Adlige jeweils am äußersten Ende der sozialen Stufenleiter, eine gegenseitige lehnsrechtliche Verpflichtung existierte jedoch nicht. In dieser offenen Gesellschaft war es daher dem einzelnen durchaus möglich, sich die Leiter hinauf oder hinab zu bewegen, ohne auf die Dauer mit dem Stigma seiner Herkunft behaftet zu sein. Vor allem aber nach dem Wegfall der dynamischeren städtischen Mittelschicht, der Juden, blieb nur noch wenig Trennendes zwischen dem Lehnsherrn und seinem Bauern. Zur Zeit des Cervantes konnte man wie Don Quijote sagen, daß »es zweierlei Art von Familien und Geschlechtern auf der Welt gibt; die eine Art entnimmt und leitet ihre Abstammung von Fürsten und Monarchen, und die Zeit hat sie nach und nach zunichte gemacht, und sie endigen in einer Spitze gleich einer umgekehrten Pyramide; die andre hat ihren Ursprung von geringen Leuten gehabt und steigt von Stufe zu Stufe, bis ihre Abkömmlinge zuletzt zu großen Herren werden. Sonach ist der Unterschied, daß die einen waren, was sie nicht mehr sind, und die andern sind, was sie vorher nicht waren« [12]. Da zwischen diesen beiden Klassen eine so große soziale Mobilität herrschte, überrascht es nicht, daß die unteren Klassen sich für ebenso gut hielten wie die über ihnen. So sagt die junge Dorotea zu ihrem Liebhaber Don

Fernando im *Don Quijote:* »Ich achte mich so hoch als Mädchen vom Land und Bäuerin wie du dich als vornehmer Herr und Edelmann.«[13] Als Francesco Guicciardini 1512 als Botschafter nach Spanien ging, merkte er sehr bald, daß der Stolz auf den Adel im Charakter des einfachen Spaniers eine große Rolle spielte[14]. Und das blieb auch in den folgenden Jahrhunderten so. Zur Zeit Philipps IV. bemerkte der Schriftsteller Saavedra Fajardo, daß der Unterschied zwischen dem Adel und dem einfachen Volk in Spanien weniger auffalle als in Deutschland. Sogar im 19. Jahrhundert noch, als Isabella II. regierte, behauptete Balmes, in keinem Lande der Welt seien die Klassenunterschiede so geringfügig wie in Spanien. Dort könne ein Mensch aus der untersten Volksschicht den höchsten Magnaten im Lande auf der Straße anhalten[15]. Diese Vertrautheit zwischen den Klassen bedeutete, daß die unteren sich auch zu den Idealen der »höheren«, also des Adels, bekannten. Die Ritterlichkeit und der Begriff von »Ehre«, der daraus hervorging[16], fanden Eingang in die Vorstellungswelt einfacher Bauern und Handwerker. Seit dem 16. Jahrhundert begegnet man immer wieder der Feststellung zeitgenössischer Autoren, die zunehmende Verachtung manueller Arbeit in Spanien sei weitgehend die Folge des unseligen Verlangens nach »Adel« in weiten Kreisen der Bevölkerung. Die Fixierung auf die »Ehre« erzeugte eine körperlicher Arbeit sowie dem Umgang mit Geld abholde Lebenshaltung, die gewiß nicht nur in Spanien anzutreffen war. Doch zeitigte sie nirgends so starke Auswirkungen wie hier. Dazu kam noch, daß die unteren Klassen sich auch den »Kreuzzüglergeist« des Adels zu eigen machten. Auch sie waren Erben der Reconquista, auch sie waren schon Christen gewesen, lange bevor die neu bekehrten Juden und Mauren ihrer Glaubensgemeinschaft beitraten. Der Gegensatz zwischen Altchristen und Neuchristen tritt immer deutlicher hervor. Es ist bezeichnend, daß Sancho Pansa, ein Mann aus dem niederen Volk, sich dem Adel gleichwertig fühlt, nur weil er ein Altchrist ist.

Der »Erfolg« der kastilischen Adligen sollte schädliche Folgen von tieferer Wirkung und längerer Dauer haben, als sie es sich wohl jemals vorgestellt hatten. Wie, so müssen wir uns fragen, konnte eine Nation infolge der Engstirnigkeit ihrer herrschenden Klassen in ihrer Entfaltung so eingeengt werden, daß sie, ehedem eine »offene« Gesellschaft, die fruchtbare Verbindungen zur Außenwelt unterhielt, gezwungen wurde, gleichsam auf sich selbst zurückzufallen, von der eigenen Substanz zu leben, sich von allen auswärtigen Verbindungen abzusperren und so zu einer »geschlossenen« Gesellschaft zu werden. Der Grund zu dieser Entwicklung liegt in der Existenz der spanischen Inquisition, denn sie war es, die Religion und Moral der Halbinsel schützte, indem sie jeden ausländischen Einfluß – vor allem die Gedanken der Reformation – sowie alles, was sich an Neuem in Spanien regte, von vornherein als Ketzerei verdammte. Spanien zog sich auch aus dem geistigen Leben Europas zurück und unterwarf sich den Glaubenssätzen einer wiedererstarkenden Kirche und den militärischen Idealen seiner Aristokratie. Die Ära des größten Triumphs war für Spanien das 16. Jahrhundert, als es die Hegemonie über Europa, Amerika und den Atlantischen und den Stillen Ozean errang. Danach folgte eine nicht minder bemerkenswerte Periode kultureller Aktivität im Lande selbst. Dann aber spürte die »geschlossene« Gesellschaft, daß sie ihre Reserven erschöpft hatte. Als der Tumult und das Geschrei abflauten, wurde schmerzlich klar, daß Spanien von neuem eine gemeinsame Sprache mit der Außenwelt suchen mußte, wenn es nicht hoffnungslos stagnieren wollte.

Die Schuld an dieser Entwicklung kann indes nicht allein der Inquisition gegeben werden. Die Dinge nur mit der Inquisition zu erklären, wie das einst liberale und protestantische Historiker gern taten, wäre allzu oberflächlich, weil dabei wichtige gesellschaftliche Vorgänge alle außer acht gelassen würden. Ausschließlich mit religiösen Farben läßt sich ein überzeugendes Gesamtbild nicht malen. Neben der Frage nach der religiösen Intoleranz muß die Frage nach der Rolle des Adels gestellt werden. In dieser Hinsicht ist 1492 wahrscheinlich das bedeutsamste Jahr in der Geschichte Spaniens gewesen. Der Fall der Stadt Granada symbolisierte den Sieg der Ideale der Reconquista. Die Vertreibung der Juden bedeutete: Sieg des feudalistischen Adels über die Klasse, deren Angehörige er nur als Geschäftemacher betrachtete. Und die Entdeckung Amerikas bedeutete: Öffnung neuer Grenzen für die herrschenden Klassen Kastiliens.

Die drei genannten Ereignisse zusammen sind grundlegend für die Entwicklung. Die Juden haben, wie wir sehen werden, bei der Entdeckung Amerikas eine Rolle gespielt. Ihre Vertreibung bedeutete, daß die Aristokratie, nachdem sie ihre reichsten Konkurrenten ausgeschaltet hatte, nun frei war und ihr Regime auch auf die Neue Welt ausdehnen konnte. Und das geschah auch. Die Entdeckung Amerikas stärkte noch die souveräne Macht der schon dominierenden Klasse[17]. Es stimmt, daß die Adligen an der Eroberung und der Erschließung Amerikas[18] so gut wie gar nicht beteiligt waren, doch ein Jahrhundert später waren sämtliche bedeutenden Adelshäuser Kastiliens in Westindien vertreten[19], und in Amerika bestätigte sich wieder einmal, daß die Großgrundbesitzer, die weltliche und die kirchliche Aristokratie, die Herrschaft übernahmen. Da der Staat den Handel mit Amerika und Indien monopolisierte und in den Staatsräten die Adligen das Wort führten, war es der Adel von Kastilien, der die Gelegenheit jenseits des Atlantik am meisten ausnutzte. Vor allem bekam die Militärkaste während der gewaltigen Ausdehnung des Handels, der Entdeckungen und der Erweiterung des Reiches eine neue, außergewöhnliche Bedeutung. Die private und die staatliche Wirtschaft Kastiliens spielten sich auf einen neuen Erwerbszweig ein – die Kriegsindustrie –, die sich mit den Siegen im folgenden Jahrhundert vervielfachen sollte.

Nur eins verdarb dieses Bild. Durch das Verschwinden der Juden und die Verfolgung der Conversos entstand auf dem Geldmarkt ein Vakuum, das von Spaniern nie genügend ausgefüllt wurde. Die Großhändler der Mesta übernahmen für einige Zeit den Verkehr mit fremder Währung im Interesse der Krone. In jener Periode entstand und blühte die bedeutende Handelsmesse in Medina del Campo. Doch die Geschäfte glitten alsbald in die Hände ausländischer Händler und Geldgeber, trotz der 1499 erlassenen Verfügung, daß Fremde keine öffentliche Bank besitzen durften. Zuerst kamen die Genuesen ins Geschäft, die schon im 14. Jahrhundert in Sevilla Fuß gefaßt hatten. Ihnen folgten andere Italiener und dann Deutsche. Isabella stützte sich auf einen Bankier genuesischer Herkunft, Agostino Italiano, um ihrer Tochter Catharina von Aragonien die Mitgift auszahlen zu können, als diese zur Heirat mit dem Prinzen von Wales nach London reiste. Bald waren die bedeutenden Namen in der spanischen Finanzwelt, insbesondere bei Geschäften mit Amerika, italienische. Grimaldi, Centurioni, Calvi, Cattaneo, Doria, Pallavicini. Von der Regierungszeit Philipps II. bis zu der Philipps IV. und Karls II. standen ähnliche Namen an der Spitze – Paravicino, Giustiniani, Piquenotti, Strati, Imbrea. Dazu kamen noch andere berühmte Namen, vor allem die Fugger, und einige portugiesische [20]. In solcher Gesellschaft waren die vornehmen Finanzleute Kastiliens, wie etwa Simon Ruiz, entschieden in der Minderzahl. Praktisch hatten, wie ein Historiker bemerkt, »Fremde den Handel in den Hauptstädten zu ihrem Monopol gemacht« [21]. Und wie sehr die Krone auf Anleihen von ausländischen Kapitalisten angewiesen war, ist ein tragisches Kapitel in der Geschichte der Geldwirtschaft Spaniens. Auf diese Weise wurde die innere Verwaltung des Landes ganz von fremden Geldgebern abhängig, weil die Spanier der Reconquista mit ihrer Moral und ihren Idealen jeden Kompromiß im Sinne der »neuen Zeit« ablehnten. Spanien trat einen Schritt rückwärts, hinweg von den neuen Entwicklungen in Westeuropa. Sogar im Kulturellen behauptete sich das Konservative, wie Ramón Menéndez Pidal erklärt, der darauf verweist, daß »die Periode der Renaissance zwar in anderen Ländern alles radikal erneuerte, in Spanien jedoch einen ›Waffenstillstand‹ mit dem Traditionalismus schloß« [22], und zwar mit dem des scholastischen Katholizismus, mit den *romanceros* und den Büchern von den fahrenden Rittern.

Erst vor dieser geschichtlichen Kulisse können wir die Inquisition begreifen. Ihre Anfänge hängen eng mit der damaligen Staatsform und den gegen Ende des 15. Jahrhunderts in Spanien herrschenden Wertvorstellungen und Lebensweisen zusammen. Eine Untersuchung des Phänomens muß diese Umstände berücksichtigen. Wie wir sehen werden, brach die Inquisition erst wirklich zusammen, als das Regime, das sie schuf, allmählich verfiel und die in der Verwaltung dieses Regimes vertretene herrschende Klasse zu zweifeln begann, ob das bisherige politische und wirtschaftliche System im Lande richtig war. Und damit kommen wir zum Anfang unserer Geschichte von der Inquisition.

Die große Diaspora

> »Du brauchst nur zu fragen: Ist dieser oder jener Mensch eine Bedrohung für uns? Dann ist er ein Jude.«
> Bertolt Brecht, *Der Jude, ein Unglück für das Volk*

»Die Könige und hohen Herren von Kastilien haben den Vorteil genossen, daß ihre Untertanen, die Juden, in denen sich die Großzügigkeit der Herren widerspiegelt, die gelehrtesten und vornehmsten Juden aller Königreiche sind, in die das Schicksal unser Volk zerstreut hat. Sie zeichnen sich auf vier verschiedene Arten aus: durch die Abstammung, den Reichtum, die Tugenden und das Wissen.«[1] So rühmte sie, und zwar mit Recht, im 15. Jahrhundert ein kastilischer Rabbiner. Während alle anderen europäischen Länder die Juden als ein lästiges, außerhalb ihrer Tradition stehendes fremdes Element ansehen konnten, war dies auf der Iberischen Halbinsel, mit deren Geschichte die Juden schon sehr lange aufs engste verbunden waren, nicht möglich. Uns geht gerade das jüdische Problem hier an, denn ohne das hätte es in Spanien keine Inquisition gegeben.

Die rassischen und religiösen Verfolgungen im mittelalterlichen Spanien resultieren aus dem Nebeneinander der drei im Lande vertretenen großen Religionen: der muslimischen, der christlichen und der jüdischen. Die erste große Judenverfolgung gab es im 7. Jahrhundert, und damals begrüßten die Juden erleichtert die ins Land eindringenden Mauren und die Gründung des muslimischen Kalifats in Córdoba. Unter dem liberalen Kalifat ging es ihnen in sozialer und wirtschaftlicher Hinsicht sehr gut, doch damit war es im 12. Jahrhundert aus, als das Kalifat von einer neuen Welle maurischer Eindringlinge gestürzt wurde, nämlich von den Almoraviden, die Christen und Juden gleichermaßen verfolgten und ihre religiösen Kultstätten zerstörten. Die Juden flüchteten auf christliches Gebiet und konnten unter toleranten christlichen Herrschern in der neuen Umgebung wieder zu Wohlstand kommen. Sie wurden also damals, obwohl es hin und wieder zu Verfolgungen kam, im allgemeinen geduldet. »Im Bereich des Handels haben während der Hauptperiode des Lebens der Juden in Spanien keine sichtbaren Schranken die jüdischen, christlichen und sarazenischen Kaufleute getrennt. Christliche Baumeister errichteten

Häuser für Juden, und jüdische Handwerker arbeiteten für christliche Unternehmer. Jüdische Advokaten vertraten vor weltlichen Gerichten christliche Klienten. Jüdische Makler betätigten sich als Vermittler zwischen christlichen und maurischen Auftraggebern. Nebenbei gewissermaßen förderten die täglichen Kontakte in dem langen Zeitraum ganz von selbst Toleranz und freundschaftliche Beziehungen, die trotz der im Namen der Religion erfolgenden Störungen lebendig blieben.«[2]

Politischer Parteigeist und wirtschaftliche Eifersucht trugen bald zum Bruch der Sicherheit dieser zufrieden lebenden Minderheit bei. Vom 13. Jahrhundert an kam es vielfach zu Gesetzen gegen Juden, die zuerst auf der Vierten Lateransynode in Rom 1215 gefordert wurden. Beim Konzil in Arles, 1235, wurde zum erstenmal verfügt, daß alle Juden ein rundes Stück gelben Stoffs im Umfang von vier Fingerlängen als Erkennungszeichen auf der linken Brustseite tragen sollten. Derartige Gesetze wurden in Spanien nie planmäßig verwirklicht, weil die jüdische Opposition dort stark war, doch die Cortes des Reiches billigten diese Verfügung 1371 in Toro, und noch einmal 1405 in Madrid, freilich mit nur geringer Wirkung. Bei dieser neuen judenfeindlichen Entwicklung kam es auch zu Tumulten im Volk und manchmal zu Metzeleien. Schließlich brach die ganze Streitfrage 1391 eruptiv in eine Reihe der schlimmsten Massaker aus, die die Juden jemals auf der Halbinsel zu erleiden hatten. Offensichtlich war religiöser Fanatismus die Triebfeder, und doch geschah, wie ein Zeitgenosse schrieb, »das alles mehr aus Raubgier als aus frommer Überzeugung«[3]. Im Juni 1391 wurden allein in Sevilla mehr als 4 000 Juden ermordet. In jenem Jahr gab es Pogrome in allen großen Städten des Reichs, und in den Gettos von Sevilla, Barcelona, Valencia, Toledo und in anderen Orten wurden fast alle Bewohner getötet. Wen man nicht ermordete, zwang man, sich taufen zu lassen. Seit jener Zeit, der Epoche zwangsweiser Massentaufen im Anschluß an blutige Pogrome, traten die Conversos in großer Zahl in Erscheinung.

Der »Converso« war nicht ein Konvertit schlechthin. Die christlichen Gemeinden wußten nur zu gut, daß die »bekehrten« Juden in Wahrheit gegen ihren Willen die neue Religion angenommen hatten, daher wurde der Converso von Anfang an als falscher, insgeheim auch weiterhin jüdisch gesinnter Christ und heimlicher Ausüber jüdischer Bräuche mit Argwohn betrachtet. Den Conversos oder »Neuchristen« traute man bald sogar noch weniger als den Juden, denn man sah in ihnen gleichsam eine »fünfte Kolonne« im Bereich der christlichen Kirche. Neue Wörter wurden geprägt, um sie zu kennzeichnen. Am häufigsten wurden sie *marranos* genannt, ein Wort, das vermutlich entweder aus dem hebräischen *maranatha* (»der Herr kommt«) oder aus einer Schilderung der Juden als Menschen, die den wahren Glauben verdecken *(marran)*, abgeleitet war. Jedenfalls wurden die Conversos von der Masse der Altchristen entschieden abgelehnt, da diese ihrer Aufrichtigkeit in religiösen Fragen mißtrauten und gegen die bedeutende Rolle, die sie im Rahmen der christlichen Gemeinschaft spielten, protestierten. Obgleich sie nun, was ihr Bekenntnis anging, nicht mehr Juden waren, wurden sie nach und nach allen Härten des »Antisemitismus« ausgesetzt.

Die Wurzeln der Judenfeindschaft sind universaler Art und sitzen so tief wie sie unbegreiflich sind. In Spanien unterschied sich dieses Phänomen wohl kaum von dem Antisemitismus in anderen Gegenden oder zu anderen Zeiten [4]. Uns beginnen jedoch, indem wir in Umrissen die wichtige Rolle untersuchen, die die Juden in der spanischen Gesellschaft spielten, einige Gründe für den Antisemitismus in Spanien und für die Entstehung der Inquisition schon verständlich zu werden. Im christlichen Spanien war die erste für die Juden günstige Epoche das 13. Jahrhundert, als ihre wissenschaftlichen Leistungen und ihr Einfluß so bedeutend waren, wie es die am Anfang dieses Kapitels zitierten Worte des Moses Arragel schildern. Am Hof Alfonsos X. von Kastilien zeichneten jüdische Gelehrte und Schriftsteller sich aus [5]. Der Beruf des Arztes war nahezu ein Monopol der Juden, und der Hof sowie der Adel verließen sich weitgehend auf die Tüchtigkeit der jüdischen Ärzte. Wie ein Historiker vom Königreich Aragonien berichtet, gab es im Lande »keinen Adligen oder Prälaten, der sich nicht einen jüdischen Arzt hielt« [6], und ähnlich war die Situation in Kastilien. Standen die Dinge schlechter, so hieß es allerdings von den jüdischen Ärzten, daß sie ihre Patienten vergifteten. Das wurde 1492 denn auch als einer der Gründe für die Vertreibung der Juden angeführt. Es wurde nämlich der Arzt am Königshof, ein Jude, beschuldigt, den Infanten Don Juan, den Sohn Ferdinands und Isabellas, vergiftet zu haben. Für die nächsten zwei Jahrhunderte setzten Conversos als Ärzte das Werk ihrer jüdischen Vorfahren fort, und viele litten, infolge von Vorurteilen oder Unwissen, unter der Inquisition.

Die wichtigste Ursache der Feindseligkeit gegenüber den Juden lag jedoch in ihrer finanziellen Aktivität. In erster Linie betätigten sie sich als Steuereinnehmer und Beamte der Krone und der Aristokratie. In Antwort auf einen Protest der Cortes von Burgos gegen diese Praktiken im Jahre 1367 behauptete Heinrich II., daß »Wir das Einziehen der gesamten Grundrenten den Juden verpachteten, weil wir keine anderen fanden, die dies tun wollten« [7]. Und 1469 beklagten sich die Cortes von Ocaña bei Heinrich IV. darüber, daß »viele Prälaten und Priester ihre Renten und Zehnten ... an Juden und Mauren [verpachten], welche die Kirchen betreten, um die Zehnten und Gaben zu verteilen, was eine große Beleidigung der Kirche darstellt« [8]. Dieser Umstand war vielleicht Ursache der schweren Tumulte in Toledo im Jahre 1449, als sich dort in Morden und Plünderungen die Erbitterung der Bewohner über Conversos, die vom königlichen Minister Alvero de Luna als Steuereinnehmer eingesetzt waren, Luft machte. Bis zur Vertreibung jedoch behielten jüdische Finanzleute offiziell glänzende Positionen im Dienst der Krone. »Vom Beginn der Reconquista bis zur Kapitulation der letzten maurischen Bastion auf der Halbinsel, 1492, fand man Juden in den spanischen Staaten, vor allem in Kastilien, in Schlüsselstellungen, als Minister, königliche Ratgeber, Pächter von Staatseinkünften, als Geldgeber für Feldzüge und als Hausmeister auf Gütern der Krone und des höheren Adels.« [9] So waren im 13. Jahrhundert in Aragonien, unter Jaime I., die königlichen Steuerkontrolleure in Barcelona, Gerona, Zaragoza, Tarazona, Tortosa, Lérida, Valencia und anderen Städten sämtlich Juden. Im Jahre 1369 war ein Jude namens Joseph Pichón »Hauptschatzmeister und Verwalter der Einkünfte des Reiches« unter Heinrich II., wie dann wenig über ein Jahrhundert später auch ein Jude, Géronimo Pérez, einer der wichtigsten Schatzmeister Isabellas und Ferdinands wurde [10]. Unnötig zu sagen, daß die Katholischen Majestäten ihren Feldzug gegen Granada geldlich kaum hätten durchführen können ohne die Hilfe der zwei bedeutenden jüdischen Finanziers Abraham Senior und Isaac Abarbanel.

Der Chronist der Katholischen Majestäten, Andrés Bernáldez, faßte zusammen, inwieweit jüdische Geldleute die Nation in der Hand hatten. Die nun im Exil befindlichen Juden seien, erklärte er, tätig gewesen als:

»Großkaufleute, Verkäufer, Steuereinnehmer, Kleinhändler, Verwalter bei adligen Grundbesitzern, Beamte, Schneider, Schuhmacher, Gerber, Weber, Krämer, Hausierer, Seidenhändler, Schmiede, Juweliere und in ähnlichen Geschäftszweigen. Keiner grub Erde um oder wurde Landmann, Zimmerer oder Maurer, aber alle forschten nach bequemen Posten und Wegen, um ohne viel Arbeit Gewinne zu machen.« [11]

Ein Beispiel ist besonders aufschlußreich. In Zaragoza, der Hauptstadt von Aragonien, war im 15. Jahrhundert das Getto praktisch eine Bank geworden, die über den größten Teil der Geldwerte der christlichen Bevölkerung verfügte. Städtische Behörden in Aragonien pflegten sich mit Ersuchen um Anleihen und Kredite an das Getto zu wenden, und so sehr waren alle Volksschichten in Zaragoza vom Getto abhängig, daß zu den üblichen Geschäftszeiten dort erschienen »... Hochadel, Landadel, Geistliche, Mönche aller religiösen Orden, Vertreterinnen von Nonnenklöstern und Pfarreibeamte« [12]. Tat-

sächlich waren die Juden so maßgebend in der ganzen Finanzverwaltung, daß gegen Ende des 17. Jahrhunderts ein Schriftsteller klagte:
»Früher waren alle, die sich um die Tätigkeit als Steuereinnehmer bewarben, Juden und Leute aus kleinen Verhältnissen, doch jetzt, da sie das nicht mehr sind, sieht man diese noch als Hebräer an, sogar wenn sie Altchristen und von adliger Herkunft sind.« [13]

Außer der Rolle, die sie als Geldleute im Staat spielten, waren die Juden auch durch ihre soziale Position den Christen zuwider. Nicht nur waren sie eine machtvolle Mittelschicht, sondern hatten auch gefährlich enge verwandtschaftliche Verbindungen zur Aristokratie, in die Conversos eingeheiratet hatten. Beides stellte eine Bedrohung der Vorherrschaft des Adels dar. Es erstaunt zunächst, daß diese Bedrohung so ernst genommen wurde. Wenn wir aber zum Beispiel die sehr allgemein angegebene Bevölkerung von Kastilien und Aragonien im Jahre 1482 mit 9 000 000 veranschlagen, so ist in diese Zahl eine Mittelschicht von etwas über 500 000 eingeschlossen, von denen die meisten Juden waren [14]. Das bedeutet, daß die Juden eine soziale Schicht für sich bildeten. Im übrigen warf man den Juden vor, daß sie körperlicher Arbeit abgeneigt waren. So schrieb Andrés Bernáldez:
»Nie wollten sie Arbeiten mit dem Pflug oder Spaten annehmen, wollten auch nicht auf den Feldern das Vieh hüten oder ihre Kinder lehren, dies zu tun. Sie wünschten sich nur eins: einen Posten in der Stadt zu haben und ihren Lebensunterhalt ohne viel Arbeit auf dem Hintern sitzend zu verdienen.« [15]

Der Glaube, daß der Jude sich weigere, schwere körperliche Arbeit zu leisten, statt dessen lieber leichte Profite machen wolle, indes andere schwitzten, sollte im Antisemitismus aller Völker ein grundlegendes Motiv werden. In den verfügbaren Zeitdokumenten sind jüdische Landwirte oder Bauern so gut wie überhaupt nicht erwähnt [16]. Sogar in den Listen der *autos de fe* der Inquisition ist kaum je einer als Landwirt benannt, während vom »Geldmann« ständig die Rede ist. Daraus erhellt, daß die Juden im Grunde eine städtische Bevölkerung waren, wobei die Gettos ihren Mittelpunkt bildeten und die Städte selbst ihr Betätigungsfeld. Das Beispiel von Badajoz im vorwiegend landwirtschaftlichen Gebiet Estremadura zeigt, daß die 231 Conversos, die zwischen 1493 und 1599 durch die Inquisition bestraft wurden, sämtlich aus städtischen Berufen und kaufmännischen Kreisen stammten. Und zwar hatten sie Stellungen als Bürgermeister und städtische Beamte sowie die sozial geringer eingeschätzten Berufe des Arztes, Rechtsanwalts, Händlers, Ladenbesitzers und Handwerkers [17]. Dasselbe gilt für Zaragoza und andere bedeutende Städte, von denen wir genauere Angaben haben. Die Tatsache, daß diese Beispiele aus Städten entnommen sind, braucht uns nicht irrezuführen, denn die Inquisitionstribunale in den Städten befaßten sich auch mit den entsprechenden Fällen aus der ländlichen Umgebung. Als einen Beweis dafür können wir die kleine Stadt Aguilar de la Frontera bei Córdoba anführen, wo von den 60 *sanbenitos*, also den Büßergewändern, die Ende des 16. Jahrhunderts dort in den Kirchen hingen, 18 oder 19 den *labradores*, das heißt kleinen Bauern, gehörten [18]. Dieses Verhältnis ist vielleicht nicht allgemeingültig, sollte aber zwecks Korrektur des Gesamtbildes im Gedächtnis behalten werden. Waren die Juden auch von der Landwirtschaft sozusagen ganz ausgeschlossen, so doch keineswegs von der Aristokratie. Um ihrer Religion willen verachtet, konnten sie sich trotzdem zum Christentum bekehren und als Conversos auch in die Bereiche des Hochadels im Lande eindringen. Darin sah man eine Bedrohung für die adlige Kaste und für die »wahre Religion«, eine Bedrohung, die mehrere spätere Schriftsteller schlicht als »Converso-Gefahr« bezeichnet haben. Und dieser Gefahr wegen, argumentieren sie, sei es notwendig geworden, die Inquisition einzuführen. Nicht klar ist indessen, ob man da an eine Gefahr für die Reinheit der Religion oder für die Reinheit des Adels gedacht habe. Für letzteres zumindest ist reiches Beweismaterial verfügbar.

Die Zahl der Conversos war im Lauf des 15. Jahrhunderts mächtig gestiegen, während dementsprechend die Zahl der Juden durch Bekehrung und Auswanderung abgenommen hatte. Auf die Massaker von 1391 folgten während des nächsten Jahrhunderts von Zeit zu Zeit Pogrome und die unvermeidlichen Zwangstaufen. Der Höhepunkt antisemitischer Gesetzgebung aber wurde 1412 erreicht, als auf den Rat des fanatischen Heiligen Vincent Ferrer in Valencia (der neben anderen für die Vorfälle von 1391 verantwortlich war) und des Conversos Bischof Pablo de Santa María, des Kanzlers von Kastilien, verordnet wurde, daß Juden und Mauren Unterscheidungsabzeichen tragen müßten, daß ihnen das Recht, Beamter zu sein oder Titel zu führen, zu nehmen sei und sie ihren Wohnsitz nicht wechseln dürften. Außerdem wurden sie von den verschiedensten anderen Berufen ausgeschlossen, so durften sie z. B. nicht mehr als Lebensmittelhändler, Zimmerleute, Schneider und Fleischer tätig werden. Sie durften keine Waffen tragen und sich keine Christen zur Arbeit dingen. Sie durften mit Christen gemeinsam weder essen noch trinken oder baden, nicht einmal mit ihnen sprechen. Auch wurde ihnen verboten, andere Kleidung als Gewänder aus einem bestimmten groben Stoff zu tragen. Diese barbarische Gesetzgebung, mit der man die Zahl der Bekehrungen schnell zu steigern gedachte, brachte die Minderheit in tristes Elend. Eines jener Opfer klagte:

»Sie zwangen uns, fremdartige Kleidung zu tragen. Sie hinderten uns, Handel zu treiben, Land zu beackern und ein Handwerk auszuüben. Sie zwangen uns, unsere Bärte und das Haar lang wachsen zu lassen. Anstatt in seidenem Gewand zu gehen, mußten wir schäbiges Zeug tragen, das uns verächtlich machte. Unrasiert sahen wir wie Trauernde aus. Jeder war vom Hungertod bedroht.« [19]

Trotz allem erwies sich das natürlich als eine wirksame Methode, möglichst viele Juden zu bekehren. Um die Mitte des 15. Jahrhunderts wurden die wachsenden Mengen der Conversos zu einer offenen Herausforderung der alten Aristokratie. Durch Heirat waren viele einst jüdische Familien tief in die Kreise des Adels von Kastilien und Aragonien eingedrungen. Im Jahre 1449 wurde in einer Bittschrift an den Bischof von Cuenca behauptet, alle hochadligen Familien Spaniens seien jetzt von jüdischem Blut, unter ihnen auch die Henríquez, von denen, mütterlicherseits, Ferdinand der Katholische abstammte [20]. In Aragonien hatte fast jede adlige Familie jüdisches Blut in den Adern, und die Hälfte aller wichtigen Posten am Königshof des Landes war von Conversos besetzt. In Kastilien waren die höchsten geistlichen Würdenträger »befleckt«. Unter Isabella der Katholischen waren mindestens vier prominente Bischöfe Conversos, desgleichen der Kardinal Juan de Torquemada, der Onkel des ersten Groß- oder Generalinquisitors Tomás de Torquemada (der selbst ebenfalls jüdischer Herkunft war), sowie Diego Deza, der zweite Generalinquisitor, und der fromme Erzbischof von Granada, Hernando de Talavera. Auch drei Sekretäre der Krone, Fernando Alvárez, Alfonso de Avila und Hernando del Pulgar, waren Neuchristen [21]. Einzelne Conversos wurden selbst zu Stammvätern mächtiger Familien, was nicht nur das Unbehagen der Aristokratie steigerte, sondern auch den Juden selbst schwere Sorgen machte. In Aragonien stellte die mächtige Conversofamilie de la Caballería außer einigen bekannten Geistlichen auch den Vizekanzler des Königreichs, den Generalrevisor des königlichen Haushalts, einen Schatzmeister des Königreichs Navarra, einen Admiral, einen Dekan der Universität von Zaragoza und einen bekannten Verfasser antisemitischer Schriften [22]. Don Juan Pacheco, Marquis de Villena und Großmeister des Ordens von Santiago, war ein Nachkomme des ehemaligen Juden Ruy Capon. Sein Bruder, Don Pedro Girón, war Großmeister des Ordens von Calatrava und der Erzbischof von Toledo sein Onkel. Zumindest sieben der bedeutendsten Prälaten des Königreichs waren jüdischer Herkunft, wie auch der königliche Schatzkanzler [23]. Zu den vornehmsten Konvertiten in Kastilien gehörte Salomon Ha Levi, der Oberrabbiner von Burgos, der, zusammen mit seinen Brüdern, 1390 noch »zur rechten Zeit« getauft wurde, sich danach Pablo de Santa María nannte, in den Kirchendienst trat und schließlich Bischof von Cartagena, dann Bischof von Burgos sowie Erzieher des Sohnes Heinrichs III. von Kastilien und Gesandter beim Vatikan wurde. Sein ältester Sohn Gonzalo ging als spanischer Delegierter zum Konzil zu Konstanz, wurde nacheinander Bischof von Astorga, Plasencia sowie Sigüenza und nahm am Konzil zu Basel teil. Sein zweiter Sohn, Alonso de Cartagena, wurde Nachfolger des Vaters als Bischof von Burgos [24].

Weiteres Zitieren von Einzelfällen wäre überflüssig. Alle Zeitgenossen waren darin einig, daß das Blut der Aristokratie durch die jüdischen Konvertiten stark »kompromittiert« worden war. In Aragonien verfaßte ein Beisitzer der Inquisition (in der Stadt Zaragoza) das sogenannte *Libro verde de Aragón* [25], eine genealogische Tabelle, in der er dem Ursprung der adligen Familien nachging. Aus dieser Liste wurde ersichtlich, daß auch die hervorragendsten Familien in dem Königreich von der »Infiltration« durch Conversos nicht freigeblieben waren. Dieses Dokument sollte bald der Anlaß zu einem größeren Skandal werden, denn Kopien wurden von Hand zu Hand weitergegeben, wurden erweitert und entstellt, bis die Regierung die tückische Verleumdung der führenden Adligen des Reiches einfach nicht mehr dulden konnte. Daher wurde 1623 als schärfste Maßnahme befohlen, alle erreichbaren Exemplare dieser *Libros verdes* zu verbrennen. Doch es war längst eine weit wirksamere Schmähschrift insgeheim im Umlauf. 1560 hatte der Kardinal Francisco Mendoza y Bobadilla, der verärgert war, weil man zwei seiner Angehörigen in einen militärischen Orden nicht aufnehmen wollte, dem König, Philipp II., ein Memorandum überreicht, das später bekannt wurde als *Tizón de la Nobleza de España* (»Brandmal auf dem Adel Spaniens«). Der Verfasser behauptete, beweisen zu können, daß praktisch der gesamte Adel jüdischer Herkunft sei [26]. Die von ihm angebotenen Beweise waren so unwiderlegbar, daß vom *Tizón* noch zahlreiche Auflagen gedruckt wurden bis ins 19. Jahrhundert hinein – und fast immer in der Absicht, die Macht und den Einfluß des Adels anzuprangern. Niemals wurde auch nur der leiseste Versuch einer Erwiderung auf diese zwei Schriften unternommen. Die Folgerungen aus ihnen mußten für eine Gesellschaftsschicht, die vorgab, die Juden und die Conversos zu verachten, schwerwiegend sein. Einerseits beanspruchte der Adel eine Vorzugsposition, zum Dank für seine der Krone lange Zeit geleisteten Dienste, andererseits wurde dieser Anspruch moralisch »unterminiert« durch eine rassische Vermischung, die das Volk nicht billigte. Wenn die Adligen nicht mehr wirkliche Altchristen waren, dann hatten sie ihren Adel verwirkt. Es kam bald so weit, daß allein die Tatsache, daß einer zum Adel gehörte, den Verdacht erweckte, er habe verdorbenes Blut, und daß nur bei Nichtadligen die Unberührtheit von Jüdischem gewährleistet schien. In einer wichtigen Denkschrift über den Kronrat, die der Historiker Lorenzo Galíndez de Carvajal dem Kaiser Karl V. vorlegte, wird bezeichnenderweise gemeldet, daß mehrere der bedeutendsten Mitglieder des Rats von Conversos abstammten. Zu den Ausnahmen jedoch gehörte Doktor Palacios Rubios, ein »Mann von reinem Blut, weil er von Landleuten abstammt« [27]. In diesem Teil lag der Höhepunkt des Bedrohlichen für die Ziele und Wertvorstellungen des Spanien der Reconquista und die Position der Aristokraten. Aus dem Kampf gegen die Minderheiten im Reich wurde ein Kampf der Adligen um die eigene Existenz und die Wahrung ihres Rufs als Altchristen. Die scheinbar geringfügige »Converso-Gefahr« hatte sich schließlich zu einer Bedrohung der gesamten Sozialordnung entwickelt.

Genauso wichtig war der religiöse Aspekt. Von den Tausenden von Juden, die im Lauf des vorherigen Jahrhunderts durch Verfolgung und Massaker zur Taufe gezwungen worden waren, bekannten nur sehr wenige sich aufrichtig zur katholischen Religion. Viele von ihnen, wenn nicht die meisten, blieben insgeheim oder auch offen weiter bei ihrem jüdischen Ritual, so daß die Behörden sich einer starken Minorität von Pseudochristen gegenüber sahen, die ihrer neuen Religion weder Respekt noch Liebe entgegenbrachten. In den Provinzen Toledo, Estremadura, Andalucía und Murcia waren, wie es in einer Streitschrift des Jahres 1488 hieß, unter sämtlichen Conversos »kaum einige echte Christen, wie das in Spanien wohlbekannt ist« [28]. Der Chronist und königliche Sekretär Hernando del Pulgar, selbst ein prominenter Converso, verbürgte sich dafür, daß zahlreiche Neuchristen von Toledo insgeheim nach wie vor noch heimliche Juden (Geheimjuden oder Judaisierende) waren. Das Phänomen ließ sich überall beobachten. Es war also begreiflich, daß die geistlichen Autoritäten über die große Zahl falscher Christen, die Gott und der wahren Religion spotteten, erschraken. Erstaunlich jedoch ist, daß die spanischen Bischöfe sich offenbar niemals klarmachten, daß an dieser betrüblichen Situation unmittelbar doch diejenigen schuld waren, die eine Zwangsbekehrung der Juden gefordert hatten, und daß man den falschen Christen lieber durch Missionare eindringlich predigen anstatt sie verfolgen sollte.

Somit verblieb in der katholischen Welt Spaniens ein riesiger geheimer Kern von Menschen, die sich nie mit ihrer Taufe abgefunden hatten. Sie führten – und das war während aller Jahrhunderte ihres Verbleibens in Spanien der Fall – ein Leben im »Untergrund«, in steter Gefahr, entdeckt oder verraten zu werden. Gleichzeitig blieben sie selbstverständlich von dem religiösen Kult in den noch bestehenden rein jüdischen Gemeinden ausgeschlossen. Von den Altchristen ihrer Rasse wegen und von den Juden ihrer Abtrünnigkeit wegen verachtet, lebten die Conversos in einer außerordentlich ungünstigen sozialen Atmosphäre. Nach Gründung der Inquisition wurde ihr Los noch schwerer, denn das Tribunal veröffentlichte regelmäßig Hinweise, wie man »heimliche Juden« entdecken könne. Infolgedessen verzichteten die Juden immer mehr auf ihre typische Ernährung und Kleidung, um etwaigen Verdacht abzulenken, und nur wenige noch wagten es, Gebetbücher in hebräischer oder auch anderer Sprache im Hause zu haben, aus Furcht, daß ein Bediensteter sie zufällig entdekken könne. Das Bemühen, ohne jedes äußerliche, entdeckbare Anzeichen des Judentums auszukommen und mit einer ausschließlich inneren Beziehung zum Glauben zu existieren, führte unvermeidlich zu allmählichem Verfall der jüdischen Formen in der Religion der Conversos. Infolgedessen hatten, wie wir sehen werden, später die Conversos nur geringen oder gar keinen religiösen Halt und wurden zu einer gleichsam anonymen Gemeinde, die nur dann und wann durch zuwandernde, judaisierende Portugiesen vergrößert wurde, sonst jedoch nur noch das kümmerliche Überbleibsel einer großen gepeinigten Rasse war.

Zuvor allerdings hatte ihr fragwürdiger Katholizismus sie zu einer auffälligen Zielscheibe für den Volkszorn gemacht, und dazu kamen oft noch politische und andere Motive. Die Unruhen in Toledo 1449, die wir bereits erwähnten, führten zu einem Bündnis der Altchristen gegen die Neuchristen. Der gleiche Vorgang wiederholte sich in der Stadt 1461 und brachte die endgültige Bestätigung eines berüchtigten Gesetzes, durch das die Conversos von allen öffentlichen Ämtern ausgeschlossen wurden. 1470 kam es zu Rassentumulten in Valladolid, und drei Jahre später wurden aus Córdoba die Conversos vertrieben, nach einem mörderischen Kampf, der zum Anlaß für weitere Pogrome in ganz Andalusien wurde. Eins der Opfer war der Polizeichef von Kastilien, ein Converso, den man vor dem Altar einer Kirche in Jaén tötete. Obgleich in allen diesen Fällen die Bevölkerung in Stadt und Land unmittelbar die Verfolgungen und Massaker inszenierte, müssen wir, um die wahren Schuldigen zu finden, noch anderswo suchen – nämlich bei den Altchristen in hohen Stellungen der städtischen und kirchlichen Verwaltung, die es erbitterte, ihre Macht mit Menschen von gemischter Rasse und zweifelhafter Glaubensstrenge teilen zu müssen. Sie waren schuld am Entstehen der Rassenfeindschaft – insbesondere der Judenfeindschaft – und ihren Folgen.

Noch schlimmer war, daß der Antisemitismus amtlich sanktioniert wurde. Die Gesetze von 1412, die unter anderem bestimmten, daß die Juden vorgeschriebene Abzeichen tragen mußten, wurden durch die kastilischen Cortes 1480 in Toledo neu bestätigt. Ferdinand von Aragonien erzwang die Durchführung dieser Maßnahmen in seinem Reich mit entsprechender Strenge. Die Katholischen Majestäten begannen nun mit systematischer Vertreibung. Im April 1481 wurde den Juden in der ganzen Monarchie befohlen, nur in ihren Gettos zu wohnen. Und gegen Ende 1482 wurde die Vertreibung eines Teils der jüdischen Bevölkerung aus Andalusien angeordnet [29]. Ein Jahr später wurden Juden aus den Bistümern Sevilla und Córdoba vertrieben. Und 1486 wurden aus den Diözesen von Zaragoza, Albarracín und Teruel sämtliche Juden vertrieben. Man ging in Raten vor, aber gründlich. Nach dem Fall Granadas, der zum Teil mit jüdischem Gold (hauptsächlich beigesteuert von Isaac Abarbanel und Abraham Senior) finanziert worden war, beschlossen die Katholischen Majestäten, ihr Werk zu vollenden und Spanien nun auch von den Juden zu befreien. Am 31. März 1492 wurde ein Vertreibungsedikt erlassen, das den Juden Zeit gab, bis zum 31. Juli die Taufe anzunehmen oder aus dem Lande zu verschwinden.

Unter denen, die vor dieser Wahl standen, war auch der bedeutende Finanzmann Abraham Senior. Seine der Königin geleisteten Dienste waren so groß gewesen, daß sogar noch im März 1492, nachdem die Regierung angeordnet hatte, daß die Schulden bei ihm zurückzuzahlen seien, die fragliche Summe sich auf 1 500 000 Maravedis belief [30]. Im übrigen war er einer der wenigen, denen offiziell erlaubt wurde, persönliches Eigentum in Form von Gold und Silber mit ins Ausland zu nehmen, falls er seine Glaubensgenossen ins Exil begleiten wolle. Doch aus Gründen, die wir weder in Frage stellen noch verdammen können, zog Senior es vor, zu bleiben und sich taufen zu lassen, indem er für sich und die Seinen den neuen Familiennamen Coronel annahm. Sein Freund und Geschäftskollege Isaac Abarbanel verließ mit Familie das Land.

Die durch die Vertreibung der Juden entstandenen Probleme sind niemals recht gelöst worden. In den Chroniken besteht keine Einigkeit über die Zahl der Ausgewanderten, und es kann auch nicht mehr abgemessen werden, welche Wirkungen die Vertreibung auf Spanien als Staat insgesamt gehabt hat. Nach Schätzungen beläuft sich die Zahl der Ausgewanderten auf 165 000 [31] bis 400 000. Die Zahl derer, die im Lande blieben und sich taufen ließen, wird mit etwa 50 000 angegeben. Die Auswirkungen der Vertreibung können wir uns nur schwer vorstellen. Ein Sultan der Türkei soll später gesagt haben, es verwundere ihn sehr, daß Spanien die Juden vertrieben habe, denn das hieße doch, »seinen Reichtum forttreiben« [32]. Und damit hatte er wahrlich recht! Die städtische Mittelschicht und die kaufmännischen Kreise der Bevölkerung wurden stark reduziert. Die Folge war, daß

Ausländer kamen und die von den Juden verlassenen Plätze einnahmen. Viele Leute hatten Vorteile von beschlagnahmtem jüdischem Eigentum, doch das fiel gegen die enormen Verluste in Handel und Geldwirtschaft überhaupt nicht ins Gewicht. Der Erlaß von 1492 hatte zwar das Judenproblem gelöst, schuf aber dafür das Converso-Problem, das sich in seinen Ausmaßen nur mit den Auswirkungen der großen Verfolgungen von 1391 vergleichen läßt. Tausende von Juden wurden gezwungen, die äußeren Bräuche einer Religion, die sie haßten, zu befolgen, und warteten nur auf bessere Tage, in der Hoffnung, daß diese schwere Prüfung vorübergehen werde wie so manche vorher. Die von dem christlichen Priester Andrés Bernáldez aus Los Palacios in Andalusien überlieferten Leiden derer, die um ihrer Religion willen ins Exil gingen, ergeben ein Gesamtbild, wie es uns seit dem 15. Jahrhundert leider nur zu bekannt ist [33]. Die reichen Juden steuerten aus Mitleid zu den Kosten bei, die auch die ärmeren bezahlen mußten, während den ganz armen Leuten nichts anderes übrigblieb, als die Taufe anzunehmen. Sie konnten ihren Besitz weder für Gold noch für Silber verkaufen, weil der Export dieser Metalle verboten war. Also verkauften sie Häuser, Land und was sie sonst hatten gegen ganz kümmerliche Leistungen. »Sie liefen umher und suchten nach Käufern, ohne einen zu finden; manche bekamen als Preis für ein Haus nur einen Esel, für einen Weinberg ein wenig Tuch oder Leinen, da sie Gold oder Silber nicht fortschaffen durften.« Die Schiffe, die in den Häfen auf sie warteten, waren überfüllt und standen oft unter dem Kommando unfähiger Seeleute. Kaum auf hoher See, trieben Stürme sie zurück, und Hunderte waren gezwungen, sich mit Spanien zu versöhnen und die Zwangstaufe anzunehmen. Andere, die auch kein Glück hatten, erreichten zwar die angestrebten Häfen in Nordafrika, doch nur, um dort ausgeraubt oder ermordet zu werden. Weitere Hunderte pilgerten mühsam auf jedem möglichen Wege nach Spanien zurück, um lieber dort ihre bekannten Leiden zu ertragen als die Gefahren der offenen See und der Landstraßen. »Einige von ihnen«, schrieb ein Rabbiner, dessen Vater mit zu den Vertriebenen gehört hatte,

wurden von den Türken getötet, die ihnen das Gold, das sie verschluckt hatten, um es zu verbergen, aus dem Körper holten. Manche kamen durch Hunger und die Pestilenz um, und manche wurden von den Kapitänen nackt auf Inseln im Meer ausgesetzt, andere als Diener und Mägde in Genua und den Vororten verkauft, und manche wurden ins Meer geworfen [34].

Die bis in unsere Zeit größte Judenvertreibung war also ein Werk der Katholischen Majestäten Spaniens und fand im Namen der katholischen Religion statt. Ob indes religiöse Einheit dabei tatsächlich das Hauptmotiv war, scheint fraglich angesichts der starken Minderheit von Muslimen, die in Spanien verblieben, wo sie ihre Religion frei ausüben konnten. Die Ausgewanderten, später *sephardim* genannt, vermehrten die jüdische Bevölkerung in Portugal, Afrika, der Türkei, Italien und Westeuropa [35]. Die Emigranten förderten in fast allen diesen Ländern mit ihren Fähigkeiten und ihrer Bildung Handel und Kultur. Das bedeutet nicht, daß Spanien der Dienste seiner Juden gänzlich beraubt war, denn in Kastilien und Aragonien verblieb ein Drittel bis die Hälfte der bisherigen jüdischen Bewohnerzahl. Diese ließen sich taufen und bereiteten sich vor, ebenso »im Untergrund« zu leben, wie die Conversos das schon ein ganzes Jahrhundert über und länger getan hatten. Ihre Zahl wurde noch vermehrt durch die vielen Juden, die vom Ausland zurückkehrten, weil sie überzeugt waren, daß Zwangstaufe besser sei als der Tod in einem fremden Land. Somit wurden schließlich die Juden in die christliche Gemeinschaft hineingezwungen. »Auf diese Weise«, schreibt Bernáldez, »ward die Prophezeiung Davids erfüllt, wie sie im Psalm steht. *Convertentur ad vesperam et famen patientur, ut canes; et circuibunt civitatem*: Das da heißt: ›Sie werden gegen Abend zurückkommen, werden Hunger leiden wie Hunde und werden rings um die Stadt streunen!‹ Also wurden jene zu später Stunde und mit Gewalt bekehrt und nach schweren Leiden.« [36]

Die Inquisition kommt auf

> Sancho Pansa: »Und hätt' ich auch nichts andres, als daß ich fest und aufrichtig an Gott glaube und, wie ich stets getan, an alles, woran die heilige römisch-katholische Kirche hält und glaubt, und daß ich ein Todfeind der Juden bin, so sollten die Erbarmen mit mir haben und mich in ihren Schriften freundlich behandeln.«
>
> Cervantes, *Don Quijote*, Buch II, Kapitel VIII

Mit der Austreibung der Juden begann ein neues, bitteres Kapitel der Geschichte Spaniens. Für einige reiche Männer, wie zum Beispiel Abraham Senior, der sofort die Taufe annahm, änderten die Ereignisse von 1492 nicht viel. Bei Tausenden anderer, weniger wohlhabender Juden, die zu einer neuen Religion gezwungen wurden, entstand höhnischer Haß auf die spanische Kirche. Auf einen Schlag hatten die Katholischen Majestäten die Zahl der unechten Conversos im Lande verdoppelt, und es zog nun mehr denn je zuvor eine so große »Converso-Gefahr« herauf, daß die Kirchenbehörden von Entsetzen gepackt wurden. Es ist eine der Ironien der Weltgeschichte, daß dies als logische Folge der Politik Ferdinands und Isabellas eintrat, deren erklärtes Ziel bei der Vertreibung die Reinigung des Landes und die Einheit des Glaubens war. Solange die Juden in Spanien waren, konnte die Ketzerei unter den falschen Conversos noch kontrolliert werden. Mit der Vertreibung vervielfachten sich jedoch die heimlichen Juden, und jüdische Riten wurden, so gut wie unbemerkt, in einem riesigen, ständig wachsenden »Untergrund« von Ketzerei vollzogen. Es gab also dort keine »Endlösung«, vielmehr führte die Ausmerzung des einen Problems zur Entstehung eines noch schwerwiegenderen.

Im Grunde änderte das Edikt von 1492 die soziale Lage der verbliebenen Juden nicht. Die Conversos hatten genau die gleichen sozialen Positionen inne wie vorher die Juden. Wie vor der Vertreibung blieben sie weiterhin Stadtbewohner mit denselben Tätigkeiten, wie sonst Juden sie hatten, ob als Großhändler oder Steuereinnehmer, Geldverleiher, Ärzte, Schneider oder Schuster. Und wie die Juden neigten sie dazu, als Gemeinde sehr ähnlich wie in den Gettos zusammenzuleben. Der Bevölkerung wurde es leicht, die Neuchristen schon beruflich mit den früheren Juden zu identifizieren, und diese soziale Gleichsetzung führte unvermeidlich auch zur religiösen. Daß es dazu kam, lag nicht nur an den konservativen Gewohnheiten der

Conversos und daran, daß noch jüdische Sitten und religiöse Bräuche zu bemerken waren, sondern auch daran, daß es vielen echten Bekehrten nicht gelang, sich an die christlichen Bräuche, zum Beispiel das Essen von Schweinefleisch, zu gewöhnen.

Obwohl das soziale Niveau der Conversos im allgemeinen unverändert blieb, stiegen viele von ihnen, wie wir schon erwähnten, in die höheren Schichten auf. Welche Position sie auch haben mochten – sie gehörten fest zur spanischen Volksgemeinschaft und leisteten ihr auch weiterhin hervorragende Dienste. Es ist sogar denkbar, daß die »Gettomentalität«, die sich bei einer verfolgten Minderheit stets ausprägt, im Charakter der Conversos ganz erloschen wäre, hätten nicht zwei wichtige Umstände dem entgegengestanden, nämlich daß fortwährend insgeheim jüdische Bräuche beibehalten wurden und zweitens, daß der Antisemitismus vorherrschte. Aus diesen zwei Gründen waren die Conversos genötigt, fast ganz abgesondert am Rande des spanischen Volkes zu leben, wodurch die Gettomentalität sich verewigte. Diese Entwicklung war wirklich tief bedauerlich, wenn wir bedenken, welch wichtige Rolle manche Conversos spielten und weiter hätten spielen können, wären sie von den Christen richtig assimiliert worden.

Am Ende des 15. Jahrhunderts saßen an der Spitze der Verwaltung von Aragonien nur Conversos. In dem Moment, als die Inquisition ihr Werk begann, hatten fünf Conversos die fünf bedeutendsten Posten in dem Königreich inne, nämlich Luis de Santangel, Gabriel Sánchez, Sancho de Paternoy, Felipe Climent und Alfonso de la Caballería. Durch Söhne und Enkel setzte die Vorherrschaft der Conversos sich fort. Einer von ihnen war der berüchtigte Sekretär König Philipps II., Antonio Pérez. Daß die Conversos so hartnäckig im öffentlichen Leben Spaniens verblieben, trotz aller Feindseligkeit anderer Kreise, hat man damit erklärt, daß die Habsburger die Neigung hatten, sich ihre intimsten Berater unter Leuten auszusuchen, die nicht zur alten Aristokratie gehörten. Indessen könnte man es ebenso simpel damit erklären, daß so viele der führenden Familien des Reiches mit Conversos verwandt waren, so daß es unmöglich gewesen wäre, begabte Mitglieder dieser Familien zu ignorieren. Was niemand bezweifeln kann, ist die Tatsache, daß die Leistungen der Conversos weit größer waren, als ihrer Zahl nach zu erwarten gewesen wäre. Fernando de Rojas, der Verfasser der berühmten *Celestina*, der bedeutende Humanist Luis Vives, Juan de Avila, Luis de León, die Heilige Teresa von Avila sowie Diego Laínez, der zweite General des Jesuitenordens – dies sind nur einige wenige Namen aus der großen Zahl jener Conversos, denen nicht nur Spanien, sondern das ganze Abendland viel zu verdanken hat.

Das Gebiet, auf dem die Conversos indes vornehmlich tätig wurden, war die Finanzwirtschaft. Denkwürdig ist, daß ohne das Geld der Conversos die erste Reise des Columbus (1492) nicht stattgefunden hätte. Die in Aragonien wohnenden Conversos Luis de Santangel und Gabriel Sánchez protegierten und finanzierten diese Expedition. Juden und Conversos – darunter ein Jude als Dolmetscher – bildeten einen Teil der Besatzung, und es ist durchaus möglich, daß Columbus selbst aus einer Familie von Conversos in Katalonien stammte[1]. Zahlreiche bedeutende Finanziers des 17. Jahrhunderts waren Conversos, hauptsächlich portugiesischer Herkunft, die aus ihrer Heimat vor Verfolgung geflüchtet waren. Den bedeutenderen unter ihnen begegnen wir später. Bald sollten die Spanier die Vertreibung der jüdischen Geldleute im Jahre 1492 bedauern. Im 17. Jahrhundert stoßen wir auf Äußerungen spanischer Schriftsteller, daß der wachsende Reichtum von Ländern wie Holland großenteils der Hilfe durch jüdisches, aus Spanien nach Amsterdam fließendes Kapital zu verdanken sei. Späterhin wurde der »internationalen jüdischen Verschwörung« die Schuld am Niedergang Spaniens und dem Triumph seiner Feinde gegeben. Zu den ersten Schriftstellern, die in diesem Sinn schrieben, gehörte der sonst ausgezeichnete Romancier und Dichter Francisco de Quevedo, der eine Versammlung von Juden aus ganz Europa schilderte, die in Saloniki angeblich ihre geheimen Pläne gegen die Christenheit schmiedeten[2]. Der berühmte Conde de Olivares war ebenfalls von dem Gedanken an die Macht des jüdischen Kapitals besessen und plante allen Ernstes, die Juden zur Rückkehr nach Spanien zu bewegen und somit alle Übel von 1492 wiedergutzumachen.

Ein zweiter wichtiger Beruf der Conversos war der des Arztes[3]. Wie einst die Juden waren sie führend auf diesem Gebiet. Dafür ein berühmtes Beispiel: Die Inquisition in Logroño (Navarra) brauchte gegen Ende des 16. Jahrhunderts einen Arzt, konnte jedoch keinen Altchristen mit der nötigen Befähigung finden, so daß sie schließlich einen Converso, einen Doktor Bélez, nehmen mußte. Die Madrider Inquisition, in dieser Angelegenheit befragt, verfügte, das Tribunal solle seinen Converso-Doktor behalten, ihm jedoch keinen offiziellen Status geben, da vielleicht eines Tages doch noch ein christlicher gefunden werde. Sogar die Krone ließ sich von Conversos behandeln. Doktor Francisco Villalobos war Hofarzt bei Ferdinand dem Katholischen und bei Karl V. Auch sollte der berühmte Converso Doktor Andrés Laguna (1499–1560) erwähnt werden, ein Naturforscher, Botaniker und Arzt, der, in Segovia geboren, eine der großen Leuchten der Wissenschaft Spaniens wurde. Die wichtigen Rollen der Conversos in der Medizin sind reich belegt durch die Zahl der Ärzte, die in den Akten der Inquisition während des 16. Jahrhunderts und des 17. Jahrhunderts erscheinen. Warum sie einen so bedeutenden Anteil an den freien Berufen hatten, ist schwer zu sagen, jedenfalls aber war es nicht schwierig, das Gerücht zu verbreiten, Juden würden Ärzte, weil ihnen das mehr Gelegenheiten böte, ihre schändlichen Taten auszuführen.

Einer langen Tradition folgend, gaben viele Familien von Conversos ihre Söhne und Töchter in die Hände der Kirche, um sie in religiösen Orden erziehen zu lassen. In zahlreichen Fällen ist das sicherlich auf Grund echter religiöser Überzeugung geschehen, doch haben zweifellos auch viele junge Conversos den geistlichen Beruf nur erwählt, weil er ihnen die leichtesten Aufstiegsmöglichkeiten bot. Infolgedessen erschienen Studenten aus Converso-Familien in ständig wachsender Zahl an den Universitäten Spaniens und bekamen, zum Nachteil von Altchristen, besonders gute Pfründen und sogar Bischofssitze. Einem durchaus glaubwürdigen Bericht aus der Mitte des 16. Jahrhunderts zufolge war die Mehrzahl der in Rom ansässigen spanischen Geistlichen, die dort kirchliche Sonderstellungen anstrebten, jüdischer Herkunft. Auch in diesem Bereich also, im Kampf zwischen den Alt- und den Neuchristen um einflußreiche Kirchenämter, drückte sich die vielberufene Converso-Gefahr aus. Vom Standpunkt der Altchristen betrachtet, war diese Gefahr durchaus akut, denn die Kirche hielt wie immer ihre Stellen offen für Anwärter jeder Rasse und sozialen Schicht, und so bestand, wollte man nicht zu einer Methode der Ausschließung übergehen, tatsächlich die Möglichkeit, daß begabte Conversos die entscheidenden kirchlichen Machtstellungen in Spanien errangen. Wer rückschauend diese Befürchtungen für übertrieben und unglaubhaft hält, braucht nur die Streitschriften zu lesen, die sich in wachsender Zahl um das Thema Ausschließung drehten. Wir werden auf diesen wichtigen Punkt im Lauf unserer Darstellung noch zurückkommen.

Angesichts der in Spanien weitverbreiteten Feindseligkeit gegenüber den falschen Conversos und heimlichen Juden ist es nicht überraschend, daß die ehrlichen Konvertiten erschraken und sich vor ihren noch jüdisch gesinnten Brüdern und der jüdischen Religion überhaupt zu rechtfertigen bemühten. Indem sie das taten, lieferten sie dem Antisemitismus mächtige Waffen. Viele mögen von reinem Eifer für ihren neuen Glauben geleitet worden sein, doch andere scheuten sich nicht, Rassenhaß zu schüren.

Von Anbeginn hatten christliche Schriftsteller den Juden die Kreuzigung Christi zur Last gelegt, und die Zahl der Verbrechen, deren man sie beschuldigte, kannte keine Grenzen. Infolgedessen erschienen in allen jemals veröffentlichten antisemitischen Traktaten dieselben Vorwürfe. Uns geht es hier um die Conversos, die sich an diesen Angriffen auf Mitglieder ihrer eigenen Rasse beteiligten. Zu den gemäßigteren Autoren in dieser Hinsicht gehörte der berühmte Converso Pablo de Santa María. Sein *Scrutinium scripturarum, sive dialogus Sauli et Pauli contra Judaeos*, wurde im Jahre 1432 verfaßt, doch erst 1591 in Burgos veröffentlicht. Ein anderer namhafter Autor war der ehemalige Rabbiner Jehoshua Ha-Lorqui, der den Namen Jerónimo de Santa Fe annahm, als Converso eine machtvolle Familie gründete und seine antijüdischen Kampfthesen in einem Werk mit dem Titel *Hebraeomastix* veröffentlichte. Ein Mann aus einer dritten bedeutenden Familie von Conversos, Pedro de la Caballería, schrieb 1450 eine weithin bekanntgewordene lateinische Abhandlung mit dem Titel *Zelus Christi contra Judaeos*. Diese drei Veröffentlichungen zeichneten sich durch gelehrte theologische Argumente und profunde Kenntnis des jüdischen Rituals aus und enthielten, obgleich sie durchaus judenfeindlichen Charakters waren, doch keine Fälschungen und Verleumdungen. Das aber läßt sich von der Arbeit eines Mönchs namens Alonso de Espina, dessen *Fortalitium fidei contra Judaeos* 1458 geschrieben und 1487 publiziert wurde, nicht behaupten.

Espina wird von allen spanischen Historikern als Converso bezeichnet. Mag er auch ein Nachkomme von Konvertiten gewesen sein, so war er doch vermutlich selbst nicht Konvertit, vor allem, weil er seine Thesen ganz bewußt auf Verzerrungen und Erdichtungen gründete, die man selbst einem Renegaten nur schwerlich zutraut. »Er ist weitgehend dafür verantwortlich zu machen«, schreibt Lea, »daß die organisierte Verfolgung in Spanien schneller in Gang kam, weil er den jüngst entstandenen Rassenhaß schürte, der gar keines Anreizes mehr bedurfte.«[4] Um 1450 beteiligte Espina sich ganz aktiv an einer Kampagne, die auf die Zwangstaufe der Juden abzielte, und sein Traktat hat durch Thema und Ausdrucksweise entscheidend dazu beigetragen, daß die jüdische Rasse als solche allgemein verachtet wurde. Nach Espinas Behauptungen waren die Verbrechen von Juden gegen Christen nur zu bekannt. Für ihn waren sie Verräter, Homosexuelle, Gotteslästerer, Kindermörder, Meuchelmörder (als Ärzte getarnt), Giftmörder und Wucherer. Solche Anklagen entsprangen offensichtlich fanatischem Haß, und es nimmt nicht wunder, wenn sie den gleichen Haß bei Espinas Publikum entfachten. Was Espina von den übrigen Apologeten aus Converso-Kreisen unterscheidet, ist, daß seine Anklagen klar erkennbar auf das Rassische abzielten, während der Zorn des Pablo de Santa Maria und der anderen sich im Grunde mehr gegen den hartnäckigen »Unglauben« ihrer nicht bekehrten Brüder richtete. Espinas Schrift war eigentlich reine Judenhetze, während es den meisten anderen Autoren um die Religion an sich ging. Man kann indes nicht an der Tatsache vorbeigehen, daß es eine speziell semitische Art des Antisemitismus gibt. Es ist nicht nur ein Faktum, daß die bekanntesten Verfasser von Kampfschriften gegen die Juden selbst jüdischer Herkunft waren, sondern auch, daß die ersten beiden Generalinquisitoren, Tomás de Torquemada und Diego de Deza, von Conversos abstammten. Ein späterer Generalinquisitor, Alonso Manrique, Kardinalerzbischof von Sevilla und Inquisitor von 1523 bis 1538, soll auch ein *marrano* gewesen sein [5]. Dieses Phänomen, daß Männer mit jüdischem Blut die Jagd auf Angehörige der eigenen Rasse anführten, ist seither so oft zu beobachten gewesen, daß hier nicht noch besonders auf seine Bedeutung hingewiesen zu werden braucht. Im Spanien des 16. Jahrhunderts jedoch war – wie wir schon sahen – die Zahl der Bewohner jüdischer Herkunft so groß, daß sich vermutlich viele von ihnen, insbesondere jene, die nur ganz entfernt mit Juden verwandt waren, dieses Verwandtschaftsverhältnisses, d. h. also ihrer Beziehungen zur jüdischen Rasse und Religion, überhaupt nicht bewußt waren. Es wird daher die Bedeutung des »jüdischen Antisemitismus« im damaligen Spanien leicht erheblich übertrieben.

Die erste bedeutende, von Altchristen gegen Conversos errichtete Schranke bestand darin, sie von jeder Teilnahme an der öffentlichen Verwaltung auszuschließen. Das geschah in der Folge der denkwürdigen Unruhen von Toledo im Jahre 1449. Die Altchristen setzten ein Schiedsgericht ein, das entscheiden sollte, ob Conversos weiterhin öffentliche Ämter bekleiden dürften. Pedro Sarmiento, Wortführer der Altchristen, schlug ein Sondergesetz vor, das (bekanntgeworden als *Sentencia-Estatuto*) trotz der Opposition des Bischofs von Cuenca am 5. Juni 1449 durch den Rat der Stadt ratifiziert wurde. Mit diesem Gesetz war beschlossen, daß »kein Converso von jüdischer Herkunft« aus Toledo oder aus den Gebieten unter der Jurisdiktion Toledos »irgendein Amt oder eine Pfründe haben oder behalten darf« und daß Zeugenaussagen von Conversos gegen Altchristen von den Gerichten nicht anerkannt werden sollten [6]. Die unmittelbare Folge dieser Gesetzgebung war eine von Papst Nikolaus V. am 24. September 1449 erlassene Bulle mit dem bezeichnenden Titel *Humani generis inimicus*. In ihr verurteilte er die Idee, Christen von Ämtern einfach deshalb auszuschließen, weil sie zu einer bestimmten Rasse gehörten. »Wir verfügen und erklären«, fuhr der Papst fort, »daß alle Katholiken gemäß den Lehren unseres Glaubens ein einziger Körper in Christo sind.« Mit einer zweiten Bulle vom selben Tage exkommunizierte er Sarmiento und dessen Kollegen wegen angeblichen Aufruhrs gegen die spanische Krone. In Spanien folgten andere kirchliche Behörden dem Papst, indem sie erklärten, getaufte Conversos hätten Anspruch auf alle Sonderrechte der christlichen Gemeinschaft. Doch das Sentencia-Estatuto hatte Kräfte entfesselt, die nicht leicht zu unterdrücken waren. Bei dem in Kastilien herrschenden Bürgerkrieg war die Krone nur zu gern bereit, durch Versöhnung Freunde zu gewinnen, und so wurde 1450 der Papst von Juan II. gebeten, seine Bestimmungen für die Exkommunikation von Leuten, die für Rassentrennung eintraten, aufzuheben. Ein Jahr später, am 13. August 1451, stimmte der König formell dem Sentencia-Estatuto bei. Das war ein Sieg der Altchristen. Am 16. Juni 1468, ein Jahr nach den Aufständen in Toledo, bestätigte König Heinrich IV. in dieser Stadt alle Altchristen in ihren – früher von Conversos besetzten – amtlichen Stellungen. Derselbe König räumte am 14. Juli des gleichen Jahres der Stadt Ciudad Real das Recht ein, Conversos von allen städtischen Ämtern auszuschließen [7].

Die Tatsache, daß es zwei bedeutenden Städten in Kastilien gelungen war, die Conversos vom Behördendienst fernzuhalten, bedeutete, daß in dem Ringen zwischen Alt- und Neuchristen ein neuer gefährlicher Wendepunkt erreicht war. Das war schon ernst genug in seinen Konsequenzen für die politische Stabilität in dem Königreich, doch es machten sich auch etliche gewissenhafte Geistliche wirklich Sorgen um die Wirkung dieser Zustände auf die Einheit der Christen insgesamt. Daher mißbilligte nach längerem Überlegen am 12. Mai 1481 der Erzbischof von Toledo, Alonso Carrillo, die Tatsache, daß es in seiner Stadt rassisch gesonderte Gilden gab, von denen einige keinen Converso aufnahmen und andere keinen Altchristen. Der Erzbischof stellte fest:

Teilungen verursachen großen Skandal und ein Schisma und zertrennen das nahtlose Gewand Christi, der, als der Gute Hirte, uns gebot, einander zu lieben in Einigkeit und unter einem Priester und Vikar Christi, unter einer Taufe, gehorsam der Heiligen Mutter Kirche, die nach dem Gesetz ein Leib ist, so daß wir, ob Jude, Grieche oder Christ, durch die Taufe erneuert und zu neuen Menschen gemacht werden. Woraus deutlich hervorgeht, wie schuldig sich jene machen, die der reinen Lehre des Evangeliums vergessen und Abstammungen verschiedener Art feststellen, so daß manche sich Altchristen und andere sich Neuchristen oder Conversos nennen... Und vom Übel ist, daß es in der Stadt Toledo, wie auch in anderen großen und kleinen Städten und Orten unseres Bistums, viele Gilden und Bruderschaften gibt, die, indem sie das mit Frömmigkeit begründen, keinen Converso aufnehmen, und andere keinen Altchristen... [8]

Also löste der Erzbischof kraft seiner Autorität die erwähnten Gilden auf und verbot ähnliche Vereinigungen bei Strafe durch Exkommunikation. Leider blieben seine guten Absichten fruchtlos. Schon

1481 war (wie wir noch sehen werden) die Kluft zwischen den Conversos und den Altchristen so breit geworden, daß ein einzelner Kirchenmann ihn nicht zu überbrücken vermochte. Durch ständige Propaganda war die Stimmung der Bevölkerung gegen die Conversos bis zur Wut aufgepeitscht worden. Verschiedene Zwischenfälle trugen dazu noch bei.

Da für Judenfeinde ein Converso dasselbe war wie ein Jude, ist es nicht erstaunlich, wenn die Greuelgeschichten über die Juden auch benutzt wurden, um Conversos anzuschwärzen. Eine dieser Geschichten ging um einen Ritualmord, den angeblich Juden an einem Christenkind in Sepúlveda (Provinz Segovia) 1468 verübt hatten. Der Bischof von Segovia, Juan Arias Dávila, ein Converso, soll deswegen sechzehn Juden bestraft haben, von denen mehrere verbrannt und andere gehängt wurden. Geschichten dieser Art kursierten damals vielfach und wurden immer wieder zum Anlaß für Volksaufstände gegen die Juden. Zu den berühmtesten Fällen gehörte der angebliche Ritualmord an einem christlichen Kind 1491 in La Guardia (Provinz Toledo). Sechs Conversos und sechs Juden sollten in dieses »Komplott« verwickelt gewesen sein, wobei anscheinend ein christliches Kind gekreuzigt und sein Herz herausgeschnitten wurde – das Ganze, wie es hieß, zu dem Zweck, einen Zauberbann zu schaffen, der Christen vernichtete und Juda zum Triumph führte. So jedenfalls wurde der dramatische »Vorgang« aus Geständnissen unter den Foltern der Inquisition zusammengestückelt. Das Merkwürdige dabei war, daß damals, wie Lea hervorhebt, nirgends ein Kind vermißt worden war und an der Stelle, wo es angeblich beerdigt wurde, keine Überreste gefunden wurden [9]. Greuelgeschichten dieser Art, in ganz Europa schon vorher und auch seitdem immer wieder verbreitet – in England brauchen wir nur an die Fälle mit dem Heiligen William aus Norwich (1144) und dem Heiligen Hugh aus Lincoln (1255) zu denken –, dienten dazu, die bösartigste Judenfeindschaft zu nähren. Wenn auch manche maßgebenden Kirchenbehörden so taten, als glaubten sie diesen Berichten, so gab es doch immer in den höchsten Positionen Leute, die das vorsätzliche Schüren von Rassenhaß scharf mißbilligten. Schon im Jahre 1247 wurde vom Papst energisch darauf hingewiesen, daß an der Legende von jüdischen Ritualmorden christlicher Kinder kein wahres Wort sei. Gelegentlich, doch leider nicht oft genug, betonte Rom das erneut. Noch im 18. Jahrhundert appellierten die jüdischen Gemeinden in Europa an den Kardinal Ganganelli (den späteren Papst Clemens XIV.), die Ursprünge der Ritualmordgeschichte einmal historisch gründlich nachprüfen zu lassen. Und 1759 wurden die Ergebnisse dieser Untersuchung bekanntgegeben. Sie besagten, daß es zu keiner Zeit in der Geschichte Europas greifbare Beweise dafür gegeben hat, daß diese Behauptungen mehr waren als eine im Volk verbreitete Legende [10]. Doch mit Erkenntnissen dieser Art finden sich viele Leute, auch Gelehrte, einfach nicht ab. So kommt es, daß auch angeblich ernsthafte Historiker jener Epoche an die Wahrheit sämtlicher Greuel glaubten, die man den Juden in Spanien zur Zeit der Inquisition zuschrieb [11]. Kein Wunder also, daß im 15. Jahrhundert die leicht beeindruckbaren Menschen aus dem einfachen Volk, die sich über eine Minderheit erregten, der sie (in ihren Vorurteilen durch ihre Lehrer bestärkt) jede denkbare soziale und religiöse Schandtat zutrauten, zum Haß auf so grundverdorbene Menschen verleitet werden konnten.

Autoren, die gegen die Conversos eingestellt waren, nutzten solche »Fälle« gründlich aus. Vorgänge wie die Verbrennung von zwei Conversos in Llerena (Estremadura) im September 1467, sofort nachdem entdeckt worden war, daß sie noch jüdischen Bräuchen folgten, waren für sie sichtbare Beweise der religiösen Unehrlichkeit vieler Neuchristen. Prediger zur Zeit Ferdinands und Isabellas stellten solche Fälle groß heraus. Zu ihnen gehörte Alonso de Hojeda, ein Dominikanerprior aus Sevilla, der mit seiner ganzen Tatkraft die Krone auf die von den Juden und falschen Konvertiten drohende Gefahr aufmerksam zu machen suchte. Seine Stunde kam, als im Juli 1477 Isabella in Sevilla eintraf und dort bis Oktober 1478 blieb. Die Historiker sind sich nicht einig in der Frage, ob Hojedas Predigten die Königin bei ihrem Entschluß, etwas gegen die Conversos zu unternehmen, mit beeinflußt haben. Bald nach Isabellas Abreise aus Sevilla trug Hojeda Beweise von einer geheimen Versammlung jüdisch gesinnter Conversos in der Stadt zusammen und erhob auf Grund dessen die Forderung, Maßnahmen gegen die Ketzer zu treffen. Seine Beweise schienen die Regierung beeindruckt zu haben, denn sie ersuchte um einen Bericht über die Situation in Sevilla. Der Bericht, gestützt durch die Autorität des Erzbischofs von Sevilla, Pedro González de Mendoza, und die des Tomás de Torquemada, Prior eines Dominikanerklosters in Segovia, enthüllte, daß nicht nur in Sevilla, sondern in ganz Andalusien und Kastilien die Conversos insgeheim noch nach den Bräuchen der jüdischen Religion lebten. Angesichts dieser Lage waren Ferdinand und Isabella einverstanden, in Kastilien eine Inquisition zu etablieren, und sandten Anträge auf Erlaß einer entsprechenden päpstlichen Bulle nach Rom.

Das Phänomen war in Spanien nicht ganz neu. Schon 1238 war eine unmittelbar unter dem Befehl des Papstes stehende und von den Dominikanern betriebene Inquisition im Bereich der Krone von Aragonien eingeführt worden, die jedoch im 15. Jahrhundert nicht mehr tätig war. Kastilien dagegen hatte von einer Inquisition bis dahin nichts gewußt, das heißt von einer Einrichtung, die sich einzig und allein mit dem Ausrotten von Ketzerei befaßte. Bis dahin hatte es genügt, die Bestrafung von Ketzern durch die Bischöfe und ihre Kirchen vornehmen zu lassen. Hojeda und andere kamen jedoch nun mit dem Argument, die Converso-Gefahr habe inzwischen derart überhandgenommen, daß nur eine fortwährend tätige Inquisition ausreiche, um dieser Bedrohung Einhalt zu gebieten. Infolgedessen wurde die geforderte Bulle schließlich von Papst Sixtus IV. am 1. November 1478 erlassen. Sie sah vor, daß zwei oder drei Geistliche im Alter von über vierzig Jahren zu Inquisitoren zu ernennen seien. Ihre Ernennung, ihre Vollmachten und ihre Entlassung sei Sache der spanischen Krone. Hiernach wurde für zwei Jahre kein weiterer Schritt unternommen. Diese lange Pause schien im Widerspruch zu Hojedas Argument von der Dringlichkeit der Converso-Gefahr zu stehen. Dieser Widerspruch ist möglicherweise damit zu erklären, daß Ferdinand und Isabella lieber für eine Weile noch Milde walten lassen wollten, bevor strenge Maßnahmen ergriffen wurden, und daß diese ihre vorsichtige Haltung zum Teil auch durch zahlreiche Conversos in hohen Stellungen bei Hofe beeinflußt worden ist. So wurden erst am 27. September 1480, in Medina del Campo, die von der päpstlichen Bulle vorgesehenen Inquisitoren amtlich berufen, und zwar die Dominikaner Juan de San Martín und Miguel de Morillo sowie als Beisitzer und Berater Juan Ruiz de Medina. Mit diesen Ernennungen war die Spanische Inquisition definitiv geschaffen.

Dieses Gremium war fraglos als Folge der Agitation gegen die Neuchristen entstanden. Sein unmittelbarer Zweck war daher, die katholische Religion in Spanien zu schützen. Die Inquisition hatte, wohlgemerkt, nur über getaufte Christen zu richten; wer nicht getauft war, blieb von ihren Maßnahmen verschont. Das bedeutete, daß Ferdinand und Isabella zunächst noch nicht beabsichtigten, nur eine einzige Religion auf der Halbinsel zu dulden. Sie versuchten nur, das Problem der sozialen und rassischen Dissidenten zu lösen, das vor allem infolge der zweifelhaften Glaubenstreue der Conversos so viel Gewicht bekommen hatte. Diese Politik wurde erkennbar unterstützt von Altchristen und religiösen Eiferern, unter denen es prominente Conversos gab. Daß die neue Einrichtung auf Widerstand stieß, war unvermeidlich. Sofort nach ihrer Ernennung wurden die Inquisitoren zum Eingreifen nach Sevilla geschickt, wo zuerst auf die von den Conversos drohende Gefahr hingewiesen worden war. Etwa Mitte Oktober 1480 begannen sie mit ihrer Tätigkeit in Sevilla.

Die erste Folge war ein Exodus zahlreicher Conversos. Aus Sevilla, Córdoba und anderen andalusischen Städten flüchteten, nach Hernando del Pulgar, mehr als viertausend Familien.

. . . und da das Fehlen dieser Leute einen großen Teil des Landes entvölkerte, wurde die Königin unterrichtet, daß der Handel zurückging. Doch sie sagte – indem sie den Rückgang ihrer Steuereinnahmen nicht sehr wichtig nahm und die Reinheit *(limpieza)* ihrer Länder über alles stellte –, das Wesentliche sei, das Land von der Sünde der Ketzerei zu reinigen, denn das müsse im Dienst an Gott und ihr selbst unbedingt geschehen. Und alle Gegenvorstellungen, die ihr in dieser Angelegenheit gemacht wurden, änderten nichts an ihrer Entscheidung [12].

Flüchtlinge, die sich auf die Güter von Aristokraten begaben in der Hoffnung, die feudalistische Rechtsprechung werde sie vor der Inquisition schützen, wurden schnell enttäuscht, als die Adligen sich einem Befehl fügten, laut dem sie alle Flüchtlinge innerhalb von zwei Wochen der Inquisition überantworten sollten, andernfalls sie selbst exkommuniziert würden. Nicht alle Conversos hielten indes Flucht für die beste Lösung. In Sevilla rief der reiche Diego de Susán, einer der führenden Bürger der Stadt und Vater einer schönen Tochter, der unter dem Namen *fermosa fembra* berühmten Susana, eine Schar von Kollegen, darunter prominente Kirchenmänner und Stadträte, zu einer Besprechung in der Kirche von San Salvador zusammen. Zu ihnen gehörten, nach einer zeitgenössischen Quelle,

. . . viele andere begüterte und mächtige Männer aus den Städten Utrera und Carmona. Diese fragten einander: »Was hältst du davon, daß die gegen uns auftreten? Sind wir nicht die reichsten Bürger dieser Stadt und beim Volk über die Maßen beliebt? Laßt uns Männer zusammenholen . . .« Und so beauftragten sie einander mit der Beschaffung von Waffen, Männern, Geld und anderem Notwendigen. »Und wenn die kommen, um uns zu holen, werden wir, zusammen mit Bewaffneten und dem Volk, uns erheben und sie niederschlagen und somit Rache an unseren Feinden nehmen.« [13]

Der geplante Aufstand hätte vielleicht zum Erfolg geführt, wäre nicht das Komplott durch die *fermosa fembra*, die um das Schicksal ihres Liebhabers, eines Altchristen, besorgt war, den Behörden verraten worden. Alle Beteiligten wurden verhaftet, und dieser Fall wurde auch zum Vorwand genommen, andere wohlhabende und einflußreiche Conversos von Sevilla zu verhaften. Mit diesem wertvollen Fang wurde am 6. Februar 1481 das erste *auto de fe* der spanischen Inquisition feierlich abgehalten, wobei sechs Menschen auf dem Scheiterhaufen verbrannt wurden und Bruder Alonso de Hojeda bei der Zeremonie die Ansprache hielt. Hojedas Triumph war von kurzer Dauer, denn schon nach wenigen Tagen raffte die Pest, die gerade in Sevilla zu wüten begann, ihn als eines der ersten Opfer hinweg. Bei Bernáldez heißt es:

Ein paar Tage danach verbrannten sie drei der reichsten führenden Männer der Stadt, nämlich Diego de Susán, der ein Vermögen von zehn Millionen Maravedis gehabt haben soll, auch Oberrabbiner gewesen war und anscheinend doch als Christ starb, sowie Manuel Sauli und Bartolomé de Torralva. Verhaftet wurden auch Pedro Fernández Benadeba, der einer der Führer beim Komplott war und in seinem Hause Waffen zur Ausrüstung von hundert Mann hatte, und Juan Fernández Abolasia, der oft Stadtratsvorsitzender gewesen und ein bedeutender Anwalt war, sowie viele andere führende und sehr reiche Bürger, die gleichfalls verbrannt wurden [14].

Als Susana die Folgen ihres Verrats sah, soll sie sich zuerst in ein Kloster zurückgezogen haben und dann ein Freudenmädchen geworden sein. Reue zerfraß ihr Herz, bis sie in Armut und Schande starb. Ihr letzter Wunsch war, man möge ihren Totenkopf als warnendes Beispiel für andere über der Tür ihres Hauses befestigen.

Die durch die Einrichtung der Inquisition in Sevilla ans Licht gebrachten Fälle von Ketzerei wurden zum Anlaß genommen, die Schaffung weiterer Tribunale überall im Lande zu rechtfertigen. Die Notlage – denn so sah man es – erforderte den Erlaß weiterer Verfügungen aus Rom. Demzufolge ernannte ein päpstliches Breve vom 11. Februar 1482 noch sieben Inquisitoren, sämtlich Dominikanermönche, unter ihnen der berüchtigte Tomás de Torquemada. Neue Tribunale wurden 1482 in Córdoba und 1483 in Ciudad Real und Jaén eingesetzt. Das in Ciudad Real war nur ein Provisorium und wurde 1485 nach Toledo verlegt. Bis 1492 hatte das Königreich Kastilien Tribunale in Avila, Córdoba, Jaén, Medina del Campo, Segovia, Sigüenza, Toledo und Valladolid eingerichtet. Diese Tribunale blieben freilich nicht alle ständig in Funktion, und die im Süden griffen viel schärfer durch als die im Norden des Landes. Wie zu erwarten, kam es im Widerstand gegen die Inquisition, nachdem die Opfer anfänglich ihr Heil in verzweifelten Gnadengesuchen und in der Flucht gesucht hatten, auch zu Gewalttaten. In Toledo beispielsweise, in dessen Mauern zahlreiche Conversos lebten, wurde im Jahre 1484 zum Fronleichnamstag ein Anschlag gegen die Inquisitoren geplant; doch er endete wie in Sevilla mit Verrat, Verhaftung und Hinrichtung. Wie verzweifelt die Conversos damals waren, wird sehr deutlich durch ihre widerstandslose Haltung bei Verhaftungen und Hinrichtungen während dieser Periode, die, wie ein neuzeitlicher Apologet der Inquisition zugibt, »eine Zeit von Verhaftungen und Prozessen war, wie es sie vielleicht bei anderen Tribunalen nie gegeben hat« [15]. In den ersten acht Jahren seiner Tätigkeit wurden, laut Bernáldez, vom Tribunal in Sevilla »über siebenhundert Personen zum Scheiterhaufen verurteilt und über fünftausend auf andere Weise bestraft« [16].

Der personelle Apparat der Inquisition wurde im Einklang mit den Bedürfnissen der Landesverwaltung reguliert. Isabella war damals dabei, die Staatsräte, den zentralen Verwaltungsapparat der Regierung von Kastilien, zu reformieren, und da schien es sich, als 1480 die Cortes von Toledo beschlossen, den Bestand von vier dieser Gremien (Rat von Kastilien, Rat für Finanzen, Staatsrat und Rat von Aragon) zu bestätigen, gleichsam von selbst zu ergeben, daß auch ein besonderer Staatsrat für die immer wichtiger werdenden Angelegenheiten der Inquisition eingesetzt wurde. So trat denn 1483 der *Consejo de la Suprema y General Inquisición* (kurz: die *Suprema*) in Erscheinung. Der erste Generalinquisitor war der Mönch Tomás de Torquemada. Damit wurde die Inquisition in Kastilien zur festen Einrichtung und bekam auch den erforderlichen administrativen Rahmen. Die Frage war nun, ob die Inquisition von Kastilien auch auf das Königreich Aragonien ausgedehnt werden solle.

Der Widerstand gegen die Einführung der Inquisition in Kastilien war nur schwach und daher nutzlos gewesen. Das Volk war vorbereitet und – bei dem allgemeinen Haß auf Juden und Conversos – nur allzu gern mit der Inquisition einverstanden. Gegen die Methoden des Tribunals wurde zwar noch für eine Weile opponiert, doch im allgemeinen wurden nur friedliche Versuche unternommen, Reformen auf Grund der geltenden Gesetze zu erreichen. Im Königreich Aragonien sah die Sache ganz anders aus. Dort hatte die mittelalterliche Inquisition seit 1238 existiert, war jedoch im 15. Jahrhundert bereits erloschen. In den Jahren 1481–82 unternahm König Ferdinand Schritte, um selbst über die Ernennung und Bezahlung der Inquisitoren zu bestimmen. Sein Ziel war, die alte päpstliche Inquisition wieder einzurichten, sie jedoch seiner eigenen Leitung zu unterstellen, um sie der in Kastilien üblichen Praxis anzugleichen. So war denn in Aragonien die neue Inquisition einfach eine Fortsetzung des alten Tribunals, mit dem Unterschied, daß jetzt die Krone über Ernennungen und Gehälter zu bestimmen hatte und daher das Tribunal praktisch mehr von Ferdinand als vom Papst abhing.

Die erste Tätigkeit dieses reformierten Tribunals, das hauptsächlich in den Städten Barcelona, Zaragoza und Valencia wirkte, richtete sich gegen die Conversos, die, über die Entwicklung erschrocken, sich auf eine Massenauswanderung vorbereiteten. Doch Differenzen mit dem Papst sowie zweifellos Druck auf Rom seitens der Conversos lähmten vorübergehend die Tätigkeit des Tribunals. Am 18. April 1482 erließ Papst Sixtus IV. die – wie Lea es ausdrückt – »erstaunlichste Bulle in der Geschichte der Inquisition«. Darin protestierte der Papst dagegen,

... daß in Aragonien, Valencia, Katalonien und auf Mallorca die Inquisition sich seit einiger Zeit nicht im Eifer für den Glauben und die Errettung von Seelen betätigt hat, sondern aus Gier nach Reichtum, und daß viele wahre und getreue Christen auf Aussagen ihrer Feinde, Rivalen, Sklaven oder anderer Personen der unteren Stände ohne legitime Beweise in weltliche Gefängnisse geworfen, gefoltert und als rückfällige Ketzer verurteilt, ihres Besitzes und Eigentums beraubt und der weltlichen Gerichtsbarkeit überantwortet wurden, die sie hinrichten ließ, zur Gefahr für die Seelen, und somit ein verderbliches Beispiel setzte und bei vielen Menschen Abscheu erregte [17].

Es sollten daher künftig bischöfliche Amtspersonen mit den Inquisitoren zusammenarbeiten; die Namen und Aussagen anklagender Zeugen sollten dem Beschuldigten genannt werden, dem ein Verteidiger zu genehmigen sei; Beschuldigte sollten nur in bischöfliche Gefängnisse kommen und Berufung in Rom solle erlaubt sein. Diese Bulle war, wie Lea sagte, erstaunlich, weil hier »zum erstenmal erklärt wurde, daß der Ketzer, wie jeder andere Verbrecher, Anspruch auf einen ordentlichen Prozeß und ein gerechtes« Verfahren hatte« [18]. Zweifellos nahm der Papst diese Gelegenheit wahr, seine Autorität über eine Inquisition zu betonen, die einst eine rein päpstliche Angelegenheit gewesen und nun vollends an den König von Aragonien übergegangen war. Für die Ansprüche der Conversos war die Bulle so günstig, daß an ihrem Einfluß bei der Durchsetzung nicht zu zweifeln ist. Die humanitären Absichten des Papstes freilich dürfen in Frage gestellt werden, da er keine vergleichbare Bulle als Protest gegen die gleichzeitig in Andalusien verübten Greuel erlassen hat. Wahrscheinlich war es allein das Geld der Conversos, das die Bulle für Aragonien erwirkte. König Ferdinand war über das Vorgehen des Papstes empört und tat so, als glaube er nicht an die Echtheit der Bulle, weil, seiner Darstellung nach, kein Papst mit Vernunft so ein Schriftstück hätte verfassen können. Am 13. Mai 1482 schrieb er an den Papst:

Mir sind, Heiliger Vater, Dinge berichtet worden, die, wären sie wahr, Anlaß zu höchstem Erstaunen gäben. Es wird behauptet, Eure Heiligkeit habe den Conversos einen Generalpardon für alle von ihnen begangenen Verfehlungen und Verbrechen gewährt. Wir haben allerdings diesen Gerüchten nicht geglaubt, weil es sich dabei um etwas zu handeln scheint, was Eure Heiligkeit, bei der Verpflichtung der Inquisition gegenüber, sicherlich nicht konzediert haben würde. Falls jedoch aus irgendeinem Grunde den Conversos, infolge ihrer hartnäckigen und listigen Überredungskünste, Konzessionen gemacht sein sollten, so beabsichtige ich, diese keinesfalls wirksam werden zu lassen. Sorgen Sie also bitte dafür, daß hierbei nicht weitergegangen wird, lassen Sie etwaige Konzessionen widerrufen, und überlassen Sie uns die Regelung dieser Sache [19].

Vor dieser entschlossenen Antwort war Sixtus IV. unsicher geworden, und so verkündete er im Oktober 1482, daß er die Bulle annulliert habe. Nun war der Weg für Ferdinand frei. Das Einverständnis des Papstes wurde am 17. Oktober 1483 endgültig gesichert, denn durch ihn wurde Torquemada als Generalinquisitor für Aragonien, Valencia und Katalonien bestätigt, so daß die Inquisition der spanischen Krone unter einem einzigen Oberhaupt vereinigt war. Das neue Tribunal kam unmittelbar unter den Einfluß der Krone und war die einzige Inquisition, die Befehlsgewalt in allen Gebieten Spaniens hatte, eine Tatsache von großer Bedeutung für künftige Gelegenheiten, sobald der Herrscher von Kastilien in anderen Provinzen einzugreifen wünschte, wo seine weltliche Autorität nicht anerkannt war. Indes war es mit den Einwänden von seiten des Papstes noch nicht vorbei, denn im Laufe des nächsten halben Jahrhunderts gab es mehrere Vorstöße Roms in Fragen der Rechtsprechung und zwecks Abstellung von Mißbräuchen, die die Inquisition in ein schlechtes Licht zu bringen drohten. Außerdem gaben die Conversos in Spanien niemals ihren Kampf auf, die Praktiken des Tribunals, die sie als bedrohlich nicht nur für die heimlichen Juden, sondern auch für alle ehrlichen Neuchristen ansahen, zu mildern. Infolge ihrer Vorstellungen in Rom intervenierte der Papst weiterhin zu ihren Gunsten, woraus sich mehrfach Streit zwischen der Krone und dem Heiligen Stuhl ergab.

Der Widerstand gegen die Einführung der Inquisition in Kastilien war zu schwach gewesen, doch im Reich Aragonien lagen die Dinge anders. Wie wir sahen, waren Aragonien und Kastilien durch die Heirat der Katholischen Majestäten nicht vereinigt worden, sondern es hatten beide Königtümer ihre ganz eigenen Verwaltungsformen und Freiheitsbegriffe. Die Aragonier bildeten sich viel auf die verfassungsrechtlich verankerten Freiheiten (fueros) innerhalb ihres Reiches ein, und auch auf ihre Versammlungen der Staatsvertreter, die unabhängiger und mächtiger waren als die in Kastilien. In der Provinz Aragon war es, wo der Treueid, den die Cortes dem König zu leisten hatten, folgenden Wortlaut bekam: »Wir, die wir nicht minder sind als Ihr, leisten Euch, der Ihr nicht besser seid als wir, einen Eid, Euch, dem Fürsten und Erben unseres Königreichs, unter der Bedingung, daß Ihr uns unsere fueros und Freiheiten erhaltet, und wenn Ihr das nicht tut, stehen wir nicht zu unserem Eid.«

Es war offensichtlich gefährlich, ein neues Tribunal einzuführen, ohne sich auf die Cortes zu berufen, die so eifersüchtig über ihre konstitutionellen Rechte wachten. Die Erneuerung der alten päpstlichen Inquisition durch Ferdinand und die Folge der Ereignisse, die zu dem Streit mit dem Papst Sixtus IV. führten, scheinen keine Sorge um die *fueros* in Aragonien erweckt zu haben, weil der König nur eine Einrichtung erneuerte, die in Aragon seit mehr als zwei Jahrhunderten existiert hatte. Die Berufung des Torquemada allerdings war eine andere Sache. Hier war ein kastilianischer Inquisitor Oberhaupt eines kastilianischen Tribunals, dessen Autorität nun über Aragonien ausgedehnt wurde, während tatsächlich eine päpstliche Inquisition dort bereits existierte. Die Opposition wurde wie gewöhnlich von den widerspenstigen Katalanen geführt.

Als am 15. Januar 1484 eine Versammlung der Cortes der Krone von Aragonien einberufen wurde, um der neuen Inquisition zuzustimmen, weigerten sich die Katalanen, Delegierte dazu zu entsenden, indem sie behaupteten, es sei gesetzwidrig, sie außerhalb ihres Fürstentums vorzuladen. Sie verlangten außerdem einen eigenen Inquisitor und sträubten sich, einen Generalinquisitor, nämlich Torquemada, anzuerkennen. Ihr Verlangen wurde gestützt durch die Tatsache, daß der eigene Inquisitor von Barcelona, Juan Comte, auf Grund eines selbständigen päpstlichen Auftrags eingesetzt war, den der Papst nicht widerrufen wollte. Zwei Jahre lang blieben Ferdinands Bestrebungen, seine Ansprüche zu erzwingen, ohne Erfolg. Schließlich jedoch, im Februar 1486, widerrief der neue Papst Innocenz VII. alle für das Königreich Aragonien erteilten päpstlichen Aufträge und bestätigte Ferdinands Kandidaten für die Tribunale in Katalonien, mit Torquemada als besonderem Inquisitor für Barcelona. Trotzdem ließ sich der Stadtrat von Barcelona nicht beugen, und erst anderthalb Jahre später, im Juni 1487, gestattete er dem Stellvertreter Torquemadas, Alonso de Espina, die Stadt zu betreten. Es war ein bezeichnender Vorgang: Beamte, Geistliche und Adlige kamen ihm zur Begrüßung entgegen, doch die Abgeordneten und Richter nahmen von seiner Ankunft keine Kenntnis. Bei der Spaltung zwischen den Parteien vertraten die Abgeordneten die Interessen der im Handel tätigen Klassen, die durch die Methoden der Inquisition das meiste zu verlieren hatten. In den Jahren vorher hatte es eine derartige Massenflucht von Conversos gegeben, daß die Wirtschaft Barcelonas ernsthaft bedroht war. Wie viele Conversos fortgegangen waren, ist aus der geringen Zahl der Opfer zu ersehen, mit denen die ersten *autos de fe* in Barcelona 1488 und 1489 aufwarten konnten. »Fremde Reiche werden wohlhabend und berühmt durch die Entvölkerung dieses Landes, welches am Veröden ist«, klagten die Ratsherren in Barcelona. Doch Ferdinand blieb unbeugsam. »Kein Anlaß und kein Anliegen, wie bedeutend und einleuchtend sie auch sein mögen, wird uns dazu bewegen, die Inquisition aufzuheben«, schrieb er in Beantwortung dieser Beschwerden [20]. Diese Antwort, die ganz der Meinung Isabellas entsprach, zeigt, wie unnachgiebig und kompromißlos die Katholischen Majestäten an dem Dogma von der Notwendigkeit der Inquisition festhielten.

In Valencia stützte sich die Opposition in ähnlicher Weise auf die *fueros*, also die Sonderrechte. Die Cortes in Tarazona hatten 1484 die Einführung der neuen Inquisition gebilligt, so daß die Krone jetzt ganz legal Inquisitoren in Aragonien und Valencia ernannte. Torquemada wirkte nun in Valencia, doch die vier Gebiete dieses Reichs protestierten durch ihre eigenen Cortes energisch gegen die Verletzung ihrer Privilegien und Freiheiten, und die Ortsbehörden von Valencia verweigerten den ersten beiden dort erscheinenden Inquisitoren, Juan de Espila und Martin Iñigo, die Erlaubnis, ihre Tätigkeit aufzunehmen. Die Eröffnung eines Tribunals in der Stadt Valencia wurde mit der Begründung untersagt, daß den *fueros* zufolge nur gebürtige Valencianer in der Stadt ein Amt bekleiden könnten. Dieser Widerstand wurde schließlich von Ferdinand gebrochen. Im November 1484 begannen die Inquisitoren ihr Werk auch in Valencia. Trotzdem wurde noch passiver Widerstand geleistet, besonders vom Adel des Landes, so daß König Ferdinand es im August 1485 für nötig hielt, dem Tribunal die Vollmacht zu erteilen, jeden, der das Werk der Inquisition behinderte, gleich welchen Ranges er sei, zu verhaften und ins Gefängnis zu werfen.

In Aragonien nahmen die Dinge eine viel ernstere Wendung. Wir sahen bereits, daß sich nicht nur unter den bedeutendsten Amtspersonen in diesem Königreich viele Conversos befanden, sondern viele auch in der Finanzwirtschaft der Hauptstadt Zaragoza wichtige Rollen spielten. Ohne Rücksicht auf die zu erwartende Opposition ernannte Torquemada am 4. Mai 1484 die ersten zwei Inquisitoren für Aragonien: Gaspar Juglar und Pedro Arbués de Epila. Nach der Darstellung Leas begannen die Inquisitoren sofort mit ihrer Tätigkeit und veranstalteten *autos de fe* am 10. Mai und am 3. Juni 1484. Diese Daten erscheinen jedoch nicht nur ungewöhnlich früh, sie wären auch Verstöße gegen die Inquisitionsregel gewesen, laut der den Ketzern, ehe gegen sie vorgegangen wurde, eine Gnadenfrist von meistens vier Wochen gewährt werden sollte. Es ist daher wahrscheinlich, daß die erwähnten *autos de fe* nicht 1484, sondern vielmehr 1485 stattfanden[21].

Diese rege Tätigkeit des neuen Tribunals beunruhigte nicht nur Conversos, sondern auch alle, die sich noch auf die *fueros* von Aragonien verließen. Der Chronist dieses Landes, Jerónimo de Zurita, berichtet:

Diese neu Bekehrten von der jüdischen Rasse und viele andere führende Leute und Adlige behaupteten, daß die Prozeduren gegen die im Reich garantierten Rechte verstießen, weil wegen dieses Verstoßes (der Ketzerei)

48

ihre weltlichen Güter konfisziert und ihnen die Namen derer, die gegen sie Zeugnis ablegten, nicht genannt werden.

Infolgedessen hatten die Conversos das ganze Königreich auf ihrer Seite, auch Personen von höchstem Ansehen, darunter Altchristen und Adlige [22].

Als der Widerstand im Volk sich so verstärkte, daß der Antrag gestellt wurde, die Gebietsvertreter des Reiches zusammenzurufen, sandte Ferdinand schnell an die maßgebenden Adligen und Abgeordneten ein Rundschreiben, in dem er seinen Standpunkt rechtfertigte:

Es besteht nicht die Absicht, in die *fueros* einzugreifen, vielmehr soll deren Beachtung erzwungen werden. Unvorstellbar ist doch, daß Vasallen, die so katholisch sind wie die in Aragonien, Vorrechte und Freiheiten, die gegen den Glauben verstoßen und Ketzerei fördern können, verlangt oder daß so katholische Könige diese gewährt haben sollten. Hätten die früheren Inquisitoren gewissenhaft nach den Vorschriften gehandelt, dann wäre kein Anlaß gewesen, die neuen ins Land zu bringen. Doch jene waren gewissenlos und durch Korruption verdorben.

Wenn so wenige Ketzer vorhanden sind, wie jetzt behauptet wird, sollte es so große Angst vor der Inquisition gar nicht geben. Sie darf nicht behindert werden, wenn sie sequestriert und konfisziert und andere notwendige Handlungen vornimmt, ... keiner Sache und keinem Anliegen, einerlei wie bedeutend sie sind, soll erlaubt sein, sie dabei zu stören, wenn sie künftig ebenso vorgeht wie jetzt [23].

Doch der Widerstand ging weiter, mochten die Motive persönliche Furcht oder juristische Bedenken sein. Der bemerkenswerteste Fall von Widerstand ereignete sich 1484 in der Stadt Teruel, etwa 180 Kilometer südlich von Zaragoza. Das Tribunal von Zaragoza hatte zwei Inquisitoren nach Teruel gesandt, die dort als Tribunal tätig werden sollten. Als der Magistrat ihnen den Eintritt durch die Stadttore verweigern ließ, zogen die Inquisitoren sich in die Nachbarstadt Cella zurück, von wo sie die Exkommunikation der Stadtväter von Teruel und einen Kirchenbann gegen die Stadt verkündeten. Die Geistlichen von Teruel erhielten auf Ansuchen sofort vom Papst eine Botschaft, durch die die Stadt von dieser Strafe befreit wurde. Daraufhin verordnete im Oktober 1484 die Inquisition, daß alle öffentlichen Ämter für die Krone konfisziert und ihre derzeitigen Inhaber entlassen seien, und der König wurde gebeten, diese Verfügung durchzusetzen. Ferdinand antwortete im Februar 1485 mit einem Befehl an sämtliche Amtspersonen in Aragonien, die er ersuchte, Waffen zu ergreifen und den Inquisitoren beizustehen. Da die Reaktion darauf nicht den Erwartungen entsprach, rief Ferdinand auch Truppen von der Grenze nach Kastilien zu Hilfe. Unter so massiertem

Druck wurde die Stadt leicht zum Gehorsam gebracht, und als sie sich im Frühjahr 1485 den Bedingungen gefügt hatte, schien die Inquisition sich in Aragonien allgemein durchgesetzt zu haben. Die Gründe für den Widerstand in Teruel scheinen fast ausschließlich in dem dort großen Einfluß der Conversos gelegen zu haben, so daß der Vorwand, es sollten hier die *fueros* von Aragonien verteidigt werden, nur dünn war. Im Jahre 1485 stellten die *fueros* bereits keinen großen Schutz mehr dar.

Doch der Widerstand der Conversos war keineswegs gebrochen. Einerseits wuchs er infolge einer gewissen Unterstützung durch Altchristen, die über die Einführung des neuen Tribunals in Aragonien verärgert waren, andererseits wurde er verzweifelter, weil Widerstand, wie das Beispiel von Teruel bewies, offenbar wenig Aussichten hatte. In den höchsten Kreisen von Conversos gewann der Gedanke, einen Inquisitor zu ermorden, mehr Boden, und es traten dafür auch so prominente Leute ein wie Gabriel Sánchez, Schatzmeister des Königs, und Sancho de Paternoy, Schatzmeister des Königreichs Aragonien. Der Höhepunkt kam in der Nacht zum 16. September, als der Inquisitor Pedro Arbués im Gebet vor dem Hochaltar der Kathedrale in Zaragoza kniete. Unter seinem Gewand trug er ein Panzerhemd und auf dem Kopf eine Stahlkappe, weil er gewarnt worden war. In der fraglichen Nacht betraten acht von Conversos gedungene Verschwörer die Kathedrale durch die Sakristei und schlichen sich hinter ihn. Nachdem sie Arbués einwandfrei erkannt hatten, stieß einer ihm von hinten den Dolch ins Genick. Es war eine tödliche Wunde, und als Arbués taumelte, brachten noch zwei der anderen Verschwörer ihm Stichwunden bei. Die Mörder entkamen, indes die Domherrn hereineilten. Arbués blieb noch bis zum folgenden Tage am Leben. Am 17. September starb er. Das Entsetzen über diesen Mord hatte Folgen, die eigentlich die Conversos hätten voraussehen müssen. Als entdeckt wurde, daß die Mörder *judaizantes*, also heimliche Juden waren, wandelte sich die Stimmung in Zaragoza und in ganz Aragonien gründlich. Man erklärte Arbués zum Heiligen und bewirkte mit seinem Blut Wunder. Später wurde er im Volk als *El Santo martyr* verehrt, und im 16. Jahrhundert setzte man ihm zu Ehren für Spanien einen Fastentag fest. Doch Rom, langsam in solchen Fragen, kanonisierte ihn erst 1867. Der Mob zog durch die Straßen auf der Suche nach Conversos, und die Ständeversammlung stimmte dafür, die *fueros* aufzuheben, solange die Fahndung nach den Mördern weiterging. In dieser Atmosphäre gewannen die Inquisitoren an Macht. Sie veranstalteten am 28. Dezember 1485 eine Ketzerverbrennung, und die Mörder des Arbués büßten ihr Verbrechen in einer Reihe von *autos de fe*, die vom 30. Juni bis zum 15. Dezember 1486 abgehalten

50

wurden. Einem von ihnen wurden die Hände abgehackt und an die Tür des Hauses der Abgeordneten genagelt. Der Verstümmelte wurde zum Marktplatz geschafft, geköpft und gevierteilt; Stücke seines Körpers wurden in den Straßen der Stadt zur Schau gestellt. Einer beging am Tage vor der Hinrichtung in seiner Zelle Selbstmord, indem er eine gläserne Laterne zerschlug und die Stücke verschluckte. An seinem Leichnam wurde dann ebenfalls noch die gleiche »Bestrafung« vollzogen.

Es waren noch mehr als diese einleitenden Maßnahmen nötig, um die ganze Verschwörung zu zerschlagen, in die so viele, darunter zahlreiche Personen von Rang, verwickelt waren, daß einzelne dafür sogar 1492 noch bestraft wurden. Es rollten nun Köpfe von Angehörigen der bedeutendsten Familien Aragoniens. Ob sie heimliche Juden waren oder nicht – jedenfalls hatten Conversos aus den führenden Familien sich indirekt an dem Mord beteiligt und wurden alle, früher oder später, durch die Inquisition vernichtet, die nun in allen gerichtlichen Maßnahmen uneingeschränkt bestimmte. In einer Liste der Opfer [24] kommen immerfort die bedeutenden Namen Santa Fé, Santangel, Caballería und Sánchez vor. Francisco de Santa Fé, Sohn des berühmten Converso Jerónimo und Berater des Gouverneurs von Aragonien, beging Selbstmord, indem er von einem Turm sprang. Sein Leichnam wurde in einem *auto de fe* am 15. Dezember 1486 verbrannt. Sancho Paternoy wurde gefoltert und auf Lebenszeit ins Gefängnis gesperrt. Luis de Santangel, der seiner soldatischen Leistungen wegen von König Juan II. persönlich zum Ritter geschlagen worden war, wurde geköpft und am 8. August 1487 auf dem Marktplatz von Zaragoza verbrannt. Sein Vetter Luis, dessen Geld die Reisen des Columbus ermöglicht hatte, mußte im Juli 1492 Buße tun. Insgesamt wurden durch die Inquisition vor 1499 allein von der Familie Santangel mehr als fünfzehn Mitglieder getroffen, und zwischen 1486 und 1503 erlitten vierzehn Angehörige der Familie Sánchez das gleiche Schicksal. Durch diesen enormen Fang von Conversos in den Netzen des Tribunals wurde der Einfluß der Neuchristen in der Verwaltung Aragoniens beseitigt. Nicht zum erstenmal triumphierte eine Sache durch einen einzigen, zur rechten Zeit gefallenen Märtyrer. Für die Conversos waren die Folge eines einzigen, »billig« vollzogenen Mordes (er kostete, einschließlich des Lohnes für die Mörder, nur sechshundert Goldflorins) zahlreiche Selbstmorde, durch die für die nächsten hundert Jahre jeder Widerstand gegen die Inquisition dahinschwand.

Auf Mallorca, wo die »alte« Inquisition schon 1478 gegen *judaizantes* vorgegangen war, wurde das neue Tribunal 1488 ohne Zwischenfall eingeführt und begann sofort einzugreifen. Die Inquisitoren, Pedro Pérez de Munebrega und Sancho Martín, fanden genug zu tun und waren in den Jahren 1488 bis 1491 mit Hunderten von Fällen beschäftigt. Politisch gab es auf der Insel keine Störungen, und gegen das Tribunal fand keine Gewalttat statt, bis unter der Regierung Karls V. ein von dem Bischof von Elna, einem Converso, geführter Aufstand mit der (vorläufigen) Vertreibung der Inquisitoren aus der Stadt Palma endete. Daß die Inselbewohner sich die Tätigkeit des Tribunals gefallen ließen, ist besonders deshalb ungewöhnlich, weil die Bevölkerung großenteils aus Conversos bestand, und zwar infolge der Aufstände von 1391 in Palma, der Predigten des heiligen Vincent Ferrer in den Jahren 1413 und 1414 und der abschließenden Zwangsbekehrung von Juden 1435. Die große Zahl von Conversos bei den *autos de fe* zwischen 1488 und 1499 – insgesamt 347, nicht gerechnet die Hunderte, denen bei freiwilligem Geständnis verziehen wurde – beweist, daß es auch dort ein Minderheitenproblem von nicht geringer Bedeutung gegeben hat.

Somit war die Inquisition in ganz Spanien mehrere Jahre vor dem endgültigen Beschluß, die Juden zu vertreiben, eingeführt. Die Periode zwischen den beiden Ereignissen ist in der Geschichte Kastiliens und Aragoniens von großer Bedeutung, denn sie enthüllt, wieviel Zwang angewendet wurde, um religiöse Orthodoxie zu erreichen. Während dieser Jahre litten Conversos und Juden Seite an Seite aus anscheinend rein religiösen Gründen, während die Motive doch entschieden mehr in der Rassenfrage und wirtschaftlichen Bestrebungen lagen. Gerade zu der Zeit, als Conversos ins Exil gingen oder wegen Ketzerei auf dem Scheiterhaufen verbrannten, wurden ihre jüdischen Stammesbrüder in ganz Südspanien aus einer Diözese in die andere vertrieben. Während der ganzen Periode zwischen 1480 und 1492 war Spanien so sehr in Rassenstreit und Klassenkonflikten befangen wie sonst nie in seiner Geschichte. Die Juden waren durch ständige Unterdrückung und Verfolgung immer weniger geworden, bis die Vertreibung der restlichen nur noch die logische Fortsetzung der ursprünglichen Maßnahmen zu sein schien. Die Conversos waren durch systematische, im Namen der katholischen Kirche durchgeführte »Kampagnen« ausgemerzt worden, und sie traf schon deshalb das Schicksal schwerer, weil sie doch bereits getauft waren. Wir müssen, wenn wir uns einen Begriff vom Umfang der antisemitischen Maßnahmen bilden wollen, stets das Schicksal beider Gruppen im Auge behalten. Die Zahl der ins Ausland Entwichenen war so groß, daß für jeden verbrannten Geheimjuden Dutzende oder Hunderte als Geflüchtete *in effigie* verbrannt wurden. Dieses Mißverhältnis zwischen denen, die entkamen, und denen, die ergriffen wurden, zeigt sich in der Zahl der von der Inquisition angeordneten Strafen. In den ersten zwei Jahren wurden beispielsweise von dem Tribunal in Ciudad Real 52 Opfer lebend verbrannt, jedoch 220 mußten »in Abwesenheit« zum Tode verurteilt werden. Bei dem *auto de fe* in Barcelona am 10. Juni 1491 wurden drei Personen lebend verbrannt, an 139 wurde das Urteil *in absentia* vollzogen. In Palma de Mallorca ging es ähnlich, als beim *auto de fe* vom 11. Mai 1493 nur drei Opfer *in persona*, doch 47 geflüchtete *in effigie* verbrannt wurden. Dem Kommen der Inquisition war in der Tat ein Donnergrollen vorausgegangen, das all denen, die Grund hatten, sie zu fürchten, eine deutliche Warnung war. So konnte es denn nicht überraschen, daß die Zahl der in den ersten Jahren nach Einsetzung des Tribunals Bestraften weit niedriger war, als nach dem angeblichen Ausmaß und dem Ernst der Gefahr zu erwarten gewesen wäre.

Die Katholischen Majestäten hatten nun die für eine Lösung des Converso-Problems nötige Apparatur in Gang gesetzt. Nach 1492 wurde diese Apparatur gegen die gesamte jüdische Bevölkerung unter der spanischen Krone betätigt, da nach diesem Datum in Spanien als einzige religiöse Bekenntnisse die katholische Religion und der Islam erlaubt sein sollten. Daher dreht sich die weitere Geschichte der Inquisition vor allem um die aus der fortdauernden Anwesenheit von Juden in Spanien entstehenden rassischen und religiösen Probleme. In den folgenden Kapiteln freilich wird uns weniger das Schicksal der Conversos beschäftigen als allgemein die Wirkung, die das neue Tribunal auf die spanische Bevölkerung ausübte. Und zwar nicht etwa, weil zuviel über die Geschichte der Conversos uns von unserem zentralen Thema ablenken würde, sondern mehr, weil es dazu kam, daß die Inquisition sich mit anderen Dingen beschäftigte, die weit über die eigentliche Judenfrage hinausgingen. Wir dürfen bei dem Begriff Inquisition nicht etwa immer nur an ein Wirken religiöser Intoleranz denken. Wie wir sahen, lassen sich die Anlässe zum Aufkommen dieser Tribunale auf soziale Konflikte zurückführen, die mehr widerspiegeln als die Mächte der Religion allein. Gegründet wurde die Inquisition, um Ketzerei zu bekämpfen und mit dem Problem, das die Juden im spanischen Volk bildeten, fertigzuwerden. Im Grunde jedoch hatten dieses Problem nicht die Juden geschaffen, sondern die feudalen Schichten, die im Bündnis mit dem einfachen Volk dagegen aufbegehrten, daß in den Städten der Mittelstand, in dem die Juden und Conversos am meisten hervorragten und gediehen, die Hauptrolle spielte. Es kann nicht nachdrücklich genug betont werden, daß die Inquisition mehr den Interessen bestimmter Klassen als der Reinheit der Religion diente. Zwar stand nach außen hin im Mittelpunkt das religiöse Motiv, doch scheinen die Katholischen Majestäten, trotz ihres persönlichen, beinah fanatischen Glaubens, an-

53

fangs gar keine Pläne zur Herbeiführung der religiösen Einheit in Spanien mittels der Inquisition gehabt zu haben. Nur ganz allmählich, mit der Ausmerzung der Juden 1492 und der muslimischen Minderheit neun Jahre danach, begann diese Politik der Vereinheitlichung sich herauszuschälen.

Eine Minderheit in Opposition

> »Zu jener Zeit waren die Meinungen geteilt.«
> Juan de Mariana, S. J., *Historia General de España*

»Es kann kein Zweifel daran bestehen«, schreibt ein moderner spanischer Verteidiger der Inquisition, »daß im 15. und im 16. Jahrhundert die gewaltige Mehrheit des spanischen Volkes, mitsamt den sie führenden Königen, Verwaltungsbeamten und Bischöfen, entschieden dem Vorgehen der Inquisition zugestimmt hat.«[1] Das ist eine Feststellung, die kein Historiker von Rang bestreiten würde. Sogar der große Llorente, letzter Geheimschreiber und erster Historiker des Tribunals, war verblüfft über das Fehlen von Beweisen für einen Widerstand gegen die Inquisition in Spanien. Im Jahre 1811 führte er in einem Vortrag in der Königlichen Akademie für Geschichte aus:

Wenn wir uns beim Nachforschen, was ein ganzes Volk über eine bestimmte Einrichtung gedacht hat, allein auf das Zeugnis offiziell schreibender Personen verlassen wollten, müßten wir feststellen, daß das spanische Volk die Inquisition gleichermaßen geliebt wie gehaßt hat. Man wird kaum ein in Spanien seit der Zeit Karls V. bis in unsere Tage gedrucktes Buch finden, in dem die Inquisition nicht mit Anerkennung erwähnt wird[2].

Die Einschiebung des Wortes »gehaßt« in das Zitat befriedigte Llorente in seinen eigenen Vorurteilen, doch er brachte so gut wie keinen Beweis dafür, daß das Wort hier berechtigt war. Auch der liberale Historiker von heute hat es schwer, Beweise für einen starken Volkswiderstand gegen das Tribunal zu finden. Wie kam es, muß man sich fragen, daß es einer so furchterregenden Institution gelang, über das spanische Volk zu Gericht zu sitzen, ohne Feindschaft und Haß zu erwecken? Die Frage ist jedoch gar nicht am Platze. Wie wir in den vorangegangenen Kapiteln gesehen haben, war die Inquisition keine dem Volk gegen seinen Willen aufgezwungene Einrichtung. Sie war ein Tribunal, das nur existieren konnte, weil es im Volk eine Stütze fand. Aus den bitteren sozialen Kämpfen des 15. Jahrhunderts erwachsen, vertrat es die Interessen der bei weitem größten Mehrheit des Volkes – der Altchristen nämlich – und richtete sich nur gegen die Interessen einer kleinen, aber machtvollen Minderheit innerhalb der »Zitadelle des Christentums«. Diese Unterstützung durch das Volk leitete sich natürlich nicht nur aus dem bewußten Kampf gegen die Conversos her, sondern ebenso aus dem Umstand, daß man dem begüterten und militanten altchristlichen Adel beistehen wollte. Es war eine wahre Volksbewegung, die, gefördert durch die oberen Klassen, die Basis für die Macht der Inquisition abgab.

Das trifft insbesondere für Kastilien zu. Die anfängliche Opposition in Aragonien entstand aus anderen Gegebenheiten, vor allem aus dem Ringen um die *fueros*. Doch obgleich die Masse des Volkes die Inquisition begrüßte, traf das in den Kreisen der oberen und mittleren Schicht, wo die Conversos tonangebend waren, nicht zu. Hier, in den oberen Klassen, nahm man in den ersten zwei Dekaden nach Einführung der Inquisition vielfach gegen die Methoden Stellung, die sich hinter dem eifernden Kampf im Dienste des rechten Glaubens verbargen.

Die Conversos mußten, ob sie echte Katholiken waren oder nicht, naturgemäß besorgt sein über die Tendenz der Inquisition, mehr von rassischen als von religiösen Gesichtspunkten auszugehen. Alle von Conversos abstammenden Personen wurden eo ipso verdächtig, und wenn sie es noch so ehrlich mit ihrem Katholizismus meinten. So lag es in ihrem Interesse, sich Gedanken zu machen über die Zahl der heimlichen Juden unter den getauften Christen. Aber waren diese allein für das Geschehen verantwortlich zu machen? Waren sie denn nach ihrer Zwangstaufe jemals recht belehrt worden? Einer der ersten, der diese Frage aufwarf, war der königliche Sekretär Hernando del Pulgar, der, selbst ein Converso, den Zwang zu einer Zeit, als die Evangelisierung noch nicht einmal versucht worden war, verurteilte. Zehntausende Kinder von Conversos in Andalusien waren, wie er den Erzbischof von Sevilla unterrichtete,

nie aus ihren Heimatorten herausgekommen und hatten keine andere Lehre gekannt außer der, die, wie sie sahen, ihre Eltern zu Hause befolgten. Sie alle zu verbrennen wäre nicht nur grausam, sondern auch schwer durchzuführen.

Ich sage dies nicht, Herr, zugunsten der Übeltäter, sondern um eine Lösung zu finden, die, so scheint es mir, darin läge, in jene Provinz hervorragende Personen zu entsenden, die durch ihr beispielhaftes Leben und ihre Lehren die einen bekehren und andere zur Kirche zurückbringen würden. Gewiß sind Diego de Merlo und Doktor Medina (die Inquisitoren) brave Männer, doch ich weiß sehr wohl, daß sie mit ihrem Feuer nicht so gute Christen schaffen werden, wie die Bischöfe Pablo (de Santa María) und Alonso (de Cartagena) es mit Wasser getan haben [3].

Pulgar protestierte besonders gegen die Todesstrafe für heimliche Juden, obwohl er im Grunde durchaus damit einverstanden war, die Ketzerei zu bekämpfen. Er berief sich hauptsächlich auf den heiligen Augustinus, der für die Anwendung von Zwang, jedoch nicht der Todesstrafe gegen die Ketzer in Nordafrika, die sogenannten Donatisten, eingetreten war. Das Zeugnis des liberalen, humanen Staatssekretärs ist ein wichtiger Beweis dafür, daß die Stimmung der Zeitgenossen nicht ausschließlich für blutige Maßnahmen war, und das schärfere Durchgreifen der Inquisition entsprach nicht unbedingt den Maßstäben jener Zeit.

Daß Pulgar nicht nur seine eigene Meinung aussprach, sondern die beachtlich vieler Zeitgenossen, wird verbürgt durch den berühmten Historiker Juan de Mariana, der im 16. Jahrhundert gelebt hat. Nach Beschreibung der besonders umstrittenen Prozeduren der Inquisition fährt der Jesuit fort:

Zu jener Zeit waren die Meinungen geteilt. Manche fanden, daß wer in dieser Weise sündigte, nicht die Todesstrafe erleiden solle. Doch davon abgesehen gaben sie zu, daß es gerecht sei, irgendeine andere Strafe zu verhängen. Zu denen, die diese Ansicht vertraten, gehörte auch Hernando del Pulgar, ein kluger und feinsinniger Mann [4].

Laut Mariana gab es auch eine Gegenpartei, doch überraschenderweise schildert er diese nirgends als die Mehrheit und qualifiziert sie nur als die »bessere und richtigere« Meinung. Wir dürfen mutmaßen, daß Pulgars Auffassung von vielen Angehörigen der oberen Schichten geteilt wurde, jedenfalls nicht einfach ignoriert werden konnte. Aus anderer Quelle haben wir direkte Beweise dafür, daß viele Leute die Conversos als Menschen ansahen, die nie richtig bekehrt worden waren und daher nicht verdienten, schuldig gesprochen zu werden. Dieselben Leute widersetzten sich auch der Vertreibung der Juden im Jahre 1492. Der auf Sizilien amtierende Inquisitor Luis de Páramo schrieb, daß sowohl vor als auch nach 1492 viele gebildete Spanier die Vertreibung nicht nur grundsätzlich falsch, sondern auch für die Kirche schädlich fanden, hauptsächlich aus zwei Gründen: Erstens, weil die unter Zwang Getauften das Sakrament nicht in der rechten Weise empfangen hätten und daher im Herzen heidnisch geblieben seien [5], und zweitens, weil in der Vertreibung gewissermaßen schon die Aufforderung liege, die Juden zu vernichten, was gegen die Heilige Schrift sei. Der erste Grund war natürlich von überragender Bedeutung, denn wenn Juden zur Bekehrung gezwungen wurden, war ihre Taufe ungültig, und die Inquisition hatte gerichtlich keine Verfügung über sie. Die übliche Erwiderung auf dieses Argument klang einfach: Allein die Tatsache, daß der Jude die Taufe als Alternative zu Tod oder Vertreibung gewählt habe, beweise doch, daß er freie Entscheidung gehabt habe. Es liege also kein Zwang vor und das Sakrament sei gültig. Gegen eine so sture Begründung vermochte keine liberale Theologie sich durchzusetzen, und so wurden in den nächsten Jahrhunderten Conversos weiterhin verfolgt und verbrannt, wenn oder weil sie sich nicht streng an die Religion hielten, die sie gar nicht erwählt hatten und in die sie nie ausreichend eingeweiht worden waren.

Beispielhaft für die, denen die Art der Behandlung der bedauernswerten Conversos zuwider war, ist der Fall des Historikers José de Sigüenza im 16. Jahrhundert. Dieser Mönch vom Orden des heiligen Hieronymus beklagte sehr, daß es in Spanien nicht noch andere Prälaten wie den frommen Hernando de Talavera gab, den Erzbischof von Granada und Beichtvater der Königin Isabella, der von Conversos abstammte. In seiner Äußerung zur Frage der Neuchristen sagt Bruder José, daß

Talavera nicht zulassen [wollte], daß Mitmenschen, in Wort oder Tat, weh getan werde oder sie mit neuen Steuern oder Auflagen belastet würden, denn er verabscheute die in Spanien so verbreitete üble Sitte, Mitglieder der Sekten nach ihrer Bekehrung schlechter zu behandeln als vorher... so daß viele sich weigerten, eine Religion anzunehmen, bei deren Gläubigen sie so wenig Barmherzigkeit und so viel Hochmut beobachteten.

Und wenn es mehr Prälaten gegeben hätte, die auf seinem [Talaveras] Pfad gewandelt wären, dann hätte es nicht so viele verlorene Seelen gegeben, die innerhalb Spaniens hartnäckig an den Sekten des Moses und des Mohammed festhielten, und es hätte auch in anderen Nationen nicht so viele Ketzer gegeben [6].

Ein so deutliches Zeugnis wie dieses, geschrieben ein volles Jahrhundert nach Pulgars Protesten, beweist, daß es in Spanien ständig eine ganze Anzahl verantwortungsbewußter Menschen gab, die nicht nur die Praktiken der Inquisition verwarfen, sondern auch die ganze Atmosphäre verabscheuten, die in einem Volk herrschte, das sein Gewissen verloren hatte. Die hier zitierten Stimmen verhallten nicht gänzlich ungehört. Andere zu jener Zeit und auch später protestierten gegen Einzelheiten der vom Tribunal veranlaßten Prozeduren und die Ungerechtigkeiten seiner Verfahrensweise. Zuweilen hatten die Proteste so tiefe Wirkung, daß sie an den Wurzeln der Inquisition rüttelten. Diese Stimmen des Protests brachten Abscheu gegen die rassische Verfolgung, die Zwangsmethoden, die Unehrlichkeit und das Aufgeben christlicher Verantwortung und Barmherzigkeit zum Ausdruck. Daß es solche Menschen in einem Zeitalter gab, in dem

Ketzerei als das schlimmste aller sozialen Verbrechen galt, muß der »pluralistischen Gesellschaft«, die in Spanien einst existierte, zum Lob angerechnet werden. Gleichzeitig werden damit die Behauptungen zunichte gemacht, daß die in dieser Zeitspanne durch die Inquisition oder durch andere Gremien verübten Exzesse auf Grund der allgemeinen Lebensform in eben jener Periode entschuldigt werden könnten. Die wenigen Fälle einer abweichenden Anschauung sind Beweise dafür, daß es damals keine restlos allgemeinverbindliche, uniforme Rechts- und Moralvorstellung gab.

Das neue Tribunal mußte sich einige Opposition gefallen lassen, bevor es zu ungestörter Tätigkeit übergehen konnte. Anfangs ging diese Opposition stets von Conversos aus. Da diese in Spanien keine Unterstützung fanden, wandten sie sich an Rom. Am 2. August 1483 erließ Sixtus IV. eine Bulle. Er befahl (aller Wahrscheinlichkeit nach durch Geld von Conversos bewogen) dem Tribunal in Sevilla mehr Milde und verwies alle Berufungsfälle nach Rom. Schon elf Tage danach jedoch widerrief der Papst, infolge Drucks durch die spanischen Herrscher, diese Bulle. Sixtus starb 1484, ihm folgte Innocenz VIII., ein Papst, der sich weiterhin zugunsten der Conversos einsetzte, dabei aber bemüht war, nicht den Zorn der Katholischen Majestäten zu erregen. Die von Innocenz am 11. Februar und am 15. Juli 1485 erlassenen Bullen, in denen ersucht wurde, mehr Gnade und Milde walten zu lassen und mehr Möglichkeiten zu stiller Versöhnung zu geben[7], sind typisch für die Bemühungen des Heiligen Stuhls, der vermeiden wollte, daß die Opfer des Tribunals anhaltender Ächtung preisgegeben wurden. Jedoch selbst wenn wir bei allen diesen Versuchen, die schlimmsten Auswüchse in der Tätigkeit der Inquisition zu vermeiden, die Hand der Conversos im Hintergrund sehen, kann doch die These, daß die Conversos allein die Opposition bildeten, nicht aufrechterhalten werden. Das Zeugnis des Juan de Mariana, das uns ungewöhnlich erscheinen könnte, wäre es nicht durch andere Quellen bestätigt, zeigt auf, daß zahlreiche Zeitgenossen durch die neuen, jetzt im Lande eingeführten Praktiken beunruhigt waren. Nach Mariana war das Verfahren der Inquisition

von Anfang an sehr bedrückend für die Spanier. Was am meisten überraschte, war, daß Kinder für die Verbrechen ihrer Eltern büßen mußten und daß die Ankläger nicht namentlich benannt, auch nicht den Beschuldigten gegenübergestellt und die Zeugen nicht bekanntgemacht wurden. Alles das lief der von den älteren Tribunalen geübten Praxis zuwider. Außerdem schien es eine Neuerung zu sein, daß Sünden dieser Art mit dem Tode bestraft werden sollten. Und was am schwersten wog, war, daß infolge dieser geheimen Untersuchungen die Beschuldigten des Rechtes, offen gehört zu werden und frei zu sprechen, beraubt wurden, da in allen großen und kleinen Städten und den Dörfern Personen eingesetzt waren, die über alles, was vorging, Auskünfte gaben. Das wurde von manchen Leuten als die übelste Sklaverei und gleichbedeutend mit Tod angesehen [8].

Es scheint, daß einem so strengen Verdikt nichts weiter hinzuzufügen wäre, doch ist bemerkenswert, daß Mariana selbst mit diesem Absatz offenbar nicht ganz einverstanden gewesen ist, denn er zitiert ihn nur als die Meinung Pulgars und anderer. Die gegenteilige Ansicht, die er als »besser und richtiger« bezeichnet, billigte die Inquisition voll und ganz. Zwei Punkte aus obigem Absatz sind vor allem zu beachten. Nirgends vermittelt Mariana den Eindruck, daß nur Conversos gegen das Tribunal opponierten. Im Gegenteil waren die speziell zitierten Einzelheiten über Neuerungen im gerichtlichen Verfahren, über die Todesstrafe und das geheime Polizeisystem Fragen, die jeder Altchrist hätte aufwerfen können, wie das denn auch während der nächsten Jahre vor mehreren Cortes geschah. Zweitens räumt Mariana ein, daß diese harten Maßnahmen von dem bei der Kirche üblichen normalen, milden Verfahren abwichen. Es sei jedoch, sagt er, die Ansicht vertreten worden, daß »zuweilen die uralten Bräuche der Kirche den Bedürfnissen der Zeit entsprechend geändert werden sollten«.

Die von Mariana genannten Beschwerden waren dieselben, die der Opposition sowohl der Conversos wie der Altchristen in Aragonien zugrunde lagen. Sie gaben noch für viele Jahre Anlaß zu Streit. Was von Anfang an auf besonders heftige Ablehnung stieß, war die Tatsache, daß zahlreiche Opfer gezwungen wurden, die als *sanbenitos* bezeichneten Bußgewänder zu tragen. Das war für die Betroffenen demütigend und brachte die Gegenden, wo das vorkam, in Verruf. Mariana weist darauf hin, daß diese Sitte »von Anfang an die Spanier sehr bedrückte«. In Andalusien wurde, laut Bernáldez, den Opfern erlaubt, diese Kleidung wieder abzulegen, damit »das Gebiet nicht in noch schlechteren Ruf komme« [9]. Über das Spitzelwesen werden wir mehr sagen, sobald wir auf die »Vertrauensleute« *(familiares)* der Inquisition zu sprechen kommen. Was im allgemeinen nicht beachtet wird, ist, daß vor 1492 die Juden selbst aufgefordert wurden, die Conversos, ihre Stammesbrüder, zu bespitzeln. In Toledo holten 1485 die Inquisitoren der Provinz die Rabbiner zusammen und ließen sie schwören, in ihren Synagogen Bannflüche über Juden auszusprechen, die heimliche Juden nicht denunzierten [10]. Wenn wir bedenken, wie sehr Juden häufig die Abtrünnigen ihrer Rasse haßten, dürfen wir zu Recht annehmen, daß diese Methode nicht ganz erfolglos war.

Bei einem so großen Tribunal wie der Inquisition, das von fehlbaren Menschen geleitet wurde, waren Mißbräuche sicher unvermeidbar. Der Historiker jedoch ist verpflichtet, diese nicht zu entschuldigen, sondern über sie zu berichten. Sogar schon vor dem Tode Ferdinands im Januar 1516 hatten die Verfehlungen des neuen Tribunals in ganz Spanien eine Flut von Protesten ausgelöst. In Kastilien, wo man die Inquisition fast schweigend akzeptiert hatte, wurde das erste Grollen der Unzufriedenheit nicht vor 1499 hörbar. In jenem Jahr war der Inquisitor von Córdoba nach einer Untersuchung großer, unter seiner Leitung begangener Betrügereien und Erpressungen in die Stadt Avila versetzt worden. Sein Nachfolger jedoch sollte sich als noch übler erweisen. Diego Rodríguez Lucero wurde am 7. September 1499 Inquisitor in Córdoba. Schon 1501 geriet er in Konflikt mit den Stadtbehörden. Ein nicht unbedeutender Beamter des Magistrats wurde entlassen und durch die Inquisition verbannt, weil er sich unvorsichtigerweise mit Angestellten des Tribunals gestritten hatte. Dieser Erfolg ermutigte Lucero, noch weiterzugehen. Von nun an bestand seine Karriere in Versuchen, führende Bürger unter kleinlichen, oft grundlosen Vorwänden zu verhaften, um deren Eigentum zu konfiszieren, das durch Beschlagnahme dem Tribunal zufiel. Er wurde durch einen Komplizen, den Sekretär des Königs, Juan Roiz de Calcena, davor geschützt, daß die Regierung von seinem Vorgehen erfuhr. Calcena war der Leiter der königlichen Korrespondenz in Sachen der Inquisition. Bald gerieten prominente Mitglieder aus altchristlichen Familien in Córdoba in Luceros Netz, und in allen Bevölkerungsschichten der Stadt wuchs die Furcht in einem solchen Maße, daß sehr bald die ganze Einwohnerschaft vom Terror wie gebannt war. Damit nicht zufrieden, erfand Lucero Geschichten von einer riesigen Verschwörung in ganz Spanien. Angeblich sollte das Christentum beseitigt werden. Mit diesem Märchen suchte Lucero seine scharfen Maßnahmen zu rechtfertigen. Ein Chronist aus Córdoba, der sich in verhältnismäßig milder Form über jene Ereignisse äußert, berichtet:

Um sich als eifriger Diener des Glaubens beliebt zu machen und in höhere Ränge zu steigen, begann er, die Angeklagten im Gefängnis mit äußerster Härte zu behandeln, wodurch er sie zwang, ihre Mittäter zu nennen, was Beschuldigungen so zahlreicher Leute, Conversos wie auch Altchristen, zur Folge hatte, daß die Einwohner der Stadt empört waren und es fast zum Aufruhr gekommen wäre...

Angesichts dieser Lage schrieben der Marquis von Priego und der Graf von Cabra an den Erzbischof von Sevilla, Generalinquisitor Diego Deza, und der Stadtrat sowie das Domkapitel ernannten Deputierte, die bei ihm, dem Erzbischof, wegen der Exzesse Luceros vorstellig werden sollten [11].

Protestieren war leichter als die Situation zu ändern, denn Deza weigerte sich einzuschreiten, und König Ferdinand zögerte aus politischen Gründen, etwas zu tun[12]. Der Bischof und das Kapitel von Córdoba appellierten an den Papst und klagten die Inquisitoren der Habgier an. Lucero jedoch verfuhr unerschrocken wie bisher. Durch einen Bericht von Lea erfahren wir die entsetzliche Geschichte, wie ein Judaisierender, der seine ketzerischen Gedanken offen gepredigt hatte, von Lucero verhaftet wurde; wie die Zeugen gezwungen wurden, alle zu denunzieren, die seiner Predigt zugehört hatten, und wie diese, 107 Menschen, in einem einzigen *auto de fe* alle zusammen verbrannt wurden. Dann griff der Inquisitor nach dem achtzig Jahre alten Erzbischof von Granada, Hernando de Talavera, dem er vorwarf, ein heimlicher Jude zu sein. Talavera war, obwohl er von Conversos abstammte, so berühmt wegen seines Liberalismus und seiner Frömmigkeit, daß niemand dieser Anklage glaubte. Trotzdem ließ Lucero 1506 die ganze Familie Talavera verhaften; Talaveras Neffen (der Dekan in der Kathedrale von Granada war), seine Schwester und Nichten sowie das Hauspersonal, um danach auch den Erzbischof selbst zu verhaften. Die gnadenlose Verfolgung, der Talavera ausgesetzt war, zeigt deutlich, wie sehr jetzt unter Lucero und Deza persönliche und politische Erwägungen bei der Inquisition vorherrschten. Durch ein päpstliches Urteil wurde Talavera schließlich von allen Beschuldigungen freigesprochen, doch der Freispruch kam zu spät, um dem alten Mann noch zu helfen. Nachdem er am Auferstehungstag (13. Mai) barfuß und barhäuptig in der Prozession durch die Straßen von Granada mitgegangen war, verfiel er in heftiges Fieber und starb daran am folgenden Tage. Dieser bedeutende fromme Mann, der sich in der Sorge um seine Gemeinde, ungeachtet der Rasse des einzelnen, keine Zeit ließ, auch für sich selbst zu sorgen, starb in größter Armut, so daß seine Familie, für die er nicht vorgesorgt hatte, den Bischof von Málaga um mildtätige Hilfe bitten mußte. Fast ein Jahrhundert später behauptete der Mönch José de Sigüenza, einen Mann wie Talavera habe es in Spanien seitdem nicht wieder gegeben.

Am 16. Juli in demselben Jahr sandte der Generalkapitän und Chronist Gonzalo de Ayora einen Protestbrief an den königlichen Geheimschreiber Miguel de Almazán:

Der Regierung ist es nicht gelungen, ihre Minister wirklich im Zaum zu halten. Was die Inquisition betrifft, so setzte man einfach zuviel Vertrauen in den Erzbischof von Sevilla und in Lucero... so daß es diesen möglich war, dem ganzen Königreich Schande zu machen und, Gott und der Gerechtigkeit spottend, einen großen Teil davon zu zerstören, indem sie totschlugen und raubten und Jungfrauen und Ehefrauen schändeten, zur großen Unehre der christlichen Religion...

Der Schäden, die von den bösen Beamten der Inquisition in meinem Lande angerichtet wurden, sind so viele und so schlimme, daß jeder vernünftige Mensch, wenn er davon hört, bekümmert wäre [13].

Die so dringlich geforderte Abhilfe begann damit, daß Deza unter Druck zurücktreten mußte und am 5. Juni 1507 Francisco Ximénez de Cisneros, Kardinalerzbischof von Toledo, als neuer Generalinquisitor eingesetzt wurde. Im Mai 1508 stimmte endlich die Suprema ab, daß Lucero verhaftet werden müsse, der alsdann in Ketten nach Burgos geschafft wurde, während man seine Opfer aus dem Gefängnis von Córdoba freiließ. Der Inquisitor wurde für seine Verfehlungen nicht bestraft, sondern bekam Erlaubnis, in Sevilla im Ruhestand zu leben. Er starb dort unbehelligt.

Lucero, dessen Fall so bemerkenswert ist, weil er zeigt, welche soziale und politische Unruhe das Verhalten dieses bekannten Inquisitors erregte, war nicht der einzige Beamte des Tribunals, der sein Amt mißbrauchte. Zur selben Zeit, als in Córdoba die Unruhe begann, wurden auch in Llerena (Estremadura) Klagen laut wegen der Maßnahmen des neuen Inquisitors, eines gewissen Bravo, der zeitweilig als Assistent Luceros in Córdoba tätig gewesen war. Bravo ließ, trotz der Proteste eines seiner Kollegen, so viele reiche Leute ins Gefängnis werfen, daß die Verwandten dieser Verurteilten schließlich genug Mut aufbrachten, ein Gesuch an die Krone zu richten:

Wir, die Verwandten und Freunde der Gefangenen in den Zellen der Inquisition zu Llerena, küssen die Königlichen Hände Eurer Hoheit und legen Zeugnis ab, daß die Inquisitoren in dieser Provinz, wie auch ihre Unterbeamten, sowohl die Gefangenen wie auch uns selbst mit viel Haß und Feindschaft verfolgt haben und noch verfolgen und daß sie bei der Vollstreckung von Gefängnisstrafen und in zahlreichen Prozessen gesetzwidrig verfahren sind und nicht allein mit den erwähnten Gefangenen, sondern auch mit deren Frauen und Kindern und ihrem Eigentum Mißbrauch getrieben haben [14].

Irgendein Einschreiten gegen Bravos Praktiken ist uns nicht überliefert, so daß wir annehmen müssen, daß er seine Methoden uneingeschränkt beibehalten konnte. Luceros übler Einfluß scheint auch bei der Inquisition von Jaén als Ungeist gewaltet zu haben, wo ein Berufszeuge, der früher dem Inquisitor zu Diensten gewesen war, nun seine Aktivität verstärkte. Der Mann hieß Diego de Algeciras und war für einen relativ geringen Betrag bereit, Meineide zu leisten. Dank seiner Nachhilfe saßen schon bald die reichsten Conversos der Stadt unter Verdacht der Ketzerei im Gefängnis. Die noch Unbehelligten sandten an die Krone eine Bittschrift, in der sie beantragten, die Rechtsprechung in Ketzereifragen wieder durch den Bischof von Jaén vornehmen zu lassen, zu dem sie mehr Vertrauen hätten als zur Inquisition [15].

Die meisten Mißbräuche wurden wahrscheinlich nicht von den Inquisitoren selbst verübt, sondern von den ihnen unterstellten Beamten, die zuweilen nicht nur käuflich waren und nach Reichtum gierten, sondern sich auch als ausgesprochene Sadisten entpuppten. Lea vermerkt, daß zu den berüchtigtsten Amtspersonen des Tribunals in Jaén der Notar gehörte, der bei einer Gelegenheit ein fünfzehnjähriges Mädchen in einen Raum einschloß, es entkleidete und so lange peitschte, bis es bereit war, gegen die eigene Mutter auszusagen. Dergleichen kam sehr oft vor, ebenso häufig aber waren die Fälle von reinem Betrug. In einem von Zeugen in Toledo zu Protokoll gegebenen Bericht, datiert vom 26. September 1487, wird versichert, daß der amtliche Empfänger konfiszierter Werte beim dortigen Tribunal, Juan de Uría, Summen in einer Höhe von 1 500 000 Maravedis unterschlagen habe, also genug, um sich ein üppiges Leben zu leisten [16]. Sogar ganz unten auf der Leiter der bei den Tribunalen tätigen Leute gab es Gelegenheiten zu persönlicher Bereicherung. Im Jahre 1588 berichtete der Inquisitor aus Madrid, der das Tribunal in Córdoba inspiziert hatte, daß sowohl der dortige Türhüter als auch der Bote sich in verbrecherischer Weise bereicherten und dieses in der ganzen Stadt bekannt sei, jedoch offenbar nicht bei den dort tätigen Inquisitoren [17]. Solche Mißbräuche wären vermutlich niemals so lange Zeiten über geduldet worden, wie das tatsächlich geschah, wenn nicht die Inquisition die Geheimhaltung zu ihrem obersten Prinzip gemacht hätte, so daß Übelstände immer erst aufgedeckt werden konnten, wenn es zu spät war.

In Aragonien wurde wiederholt die Änderung dieser Zustände gefordert, wenn dieses Verlangen auch jetzt nicht von den Conversos, sondern von den Altchristen ausging, die gegen die allzu weitreichenden Befugnisse des Tribunals protestierten. Die Cortes erwiesen sich wie stets als energische Verfechter der *fueros*. Bei einer Zusammenkunft in Monzón im Jahre 1510 beschäftigten sich die Vertreter von Aragonien, Katalonien und Valencia mit der Frage der Jurisdiktion. Es wurden jedoch bis zu der nächsten Versammlung der Cortes in Monzón, die 1512 stattfand, keine Schritte unternommen. Erst dann wurde eine umfangreiche Liste gewünschter Reformen aufgestellt. Und auf dieser Liste gab Ferdinand durch seine Unterschrift die Zustimmung zur ersten der vielen *Concordias*, die zwischen der Inquisition und einzelnen spanischen Provinzen vereinbart wurden. Unter anderem wurde in der Concordia von 1512 festgelegt, daß die Zahl der »Vertrauensleute« der Inquisition in Ferdinands Königreich begrenzt werden sollte; daß die Inquisition nicht von den ortsüblichen Steuern befreit sein sollte; daß Beamte des Tribunals für ihre Verbrechen vor einem weltlichen Gericht zur Verantwortung zu ziehen seien; daß beim Konfiszieren das schon vor der Bekehrung des Beschuldigten in dessen Besitz gewesene Hab und Gut nicht mit beschlagnahmt werden durfte; und ferner, daß Geschäfte mit Conversos nicht zu verbieten seien, weil sonst Handel und Wandel zu sehr beeinträchtigt würden. Im übrigen sollte das Tribunal nur dann in Fällen von Wucher, Bigamie, Gotteslästerung und Hexerei zuständig sein, wenn diese Fälle offensichtlich mit Ketzerei verbunden seien. Die Tatsache, daß die Cortes Druck auf den König ausüben mußten, beweist, wie schwerwiegend manche der in Aragonien gegen die Prozeduren der Inquisition erhobenen Einwände waren. Doch die 1512 stipulierten Forderungen sind relativ milde im Verhältnis zu den späterhin vorgebrachten.

Als Ferdinand am 23. Januar 1516 starb, ging die Krone an seinen Enkel Karl über, der sich damals in Flandern aufhielt. Ferdinand war nach dem Tode Isabellas (26. November 1504) nur noch König von Aragonien gewesen, während in Kastilien die Tochter beider, Johanna die Wahnsinnige, regierte, die seit 1506 Witwe Philipps von Österreich (aus dem Hause Habsburg) war. Nach dem Tode Ferdinands hätte an sich Johanna auch Königin von Aragonien werden müssen, was jedoch bei ihrer Geistesgestörtheit nicht denkbar war. Daher wurde ihr Sohn Karl allgemein als rechtmäßiger neuer Herrscher anerkannt.

Während auf die Rückkehr Karls nach Spanien gewartet wurde, behielt Kardinal Ximénez de Cisneros die Inquisition fest in der Hand. Ferdinand, der Katholische König, hatte im Testament seinem Nachfolger nahegelegt, die Inquisition beizubehalten. Und damit war Karl voll und ganz einverstanden. Doch mit der neuen Regierung wurden wieder Hoffnungen auf Reformen wach, vor allem bei den Conversos, und Ximénez de Cisneros war höchst beunruhigt, als ein Gerücht aufkam, demzufolge Karl die Absicht habe, die Veröffentlichung der Namen von Zeugen bei Inquisitionsprozessen zu erlauben. In einem Brief, den der bedeutende, hochbetagte Kardinal an den König schrieb, anscheinend im März 1517, zeigte er sich als wenig reformfreudig. Die Inquisition, erklärte er, sei als Gerichtshof so vollkommen, daß »niemals Reformen notwendig sein würden und es eine Sünde wäre, Änderungen vorzunehmen« [18]. Die Bekanntgabe der Namen von Zeugen werde bestimmt zu deren Ermordung führen, wie das erst kurz vorher in Talavera de la Reina geschehen war, wo ein angeklagter Converso, als er erfuhr, wer ihn denunziert hatte, dem Mann in einem Hinterhalt auflauerte und ihn ermordete. Immerhin war der Kardinal nicht unbedingt gegen jede Reform, wie aus seinem Lebensweg hervorgeht. Während seiner Amtszeit als Generalinquisitor hatte er dafür gesorgt, daß die berüchtigtsten Inquisitoren, darunter der Sekretär der Suprema, entlassen wurden. Auch hatte er im Dezember 1576 in einem Brief an König Karl geraten, den königlichen Sekretär Calcena und andere Personen in Anbetracht ihrer Exzesse nicht mehr bei der Inquisition mitwirken zu lassen. Lea beurteilt ihn sehr gerecht, wenn er sagt, wir »dürfen sicher sein, daß er ohne Gnade gegen diejenigen vorging, die aus dem Blut von Conversos Geld zu münzen gedachten« [19]. Zahlreiche Zeitgenossen des Kardinals hielten gewisse Reformen im Prozeßverfahren der Inquisition für dringend geboten, auch wenn sie gegen die Existenz dieses Tribunals an sich nichts einzuwenden hatten. Als der erst siebzehn Jahre alte König im September 1517 aus Flandern in der Hauptstadt eintraf, setzte in dieser Hinsicht eine lange Kette von Bitten und Forderungen ein, die zusammen das letzte Kapitel in dem Ringen bilden, mit dem man versuchte, die Inquisition den allgemeinen Gesetzen unterzuordnen. So legten im Februar 1518 die Cortes von Valladolid Karl eine Petition vor, in der es unter anderem hieß:

Eure Hoheit möge vorsorgen, daß das Amt der Heiligen Inquisition in einer Weise verfahre, daß die Gerechtigkeit gewahrt bleibt und daß die Bösen bestraft werden und die Schuldlosen nicht leiden.

Ferner wurde darum gebeten, die gesetzlichen Formen zu wahren und als Inquisitoren nur gutbeleumundete, gebildete Männer zu berufen. Diese Petition ist zwar nur ein »negativer Beweis«, reicht aber immerhin aus, um zu zeigen, daß ein erheblicher Teil der Bevölkerung, und zwar nicht unbedingt durch die Conversos beeinflußt, der Meinung war, es werde den Spaniern bei schärferer Kontrolle der Männer und Methoden der Inquisition bessergehen. Hauptergebnis dieser recht allgemein formulierten Petition war eine Reihe von Anweisungen für die Inquisition, die vor allem auf Veranlassung des königlichen Kanzlers Jean le Sauvage entworfen wurden, von einem Mann im übrigen, der beschuldigt wurde, im Solde der Conversos zu stehen. Im Vorwort zum Entwurf dieser Anweisungen heißt es:

Angeklagte Personen sind nicht in der Lage gewesen, sich ausreichend zu verteidigen, viele Harmlose und Schuldlose haben den Tod, Unterdrückung, Verletzungen oder Schande erlitten, und viele unserer Vasallen haben sich aus diesen Reichen zurückgezogen. Und, wie die Ereignisse gezeigt haben, befiel und befällt dadurch diese unsere Reiche viel Schlimmes und Böses, und sie waren und sind deswegen in der ganzen Welt berüchtigt.

Entsprechend enthielten die Reformvorschläge Klauseln, denen zufolge Verhaftete in zugänglichen, öffentlichen Gefängnissen unterzubringen seien, wo sie Besucher empfangen, einen Verteidiger bekommen konnten und ihnen der Grund für ihre Verhaftung sowie die Namen der Zeugen mitgeteilt werden sollten. Außerdem sollte Eigentum der Angeklagten vor ihrer tatsächlichen Verurteilung weder beschlagnahmt noch verkauft werden dürfen und sollten die Gehälter von Inquisitoren nicht aus beschlagnahmten Werten bezahlt werden. Den Gefangenen sollte erlaubt werden, an Messen und den Sakramenten teilzunehmen, während sie auf ihren Prozeß warteten, und es sollte darauf geachtet werden, daß die zu lebenslänglichem Gefängnis Verurteilten nicht Hungers starben. Falls die Folter angewendet wurde, solle das mit Mäßigung geschehen, und es sollten »keine neue Erfindungen des Folterns als die bisher angewandten« benutzt werden [20]. Jede einzelne Klausel wies auf vorhandene Übelstände hin, die man abzustellen hoffte. Ob dieses Dokument auf Anregung von Conversos zustande kam oder nicht, ist in diesem Zusammenhang unwichtig. Es zeigt jedenfalls, daß sich schwere Mißbräuche in die Praxis der Inquisition eingeschlichen hatten und daß Besorgnis um die Gerechtigkeit nach gewissen Reformen verlangte.

Wäre diesen Forderungen jemals stattgegeben worden, so hätte ein gänzlich anderes Tribunal seine Tätigkeit aufgenommen. Mit der für die Beschuldigten so schwerwiegenden Verheimlichung der Zeugennamen wäre es ausgewesen, und dementsprechend hätten sich Gelegenheiten zu Mißbräuchen seltener geboten. Zum Glück für die, die für Erhaltung der Inquisition in der bisherigen Form eintraten, widersetzte sich der neue, von König Karl nach dem Tode des Kardinals Ximénez de Cisneros ernannte Generalinquisitor, Kardinal Adrian von Utrecht, Bischof von Tortosa, energisch jeder Neuerung. Adrian, der als Niederländer anscheinend nur wenig Kenntnis von den spanischen Problemen hatte, machte sogar einige von Ximénes de Cisneros veranlaßte Maßnahmen wieder rückgängig, indem er zum Beispiel Calcena von neuem zum Sekretär der Suprema ernannte.

Inzwischen war König Karl nach Aragonien gereist, wo er vor den im Mai 1518 in Zaragoza eröffneten Cortes den Huldigungseid entgegennahm. Als die Cortes sich erboten, ihm eine große Summe als Vorschuß zu zahlen, sofern er eine Liste von einunddreißig Artikeln, die im wesentlichen die gleichen waren wie die von Sauvage entworfenen, für gültig erklären werde, stimmte er überraschenderweise zu. Bald jedoch wurde klar, daß er nicht die Absicht hatte, sich an seine Zusage zu halten, denn in einer kurz darauf an den spanischen Gesandten in Rom ergehenden Botschaft ersuchte er diesen, beim Papst den Widerruf der Artikel zu erwirken und ihn selbst von dem Eid, sie anerkennen zu wollen, zu entbinden. Indes hatten die Cortes bereits dafür gesorgt, daß des Königs Unterschrift durch Juan Prat, den Notar der Cortes, beglaubigt wurde. Alle diesbezüglichen Dokumente wurden nach Rom geschickt, an Diego de las Casas, einen aus Sevilla stammenden Converso. Nach Auflösung der Cortes im Januar 1519 schritt die Inquisition ein. Sie ließ Prat verhaften unter der Beschuldigung, die vor den Cortes entworfenen Artikel gefälscht zu haben. Diese Anklage war offensichtlich haltlos, doch sowohl die kirchlichen wie die weltlichen Autoritäten in Kastilien handelten so, als entspräche sie der Wahrheit. Der neue Kanzler, Mercurino Gattinara, setzte in Eile Dokumente auf, die er im April nach Rom schickte, mit der Behauptung, sie seien die echten, das offizielle Exemplar jedoch sei eine Fälschung. Mittlerweile war in Aragonien ernstlich Streit über Verfassungsfragen ausgebrochen, und die Abgeordneten sowie die Adligen des Landes, die im Mai eine Zusammenkunft abhielten, ließen dem König die Bitte um Freilassung Prats überbringen und drohten an, kein Geld mehr bewilligen zu wollen, bis ihre Forderungen erfüllt seien. Sie beriefen die Cortes ein und weigerten sich, sie bis zur gerechten Klärung der Sache wieder aufzulösen.

In diesem Stadium griff Papst Leo X. zugunsten der Aragonier ein. Er schrieb im Juli 1519 drei Breves, eins an König Karl, ein anderes an den Generalinquisitor und ein drittes an das Tribunal zu Zaragoza. In diesen Schriften beschränkte er die Vollmacht der Inquisition auf die Grundsätze des geltenden Kirchenrechts und widerrief alle von seinen Vorgängern gewährten Sonderrechte. Der König und seine Beamten verweigerten die Veröffentlichung der Breves in Spanien, schickten vielmehr statt dessen einen energischen Protest nach Rom. Nun änderte der Papst seine Haltung und hob die Breves auf, ohne sie indes ausdrücklich zu widerrufen. Daraufhin stellten die Aragonier sofort alle sonst der Krone bewilligten Zahlungen ein. Schließlich bestätigte im Dezember 1520 der Papst die Concordia von 1518, jedoch in Formulierungen, die unklar ließen, ob er die Version Prats oder die Gattinaras als die richtige ansehen wollte. Ein Kompromiß wurde endlich 1521 erreicht, als Kardinal Adrian vorläufig die aragonische Version für gültig erklärte und Prat aus dem Gefängnis entließ. Aber der Sieg der Aragonier war nicht von Bedeutung, denn hinfort erkannte die Inquisition weder die Concordia von 1512 noch die von 1518 als maßgebend an, so daß das Ringen dieser Jahre letzten Endes vergeblich geblieben war.

Vor den kastilischen Cortes in La Coruña 1520 wurden die in Valladolid zum Ausdruck gebrachten Bitten um Reformen im Verfahren der Inquisition wiederholt, doch es nützte nichts. Noch in demselben Jahr, während König Karl in Flandern weilte, wurde ihm wieder ein Reformplan unterbreitet, aber dieser wie auch weitere Vorschläge brachten keine Änderung. Als der König 1523 nach Spanien zurückkehrte, wurden in Valladolid die Cortes einberufen. Abermals kamen die alten Reformvorschläge zur Sprache, noch erweitert durch das Ersuchen, die Gehälter der Inquisitoren vom Königlichen Schatzamt bezahlen zu lassen anstatt aus den beschlagnahmten Vermögenswerten. Auch diesmal wurde kein Erfolg erzielt. 1525 klagten die in Toledo versammelten Cortes über neuerliche von Inquisitoren und »Vertrauensleuten« praktizierte Mißbräuche, erreichten jedoch nichts weiter als eine Zusage, daß die Übelstände, wenn es sie wirklich gebe, beseitigt werden sollten. In Granada wurde dem König 1526 eine Denkschrift überreicht, in der die schlimmen Folgen des Geheimverfahrens der Inquisition hervorgehoben wurden, mit der Bitte, die Verhafteten in die öffentlichen Gefängnisse zu bringen anstatt in die geheimen Kerker der Inquisition [21]. Eine Antwort auf dieses Ersuchen ist uns nicht überliefert. Fast alljährlich ergingen solche Bitten an den König und wurden eine nach der andern abgeschlagen. Wie wir sehen, gab es eine ständige Opposition, die indes weniger auf Beseitigung der Inquisition überhaupt abzielte als auf die Abstellung ihrer Mißbräuche. Den hartnäckigen König Karl vermochte jedoch nichts umzustimmen. Im April 1520 erklärte er, daß »vor den Cortes von Aragonien und Katalonien das Heilige Officium von etlichen Leuten kritisiert und angegriffen worden sei, denen nicht viel an dessen Erhaltung läge« [22]. Daß er Aragonien und Katalonien erwähnte, bedeutet jedoch nicht, daß in Kastilien nicht ebensooft Kritik laut geworden wäre. In ganz Spanien boten schließlich nur noch die von den Reichsverfassungen vorgesehenen Organe wie die Cortes den Gegnern des Heiligen Officiums die Möglichkeit, einen Protest zu formulieren.

Von 1519 bis 1521 wurde Spanien erschüttert von der berühmten Rebellion der *comuneros*, einem verwirrenden, vielverzweigten Kampf, den zum Teil Oligarchen mancher Städte gegen die vom Adel unterstützten königlichen Behörden und zum Teil rivalisierende Parteien in den Großstädten gegeneinander führten. Eine der wichtigsten Forderungen der Rebellen war das Ersuchen an den König, seine ausländischen Ratgeber zu entlassen. Da den *comuneros* die Inquisition anscheinend gleichgültig war, zog der Historiker Lea den Schluß, daß sie »keine Beschwerden gegen die Inquisition hätten« [23]. Zu dieser Folgerung berechtigte auch die Lage in Valencia, wo der Aufstand eine rein soziale Revolution war, die von den Bruderschaften (*germanías*) gegen die Aristokratie geführt wurde. Die Insurgenten festigten sogar die Position und die Funktionen des Heiligen

Officiums, indem sie begannen, zahlreiche Zwangstaufen unter der maurischen Bevölkerung vorzunehmen. In Kastilien wies verschiedenes darauf hin, daß die Conversos in der Bevölkerung sich den *comuneros* anschlossen in der Hoffnung, Reformen bei der Inquisition durchsetzen zu können. Es gab eine stattliche Reihe von Anklagen gegen die Conversos als Schürer der Rebellion. Der Marquis de Mondéjar und der Konnetabel von Kastilien informierten 1521 Karl V., daß »der Urgrund der Revolution in diesen Reichen die Conversos gewesen sind«. Die Inquisitoren von Sevilla schrieben im April des Jahres in demselben Sinn an den Kaiser. Eine Generation später konnte Siliceo, der Erzbischof von Toledo, behaupten, es sei »in Spanien allgemein bekannt, daß die *comunidades* aufgehetzt wurden durch Nachkommen von Juden«. Das alles könnte wie antisemitische Phantasterei erscheinen, wären nicht tatsächlich mehrere Anführer der *comuneros* Mitglieder von Converso-Familien gewesen und wäre nicht die Bewegung in ihrem Kern von Toledo, dem uralten Zentrum der Juden in Spanien, ausgegangen. In Toledo, Segovia und Valladolid stammten bedeutende *comuneros* von Conversos ab. Bei politischen Gesprächen kamen sie oft auch auf das Thema Inquisition, und als Vorschläge für die Befriedung der Stadt Toledo ausgearbeitet wurden, bestimmte einer der Artikel, daß die Gehälter für die Inquisition nicht aus konfisziertem Vermögen bezahlt werden durften [24].

Unter den wichtigsten Protesten gegen die Inquisition in den Jahren nach den Aufständen verdient die lange Denkschrift besondere Erwähnung, die am 5. August 1533 aufgesetzt und vor den Cortes in Monzón (Aragonien) dem König vorgelesen wurde [25]. Die sechzehn Artikel dieses Protestes enthielten zahlreiche Klagen. Unter anderen, daß

manche Richter des Heiligen Amtes in Stimme und Namen der Inquisition Menschen wegen Vergehen, die das Heilige Amt überhaupt nicht berühren, verhaftet und eingesperrt haben; daß Inquisitoren sich mit weltlichen Geschäften befassen, daß sie ihre Jurisdiktion unrechtmäßig erweitert haben, indem sie Fälle von Sodomie, Wucher und Bigamie, also Angelegenheiten, die nichts mit Ketzerei zu tun haben, verfolgen; daß die Inquisitoren von Aragonien, Katalonien und Valencia unmäßig viele Vertraute haben, deren Identität geheimgehalten wird, so daß Anreiz für zahlreiche Mißbräuche gegeben war. Was die Mauren betrifft, so wissen Euer Ehren recht wohl, auf welche Weise sie bekehrt wurden und wie wenige Lehren oder Anweisungen in unserer Heiligen Katholischen Religion sie, wenn überhaupt, empfangen haben und wie sehr in den Orten, wo sie wohnen, Kirchen fehlen. Und doch werden sie trotz des Fehlens von Unterricht und Hinweisen als Ketzer vor das Tribunal gebracht.

Schlimmer noch war, daß die Inquisition gesetzwidrig das konfiszierte Land der bekehrten Mauren selbst behielt. Auf alle diese Beschwerden antwortete der Generalinquisitor Alonso Manrique entschieden ablehnend. Die Proteste wurden ad acta gelegt.

Beschwerden dieser Art sollten bei den späteren Streitigkeiten über die Inquisition noch eine große Rolle spielen. Die Rechtsprechung der Inquisition in rein moralischen Fragen zum Beispiel wurde damals, wie auch später, als unrechtmäßige Erweiterung ihrer Vollmachten angesehen. Energische, dringende Gesuche jedoch, wie der Protest von 1533, wurden seltener, je mehr sich die Position des Heiligen Amtes stärkte. Nicht nur wurde die Existenz der Inquisition fast allgemein unbestritten hingenommen, sondern es wurden sogar ihre üblichen Mißbräuche in immer größeren Bezirken ausdrücklich geduldet. Da die Gunst von Papst und König sie in ihrer Stellung als eine der wichtigsten Institutionen bestätigte, wurde sie so stark, daß sie sich über jede Gegnerschaft und Kritik erhaben fühlen konnte.

Bis zum Ende der Regierung Karls V. war das Tribunal unverletzbar geworden. Das ist nicht überraschend, wenn wir bedenken, daß eine wirklich energische Opposition gegen sie niemals betrieben wurde. In fast allen Fällen läßt sich entdecken, daß es nie einen Widerstand der breiten Masse gegeben hat, sondern nur gelegentliche Versuche religiöser und rassischer Minderheiten oder bestimmter Volksschichten, denen es darum ging, ein Tribunal, dessen Interessen den ihren scharf widersprachen, zu behindern und zu entwaffnen. Dieses Fehlen tiefgehenden Widerstandes sowie die bereitwillige Unterstützung, die der altchristliche Adel und die unteren Schichten fast allgemein der Inquisition leisteten, garantierten ihr den Triumph. Der militärische Sieg der Streitkräfte Karls V. über die *comuneros* bei Villalar 1520 verschaffte ihr die nötige politische Sicherheit, die, da gleichzeitig die Macht der Cortes relativ abnahm, auch dem bislang wesentlichsten Podium der Unzufriedenheit den Boden entzog. In Aragonien, wo das Bild politisch und sozial etwas anders aussah, haben verfassungsmäßige Organe noch lange nachher ihre Proteste zum Ausdruck gebracht. Zum Teil war das ein Weg, um Unzufriedenheit mit einer Regierung zu demonstrieren, die ihren Sitz in Kastilien hatte und unbedingt eine den Interessen der in Aragonien herrschenden Kreise zuwiderlaufende Politik treiben wollte. Jedoch haben wir, was bedeutsam genug ist, keinen Beweis, daß jemals der Schrei nach wirklicher Abschaffung der Inquisition ertönte, wie oft auch die Gebäude der Tribunale an verschiedenen Orten niedergebrannt oder ihre Beamten mißhandelt oder ermordet wurden.

Die Inquisition war keineswegs die einem sich sträubenden Volk aufgezwungene unheimliche Tyrannei. Sie war eine Einrichtung, die entstand infolge einer besonderen religiös-sozialen Situation und vorwärtsgetrieben und inspiriert wurde durch eine entschieden alt-christliche Ideologie, gelenkt durch Männer, in deren Weltanschauung sich die Mentalität der breiten Masse des spanischen Volkes spiegelte. Sie war so populär, wie mißverstandene Einrichtungen das sein können. Und die wenigen Ausnahmen dabei waren ein paar vereinzelte einsichtige Leute und andere, deren Rasse allein schon genügte, sie von jener Gesellschaft auszuschließen, die durch einen militanten Konservatismus errichtet wurde.

Schweigen ist auferlegt ...

> »Es war ein betrüblicher Zustand, als tugend-
> hafte Männer ihrer bedeutenden Errungen-
> schaften wegen Feindschaften, Anklagen und
> Beleidigungen erleiden mußten durch die, die
> ihre Verteidiger hätten sein müssen.«
> Juan de Mariana, *Pro Editione Vulgata*

»Wir leben in so schwierigen Zeiten, daß es ebenso gefährlich ist,
zu sprechen wie zu schweigen«, schrieb der bedeutende spanische
Humanist Juan Luis Vives 1534 empört an Erasmus [1]. Die giftige
Atmosphäre erbitterter Auseinandersetzungen machte alle Hoffnungen der liberalen Geister Europas zuschanden. Die christlichen Humanisten wurden gezwungen, zu wählen zwischen einer alten Welt, die
ihnen nicht gefiel, und einer neuen, der sie mißtrauten. Wer nicht
klug genug war, sich anzupassen, ging unter. Vives teilte Erasmus in
seinem Brief nichts Neues mit, denn dieser wußte, was sich ereignen
würde. In jenem Jahr 1534 wurde in England Thomas Moore in Haft
genommen, weil er leugnete, daß der König über die Kirche zu herr-
schen habe, während in Spanien die Hoffnung der Humanisten, Juan
de Vergara, in den Kerkern der Inquisition schmachtete. Das Problem,
vor dem diese beiden Männer standen, war ein europäisches, eng
verwandt mit den politischen und religiösen Streitfragen, die durch
die revolutionierenden Gedanken Martin Luthers aufgeworfen worden waren. Die Reaktion auf Luther führte in Spanien wie in anderen Ländern dazu, daß die Grenzen der geistigen Freiheit enger gezogen wurden, bis für die Humanisten nur noch wenig Raum verblieb
und Spanien sich ganz in die Grenzen einer »geschlossenen Gesellschaft« zurückzog.

Doch der Reaktion war eine Morgendämmerung des Geistes vorausgegangen, die vieles zu versprechen schien. Zu Beginn des 16.
Jahrhunderts lagen die bedeutenden Zentren des Humanismus in
Italien und im nördlichen Europa, wo der Name Erasmus alles beherrschte. Als im Jahre 1509 ein begabter Renaissancefürst den Thron
von England bestieg, begrüßte Erasmus in ihm den Anfang des
Triumphs der neuen Lehren. Auch die spanische Halbinsel war für
das, was das übrige Europa an neuem Wissen und neuen Lehren zu
bieten hatte, empfänglich. Der ursprüngliche Genius des Landes ver-
band sich mit importierter Bildung, woraus der Anfang einer sehr

lebhaften kulturellen Renaissance entstand. Die Heimat der neuen Erkenntnisse und Lehren war Italien. Dorthin begab sich 1463 der junge Andalusier Antonio de Nebrija, um sein Studium an der Universität von Bologna zu vollenden. Nach zehn Jahren kehrte er in die Hörsäle Salamancas zurück; doch bald berief man ihn an die von Kardinal Ximénez de Cisneros gegründete Universität in Alcalá de Henares, deren bedeutendster Lehrer er wurde. Von Italien, aus Anghiera, kam im Jahre 1487 auch Peter Martyr, der zum hochgeschätzten Erzieher junger spanischer Adliger avancierte. Erst ein Jahr zuvor war Lucio Marineo Siculo in Salamanca eingetroffen, wo bereits eine große Zahl berühmter Professoren lehrte. Der durch sie vermittelte Wissensstoff wurde im ganzen Reich verbreitet infolge Einführung der Druckerpresse, deren erste 1474 in Valencia aufgestellt wurde. Ausländische Schriften konnten unbehindert ins Land, da nach einem Gesetz von 1480 Bücher frei und ohne Zollgebühren eingeführt werden konnten. Wenn die Bedeutung des Humanismus in Spanien späterhin häufig übertrieben wurde, so zum Teil wegen der ungewöhnlichen Begeisterung, die einige Zeitgenossen bewiesen, von denen einer behauptete, daß

es früher sehr selten vorkam, daß man einem Menschen begegnete, der in seiner Jugend Latein studiert hatte, während man jetzt jeden Tag viele sehen konnte, die sich mühten, den Glanz der Wissenschaften höher zu werten als den kriegerischen Ruhm, der ihnen von ihren Vorfahren überkommen war [2].

Und Erasmus, dem es schmeichelte, daß ein Land, welches er überhaupt nicht kannte, ihm Achtung zollte, äußerte, daß

die Blüte der freien Wissenschaften in Spanien im Lauf weniger Jahre die Bewunderung der gebildetsten Völker Europas weckte und ihnen als Vorbild diente [3].

Die kulturellen und wissenschaftlichen Leistungen Spaniens im frühen 16. Jahrhundert hatten in der Herrschaft der Katholischen Majestäten einen würdigen Vorläufer. Wenn auch Adel in Spanien der höchstgepriesene Vorzug war, so wurde doch, wie ein Zeitgenosse berichtet, »kein Spanier, dem Bildung gleichgültig war, als wahrhaft adlig respektiert« [4].

Diese Atmosphäre war Reformen günstig. Der reformfreudige Kardinal Ximénez de Cisneros wurde 1495 zum Erzbischof von Toledo berufen und damit nach den Katholischen Majestäten die höchste Autorität im Staat.

Ximénez de Cisneros, ein hagerer, asketischer Mann, berühmt

wegen seiner Frömmigkeit und seiner strengen Disziplin, hatte bereits begonnen, die lockere Pflichtauffassung im spanischen Mönchstum so zu wandeln, daß die Kirche auf der Halbinsel schon lange, bevor in Deutschland die lauten Proteste gegen Mißbräuche hörbar wurden, gründlich »gereinigt« war. Als Generalinquisitor von 1507 an zeichnete der Erzbischof sich dadurch aus, daß er an den Normen der Prozeduren des Heiligen Officiums starr festhielt. Schon Jahre bevor Luther seinen Protest gegen die Ablaßprediger erhob, hatte Ximénez deren Praktiken in Spanien verboten, mit der Begründung, daß diese Prediger Geld nach Rom abführten. Sein größtes Verdienst aber ist gewiß die Gründung der Universität von Alcalá (1508). An dieser Universität wurde der Humanismus spanischer Prägung in der reinsten Form gelehrt. Der erste Rektor, Pedro de Lerma, hatte in Paris studiert. Und die »größte Zierde« der Universität war, wie Erasmus 1521 an Luis Vives schrieb, Nebrija. Zu den glänzenden Lehrkräften gehörten auch die Brüder Juan und Francisco de Vergara. Letzteren hat Marineo Siculo als Spaniens besten Kenner des klassischen Altertums bezeichnet. Mit der Weite ihres Lehrplans, insbesondere der theologischen Fakultät, ragte diese Universität unter den übrigen Bildungsstätten Spaniens weit hervor und war sehr bald so geschätzt wie die Universität von Salamanca. Ximénez beauftragte die Gelehrten von Alcalá de Henares mit der Herausgabe eines kritischen Bibeltextes. Das Ergebnis ihrer Arbeit war die berühmte, 1522 abgeschlossene »Komplutensische Polyglotte«, in deren sechs Bänden die biblischen Originaltexte in den Sprachen Hebräisch, Chaldäisch und Griechisch in Kolumnen parallel zu dem der Lateinischen Vulgata gesetzt waren.

Inzwischen begannen die Lehren des Erasmus über Spaniens offene Grenzen in das Land einzudringen. Im Jahre 1516 vermerkten zum erstenmal spanische Schreibfedern den Namen Erasmus, und 1517 lud Kardinal Ximénez de Cisneros, freilich ohne Erfolg, den berühmten holländischen Gelehrten nach Spanien ein. Bis 1524 beschäftigte schon eine ganze Reihe von Intellektuellen im Lande sich mit den Lehren des Erasmus, dem Vives im Juni 1524 schrieb: »Unsere Spanier interessieren sich auch für Ihre Werke.« Der Witz und die Satire, mit der Erasmus gegen kirchliche Mißbräuche schrieb, vor allem gegen die lockeren Sitten der Bettelorden, wurden in einem Lande, wo die höchsten Kirchenmänner selbst für Reformen eintraten, bereitwillig aufgenommen. Daß zum Hofstaat Karls V. geistig bedeutende Männer und Schriftsteller gehörten, gewährte denen Schutz, die sich in diesem Bereich den Lehren des Erasmus widmeten. Schließlich wurden die beiden bedeutendsten spanischen Kirchenmänner – Alonso de Fonseca, der als Erzbischof von Toledo auf Ximénez folgte, und der neue Generalinquisitor Alonso Manrique – begeisterte Anhänger des Holländers. Der Triumph seiner Lehren ward dadurch bestätigt, daß 1524 Alonso Fernández, der Archidiakonus von Alcor, es unternahm, das *Enchiridion* von Erasmus zu übersetzen. Gegen Ende 1526 veröffentlicht, wurde dieses Buch in Spanien sofort weithin mit Begeisterung begrüßt. Der Übersetzer selbst schrieb im folgenden Jahr an Erasmus:

Am Hofe des Kaisers, in den Städten, in den Kirchen, den Klöstern, sogar in den Gastwirtschaften und auf den großen Landstraßen hat jedermann das Enchiridion * von Erasmus in spanischer Sprache. Bis dahin war es nur auf Lateinisch von wenigen Lateinkennern gelesen worden, und selbst diese verstanden es nicht völlig. Jetzt wird es auf spanisch von Leuten aller Art gelesen, und wer früher noch nie etwas von Erasmus gehört hatte, erfuhr von dessen Existenz schon durch dieses Buch [5].

Aber ganz so erfreulich war das Gesamtbild doch nicht. Im Jahre nach der Thronbesteigung Karls V., 1517, verkündete Martin Luther in Deutschland öffentlich seine Auflehnung gegen die Autorität des Papstes. Alsbald wurde der Name Luther zum Symbol für die wildeste Ketzerei, die je die Christenheit geplagt hatte. In Spanien trösteten die führenden Kirchenmänner sich mit dem Gedanken, daß viele der von den Lutheranern verlangten Reformen schon durch Kardinal Ximénez verwirklicht worden waren. Auch brauchte in Spanien die Kirche die Schriften so liberaler Katholiken wie Erasmus nicht zu fürchten, denn Ximénez selbst hatte den Mann eingeladen, ihn zu besuchen, und die Übersetzung seines *Enchiridion* war unter dem Protektorat des Generalinquisitors Manrique und mit einer Widmung für ihn veröffentlicht worden. Als daher einige Bettelorden, die sich schon lange über die Kritik, die Erasmus an ihnen geübt hatte, ärgerten, dringend eine große Debatte im nationalen Rahmen forderten und diese im März 1527 in Valladolid veranstaltet wurde, um zu entscheiden, ob die Schriften des Erasmus ketzerisch seien oder nicht, da war es keine Überraschung, daß eigentlich erst diese Konferenz, obwohl sie ohne klare Entscheidung endete, den Triumph der Lehren des Erasmus besiegelte. Dieser Sieg wurde gekrönt durch ein persönliches Schreiben des Kaisers an Erasmus vom 13. Dezember desselben Jahres, in dem der Kaiser den Gelehrten bat, sich von den Auseinandersetzungen in Spanien nicht bekümmern zu lassen –

...als könnte etwa, solange Wir hier sind, jemand eine Entscheidung gegen Erasmus treffen, dessen christliche Frömmigkeit Wir sehr wohl ken-

---

* Handbuch

nen... Fasset Mut und seid versichert, daß Wir Eure Ehre und Euren Ruf stets in größter Wertschätzung halten werden [6].

Da Erasmus die Krone, die Inquisition und die spanische Kirche auf seiner Seite hatte, war seine Position in Spanien unangreifbar. Er genoß dort größere Popularität als in den übrigen europäischen Ländern. Die kulturelle Neubelebung Spaniens, die so vielversprechend begonnen hatte, wurde jedoch jäh unterbrochen durch zwei neue Entwicklungen im Lande – die Zunahme des Illuminismus und die Entdeckung von Protestanten sowie durch die wegen der politischen Ereignisse in ganz Europa erfolgende Beschneidung der geistigen Freiheit.

Die Illuminaten *(alumbrados)* waren eine mystische Sekte, nicht sehr verschieden von ähnlichen Bewegungen, die zu anderen Zeiten und an anderen Orten Europas entstanden. Ihre Bedeutung zu jener Zeit lag darin, daß die Kritik, die sie gegen übermäßigen Formalismus in der Religion richteten, gefährliche Anziehungskraft für alle hatte, die – ob Liberale, Erasmisten oder Lutheraner – an der Staatskirche mancherlei auszusetzen hatten. Ihre extrem subjektivistische Religionsauffassung, die eine passive, zu unmittelbarem Gedankenaustausch mit dem göttlichen Wesen führende Hingabe an den Willen Gottes verlangte, schien die Wirksamkeit der Gnadenmittel, der Sakramente und der guten Werke radikal in Zweifel zu ziehen. Obwohl die neue Bewegung sich als eine entartete Form des echten Mystizismus erwies, glich sie zeitweise diesem so sehr, daß sich kirchliche Autoritäten ebenso wie zahlreiche einfache Gläubige durch sie irreführen ließen. Der Beginn des Illuminismus läßt sich zurückverfolgen auf einige, von Conversos abstammende Franziskanermönche, die im Jahre 1512 Aufsehen erregten. Trotz gewisser Skandale und Zweifel wurde nichts getan, um diese Bewegung zu unterdrücken, die bis in die ersten Jahre der zweiten Dekade unbehelligt an Einfluß zunahm. Mit dem Aufkommen der Lehren Luthers erlitten die Illuminaten ihren ersten Rückschlag. Am 2. April 1525 verbot die Inquisition das Lesen lutherischer Bücher in Spanien, und am 23. September verdammte sie auch die quasi lutherischen Glaubensformen, die sich in den Lehren der *alumbrados* entdecken ließen. So in die Sackgasse geratend, begannen die Illuministen, Gedanken von Erasmus für ihre eigenen Zwecke auszulegen. Sie lasen seine Werke, und sein *Enchiridion* wurde für sie zum Handbuch. Während der Ereignisse der nächsten Jahre war es manchmal außerordentlich schwierig, die Erasmusanhänger von den Illuminaten zu unterscheiden, da beide Richtungen einander stark ähnelten.

Der Umschwung kam 1529. In jenem Jahr fiel der Generalinquisitor Manrique, der die Lehren des Erasmus anerkannte, in Ungnade und wurde veranlaßt, sich auf seinen Bischofssitz in Sevilla zurückzuziehen. Gleichzeitig wurde ihm die schützende Hand des Kaisers entzogen: Karl V. verließ 1529 Spanien, um nach Italien zu fahren, und nahm einige der bekanntesten und einflußreichsten Erasmisten mit. Sofort traten die konservativen Kräfte, die nach der Niederlage in Valladolid nur auf den rechten Moment gewartet hatten, in Aktion. Ihr erstes Opfer wurde ein *hidalgo* aus altchristlicher Familie, Diego de Uceda, der Zeremonienmeister bei einem hohen Würdenträger des Calatrava-Ordens war. Als tiefreligiöser Katholik war Uceda auch Anhänger des Erasmus und teilte die Skepsis des Niederländers gegenüber allen angeblichen Wundern. Als er im Februar 1528 von Burgos nach seiner Heimatstadt Córdoba reiste, sprach er mit einem Reisegefährten allzu freimütig über religiöse Fragen, insbesondere über Luthers Lehren. Er wurde von seinem Begleiter bei der Inquisition denunziert und verurteilt trotz aller Beweise, daß er in seinem religiösen Glauben und dessen Ausübung untadelig war. Schließlich schwur er seinen »Irrtümern« am 22. Juli 1529 bei einem *auto de fe* in Toledo ab[7].

In demselben Jahr ließ das Heilige Officium auch eine führende Illuminatin verhaften, eine *beata* namens Francisca Hernández, deren Aktivität bis dahin geduldet worden war, obwohl ihre sexuellen und theologischen Freiheiten sie in üblen Ruf gebracht hatten. Ihre Verhaftung zog so weite Kreise, daß wir die Umstände mit einiger Aufmerksamkeit betrachten müssen. Francisca Hernández, eine ungewöhnlich begabte und physisch sehr reizvolle Frau, war durch die Inquisition schon seit 1519 beobachtet worden. Der Kreis um sie in Valladolid bestand aus *alumbrados* wie auch aus Leuten, die, ohne selbst Illuminaten zu sein, in ihr einen wahrhaft religiösen Menschen erblickten. Zu den ersteren gehörte ein Priester aus Navarete, der behauptete, göttlich inspiriert und sündenfrei zu sein, und mit Francisca Hernández leiblichen Umgang pflog, um zu beweisen, daß darin keine Sünde läge. Zu den Nicht-Illuminaten ihres Kreises gehörte Bernadino de Tovar, ein Bruder des bedeutenden Erasmisten Juan de Vergara. Da die Hernández mit ihrem Einfluß der Inquisition sehr verdächtig war, wurde sie im Jahre 1519 und ein zweites Mal 1525 verhaftet. Zu denen, die man 1525 mit ihr als Illuminaten verhaftete, gehörte eine gewisse María Cazalla, Schwester des Bischofs Juan Cazalla, der für diese neue mystische Bewegung eintrat. Die Namen all dieser Personen spielten in den folgenden Jahren eine nicht geringe Rolle. Als die Hernández 1529 zum drittenmal verhaftet wurde und es ein Jahr später in Toledo zum Prozeß gegen sie kam, wurde das komplizierte Netz der Beziehungen zwischen allen Mitgliedern ihres

Kreises endgültig entwirrt. Es überrascht nicht, daß diese Frau alle, die bis dahin ihre geistigen (und manchmal auch leiblichen) Gefährten gewesen waren, kompromittierte. María Cazalla wurde im April 1532 erneut verhaftet, ins Gefängnis gebracht, gefoltert und beschuldigt, sich ketzerisch als Lutheranerin, Illuminatin und Erasmistin betätigt zu haben. Ihr Prozeß zog sich bis zum Dezember 1534 hin. Sie wurde gezwungen, abzuschwören, mußte eine Geldstrafe bezahlen und versprechen, sich den Illuminaten fernzuhalten. Ihren Bruder, den Bischof, hatte sein Tod im Jahre 1530 vor der Inquisition bewahrt. Das Heilige Officium war jedoch mit dieser Familie noch lange nicht fertig, denn aus ihr kam der Kreis von Protestanten, die zwei Jahrzehnte später Valladolid in Unruhe versetzten. Zu den übrigen Verehrern der Francisca Hernández gehörte, wie wir schon sahen, auch der Erasmist Bernadino de Tovar, der trotz der wiederholten Warnungen Juan de Vergaras den Reizen der *beata* nicht widerstehen konnte. Zweifellos bewog das Wissen, daß Vergara ihr Feind war, die Hernández bei ihrem Prozeß 1530, ihn als Lutheraner zu denunzieren, wobei sie von mehreren ihrer Jünger unterstützt wurde. Tovar saß bereits im Gefängnis, als am 24. Juni 1530 auch sein Bruder eingeliefert wurde.

Die Verhaftung Vergaras und der Prozeß gegen ihn veränderten das geistige Klima in Spanien wesentlich [8]. Dieser bedeutende Humanist, der Sekretär bei Ximénez de Cisneros und später bei dessen Nachfolger auf dem Bischofsstuhl von Toledo gewesen war, gehörte zu den hervorragendsten spanischen Kennern des Griechischen und Lateinischen. Er hatte an der Polyglotbibel mitgearbeitet, hatte in Alcalá den Lehrstuhl für Philosophie innegehabt und dort vorgeschlagen, den Lehrstuhl für Redekunst Luis Vives anzubieten. 1530 verhaftet und nach dem Prozeß im Gefängnis behalten, wurde Vergara genötigt, seinen Irrtümern in einem *auto de fe* zu Toledo am 21. Dezember 1535 abzuschwören und 1500 Dukaten Geldstrafe zu bezahlen. Danach mußte er sich in ein Mönchskloster zurückziehen, das er erst 1537 wieder verließ. Infolge seiner hohen Stellung war er eins der wenigen Opfer, denen die Inquisition sogar nach der entehrenden Behandlung erlaubte, ihre alte Stellung in der Gesellschaft wiedereinzunehmen. Und so begegnen wir Vergara 1547 wieder im Mittelpunkt eines großen Streitgesprächs, das in Toledo um die vorgeschlagenen Statuten, wonach Conversos kein Amt in der Kathedrale bekleiden durften, geführt wurde.

Nach Vergara war noch eine Reihe anderer Persönlichkeiten verhaftet worden, unter ihnen im Jahre 1533 der Benediktinerabt und Hofprediger Karls V., Alonso de Virués. Er war der erste von mehreren bedeutenden Predigern des Kaisers, die der Ketzerei verdächtigt wurden. Anlaß dazu waren vermutlich seine engen Beziehungen zu Deutschland. Vergebens brachte der von der Inquisition in Sevilla vier Jahre lang eingekerkerte Abt bei seiner Verteidigung vor, daß Erasmus nie als unorthodox verurteilt worden sei. Schließlich wurde er 1537 genötigt, seinen Irrtümern abzuschwören. Er wurde verurteilt, sich für zwei Jahre in ein Kloster zurückzuziehen und sich noch ein weiteres Jahr jeglicher Predigertätigkeit zu enthalten. Karl V. jedoch gab sich die größte Mühe, Virués zu retten. Im Mai 1538 erreichte er den Erlaß einer päpstlichen Bulle, die das Urteil aufhob. Virués wurde rehabilitiert und 1542 zum Bischof für die Kanarischen Inseln ernannt, wo er 1545 starb.

Späteren Opfern der Inquisition war es nicht wie diesen Männern beschieden, in Ehren wieder in die Öffentlichkeit zurückzukehren. Je mehr die Freiheit der Lehre beschnitten wurde, um so geringer wurde die Aussicht der Universitätslehrer auf ein sorgenfreies Alter. 1530 wurde Mateo Pascual, Professor an der Universität Alcalá und bekannter Erasmist, angeklagt, an der Lehre vom Fegefeuer zu zweifeln. Der Inquisitionsprozeß endete mit der Beschlagnahme seines gesamten Vermögens. Mateo Pascual siedelte nach Rom über, um dort sein Lebensende in Frieden zu verbringen [9]. Ein weiteres berühmtes Opfer war Juan de Valdés, der, wie mehrfach behauptet wird, bei den Anfängen des Protestantismus in Spanien eine Rolle gespielt hatte. Auch er war Professor an der Universität Alcalá und veröffentlichte in dem ominösen Jahr 1529 seine theologische Studie *Diálogo de Doctrina Christiana*, die sofort von der Inquisition angegriffen wurde, obwohl Vergara und andere für ihn gutsagten. Der Streit über das Buch nahm so gefährliche Formen an, daß Valdés 1530 nach Italien flüchtete und noch knapp dem ihm bevorstehenden Prozeß entging. Sein Traktat war forthin in jedem von der Inquisition herausgegebenen Index verbotener Bücher verzeichnet [10].

Ein berühmter Fall ist auch die Verhaftung des Pedro de Lerma, der Kanzler der Universität Alcalá, Dekan der theologischen Fakultät an der Sorbonne und Domherr der Kathedrale von Burgos gewesen war. Dieser hervorragende Gelehrte wurde von Erasmus beeinflußt und ließ das auch in seinen Predigten erkennen. Er wurde bei der Inquisition denunziert, unverzüglich eingekerkert und 1537 gezwungen, in den Städten, wo er Vorträge gehalten hatte, öffentlich elf Behauptungen, die vertreten zu haben er beschuldigt wurde, abzuschwören. In Scham und Zorn schüttelte der alte Mann den Staub Spaniens von seinen Füßen und entfloh nach Paris, wo er wieder seine Tätigkeit als Dekan der theologischen Fakultät der Sorbonne aufnahm und im August 1541 starb. Nach Berichten seines Neffen Francisco Enzinas, der in der Geschichte des europäischen Protestantismus als Dryander bekannt ist, soll die Bevölkerung von Burgos, der Heimatstadt Lermas, sich vor den möglichen Folgen dieses Ereignisses so gefürchtet haben, daß Familien, die ihre Söhne zum Studieren ins Ausland geschickt hatten, sie sofort zurückriefen[11]. Diese Reaktion von Leuten, die von dem gegen die Erasmisten geführten Kampf gar nicht direkt betroffen waren, zeigt, daß gebildete Spanier sehr wohl verstanden, was hier auf dem Spiel stand. Da der Erasmismus und der neue Humanismus mit der Ketzerei in Deutschland gleichgesetzt wurden, konnte mancher sich nur durch Lossagung von diesen Lehren schützen.

Die vierte Dekade des 16. Jahrhunderts brachte in Spanien das Ende des Humanismus. Im Dezember 1533 schrieb Rodrigo Manrique, ein Sohn des Großinquisitors, erbittert aus Paris an Luis Vives über Vergaras Einkerkerung:

> Ihr habt recht. Unser Vaterland ist ein Land des Hochmuts und Neides, und hinzufügen könntet Ihr: der Barbarei. Denn jetzt ist klar, daß niemand dort unten ein Mensch mit Kultur sein kann, ohne wegen Ketzerei, der Verbreitung von Irrlehren oder als heimlicher Jude verdächtigt zu werden. Somit wurde den Gebildeten Schweigen auferlegt. Und diejenigen, die dem Ruf der Wissenschaft folgten, sind, wie Ihr sagt, von großer Furcht gepackt worden ... In Alcalá wird versucht, das Studium des Griechischen vollends zu unterbinden[12].

Vor dieser Reaktionswelle waren die Humanisten machtlos. Erasmus merkte, daß seine Freunde in Spanien einer nach dem andern zum Schweigen gebracht wurden. Sein letzter (erhalten gebliebener) Brief nach diesem Lande datiert vom Dezember 1533. Danach verstummte auch er. Drei Jahre später starb er, in der Welt der nichtspanischen Katholiken hoch geachtet. Noch im Jahre 1535 hatte ihm der Papst den Kardinalshut angeboten. Doch in Spanien waren seine Lehren fortgewischt, und die letzten Hoffnungen schwanden mit dem Tode Alonso Manriques im Jahre 1538.

Was von nun an den spanischen Kirchenherren große Angst einflößte, war die angebliche protestantische Bedrohung. Die noch ein Jahrzehnt früher weithin anerkannten Lehren des Erasmus wurden jetzt ebenso betrachtet wie die neue Ketzerei aus Deutschland, und die Inquisition sah ihre Aufgabe darin, beides auszurotten. In Wahrheit jedoch bedeutete der Protestantismus keine allzu große Gefahr, und es war wohl eine etwas übertriebene Reaktion, daß gegen alle lutherischen Schriften ein Bannfluch erging. In der Periode bis 1558 wurden in nicht mehr als neununddreißig Fällen Spanier wegen angeblichen Luthertums vor die Inquisition verklagt[13], und sogar von

81

diesen waren viele nur Leute, die, ohne deshalb bereits Ketzer zu sein, bei irgendeiner Gelegenheit etwas geäußert hatten, was nach Luthertum roch. Da im übrigen keinerlei Beweis für irgendeine Organisation gegnerischer Kräfte gefunden wurde, war in jenen Jahren die Gefahr offenbar gering. Doch die Tradition der Lehren des Erasmus klang noch stark nach, und dieser Nachklang wurde zu einem wichtigen Bindeglied zwischen den dreißiger und den fünfziger Jahren, denn die Männer, die nach 1550 als Protestanten auftraten, waren die, die während der Blütezeit der Lehren des Erasmus mit Nutzen in der besonders in Alcalá und Sevilla fühlbaren liberalen Atmosphäre studiert hatten. Sehr auffallend ist die große Zahl der Professoren und Studenten von Alcalá, die in die Fänge der Inquisition gerieten. Daß an dieser großartigen Universität die liberale Tradition aufgehoben wurde, bedeutete das Ende einer großen Epoche der spanischen Kultur.

Die neuen Lehren verbreiteten sich nur langsam. Männer wie Juan de Valdés, der gewöhnlich als Vorläufer des Protestantismus in Spanien betrachtet wird, tatsächlich jedoch als Katholik starb, waren zwar durch Erasmus beeinflußt, haben aber nie deutliche Sympathie für das Luthertum gezeigt. Bataillon hat nachgewiesen, wie in der protestantischen Strömung, die von den Erasmus verteidigenden Illuminaten zwischen 1535 und 1555 ausging, zwar die Lehre von der »Rechtfertigung durch den Glauben allein« angenommen, doch kein Schritt vom katholischen Dogma hinweg getan wurde [14]. Die neue Ketzerei faßte durchaus nicht so rasch Boden. Wo ein Anstoß gegeben wurde, kam er von einzelnen berühmten Leuten, vor allem im Süden des Landes. Einer der wichtigsten Verfechter der protestantischen Lehren war der aus Aragonien stammende Juan Gil (auch Egidio genannt), der Gründer der protestantischen Gemeinde in Sevilla [15]. Als Domherr und Prediger der Kathedrale von Sevilla stand er beim Kaiser so hoch in Ansehen, daß er 1550 mit dem freigewordenen Bischofssitz in Tortosa betraut wurde. Nach einer Weile jedoch geriet er in den Verdacht der Ketzerei. Er kam mit einer leichten Strafe davon und starb 1556 in Frieden. Als erst nach seinem Tode durch Nachforschungen festgestellt wurde, in welchem Maße seine Lehren die ihm anvertraute Gemeinde »verdorben« hatten, wurde sein Skelett ausgegraben und 1560 verbrannt, um das Gedächtnis an ihn auszulöschen. Nach Egidios Tod fiel die Führung der Protestantengemeinde an Constantino Ponce de la Fuente, den Domherrn der Kathedrale und früheren Beichtvater und Kaplan Karls V. Zur Gruppe von Sevilla gehörten insgesamt 127 Personen, darunter der Prior und Mönche des Jeronimitenklosters zu San Isidro sowie mehrere Nonnen des Jeronimitenklosters von Santa Paula. Bis zum Ende der fünfziger Jahre lebten die Protestanten von Sevilla in relativer Sicherheit, doch dann wurden Verdächtigungen laut, die etliche Mönche von San Isidro zur Flucht veranlaßten. Unter denen, die ins Exil gingen, befanden sich Cipriano de Valera und Cassiodoro de Reina, deren Namen zwar nicht in der Geschichte Spaniens, wohl aber in der Geschichte der europäischen Reformation wichtig sind.

Indessen hatte sich im nördlichen Kastilien ebenfalls ein bedeutender Kreis von Protestanten gebildet [16]. Dort war der Gründer ein Italiener, Carlo de Sesso, der durch die Lektüre der Schriften des Juan de Valdés zum Protestantismus fand. Mit dem Eifer eines Missionars bekehrte er im Gebiet von Valladolid einen Kreis einflußreicher, vornehmer Leute, der jedoch nie mehr als fünfundfünfzig Personen umfaßte. Der hervorragendste dieser Bekehrten war Agustín Cazalla, der 1542 im Alter von zweiunddreißig Jahren zum Hofkaplan Karls V. ernannt worden, 1543 mit dem Kaiser nach Deutschland gereist war und dorthin auch (1548) den Prinzen Philipp begleitet hatte. Cazalla war durch seinen Bruder Pedro, den Gemeindepfarrer von Pedrosa bei Valladolid, bekehrt worden, und mit ihm wurde die ganze Familie Cazalla zu Ketzern.

Die beiden protestantischen Zirkel, der andalusische und der kastilische, hatten einige auffällige Gemeinsamkeiten. Egidio und Constantino hatten wie auch Cazalla in Alcalá de Henares studiert. Cazalla machte dort (1530) am gleichen Tag sein Schlußexamen wie ein gewisser Diego Laínez. In der Liste der Absolventen war der erste Name Cazalla und Laínez der zweite. Die Geschichtsschreibung indes sollte diese Rangfolge später umkehren. In jener Generation hatten sich bei den Studenten von Alcalá die liberalen Ideen schon zu sehr durchgesetzt, als daß sie so ohne weiteres hätten beiseite gefegt werden können, und auch Laínez sollte sich später zu einer Form des Katholizismus bekennen, die liberaler war als die, unter welcher seine Vorgänger in Spanien verfolgt wurden. Erstaunlicher als das gemeinsame geistige Erbe von Alcalá ist indes die Tatsache, daß sowohl in Sevilla wie in Valladolid ehemalige Kaplane des Königs im Mittelpunkt der ketzerischen Bewegung standen. Bezeichnend ist auch, daß einige der prominentesten Protestanten aus neuchristlichen Familien stammten und daher vielleicht eine gewisse Verbindung zwischen der Heterodoxie der Conversos und der der Protestanten hergestellt werden kann [17]. Die Familie Cazalla stammte von Conversos ab, ebenso Constantino, während Cassiodoro aus der anderen zahlenstarken Minderheit kam, nämlich der der Mauren.

Im Jahre 1557 brach der Sturm über die Protestanten Spaniens herein. Im Oktober jenes Jahres wurde Don Juan Ponce de León, aus der Familie des Herzogs von Arcos, zusammen mit anderen Personen wegen Einführung ketzerischer Literatur aus Genf verhaftet. Zu seinen Mittätern gehörte vor allem Julián Hernández, ein Mann, der lange an den Reformiertenkirchen in Paris, in Schottland und in Frankfurt tätig gewesen war und es unternahm, protestantische Literatur in sein Heimatland zu schmuggeln. Im folgenden August war auch Constantino verhaftet und die Gruppe in Sevilla aufgesplittert worden. Nachlässigkeit führte dazu, daß 1558 auch der Kreis in Valladolid durch die Inquisition zerschlagen wurde. Alle Verantwortlichen wurden verhaftet. Die Vorfälle wurden von offizieller Seite als außerordentlich besorgniserregend angesehen. Daß man in Spanien unter Leuten von gutem Ruf dasselbe Übel entdeckte, mit dem das Heilige Römische Reich gespalten wurde, alarmierte sowohl die politischen wie die kirchlichen Behörden, und das Heilige Officium beschäftigte sich mit dieser Bedrohung so, als sei sie von ungeheurem Ausmaß. Tatsächlich jedoch stellte, wie wir wissen, die protestantische Lehre zu keiner Zeit eine wirkliche Bedrohung der katholischen Kirche Spaniens dar. Die Gruppe in Valladolid bestand aus nur 55 Mitgliedern, und die in Sevilla umfaßte nicht mehr als 127 Personen.

Kaiser Karl V., der sich inzwischen auf das entlegene Kloster San Yuste in Estremadura zurückgezogen hatte, sah, nachdem er lange Jahre seine Länder vor dem Luthertum zu bewahren versucht hatte, darin, daß es in Spanien Ketzer gab, die Möglichkeit eines Konflikts ähnlich dem, der Deutschland zerriß. Für ihn gab es auf diese Situation nur eine Antwort: rücksichtslose Unterdrückung. Der Brief, den er am 25. Mai 1558 seiner Tochter Juana sandte, die, da Philipp II. sich in den Niederlanden aufhielt, als spanische Regentin auftrat, verdient, ausführlich zitiert zu werden, nicht allein weil er zeigt, wie enttäuscht die früheren Anhänger des Erasmus waren, sondern auch, weil er den Beginn der harten Politik kennzeichnete, die jetzt bei den spanischen Behörden üblich wurde.

Ich bin sehr zufrieden mit dem, was Du, wie Du mitteilst, an den König geschrieben hast, indem Du ihn informierst, was mit den Leuten geschieht, die als Lutheraner eingekerkert sind und von denen täglich mehr entdeckt werden. Doch glaube mir, meine Tochter, diese Angelegenheit hat mir mehr Sorge und Schmerz bereitet, als ich in Worten auszudrücken vermag, und tut das noch, denn während der König und ich im Ausland waren, blieben diese Reiche in vollkommenem Frieden, verschont von jenem Unglück, doch jetzt, da ich hierher zurückgekehrt bin, um auszuruhen, mich zu erholen und Unserem Herrn zu dienen, ereignen sich diese empörenden Dinge und diese Verräterei, in die so bedeutende Personen verwickelt sind, in meiner und Deiner Gegenwart. Du weißt, daß ich wegen dieser Sache gelitten habe, in Deutschland große Prüfungen durchstehen mußte, Kosten hatte und meine Gesundheit weitgehend eingebüßt habe. Könnte ich nicht überzeugt sein, daß Du und die Mitglieder Deines Rates eine Radikalkur für diese unselige Situation finden und die Schuldigen gründlich bestraft werden, um zu verhindern, daß ihrer noch mehr werden, so wüßte ich nicht, ob ich es über mich brächte, nicht von hier fortzugehen, um die Sache zu regeln. Da diese Angelegenheit für den Dienst an Gott und zum Heil und der Erhaltung dieser Reiche wichtiger ist als jede andere und da sie erst in den Anfängen steckt und mit so geringen Kräften beginnt, die leicht kleingemacht werden können, ist es notwendig, den größten Nachdruck und das größte Gewicht auf ein schnellwirkendes Heilmittel und exemplarische Bestrafungen zu legen. Ich weiß nicht, ob bei diesen Fällen die übliche Praxis genügt, durch die, gemäß dem Gemeinen Recht, alle diejenigen, die um Gnade bitten und deren Geständnis anerkannt wird, mit einer leichten Strafe davonkommen, wenn es ihr erstes Vergehen ist. Solche Leute können, wenn sie freigesprochen werden, sehr wohl erneut die gleichen Verstöße begehen, insbesondere wenn sie gebildete Menschen sind. Man kann sich die schlimmen Folgen vorstellen, denn es ist klar, daß sie nicht ohne eine bewaffnete Organisation und Führung zu handeln vermögen. Deshalb muß man sehen, ob gegen sie als Urheber der Rebellion, der Aufstände und sonstigen Unruhen im Staat eingeschritten werden kann. Sie wären dann der Rebellion schuldig und hätten keine Gnade zu erwarten. In diesem Zusammenhang kann ich nicht unterlassen, zu erwähnen, was in Flandern üblich war und ist. Ich wollte eine Inquisition einführen, um die Ketzerei zu bestrafen, die manche Leute von dem benachbarten Deutschland und England und sogar von Frankreich übernommen haben. Jeder widersetzte sich dem, mit der Begründung, daß unter ihnen keine Juden seien. Schließlich wurde ein Befehl erlassen, daß alle Leute, einerlei aus welchem Staat und unter welchen Umständen, die zu gewissen, genau bezeichneten Gruppen gehörten, *ipso facto* zu verbrennen und ihre Besitztümer zu beschlagnahmen seien. Die Notlage zwang mich, so zu handeln. Ich weiß nicht, was mein Sohn, der König, seitdem getan hat, glaube aber, daß er an demselben Grunde weiter so handeln wird wie ich, weil ich ihm geraten und ihn dringend gebeten habe, im Umgang mit solchen Leuten sehr streng zu sein.

Glaube mir, meine Tochter, daß ich, wenn ein so schwerer Übelstand nicht beseitigt wird, und zwar gleich, ohne Ansehen der Person, nicht versprechen kann, daß der König oder sonst irgend jemand in der Lage sein wird, das später noch zu tun [18].

Dieser Brief markiert in der Tat den Wendepunkt in Spanien. Von nun an wurde auf Grund der Befürchtungen Karls V. und des Vorgehens, zu dem der Großinquisitor Valdés verpflichtet wurde, Irrglaube als Bedrohung des Staates und der anerkannten Religion ausgelegt. In einem Schreiben an den Papst vom 9. September desselben Jahres bekräftigte Valdés, daß »diese Abirrungen und Ketzereien des Luther und seiner Brut, die man jetzt in Spanien zu predigen und einzuführen begonnen hat, als Aufstand und Aufruhr betrachtet werden müssen« [19].

Aufstand und Aufruhr, bewaffnete Organisation und Anführer – wie weit entfernt war das von den Träumen eines Cazalla und Constantino! Und doch wurden wieder einmal wohlmeinende Männer zur Beute der Spannungen, die Europa beherrschten, und die Folge war eine Reihe von *autos de fe*, durch die der Protestantismus in Spanien ausgemerzt wurde. Die erste große Verbrennung fand am Sonntag Trinitatis, dem 29. Mai 1559, in Valladolid statt. Von den 30 Opfern wurden 14 verbrannt, darunter Cazalla sowie ein Bruder und eine Schwester von ihm. Der einzige, der ohne Reue in seinem Glauben starb, war Herrezuelo, ein Rechtsanwalt aus Toro. Alle übrigen starben reumütig, nachdem sie erklärt hatten, bekehrt zu sein. Der bekannteste von ihnen war Agustín Cazalla, der das Heilige Officium segnete und laut über seine Sünde weinte. Die nächste Verbrennung in Valladolid fand am 8. Oktober statt. Von den 30 Opfern waren 26 Protestanten, von denen 12 auf dem Scheiterhaufen endeten. Nur Carlo de Sesso und noch ein Mann hielten bis zuletzt an ihrem Glauben fest. Bei dieser Zeremonie präsidierte König Philipp II. Nun begannen die Verbrennungen auch in Sevilla, wo das erste große *auto de fe* am Sonntag, dem 24. September 1559, veranstaltet wurde [20]. Von den 76 Opfern wurden 19 als Lutheraner verbrannt, einer von ihnen nur *in effigie*. Das nächste *auto de fe* wurde am 22. Dezember 1560 abgehalten [21]. Von den 54 Opfern bei dieser Gelegenheit wurden 14 in persona und 13 in effigie verbrannt. Zu den tatsächlich Verbrannten gehörten zwei englische Seeleute, William Brook und Nicholas Burton, sowie eine Einwohnerin von Sevilla, Leonor Gómez, mitsamt ihren drei jungen Töchtern. Nach diesem *auto de fe* fand am 26. April 1562 das nächste statt, ein weiteres am 28. Oktober. In jenem Jahr wurden 88 Personen wegen protestantischen Unglaubens bestraft, unter ihnen 18 durch Tod auf dem Scheiterhaufen, als besonders bekannte Personen dabei auch der Prior von San Isidro und vier seiner Priester.

Mit diesen Verbrennungen wurde der Protestantismus in Spanien nahezu ausgelöscht. Fast alle folgenden Verbrennungen wegen »Lutheranismus« (ein Begriff, mit dem jede Art protestantischer Lehren umfaßt wurde) betrafen hauptsächlich ausländische Händler und Seeleute, die unversehens vor das Tribunal der Inquisition gerieten. Daß diese Ketzerei aus Spanien verschwand, wird durch die Zahlen attestiert, die Schäfer für jedes Tribunal auf der Halbinsel systematisch erfaßt hat [22]. In Barcelona wurden als angebliche Lutheraner 51 Menschen in Person oder in effigie verbrannt, und alle waren französische Staatsangehörige. Vor dem Tribunal von Calahorra (das

86

später nach Logroño verlegt wurde) kamen 68 Fälle von vermutetem Lutheranismus bei Navarresen und Basken zur Aburteilung. Dort wurden von 1540 bis 1599 insgesamt 310 Personen verurteilt. Die hohe Zahl ist fast ausschließlich mit der Lage dieser Gebiete nahe der französischen Grenze zu erklären. Fast alle in Valencia zwischen 1554 und 1598 anhängigen Fälle betrafen Ausländer, von denen acht teils in Person, teils in effigie verbrannt wurden. Die Ausnahmen waren zwei Spanier, die, nachdem sie 1567 bzw. 1573, des Lutheranismus verdächtigt, bestraft worden waren, desselben Verbrechens wegen in effigie 1575 bzw. 1576 verbrannt wurden. Zwischen 1545 und 1598 gab es in Zaragoza nur 17 Fälle von Spaniern, die im Verdacht standen, Lutheraner zu sein. Verbrannt aber wurde dort nur ein »Lutheraner« (1585) und ein zweiter (1595) in effigie. Córdoba hatte zwischen 1558 und 1567 insgesamt sechs Fälle dieser Art, Cuenca hatte sieben zwischen 1556 und 1585. In Granada wurde ein Ketzer 1574 verbrannt, während sonst zwischen 1565 und 1599 nur zwanzig Fälle behandelt wurden. Llerena hatte 17 Fälle zwischen 1536 und 1591, Murcia etwa 19 zwischen 1560 und 1597. In Santiago kam nur ein Fall vor, und zwar im Jahre 1582; es handelte sich um eine Selbstbezichtigung. In Toledo, dem Hauptgebiet der Heterodoxie in Spanien, gab es zwischen 1555 und 1596 insgesamt 45 Prozesse gegen Spanier und über 110 gegen Ausländer. Wenn wir also Valladolid und Sevilla einmal außer Betracht lassen, sind insgesamt unter dem Verdacht, Lutheraner zu sein, in der zweiten Hälfte des 16. Jahrhunderts ungefähr 200 Spanier vor die Inquisition gebracht worden. Diese Gesamtsumme ist jedoch irreführend, weil sie die hohe Zahl von Navarra, wo eine besondere Lage entstanden war, mit einschließt und andererseits nicht erkennen läßt, daß es sich daneben in den meisten Fällen gar nicht um Ketzer handelte, sondern um alle möglichen Leute, die hier oder dort so unvorsichtig waren, zu fluchen oder etwas zu äußern, was nach Ketzerei klang. Tatsächlich wurden in dieser Periode nicht mehr als sechs Menschen in Person verbrannt. Der Protestantismus erwuchs in Spanien nie zu einer wirklichen Gefahr und wurde niemals von einem wesentlichen Teil der Bevölkerung akzeptiert. Infolgedessen blieben die Spanier in Unkenntnis über die Art der neuen Ketzerei und wurden nur nachdrücklich belehrt, sie als eine bösartige Bedrohung ihres Landes und reine Gotteslästerung zu betrachten.

Die Vorsichtsmaßnahmen für bedenkliche Fälle wurden jedoch bei den Behörden keineswegs verringert, denn die deutsche Ketzerei war nun eine politisch allzu bedeutsame Drohung geworden, als daß sie obenhin zu behandeln gewesen wäre. Bei der jetzt in Spanien verfolgten Politik wurden die Zensur und die Einschränkung der Freizügigkeit immer strenger. Als 1563 das Konzil zu Trient seine Sitzungen abschloß, hatte die katholische Gegenreformation einen Punkt erreicht, an dem sie im europäischen Ringen keinerlei Kompromisse zu schließen brauchte. Das katholische Europa, somit auch das katholische Spanien, ging nun zum offenen Angriff über.

Wieweit hatte die Inquisition vermocht, Spanien vor Ansteckung zu bewahren? Auf jeden Fall hatte sie den Orthodoxen der alten Schule ermöglicht, bei ihrer während der Reconquista offenbarten geistigen Haltung und ihrem »Rassismus« zu bleiben. In einer neueren spanischen Studie über die Inquisition ist klar und unwiderlegbar herausgearbeitet, daß mit dem »Illuminismus« und sogar mit dem »Lutheranismus« in Spanien Conversos den Anfang gemacht haben [23], diese Lehren also Abirrungen seitens nichtspanischer Minderheiten gewesen sind. Darin liegt unterstellt, daß die Inquisition die Reinheit der spanischen Rasse verteidigte. Und gerade das war das Argument, mit dem im 16. Jahrhundert Antisemiten auftraten. So brachte der Erzbischof Siliceo von Toledo 1547 vor:

Es wurde gesagt und wird als wahr erachtet, daß die hauptsächlichen Ketzer aus Deutschland, die jene ganze Nation zerstört haben und große Ketzereien einführten, Abkömmlinge von Juden seien [24].

So sah man es in Spanien überall. Insofern war der Kampf gegen Luther 1559 nur eine Fortsetzung des Kampfes gegen die Juden vom Jahre 1480. Die beiden »Kreuzzüge« überschnitten sich, auch war man nicht mehr in der Lage, bewiesene Tatsachen und Ausgeburten der Phantasie auseinanderzuhalten. Zweifellos hatte die Heterodoxie der Conversos an den religiösen Problemen Spaniens einen bedeutenden Anteil. Der Illuminismus kam unter einigen Franziskanermönchen auf. Einer seiner bedeutendsten Vertreter war Juan de Cazalla. Hervorragende »Erasmisten« wie Vergara stammten von Conversos ab wie auch andere des Luthertums verdächtigte Personen, zum Beispiel Doktor Agustín de Cazalla und Doktor Andrés de Laguna, der 1550 Leibarzt des Papstes wurde. Doch die systematische Identifizierung von Conversos mit den krassesten Ketzereien des Tages blieb im Grunde unglaubwürdig. Wenn das dennoch damals wirklich geglaubt wurde, ist es ein Beweis, daß man die Inquisition, im wesentlichen ein Werkzeug der herrschenden Klasse, immer noch so betrachtete, als erfülle sie eine wichtige Aufgabe, indem sie die religiöse und rassische Einheit Spaniens bewahrte.

Der laute Widerhall nach dem Prozeß gegen Pedro de Lerma machte klar, daß die Grenzen rings um Spanien sich schlossen. An Stelle der Freiheit, die während der Renaissance das akademische Leben kennzeichnete, traten nun Konformismus, Lippendienst und Schweigen. Die Spaltung der europäischen Universitäten 1530, als die Hälfte von ihnen aus politischen Gründen den Argumenten König Heinrichs VIII. für die Annullierung seiner Ehe mit Katharina von Aragonien beistimmte, die andere Hälfte jedoch aus den gleichen Gründen dagegen entschied, wurde zum ersten großen Riß in der internationalen Gelehrtenwelt [25]. Universitäten mußten sich, wie auch einzelne Persönlichkeiten, politischem Druck beugen und sich für nationale Belange entscheiden. Für Spanien traf die Entscheidung Philipp II., der seit 1556 König war, dem Jahre der Abdankung seines Vaters Karl, der im September 1558 in San Yuste starb. Im September 1559 kehrte Philipp aus den Niederlanden nach Spanien zurück, das er dann nie wieder verließ. Am 22. November 1559 ordnete er an, daß alle im Ausland studierenden oder lehrenden Spanier innerhalb von vier Monaten zurückzukehren hätten, wobei Ausnahmen nur für besonders genannte Hochschulen, wie Bologna, Rom, Neapel und Coimbra, gemacht wurden. Kein Spanier sollte künftig im Ausland studieren dürfen, außer an diesen speziell bezeichneten Universitäten. Die Verordnung wurde auf zwei Wegen durchgeführt: durch Zensur aller als Lesestoff und zum Studium dienenden Bücher sowie durch disziplinarische Maßnahmen gegen Professoren, die sich unvorsichtig äußerten. Bischöfe wurden veranlaßt, alle Büchereien in ihrer Diözese zu überprüfen, und an der Universität Salamanca durchforschte ein vielköpfiger Stab die Bibliothek, um jedes für gefährlich gehaltene Buch auszusondern.

Mit der Kontrolle von Professoren wurde eine Reihe gerichtlicher Verfolgungen eingeleitet, durch die die Inquisition in einen üblen Ruf kam, der sich aus ihrer Geschichte nicht leicht tilgen läßt. Die Schwierigkeiten, in die in diesem Zeitraum manche Lehrkräfte der Universität Salamanca gerieten, sind oft als Ergebnis von Parteibildungen innerhalb der Universität erklärt worden, werden aber vor allem auf den Charakter des León de Castro zurückgeführt, eines kleinlichen, gehässigen und gewissenlosen Grammatikprofessors im Ruhestand, dessen Kampagnen gegen liberalere Geister mehrere seiner verdienstvollen Kollegen ins Gefängnis brachten. Wieviel Schuld daran León de Castro gehabt haben mag – ohne Zweifel große –, es bleibt eine Tatsache, daß die Inquisition seinen Ergüssen bereitwillig Gehör lieh und es unternahm, einigen der größten geistigen Leuchten Spaniens den Prozeß zu machen.

Diese Vorgänge begannen im Dezember 1571, als Castro und ein mit ihm befreundeter Dominikaner, Bartolomé de Medina, einem Vertreter der Inquisition von Valladolid einige Schriftstücke mit Beschuldigungen dreier Professoren der Universität Salamanca vorlegten. Die drei Gelehrten waren: Fray Luis de Léon vom Augustiner- orden, Gaspar de Grajal und Martín Martínez de Cantalapiedra. In den sehr allgemein gehaltenen Anklagen gegen die Professoren hieß es, sie hätten sich bei ihren Vorlesungen über Biblische Geschichte und Theologie ketzerische Freiheiten erlaubt. Am schärfsten angegrif- fen wurde Fray Luis de Léon. Berühmt als Theologe und unsterblich als einer der größten Dichter Spaniens, wurde er im Alter von nur vierunddreißig Jahren auf einen Lehrstuhl an der Universität Sala- manca berufen, was seine Rivalen erbitterte, die ihn seiner jüdischen Herkunft wegen beschimpften und ihn beschuldigten, gefährliche theologische Behauptungen aufgestellt zu haben. Unter anderem hieß es, er habe die Genauigkeit der Bibelübersetzung der Vulgata bezwei- felt; habe den hebräischen Text dem lateinischen vorgezogen; habe das Lied der Lieder als profanen Liebestext übersetzt anstatt als gött- lichen Gesang und habe die Ansicht vertreten, daß die scholastische Theologie beim Studium der Bibel von Nachteil sei. Grajal wurde unter ähnlichen Beschuldigungen am 22. März 1572 verhaftet, und fünf Tage später auch Fray Luis de Léon und Martínez. In blindem Glauben an die Gerechtigkeit ihrer Sache und an das Wohlwollen des Heiligen Officiums waren die Gefangenen nicht sehr bedrückt, sollten aber bald bitter enttäuscht werden. Für Luis de Léon war die Verhaftung der Beginn einer Gefangenschaft von vier Jahren, acht Monaten und neunzehn Tagen. In den Kerkern des Tribunals zu Valladolid völlig von der Außenwelt abgeschnitten, tröstete er sich immerhin mit der ihm gewährten Erlaubnis, in seiner Zelle zu lesen und zu schreiben. Aus seiner Feder ging dort das klassisch gewordene Erbauungsbüchlein *De los Nombres de Christo* hervor. Er hatte von Anfang an erkannt, daß jemand gegen ihn hetzte. Am 18. April 1572 schrieb er aus seiner Zelle:

Ich habe den starken Verdacht, daß gegen mich falsch Zeugnis abgelegt wurde, denn ich weiß, daß in den letzten zwei Jahren Leute über mich vie- lerlei gesagt haben und noch sagen, was als Lüge klar erkennbar ist. Und ich weiß, daß ich viele Feinde habe.

Er wartete auf Gerechtigkeit, doch sie kam nicht, und auch ein bal- diger Prozeß wurde ihm nicht zugesagt. Seine ständigen Bitten darum blieben vergeblich. Ein Jahr später, am 7. März 1573, schrieb er an die Inquisitoren:

Es ist nun ein Jahr, seitdem ich in diesem Gefängnis sitze, und während der ganzen Zeit habt Ihr nicht geruht, die Namen der Zeugen für meinen Prozeß zu veröffentlichen, und es ist mir auch keine Gelegenheit zu um- fassender Verteidigung gegeben worden.

Er wurde schließlich zu einer Rüge verurteilt und mußte mehrere Behauptungen, die er angeblich aufgestellt hatte, widerrufen. Im Gefängnis litt er unter Fieber und Demütigungen. Mitte Dezember 1576 wurde er entlassen. Entkräftet, doch geistig ungebrochen, begrüßte er seine Freiheit mit der für ihn bezeichnenden Zurückhaltung:

> Aquí la envidia y mentira
> me tuvieron encerrado.
> Dichoso el humilde estado
> del sabio que se retira
> y de aqueste mundo malvado,
> y con pobre mesa y casa,
> en el campo deleitoso
> con solo Diós se compasa,
> y a solas su vida pasa
> ni enridiado ni envidioso *.

Wieder auf seinem Lehrstuhl an der Universität, soll er seine erste Vorlesung begonnen haben mit den Worten: »Wie ich letztes Mal sagte...« Doch für seine Feinde war es nicht das letzte Mal, denn er wurde 1582 nochmals wegen unvorsichtiger Behauptungen zu einem Prozeß vorgeladen. Der Generalinquisitor Gaspar de Quiroga setzte sich für ihn ein, so daß er 1584 mit der Warnung, künftig über ungeklärte Streitfragen nicht zu sprechen, freigelassen wurde [26].

Weniger Glück als er hatten seine Kollegen von derselben Universität. Gaspar de Grajal, der fünf Tage vor ihm verhaftet worden war, erkrankte und starb in den Kerkern der Inquisition, bevor ein Urteil über ihn gefällt werden konnte. Alonso Gudiel, Professor für Bibelkunde an der Universität von Osuna, wurde im selben Monat auf Grund von Beschuldigungen verhaftet, die Castro erhob. Auch er starb im April 1573 im Kerker, bevor sein Fall zur Verhandlung kam. Der einzige, der die Zeit im Gefängnis überlebte, war Cantalapiedra, der in Salamanca Professor für Hebräisch gewesen war und sein ganzes Leben dem Studium der Heiligen Schrift gewidmet hatte. Er mußte in Valladolid noch länger in der Zelle sitzen als Fray Luis de Léon, nämlich über fünf Jahre, von März 1572 bis Mai 1577. Trotz seiner wiederholten Bittgesuche um baldige Entscheidung beeilte man sich nicht, ihn vors Tribunal zu bringen. Schließlich wurde er frei-

---

* »Hier hielten Neid und Lügen mich gefangen. Selig die Demut des Gelehrten, der sich aus dieser bösartigen Welt zurückzieht und dort in der freundlichen freien Landschaft, mit bescheidenem Mahl und einfacher Wohnung, sein Leben allein mit Gott regiert und seine Tage ganz mit sich allein verbringt, weder beneidet noch selbst ein Neider.«

gelassen, bekam jedoch seinen Lehrstuhl nicht wieder. »Ich habe mich bemüht, die Heilige Schrift vor der ganzen Welt richtig auszulegen, aber mein einziger Lohn dafür ist die Zerstörung meines Lebens, meiner Gesundheit und meiner Habe gewesen« [27], hatte er 1577 im Verhör zu den Inquisitoren gesagt. Die bittere Lehre, die er daraus zog, zogen auch viele seiner Zeitgenossen: »Es ist besser, vorsichtig vorzugehen und klug zu bleiben *(sapere ad sobrietatem).*« Das jedoch war eine Klugheit, die das akademische Leben in jedem Lande gefährdet, wo starre Vorschriften die Nachdenkenden stumm machen.

León de Castro blieb auch weiterhin nicht untätig. Der bedeutende Humanist und Professor für Hebräisch, Benito Arias Montano, arbeitete damals an dem Werk, das der Regierungszeit Philipps II. später zu höchstem Ruhm gereichen sollte: an der Königlichen Polyglot-Bibel, die in Antwerpen veröffentlicht wurde. Als Montano 1575 aus Rom an den Bischof von Cuenca schrieb, klagte er über

ein hartnäckiges Gerücht, an der Universität aufgebracht durch einen gewissen León de Castro aus Salamanca, um das größte, jemals in der Welt veröffentlichte Werk zu tadeln und herabzusetzen: die Königliche Bibel, die Seine Majestät zum Wohl der Christenheit unter meiner Leitung in Antwerpen zu drucken befohlen hat [28].

León de Castro war nicht der einzige Missetäter. Es gab, wie Montano 1579 schrieb, noch andere »Männer der Wissenschaften, die in meinen Schriften ein paar Irrtümer finden und bekanntmachen möchten und sich dieserhalb mächtig anstrengen« [29].

Daß die Kirchenbehörden solchen Leuten freie Hand ließen, hemmte stark die persönliche Initiative, so daß trotz des gemäßigten Vorgehens des Großinquisitors Quiroga stets die Furcht herrschte, auch schon bei einem nur leichten Fehlgriff in der Ausdrucksweise vor das gestrenge Heilige Officium zitiert zu werden. Im Fall des Francisco Sánchez, genannt el Brocense, eines der besten Literaturkenner seiner Zeit, der Professor für Grammatik in Salamanca war, lag der Fehler ebenso beim Opfer selbst wie bei den Richtern. Er wurde 1584 denunziert unter der Beschuldigung, gewissenlos und anmaßend über theologische Fragen gesprochen zu haben, und mußte vor dem Tribunal von Valladolid erscheinen. Obwohl die Inquisitoren für seine Verhaftung und die Beschlagnahme seines Besitzes stimmten, änderte die Suprema dieses Urteil ab und verfügte nur einen strengen Verweis. »El Brocense« mit seinem ungezügelten Temperament wurde durch dieses knappe Davonkommen nicht abgeschreckt. Er stürzte sich wieder ins Getümmel, disputierte mit Theologen über ihre Probleme und sprach verächtlich von Thomas von Aquin und den Dominikanern. So kam es, daß der leicht erregbare alte Mann als Achtzigjähriger noch einmal in Bedrängnis geriet. Berichte über seine Vorträge wurden dem Tribunal in Valladolid zugeleitet, wo ihm 1596 die Inquisition den Prozeß machte. Doch es wurde bis 1600 nichts gegen ihn unternommen. Dann wurde er plötzlich verhaftet und unter Hausarrest gestellt; seine Papiere wurden beschlagnahmt. Zu den gegen ihn erhobenen Beschuldigungen gehörte auch die, daß er zwar »stets seine geistigen Fähigkeiten dem Gehorsam im Glauben unterordnete, jedoch in Fragen, die nicht den Glauben betreffen, diese einfach nicht unterordnen wolle« [30]. Vergreist und krank, gedemütigt durch die Behandlung, starb Sánchez Anfang Dezember 1600. Da sein Name allzu anrüchig war, wurde jegliche Ehrung seitens der Universität von Salamanca bei seinem Begräbnis verboten.

Sicher waren es außergewöhnliche Umstände, insbesondere die bösartigen Verleumdungen des Léon de Castro und anderer, die diese Koryphäen vor die Inquisition brachten; aber es ist doch wohl nicht zufällig, daß drei der Opfer – Fray Luis de León, Gaspar de Grajal und Alonso Gudiel – von Conversos abstammten, daß auch Arias Montano wahrscheinlich ein Converso war und, wie einige vor der Inquisition auftretende Zeugen behaupteten, auch Cantalapiedra das gewesen sein soll. In einer Atmosphäre, in der die Inquisition darauf auszugehen schien, Gelehrte zu verfolgen, weil sie zufällig jüdischer Herkunft waren, konnten die Möglichkeiten, die Freiheit der Lehre zu wahren, nicht sehr groß sein. Bei diesen Verfolgungen war nicht die geringe Zahl der Opfer so wichtig als vielmehr der starke Widerhall, den ihre Verurteilung bei anderen fand. Ein Beispiel genügte, um viele stumm zu machen. Als der Mönch Luis de León erfuhr, daß sein Kollege Grajal verhaftet worden war, schrieb er empört an einen Freund in Granada: »Dieses Schicksal des Meisters hat jedermann aufgebracht und wahrlich Grund gegeben, aus Furcht lieber zu schweigen.« Fray Luis de León überliefert folgenden Vorfall, der sich bei einer Vorlesung über die Besserung von Ketzern innerhalb des Klosters ereignete:

Die Studenten, die am weitesten vom Vortragspult entfernt waren, [gaben] Zeichen, ich möge lauter sprechen, weil meine Stimme heiser sei und sie mich nicht gut hören könnten. Worauf ich sagte: »Ich bin wirklich heiser, deshalb ist es besser, leise zu sprechen, damit die Inquisitoren uns nicht hören.« – Ich weiß nicht, ob das irgend jemanden gekränkt hat [31].

Das Schicksal des Fray Luis de León regte den Jesuiten Mariana, den großen Historiker, zu einer energischen Stellungnahme an. In einem berühmt gewordenen Absatz über die Verfolgung des Fray Luis und seiner Kollegen schreibt er, der Fall habe bei vielen Besorgnis erweckt, solange sie das Ergebnis nicht kannten. Es gab Unzufriedenheit darüber, daß Personen, die berühmt waren für ihre Bildung und ihren Ruf, sich im Gefängnis allein gegen so ernste Bedrohungen ihres Ruhmes und ihres guten Namens verteidigen mußten. Es war ein trister Zustand, als hochanständige Männer eben ihrer großen Leistungen wegen unter Feindschaft, Anklagen und Beleidigungen durch Leute zu leiden hatten, die eigentlich ihre Verteidiger hätten sein müssen... Der Fall, von dem die Rede ist, bedrückte viele, die beobachteten, wie ein anderer leiden mußte, und sahen, wieviel Leid jenen drohte, die frei aussprachen, was sie dachten. Infolgedessen gingen viele ins andere Lager über oder hingen ihr Mäntelchen nach dem Wind. Was wäre denn sonst zu tun gewesen? Die größte aller Torheiten ist, sich umsonst anzustrengen und sich müde zu machen, ohne anderes als Haß zu ernten. Diejenigen, die sich den Ideen der Zeit anpaßten, taten das sogar noch eifriger und vertraten die von oben gebilligten und ungefährlichen Ansichten, ohne sich um die Wahrheit sonderlich zu scheren [32].

Wenn soviel Unzufriedenheit um die Verfolgung nur weniger Gelehrter aufkommen konnte, deutet das an, daß bei den Fällen des Luis de León und seiner Kollegen weit mehr auf dem Spiel stand als die einfachsten Grundsätze der Gerechtigkeit und der Ruf der Betroffenen. Die Streitfragen betrafen die gesamte geistige Welt des Landes, die von den Lehren des Erasmus weitgehend beeinflußt war. Strafverfahren wie die gegen die Professoren von Salamanca sind deshalb so besonders bemerkenswert, weil sie relativ selten vorkamen; für eine systematische Verfolgung von Universitätsprofessoren gibt es keine Beweise. Sicher ist aber, daß das freie, individuelle Forschen nicht allein in Spanien, sondern nach der Reformation in ganz Europa sich in die politische und religiöse Gesamtordnung einfügen mußte. Auf Grund dieser Bedingungen verschwanden an den Universitäten die liberalen Ideen nach und nach.

Am deutlichsten sichtbar ist diese Entwicklung an dem Kampf gegen die Ideen des Erasmus. Der erste amtliche in Spanien veröffentlichte Index verbotener Bücher von 1551 enthielt auch die *Colloquia* von Erasmus. Dieser Index war nichts weiter als eine Neuauflage der durch die Universität von Löwen aufgestellten Liste. Während in Löwen noch debattiert wurde, ob von Erasmus noch mehr zu verdammen sei, ächtete (1559) die römische Inquisition unter Papst Paul IV. seine gesamten Werke. Die Jesuiten protestierten scharf gegen diese Maßnahme, am lautesten von ihnen der Holländer Peter Canisius. Diego Laínez wiederum erklärte dem Papst offen, der Index sei etwas, das »viele Geister einengte und nur wenigen gefiel, vor allem außerhalb Italiens« [33]. Die Opposition der klüger denkenden Jesuiten gegen jede Einschränkung liberalerer Schriftsteller erreichte nichts. Der 1559 von der spanischen Inquisition herausgegebene

Index verbotener Bücher verzeichnete sechzehn Werke von Erasmus, darunter auch das *Enchiridion*. Spanien folgte darin dem Beispiel Roms. Von dieser Zeit an wurde der Name Erasmus langsam und konsequent aus dem Gedächtnis der Spanier getilgt. Der spanische Index von 1612 ächtete sämtliche in spanischer Sprache erschienenen Werke des Erasmus und verzeichnete den Verfasser unter der Rubrik *auctores damnati*. Als der berühmte Theologe Martín de Azpilcueta etwa zu dieser Zeit aus Werken von Erasmus zitierte, sprach er vom Autor als *quidam*, also »einem gewissen« Erasmus. So vollkommen »unpersönlich« war der großartigste Humanist des Jahrhunderts in Spanien geworden! Das Wissen von seinen Schriften schwand jedoch nicht so schnell. Es blieb im Strom der Gedanken, der bis zu Cervantes hin floß, doch sobald jemand den vergessenen Namen nannte (Francisco Sánchez erklärte 1595 in einer Vorlesung: »Wer da jemals schlecht von Erasmus spricht, ist entweder ein Mönch oder ein Esel!«), mußte er sich vor der Inquisition verantworten.

Der wirksamste Schutz, den die spanische Regierung ihrem Volk geben konnte, war, das Land mit einem *cordon sanitaire* der Zensur zu umgeben, um das Eindringen gefährlicher Lehren zu verhüten. Nirgends wurde eine Zensur dieser Art so gründlich ausgeübt wie in Spanien. In Umkehr ihrer anfangs liberalen Politik erließen die Katholischen Majestäten am 8. Juli 1502 eine Pragmatische Sanktion, derzufolge innerhalb Spaniens sowohl das Drucken von Büchern wie auch die Einführung ausländischer Bücher nur mit besonderer Lizenz erlaubt waren. Innerhalb Spaniens konnten Lizenzen nur gewährt werden durch die Vorstände der *audiencias* zu Valladolid und Granada sowie durch die Prälaten der sechs Städte Toledo, Sevilla, Granada, Burgos, Salamanca und Zamora. Da es damals noch keine exakten Hinweise auf ketzerische Bücher gab, mußte die Inquisition sich zunächst nach ausländischen Direktiven richten. Auf einen päpstlichen Befehl hin erfolgte die erste Ächtung lutherischer Bücher in Spanien, und zwar durch den Kardinal Adrian von Utrecht, der am 7. April 1521 in seiner Eigenschaft als Großinquisitor eine entsprechende Liste bekanntgeben ließ. Nach 1540 hatte dann die Inquisition einen (noch ungenauen) eigenen Index, der unter anderem die protestantischen Bibelübersetzungen enthielt. Doch der erste in Spanien benutzte gedruckte Index, herausgegeben vom Großinquisitor Valdés im September 1547, war nicht mehr als ein Nachdruck des 1546 von der Universität Löwen aufgestellten Verzeichnisses, dem eine Liste mit spanischen Büchern im Anhang beigefügt war [34]. Eine etwas erweiterte Ausgabe erschien 1550 in Löwen, ein Jahr später wurde sie, wiederum mit spanischem Anhang, durch die Inquisition in Spanien publiziert [35]. Während jedoch 1547 der Index an alle örtlichen Tribunale in Spanien geschickt worden war, verfuhr man 1551 anders, indem jedem Tribunal freigestellt wurde, einen eigenen Index zu veröffentlichen. Infolgedessen kennen wir mindestens fünf in den Jahren 1551/52 herausgegebene Verbotslisten, nämlich von den Tribunalen in Toledo, Valladolid, Valencia, Granada und Sevilla [36]. Sie wichen alle ein wenig voneinander ab. Gemeinsam ließen sie eine gewisse Großzügigkeit darin erkennen, daß sie nur Bücher ächteten, die vom katholischen Standpunkt aus äußerst bedenklich erschienen. Es überrascht nicht, daß die Schriften von Bullinger, Butzer, Servet, Zwingli und anderen Reformatoren dazu gehörten, ebenso die nicht lizenzierten Übersetzungen der Bibel.

Bei dieser Milde blieb es nicht lange. Am 7. September 1558 begann die Zensur scharf einzugreifen mit einer von der Regentin Doña Juana im Namen Philipps II. erlassenen Verordnung [37]. Damit wurde die Einfuhr sämtlicher in spanischer Übersetzung vorhandenen Bücher verboten, die Drucker wurden verpflichtet, Lizenzen beim Rat von Kastilien zu beantragen (dem 1544 die Verfügung über solche Lizenzen zugestanden worden war), und die Tätigkeit der Zensoren wurde durch strenge Vorschriften geregelt. Auf Zuwiderhandlungen gegen Zensurbestimmungen standen die Todesstrafe und Beschlagnahme des Vermögens. Gleichzeitig wurde die Inquisition ermächtigt, Lizenzen zu vergeben, wenn sie für eigene Zwecke drucken ließ. Damit war die Inquisition glänzend für den im Gange befindlichen Kampf gerüstet. Nach den neuen Bestimmungen mußten Manuskripte sowohl vor wie nach der Veröffentlichung zensiert werden, und jeder Buchhändler mußte ein Exemplar vom Index der verbotenen Bücher zur Hand haben. So gründlich und so wirksam war die Verordnung von 1558, daß sie bis zum Ende des *ancien régime* in Spanien in Kraft blieb. Die von der Inquisition organisierte Zensur existierte neben der staatlichen und kam hauptsächlich durch Ausgaben von Listen ketzerischer Schriften zur Wirkung. Bei der Inquisition stuften die Zensoren die Bücher für den Index nach dem Grad der Abirrungen ein. Bei den Büchern mancher Verfasser wurden nur wenige Worte oder ein paar Zeilen ausgemerzt, indes von anderen alles Geschriebene geächtet wurde. Um die Aufgaben der Zensur gewissenhaft zu erfüllen, wurden einige der besten Köpfe Spaniens zur Mitarbeit herangezogen. Wer heute deren Bemühungen beurteilt, sollte mildernd berücksichtigen, daß sie ihre Arbeiten ehrlich und getreu den Prinzipien, nach denen sie selbst lebten, durchgeführt haben.

Angesichts der großen Anstrengungen, die unternommen wurden, um die Menschen in Spanien vor Ansteckung durch fremde Ideen zu schützen, lohnt es sich, einen Blick auf die Grundsätze zu werfen, nach denen die Zensoren des Landes verfuhren. Von Interesse ist in diesem Zusammenhang die Meinung des Jerónimo de Zurita, des Chronisten von Aragonien und Sekretärs der Inquisition im 16. Jahrhundert. Er teilte die gefährlichen Schriften in zwei Gruppen, je nach der Sprache, in der sie erschienen seien. Schädliche Bücher, die in Latein abgefaßt seien, sollten gebildete Personen besitzen dürfen, doch in den Schulen sollte aus ihnen nicht gelehrt werden. Manche in spanischer Sprache erschienenen Werke sollten, wie zum Beispiel Boccaccio, sorgsam gereinigt werden. Was andere spanische Bücher beträfe, so handele es sich zu einem nicht geringen Teil um Ritterromane, und »da diese der Phantasie und höheren Bildung ermangeln und es Zeitvergeudung wäre, sie zu lesen, ist es besser, sie zu verbieten, mit Ausnahme der ersten vier Bände von *Amadis*«. Ferner zählten zu dieser Gruppe Bücher über die Liebe, von denen einige, wie der Roman *Celestina*, einen gewissen Wert hätten, andere jedoch so schlecht geschrieben seien, daß man sie ächten solle. Ferner gehörten zu dieser Klasse poetische Werke, gute wie schlechte. Die schlechten sollten gereinigt oder ausgeschieden werden [38].

Interessant ist, daß Zurita als Kriterium offenbar den literarischen Wert nahm und es für ihn nicht in erster Linie um den ketzerischen Inhalt ging. Literarische Leistung, vornehmlich das Kriterium des literarischen Werts, war, wie wir noch sehen werden, das Irrlicht, von dem sich manche der kirchlichen wie der weltlichen Zensoren, die von den spanischen Behörden beschäftigt wurden, leiten ließen. Moderne Befürworter der Zensur könnten dieses Kriterium als das einzig angemessene und empfehlenswerte ansehen, und tatsächlich haben Apologeten der Inquisition darauf hingewiesen, daß Zuritas Ansichten ein Zeichen für den Eifer des Heiligen Officiums, die Reinheit der Literatur zu wahren, gewesen seien. In der Praxis jedoch wurde mit diesen Prinzipien nicht das erreicht, was beabsichtigt war. Tatsächlich wurde verwerfliche gute Literatur unterdrückt oder gereinigt, indes nicht verwerfliche, aber schlechte unbehindert durchkam.

Die Verbotslisten wurden nach (meistens in einer Einführung enthaltenen) Richtlinien aufgestellt. Bücher wurden verboten, wenn sie in eine der folgenden Gruppen fielen: alle Bücher aus der Feder von Erzketzern; alle religiösen Bücher, sofern ihre Verfasser von der Inquisition verurteilt waren; alle Bücher über Juden und Mauren mit antikatholischer Tendenz; alle ketzerischen Übersetzungen der Bibel; alle Übersetzungen der Bibel in der Landessprache, auch wenn die Verfasser Katholiken waren; alle Erbauungsschriften in der Volkssprache; alle Schriften über Streitfragen zwischen Katholiken und Ketzern; alle Bücher über Magie; alle Verse, in denen biblische Zitate profaniert wurden; alle seit 1515 ohne Angaben über Verfasser und Verleger gedruckten Bücher; alle antikatholischen Schriften; alle Bilder und Figuren, die Religiöses verächtlich machten. Gegen diese Einteilung konnten kaum Einwände gemacht werden. Das Jahr 1515 wurde zweifellos gewählt, weil damit alle anonyme Literatur der Periode des Erasmismus und des Protestantismus getroffen war. Der Index von Valladolid 1551 verbot die Benutzung aller nach 1510 geschriebenen Textbücher in Schulen und Universitäten, während der (im selben Jahr) in Toledo herausgegebene Index das Jahr 1525 als Stichjahr bezeichnete.

Die spanischen Indizes erschienen in ausschließlicher Verantwortung der Kirchenbehörden des Landes und waren nicht von den römischen Zensurstellen abhängig, die ebenfalls im 16. Jahrhundert begannen, Listen verbotener Bücher aufzustellen. Wenn auch Spanien in seinen Listen oft Werke anführte, die Rom verboten hatte, gab es keine Bestimmung, daß etwa der eine Index sich nach dem andern richten müsse. Daher waren manche Autoren sehr verwundert, wenn sie feststellten, daß Spanien Bücher von ihnen verbot, die in Italien frei im Handel waren. Andererseits ächtete auch Rom Bücher, die in Spanien ungehindert benutzt wurden. Es gab noch einen wichtigen Unterschied zwischen den beiden Verbotslisten. Der römische Index war rein prohibitiv, das heißt: er ächtete Bücher ohne Rücksicht auf die Zahl der in ihnen enthaltenen Abirrungen und ohne dabei zu bemerken, ob ein Buch, falls es gereinigt würde, veröffentlicht werden dürfe. Der spanische Index dagegen verzeichnete sowohl gereinigte wie verbotene Bücher, und zwar durften manche frei zirkulieren, nachdem die im Index zitierten unerwünschten Stellen ausgemerzt waren. In dieser Hinsicht war also das spanische System liberaler. Kamen die Indizes in Konflikt, so stets nur aus politischen Gründen. Einer der berühmtesten Fälle, der das illustriert, betraf den italienischen Kardinal Baronio, dessen Werke in den spanischen Index kamen als Vergeltung dafür, daß in Rom spanische Verfasser zensiert wurden, die die Rechte der Krone über die spanische Kirche verteidigten. Der Kardinal schrieb 1594 entrüstet an einen seiner Freunde, daß der Papst seine Schriften gelobt habe und sie trotzdem in Spanien in die Verbotslisten gekommen seien:

Ich erfuhr von der unglaublichen Kühnheit der Inquisitoren in Spanien, die, wie es ihnen gerade paßt und ohne Gründe zu nennen, jeden, dessen Bücher sie verbieten wollen, im Index verzeichnen. Darüber wird in der ganzen Welt geklagt [39].

Verzeihlicher Ärger – doch im letzten Satz bestimmt übertrieben. Abgesehen von Protesten einiger liberaler Geister und Intellektueller, die sich sowieso über jede Einschränkung ihrer Schriften ärgerten, gab es nur wenige Beschwerden. Zensur von dieser oder jener Art hatte es in Europa schon lange gegeben, und so festigten die neuen Beschränkungen, wenn sie auch hart waren, bei vielen nur die Überzeugung, daß man in Krisenzeiten vorsichtig sein müsse.

Die wichtigsten Indizes der spanischen Inquisition im 16. Jahrhundert erschienen, nach dem ersten von 1547, in den Jahren 1551, 1554, 1559, 1583 und 1584. Die von 1551, 1554 und 1590 wurden unter dem Großinquisitor Valdés herausgegeben. Sie erschienen also während der Hochflut der Ketzerei in Europa und richteten sich daher vorwiegend gegen ketzerische Schriften und Bibelübersetzungen. Wie besorgt man über ketzerische Versionen der Bibel und des Neuen Testaments war, ist zu erkennen an der umfassenden Zensur, die Valdés 1554 vornahm, indem er 67 in Lyon, Antwerpen, Paris und an anderen Orten erschienene Bibelausgaben ächtete. Der Index von 1554 diente ausschließlich der Reinigung von Bibeltexten durch die Zensur. Erst am 17. August 1559 kam der erste in Spanien verfaßte Index heraus, der zum Teil noch auf der 1550 in Löwen verfaßten Liste basierte, jedoch zum erstenmal auch eine Anzahl von Verboten enthielt, welche die Berücksichtigung speziell spanischer Gesichtspunkte verrieten. Wie schon erwähnt, nannte dieser Index sechzehn Werke des Erasmus. Unter anderen wurden auch verboten *De vera obedientia* von Stephen Gardiner, der Katechismus des Erzbischofs Carranza von Toledo sowie die spanische Übersetzung der Geschichte der Juden von Josephus. Ferner das unter dem spanischen Titel *Novelas* erschienene Decamerone von Boccaccio sowie der erste und zweite Teil des Schelmenromans *Lazarillo de Tormes*. Betroffen waren ferner Juan de Avila, der Mönch Luis de Granada und Francis Borgia, um nur einige der großen Geister Spaniens jener Jahre zu nennen. Der denkwürdigste Fall in diesem Zusammenhang war der des Luis de Granada. Sein Erbauungsbuch *Libro de la Oración*, zuerst 1554 veröffentlicht, wurde in Spanien so beliebt, daß es bis 1559 in dreiundzwanzig Auflagen erschien. In jenem Jahr aber kam es auf den Index, hauptsächlich auf Ersuchen des berühmten Theologen Melchor Cano, der als einer der ersten im Katechismus des Erzbischofs von Toledo Ketzerisches erschnüffelt hatte. Vergebens versuchte Luis de Granada die Zurücknahme des Banns zu erwirken. In Spanien von niemandem unterstützt, brachte er es nachher so weit, daß das Konzil von Trient und der Papst sein *Libro* billigten. Das aber genügte den spanischen Behörden nicht, und erst als Luis zu gewissen »Korrekturen« in seinem Text bereit war, wurde das Buch wieder freigegeben [40]. Das Verbot der *Obras del Christiano* von Francesco Borgia ist ebenso verblüffend, vielleicht aber eher erklärbar angesichts der Animosität der spanischen Kirche gegen die Jesuiten im 16. Jahrhundert. Trotz der bekannten Frömmigkeit des Verfassers und seiner hohen Stellung als General in der Gesellschaft Jesu, die er bis zu seinem Tode (1572) innehatte, blieb das Buch bis 1583 verboten. Erst dann verbot Quirogas Index es nur in spanischen Ausgaben oder in anderen Umgangssprachen. Das änderte natürlich sehr wenig, da es auf dem Index blieb, obwohl später sein Verfasser heiliggesprochen wurde.

Die Früchte der systematisch betriebenen Zensur wurden offenbar in den zwei großen, 1583 und 1584 vom Großinquisitor Gaspar de Quiroga herausgegebenen Indizes. Der erste betraf schlechthin verbotene Bücher, der zweite solche, die gereinigt werden mußten und dann freigegeben werden konnten. Laut Index von 1583 war es in Spanien nicht nur verboten, etwas von Erasmus oder den anderen Erzketzern zu lesen, sondern es fielen auch die Schriften der bedeutendsten katholischen Autoren unter das Verbot. Interessant ist in der Liste von 1583 das Verbot der *opera omnia* König Heinrichs VIII. von England, vermutlich erlassen, weil man ihn als Ketzer ansah. Unter der Rubrik »Lateinische Werke« stehen als verbotene Autoren unter anderem Boccaccio (mit dem *Decamerone*), Dryander, Rabelais (sämtliche Schriften), George Buchanan, Wilhelm von Ockham (von dem nur wenige Bücher verboten wurden, vor allem seine gegen den Papst Johannes XXII. gerichteten Schriften), William Tyndale, Savonarola, Hugh Latimer, Zwingli, Jean Bodin, John Foxe, Hus, Lasco, Johann von Leyden, Juan Luis Vives (wegen einiger Bemerkungen zu Augustin, die ausgemerzt werden mußten), Marsiglio aus Padua, Melanchthon, Servet, Abélard, Dante *(De monarchia)* und Thomas Cranmer. Als zwei unentwegte Vertreter des englischen Katholizismus erschienen im Index: Thomas Moore (ein *vir alias pius et catholicus*), dessen Werk *Utopia* bis zur Reinigung verboten wurde, und Reginald Pole, dessen *Pro ecclesiasticae unitatis defensione* ebenfalls verboten wurde, bis es von Worten gegen die päpstliche Suprematie gereinigt war. Zu den Werken in spanischer Sprache gehörten Ovids *Liebeskunst* (dieses auch in anderen Sprachen als Spanisch), Gil Vicentes *Amadis de Gaula,* ferner Übersetzungen von Macchiavellis *Discorsi,* Luis de Granadas *Guía de Peccadores,* sofern vor 1561 gedruckt, da alle späteren Auflagen gereinigt waren, und schließlich die ersten beiden Teile des *Lazarillo de Tormes,* soweit sie vor 1573 gedruckt waren; spätere Auflagen waren korrigiert. Außer den spanisch geschriebenen Büchern waren auch Werke portugiesischer, deutscher und flämischer Sprache in der Liste aufgeführt.

Diese kurze Zusammenfassung genügt, um zu zeigen, daß es der Inquisition endlich gelungen war, eine umfassende Liste fremder und einer Reihe spanischer Werke anzulegen, die dem Glauben der Bevölkerung schaden konnten. Es spielte keine Rolle, ob zu den verbotenen Autoren auch Männer gehörten, an deren ehrlicher katholischer

Überzeugung nie zu zweifeln gewesen war. Im Grunde war der Zweck, die Katholiken auf der Halbinsel vor den Abwegen ausländischer Katholiken, die die »Zitadelle der Orthodoxie« unterwühlten, zu schützen. Als das 16. Jahrhundert zu Ende ging, hatte sich ein Vorhang der Zensur über die Grenzen Spaniens gesenkt.

Die Indizes des 17. Jahrhunderts erschienen 1612 (mit einem Anhang wieder 1614), 1632 und 1640. Die Verbotsliste von 1612, herausgegeben unter dem Großinquisitor Kardinal Bernardo de Sandoval y Rojas, wich von den früheren völlig ab. Anstatt getrennte Bände mit den Titeln der verbotenen und der zu reinigenden Bücher zu veröffentlichen (wie das 1583 und 1584 geschehen war), gab der Kardinal sie zusammen heraus als *Index librorum prohibitorum et expurgatorum*. Es entstand so ein stattlicher Band, der sich auch in anderer Hinsicht von seinen Vorläufern unterschied. Die Werke waren nicht nach Sprachen geordnet, sondern nach dem Gesichtspunkt der Urheberschaft in drei Gruppen geteilt. Die erste enthielt die Namen von Autoren, von denen sämtliche Bücher verboten waren; in der zweiten erschienen verbotene Einzelwerke verschiedener Autoren, die dritte Gruppe nannte Bücher, die keinen Verfassernamen trugen. So gehörten beispielsweise alle Erzketzer in die erste Gruppe, dagegen Dantes *De monarchia* in die zweite. Aber die Einteilung wurde trotzdem nicht exakt durchgeführt. Obwohl Erasmus in die erste Gruppe gehörte und alle seine Schriften in spanischer Sprache ausnahmslos verbannt waren, wurden doch mehrere seiner lateinisch geschriebenen Werke, auf die keinerlei Verdacht fallen konnte, erlaubt. In der ersten Gruppe standen auch: Edmund Grindal, François Hotman, Rabelais, Buchanan, William Camden (mit einigen erlaubten Ausnahmen), Heinrich VIII. (dessen gegen Luther gerichtetes Buch über die Sakramente jedoch erlaubt blieb), Hugo Grotius, Macchiavelli, Philippe de Marnix, Richard Taverner, Sebastian von Münster und Thomas Cartwright sowie viele andere. Die zweite Gruppe verbot die *Relaciones* von Antonio Pérez, Arias Montanos Anmerkungen über Habakuk, Ovids *Liebeskunst* in spanischer Sprache, Gil Vicentes *Amadis*, Castigliones *Cortigiano* (falls nicht gereinigt), Dantes *De monarchia*, Petrarcas *Remedi del l'una e l'altra fortuna* (falls nicht gereinigt), Boccaccios *Novelas* (außer den nach 1578 erschienenen Ausgaben, die gereinigt worden waren), Bodins *De la Republique*, Ariosts *Orlando Furioso* (falls nicht gereinigt), die *Apologia* von Wilhelm von Oranien und zahlreiche andere Werke.

Der Index von 1632 wurde unter dem Großinquisitor Kardinal Antonio Zapata veröffentlicht, die Verbotsliste von 1640 gab Antonio de Sotomayor, der Titularerzbischof von Damaskus, in seinem Amt als Großinquisitor heraus. Dieser Index ist recht interessant und wichtig. In Umfang und Einteilung dem dicken Band von 1612 ähnlich, bot er eine allgemeine Schau über die Fortschritte im geistigen Leben des 17. Jahrhunderts und machte somit zugleich die sonderbaren Vorurteile der spanischen Inquisition deutlich. Die in Philosophie und Wissenschaft bedeutendsten Namen finden sich auf seinen Seiten, aber mit sehr ungleicher Bewertung. In der ersten Gruppe erschien Francis Bacon (bezeichnet als *Anglus, Philosophus, Calvinianus*), dessen sämtliche Werke verboten waren außer der 1617 in London veröffentlichten Schrift *Sapientia veterum.* Seltsamerweise verdammten die Herausgeber des Index auch einen gewissen Francis Verulam *(seu de Verulamio, Anglus et Angliae Cancellarii, Londiniensis, Philosophus, Calvinianus),* dessen *Instauratio magna,* 1620 in London veröffentlicht, gereinigt werden mußte. In diese Gruppe waren auch eingereiht Althusius, Hooker, Philippe du Plessis Mornay und John Selden (von dessen Büchern eines gereinigt wurde), Johann Kepler und Tycho Brahe wurden besonders behandelt. Als Ketzer waren sie *auctores damnati,* gehörten also in Gruppe eins, doch es wurden praktisch ihre sämtlichen Schriften in Spanien erlaubt, nach sehr geringen Streichungen. Einige wurden ohne jede Veränderung erlaubt, doch mit dem Vorbehalt, es müsse in einer Notiz auf dem Buch erklärt werden, daß es von einem *auctor damnatus* stamme. In diese Kategorie fielen auch Keplers *Astronomia nova* von 1609, sein *Epitome Astronomiae Copernicanae* von 1618 und sein 1624 in Marburg veröffentlichtes Werk *Chilias logarithmorum.* Diese Toleranz gegenüber Männern der Wissenschaft ist ein wichtiger Faktor, auf den wir noch zurückkommen werden. Die zweite Gruppe des Index nannte als verboten: den *Goldenen Esel* von Apulejus, verboten in allen Umgangssprachen; Guicciardinis *Geschichte Italiens* (die Ausgabe von 1621) sowie alle ungereinigten Werke des Gil Vicente, mit sechzehn besonders bezeichneten Ausnahmen. In Gruppe eins erschienen auch Petrarca, der einige Stellen reinigen mußte, Lucio Marineo Siculo, dem es ebenso erging, und Juan de Mariana, der sich Reinigungen in sieben seiner Bücher wie auch in seinem *De mutatione monetae* und seinem *Tractatus de Morte et Immortalitate* gefallen lassen mußte. Ferner verlor Cervantes durch Reinigung einen Satz im 36. Kapitel des Zweiten Buchs seines *Don Quijote,* der von wohltätigen Werken handelte. Dieser Index kann wegen der weitreichenden Verbote und seines Erscheinens während einer kritischen Phase der Geschichte Europas mit Recht als die bedeutendste Verbotsliste betrachtet werden. Wer die Wirkung der Tätigkeit des Heiligen Officiums auf das Geistesleben in Spanien beurteilen will, muß die Schriften berücksichtigen, die nach der Liste von 1640 als gefährlich für das Land erachtet wurden.

Mit diesen Indizes endete die erste große Periode der von der spanischen Inquisition betriebenen Zensur. Die zweite war mit anderen Feinden und anderen Büchern als den im 16. und 17. Jahrhundert immer wieder zitierten Autoren und Titeln beschäftigt. Das bei der Inquisition übliche Verfahren wirft einiges Licht auf die Wirksamkeit ihrer Arbeit. Alle öffentlichen und privaten Bibliotheken und Buchhandlungen in Spanien mußten jederzeit für Untersuchungsbeamte zugänglich sein. In den Städten wurden Listen aller Buchhändler den Inquisitoren zugestellt, die dann von Zeit zu Zeit in die Läden kamen und die zum Verkauf stehenden Bücher überprüften [41]. Auch private Bibliotheken wurden, wo irgend möglich, gründlich durchgesehen. Daß diese nicht immer zufriedenstellend gereinigt werden konnten, zeigt der Fall des Don Joseph Antonio de Salas, eines Ritters im Orden von Calatrava, dessen Bibliothek nach seinem Tode 1651 öffentlich zum Verkauf angeboten wurde. Dabei stellte man fest, daß sich unter den 2 424 Bänden der Sammlung »viele verbotene oder ungereinigte Bücher befanden sowie solche, die eine Überprüfung verdient hätten, entweder weil sie von Ketzern verfaßt oder jüngst von unbekannten Schriftstellern im Ausland veröffentlicht wurden« [42]. Bei 250 Büchern dieser Bibliothek, also mehr als einem Zehntel, handelte es sich um verbotene Werke. Der Fall zeigt, daß ausländische Bücher regelmäßig und mit Erfolg nach Spanien geschmuggelt wurden, obwohl auf diesem Verbrechen die Todesstrafe stand. Jedes verdächtige Buch wurde von den Inquisitoren sofort beschlagnahmt, aber viele Werke fanden dennoch den Weg durch die Lücken der Zensur. Zu den berühmtesten Buchschmugglern der ersten Zeit gehörte Julián Hernández, der die protestantische Gemeinde in Sevilla ständig mit Büchern versorgte und in einem *auto de fe* am 22. Dezember 1560 dafür büßen mußte. In dem Bericht über diese Ketzerverbrennung wird ausdrücklich hervorgehoben, daß »Hernández aus Deutschland viele ketzerische Bücher in diese Reiche brachte«. Da die Seehäfen ständig von Beamten der Inquisition kontrolliert wurden, waren ausländische Seeleute besonders in Gefahr, wenn sie zufällig ihr gewohntes Erbauungsbuch mit an Land brachten. Unbewachte Küstenstreifen machten das Einschmuggeln von Büchern ziemlich leicht, was der Inquisition durchaus bekannt war. Leider führten Versuche, das Eindringen ausländischer Literatur zu verhindern, zu peinlichen Zwischenfällen, da die Spanier sich das Recht nahmen, fremde Schiffe in territorialen Gewässern zu durchsuchen. Sobald ein Handelsschiff einen spanischen Hafen anlief, kam mit den Beamten der Gesundheitsbehörde und des Zolls jedesmal auch ein Vertreter der Inquisition an Bord, der die Vollmacht hatte, alle Bücher an Bord zu kontrollieren und verdächtige Pakete zu öffnen.

Die beschlagnahmten Bücher wurden zu weiterer Beurteilung an das nächste Tribunal geschickt, wo sie bis zu einer endgültigen Entscheidung verblieben. So hatte im Dezember 1634 das Tribunal in Zaragoza in Verwahrung: 116 Exemplare der Bibel, 55 Exemplare verschiedener Bücher des Erasmus sowie 83 Bände der Werke von Francisco de Quevedo [43]. In früheren Zeiten, als man sich vor Eifer nicht genug tun konnte, wurden Bücher dieser Art verbrannt. Torquemada hatte zu seiner Zeit Bücherverbrennungen im Kloster San Esteban in Salamanca veranstaltet. Kardinal Ximénez de Cisneros setzte diese Tradition fort. Es wird berichtet, daß er während der Zwangstaufe von Mauren auf der Vivarambla, dem Marktplatz von Granada, über 1 000 000 Bände verbrannt habe, darunter einzigartige Werke maurischer Kultur. Auch seine Nachfolger fanden diese Methode recht geeignet, die letzten Reste von Ketzerei in Spanien auszurotten. Also veranstaltete die Inquisition in den folgenden Jahren periodisch Bücherverbrennungen. Spätere Generationen jedoch sorgten dafür, daß verbotene Bücher in sicheren Verstecken aufbewahrt wurden, bis ihre Vernichtung sich nicht mehr vermeiden ließ. Das Kloster im Escorial wurde von der Suprema regelmäßig zur Lagerung verbotener Bücher benutzt. Im Jahre 1585 meldete der Prior, seine Bibliothek enthalte »viele verbotene Bücher, die Seine Majestät zu verschiedenen Zeiten übersandt und die er mit Erlaubnis des verstorbenen Don Gaspar de Quiroga dort aufbewahrt habe«. Ein halbes Jahrhundert später wurde noch ebenso verfahren, denn 1639 besaß der Escorial insgesamt 932 verbotene Bücher [44]. Leider kam die Aufbewahrung verbotener Bücher nur selten vor, so daß eine große Anzahl der von der Inquisition geächteten Werke oft bis auf das letzte Exemplar vernichtet wurde.

Man kann sich nur schwer eine Vorstellung davon machen, was es bedeutet, die gesamte Literatur und Bucheinfuhr einer Nation zu zensieren. Die Gründlichkeit, mit der die spanische Inquisition vorging, ist verblüffend. Sämtliche Buchsendungen nach Spanien, alle Buchhandlungen sowie die öffentlichen und privaten Bibliotheken wurden rigoros überprüft, gereinigt oder beschlagnahmt. Der erforderliche Arbeitsaufwand war enorm. Ein Zensor berichtete der Inquisition, daß er, um eine Privatbibliothek im Werte von 18 000 Dukaten in Madrid zu reinigen, vier Monate lang täglich acht Stunden gearbeitet habe [45]. Sich vor der Zensur zu verstecken war niemandem zu empfehlen wegen der schweren Strafen, die darauf standen. Für unerlaubtes Drucken konnte die Todesstrafe verhängt werden. Also legten die Verfasser lieber ihre Manuskripte zur Prüfung vor, und die Importeure von Büchern achteten darauf, daß ihre Sendungen von der Inquisition gebilligt wurden. Einzelne mußten für Nachlässigkeit in diesen Dingen leiden. In Logroño wurde 1645 ein Universitätsprofessor mit vier Jahren Gefängnis und dauerndem Lehrverbot bestraft, weil er Vorträge nach einem verbotenen Buch gehalten hatte. Die oft kleinliche Art, mit der diese Fälle verfolgt wurden, läßt erkennen, daß die Inquisitoren ihr Ziel so gründlich erreicht hatten, daß sie eben nur noch Sachen von geringerer Bedeutung abzuurteilen hatten.

Welche Wirkung zeitigten diese Beschränkungen der geistigen Freiheit in Spanien? Diese Frage klar zu beantworten ist nicht möglich. Bloßes Zitieren der Anzahl der Menschen, die unter der Zensur zu leiden hatten, ist kein Beweis dafür, daß die Inquisition die kulturelle Entwicklung in Spanien gehemmt hätte. Überdies haben die wenigen berühmten Schriftsteller, die vom Tribunal zensiert wurden, deshalb nicht ihre schöpferische Arbeit eingestellt. Es ist ein starkes Argument zugunsten der Verteidiger der Inquisition, daß die Jahre ihrer intensivsten Tätigkeit auch die Jahre der kulturellen Größe Spaniens gewesen sind. Nach den Worten Menéndez Pelayos wurde »niemals mehr und niemals Besseres in Spanien geschrieben als in den zwei goldenen Jahrhunderten der Inquisition« [46]. Diese Jahrhunderte sind wirklich »goldene« gewesen. Sie waren das Zeitalter von Spaniens größter geographischer, kultureller und militärischer Expansion. Noch angeregt durch die Triumphe von Granada und Oran begann die spanische Aristokratie ein Reich auszubauen, das größer wurde, als die griechischen und römischen Imperien gewesen waren. Welchen Platz nahm darin das Heilige Officium ein?

Gewiß ist, daß die Inquisition in keiner Weise die großen kulturellen Errungenschaften des 16. und 17. Jahrhunderts eingeengt oder beschränkt hat, jedenfalls soweit diese sich im Rahmen der orthodoxen Grundsätze und der spanischen Landestraditionen hielten. Es gibt berühmte Fälle von Schwierigkeiten, die einzelnen Leuten durch das Tribunal bereitet wurden. Nicht alle waren schwerwiegend, doch man sollte immerhin einige ins Gedächtnis zurückrufen. Einer der schwersten Fälle, wenn auch nicht seiner Art, so doch in seiner Wirkung, war die Verdächtigung Antonio Nebrijas durch den Inquisitor Diego Deza im Jahre 1504. Daß Nebrija nämlich gewagt habe, angebliche Irrlehren in der Vulgata für die Polyglotbibel zu korrigieren. Nebrija wurde freilich durch Ximénez de Cisneros gerettet, der ihm später, als er Großinquisitor war, vollen Schutz gewährte. Doch die Drohung genügte, um dem bedeutenden Humanisten Angst vor Unterdrückung einzujagen:

Muß ich als falsch widerrufen, was mir in jeder Hinsicht so klar, wahr und beweisstark erscheint wie das Licht und die Wahrheit selbst? Was soll diese Art der Sklaverei bedeuten? Was ist das für eine ungerechte Herrschaft, wenn man daran gehindert wird, zu sagen, was man denkt, auch wenn, sofern man das tut, die Religion weder geringgeachtet noch beleidigt wird! [47]

Dieser Protest mag angesichts der vergleichsweise geringen Behelligung des Autors übertrieben erscheinen, doch wichtig ist dabei, daß schon geringe Nichtachtung der Freiheit im Geistesleben als ernste Bedrohung empfunden werden konnte. Zweifellos befanden sich noch viele andere in gleicher Lage wie Nebrija, wenn sie auch nicht alle so hohe Protektion genossen wie er. Und viele entschlossen sich, wie Juan de Mariana bemerkt, den Weg der Anpassung zu gehen. Es ist schwer festzustellen, wie die Zeitgenossen eigentlich über den Index gedacht haben. Möglich ist, daß die einen die Zensur als im Interesse der Religion notwendig akzeptierten, andere sich, weil ihnen keine Wahl blieb, damit abfanden und nur verhältnismäßig wenige sich so viel Kummer darüber machten wie Nebrija. In den Universitätskreisen waren die Einschränkungen schwerwiegend und oft demütigend, doch außerhalb des wissenschaftlichen Lebens hatten die Schriftsteller wenig zu fürchten. Zum Beispiel hatte Góngora im Jahre 1627 gewisse Schwierigkeiten mit dem Zensor, scheint jedoch die Sache gar nicht eines Protestes für wert gehalten zu haben [48]. Vielleicht war sein Schweigen damit zu erklären, daß er im selben Jahr starb. Cervantes allerdings gab Anlaß zu mehreren Kontroversen, weil – abgesehen von der 1632 in seinem *Don Quijote* gestrichenen einzelnen Zeile [49] – gewisse Kritiker in seinem Werk indirekten Tadel an der Inquisition gesehen haben.

Sowohl die bedeutendsten wie die unbedeutendsten spanischen Schriftsteller mußten sich mit Korrekturen in ihren Schriften abfinden. Die heilige Teresa von Avila, deren Autobiographie 1565 der Inquisition als verdächtig gemeldet wurde und deren Werke, die das Tribunal von Sevilla als »abergläubische und neuartige Lehre, gleich der der Illuminaten von Estremadura« bezeichnete, fortwährend dem Heiligen Officium vorgelegt wurden, schreibt in ihrer Autobiographie:

... Leute kamen zu mir in großer Aufregung und sagten, die Zeiten seien schwierig, und es könnten Beschuldigungen gegen mich erhoben werden. Vielleicht müsse ich vor den Inquisitoren erscheinen. Doch das belustigte mich nur und brachte mich zum Lachen. In dieser Hinsicht habe ich niemals Furcht empfunden [50].

Die Haltung der heiligen Teresa ist bemerkenswert. Unbedingt orthodox, ganz den Geboten gehorsam und bewußt mißtrauisch in theologischen Debatten, konnte sie sich leisten, über die Ängste anderer Bürger zu lachen. Alle Dichter und Erbauungsschriftsteller, die es vermieden, Zweifel aufzuwerfen, hatten vom Heiligen Officium nichts zu fürchten. Nur die Minderheit, die grübelnden und streitbaren Naturen, die im Kielwasser des Erasmismus gediehen, litten unter der offiziellen Zensur. Sie waren es, über die ein gebildeter Dominikaner in Salamanca 1571 klagte, als er behauptete, daß »an dieser Universität viel Getue um Neuerungen gemacht wurde und vom hohen Alter unserer Religion und unseres Glaubens wenig die Rede war« [51]. Doch selbst wenn die den Neuerungen nachjagenden Leute oftmals vorschnell waren und sich irrten, erscheint unbestreitbar, daß der auf sie und ihre Kollegen ausgeübte Druck eine Bedrohung der akademischen Freiheit und somit der Wissenschaft überhaupt war. Warum eine gefährliche neue Wahrheit erforschen, wenn man mit der alten sicherer lebte? So war die Situation, als der Humanist Núñez 1566 an Jerónimo de Zurita schrieb und über die Schwierigkeiten klagte, der Bildung und Wissenschaften ausgesetzt seien, sowie über

... die Gefahren, die darin liegen, denn wenn ein Humanist einen Irrtum bei Cicero korrigiert, muß er doch den gleichen in der Heiligen Schrift korrigieren. Diese Probleme und ähnliche verwirren mich zutiefst und verleiden mir oft den Wunsch, in meiner Arbeit fortzufahren [52].

Was unter der Inquisition auf dem Spiel stand, war nicht die Zukunft der schöpferischen Literatur und Kunst, die ihre Blütezeit in jenen Jahrzehnten erreichte, sondern das Schicksal der forschenden, experimentellen Wissenschaft. Daß der Erasmismus in Spanien ausgerottet wurde, lief auf ein Sperren nicht nur der geographischen, sondern auch der geistigen Grenzen in der akademischen Welt Spaniens hinaus. Die Hochschuldisziplin wurde engherzig und starr; die wichtigsten wissenschaftlichen Schriften des zeitgenössischen Europa mußten nach Spanien eingeschmuggelt werden und waren nur unter der Hand erhältlich. Doch der Niedergang der spanischen Universitäten, über den wir noch sprechen werden, bedeutete nicht das Ende der kulturellen Freiheit auf der Halbinsel. Im Gegenteil lernte Spanien, indem es sich ganz auf sich zurückzog, den reichen Schatz der einheimischen Begabungen zu entdecken und zu entwickeln, so daß das Jahrhundert nach der durch die Gegenreformation erzeugten Krise eine Zeit des größten Ruhmes und höchsten Triumphs spanischer Künste und Wissenschaften wurde.

Hierin lag das sonderbar Widersprüchliche der »geschlossenen Gesellschaft«. Unter der Regierung der Habsburger beherrschten die Heere Spaniens Europa, seine Schiffe zogen durch den Atlantik und den Pazifik, und seine Sprache war die maßgebende von den Karpaten bis zu den Philippinen. Spanische Namen, zum Beispiel der des Juristen und Theologen Francisco de Vitoria (1480–1546), des Theologen Francisco Suárez (1548–1617), des Dramatikers Lope de Vega (1562 bis 1635), des Romanschriftstellers Miguel de Cervantes (1547 bis 1616), der Maler El Greco (1541–1614) und Diego de Velázquez (1599–1660) ragen in der Kulturgeschichte des 16. und des 17. Jahrhunderts hervor. Jedoch schufen innerhalb der scharf gezogenen Grenzen der Halbinsel, die nach 1580, als Philipp II. seine Streitkräfte nach Portugal geschickt hatte, vereint wurde, die feudalen Klassen aus Furcht vor einem Verfall der rassischen und religiösen Einheit eine Gesellschaft, die in ihrer Engherzigkeit einen sonderbaren Kontrast zu den weitreichenden äußeren Triumphen des spanischen Weltreichs bildete. Ob eine solche Gesellschaft ein Reich, das sie zuvor in militärischem Geist geschaffen hatte, für lange Zeit halten konnte, war eine Frage von entscheidender Bedeutung. Schon 1570 war die Inquisition in Lima, der Hauptstadt von Peru, eingeführt; es folgten Tribunale in der Stadt Mexiko (1571) und in Cartagena de Indias (1610). Angesichts der besonderen Verhältnisse in Mittelamerika hielten die Inquisitoren es für das beste, Nachsicht zu üben, nicht nur bei moralischen, sondern auch bei theologischen Sünden. Die brutale Verfolgung von Conversos aber, mit der sich die amerikanische Inquisition vorwiegend beschäftigte, zeigt, daß die Wertvorstellungen Spaniens bereits nach Westindien exportiert worden waren [53]. Nun war es die Aufgabe der Inquisition, Spanien ebenso in Übersee zu verteidigen wie im eigenen Land. Das Ringen einer Minderheit in Spanien wie in Amerika, der indianischen Bevölkerung gleichwertige Garantien zu sichern, wobei der Dominikanermönch Bartolomé de Las Casas die Hauptrolle spielte, hatte in der ersten Hälfte des 16. Jahrhunderts zu bitteren Streitigkeiten geführt. Die wildeste Polemik entstand um den Bericht des Dominikaners über die spanische Besiedlung in seiner *Brevísima Relación de la destruición de las Indias,* in der er grauenhafte Statistiken brachte, um die Raubgier der Invasoren zu illustrieren. Die *Brevísima Relación* wurde in Europa sofort zur Propaganda gegen Spanien benutzt. So war es nicht überraschend, daß die Inquisition nach einem Jahrhundert der Entschlußlosigkeit diesen Bericht verbot. Zur Begründung des am 3. Juni 1660 ergangenen Verbots führte das Tribunal von Zaragoza aus:

Dieses Buch berichtet von schrecklichen und barbarischen Vorgängen, wie sie die Geschichte anderer Nationen nicht kennt, von Taten, die, wie der Verfasser schreibt, durch spanische Soldaten, durch Siedler in Westindien und durch Priester des Katholischen Königs begangen wurden. Es ist ratsam, diese Berichte, da sie der spanischen Nation schaden, zu beschlagnahmen, denn selbst wenn sie wahr wären, hätte es doch genügt, bei Seiner Katholischen Majestät dieserhalb vorstellig zu werden, anstatt sie in der Welt auszuposaunen und damit den Feinden Spaniens und den Ketzern Angriffsmöglichkeiten zu geben [54].

Selbst wenn sie wahr wären – dieser Satz ist ein Meisterstück der Zensurtaktik. Las Casas hatte man damals vollkommene Freiheit gelassen, seine Sache innerhalb der spanischen Welt zu verkünden, und das Heilige Officium hatte sich im Streit zwischen ihm und seinem Gegner Juan Ginés de Sepúlveda sorgsam neutral verhalten. Doch als nun, über ein Jahrhundert später, Las Casas benutzt wurde, um Spanien anzuschwärzen, sah man es als unwichtig an, ob sein Bericht auf Wahrheit beruhte oder gefälscht war, und hielt die Notwendigkeit, das Land gegen abfällige Kritik zu schützen, für entscheidend. Auf diese Weise wurde die Inquisition zum Beschützer nicht nur der Ideologie, sondern auch des Rufes der »geschlossenen Gesellschaft«, als die das damalige Spanien gesehen werden muß.

Es ist eigentlich unnötig, zu betonen, daß auch andere Länder in den dunklen Jahren gegen Ende des 16. Jahrhunderts Unterdrückung der Gedankenfreiheit und Zensur schwer zu spüren bekamen, als Freiheit und Humanismus in ganz Europa erstickt wurden und mutige Männer wie Edmund Campion, der fromme Gelehrte, mit dem Leben dafür bezahlen mußten, daß sie die Wahrheit aussprachen. Nirgends aber wurde die Glaubensstrenge den Menschen so gründlich und vollständig aufgezwungen wie in dem einen Land, wo eine über Nationen ausgreifende Institution alle ihre Möglichkeiten und Hilfsquellen dieser einen Aufgabe widmete.

Das Ende der Mauren in Spanien

Los dos ríos de Granada, uno llanto y otro sangre.
Federico Garcia Lorca *Baladilla de los tres ríos*

Das maurische Spanien, also das der Invasoren aus Nordafrika, blieb in manchen Gebieten für mehr als sieben Jahrhunderte unter muslimischer Herrschaft. Daher waren die Völker, die so in die Geschichte Spaniens eintraten, gleichermaßen ein Teil der Landesstruktur wie die christliche und die jüdische Bevölkerung. Sie heirateten untereinander, tauschten Ideen und Sprache aus, so daß die drei großen Bevölkerungsgruppen als Teile eines einzigen Reiches anerkannt wurden. Mit der Reconquista änderte sich das Bild. Die Christen eroberten 1118 Zaragoza, 1236 Córdoba, 1238 Valencia und 1248 Sevilla; Granada fiel, nach einer langen Pause, 1492. Das Ende der Maurenherrschaft bedeutete, daß die Araber nicht länger als Nation existierten und nur noch eine Minderheit in einem christlichen Land bildeten. Mit diesem geringeren Status fanden sie sich jedoch niemals ab. Während der großen Rebellion in Granada 1568 verkündete der Maurenführer Aben Humeya: »Wir sind keine Bande von Dieben, sondern ein Königreich.«[1] Das freilich eine Illusion, die aufzugeben die noch verbliebenen Mauren sich weigerten, bis schließlich ihre Rasse 1609 ganz aus dem Lande vertrieben wurde.

In die Bedingungen bei der Kapitulation der Stadt Granada hatten Ferdinand und Isabella die Klausel eingeflochten, daß die Mauren als freie Untertanen der Krone anzusehen seien und ihre eigene Religion unbehindert ausüben dürften. Das wurde in einem feierlichen Versprechen der Herrscher noch ausdrücklich bekräftigt. So waren, zwölf Jahre nach der Gründung der Inquisition, die katholischen Monarchen offenbar gar nicht bestrebt, zu der Einheit der Religion zu gelangen, die so oft als Eckstein ihrer ganzen Politik bezeichnet wurde. Inzwischen wurde unter Hernando de Talavera, dem ersten Erzbischof von Granada, die Evangelisierung der Mauren begonnen. Durch seine milden Methoden und sein gutes Beispiel kam es zu zahlreichen freiwilligen Bekehrungen. Daß es bei solcher Politik nur langsam voranging, ärgerte den Kardinal Ximénez, der 1499 auf Veranlassung

Ferdinands und Isabellas eine Kampagne einleitete, um die maurische Bevölkerung zur Annahme des wahren Glaubens zu zwingen. Als Ergebnis seiner Bemühungen wird berichtet, daß am 18. Dezember 1499 etwa 3 000 Mauren sich von ihm taufen ließen und eine der größten Moscheen in Granada in eine christliche Kirche umgewandelt wurde. Die Bekehrten wurden aufgefordert, ihre islamischen Bücher auszuliefern, von denen Ximénez bei einer öffentlichen Verbrennung mehrere tausend vernichten ließ. Einige seltene medizinische Werke wurden für die Universität von Alcalá zurückbehalten. Diese Vorgänge, die so eklatant der Vereinbarung von 1492 widersprachen, führten, wie vorauszusehen war, zu Unruhen und einem kurzen Aufstand in der Stadt Granada.

Ximénez prangerte diesen Aufstand sofort als offene Rebellion an und behauptete, die Mauren hätten dadurch alle ihnen unter den Kapitulationsbedingungen zuerkannten Rechte verwirkt. Man solle ihnen daher nur die Wahl zwischen Taufe und Vertreibung lassen. Da die Regierung mit seinen Argumenten einverstanden war, begann Ximénez mit den Massentaufen der Bevölkerung von Granada. Die meisten Bewohner zogen dieses Schicksal dem viel ungewisseren einer Deportation nach Afrika vor. Die Geschwindigkeit, mit der die Taufen ausgeführt wurden, zeigt, daß man sich nicht die Zeit nahm, die Getauften über die Grundbegriffe ihrer neuen Religion zu belehren, so daß die meisten der Neubekehrten nur dem Namen nach Christen wurden. Wer nicht zwischen Taufe und Deportation wählen wollte, zog sich in die Berge der Alpujarras zurück, wo es zu einem bewaffneten Aufstand der Mauren kam. Dieser wurde systematisch und brutal durch die Truppen des Königs niedergeschlagen, so daß um 1501 offiziell behauptet werden konnte, das Königreich Granada sei ein Reich der nun christlichen Mauren – der Moriscos – geworden. Mauren, die nach Afrika auszuwandern wünschten, konnten das nach Bezahlung einer bestimmten Summe tun, doch Bekehrten wurde das Auswandern nicht erlaubt. Ferdinand gewährte den Moriscos rechtlich die Gleichheit mit den Christen, ließ aber gleichzeitig die Bevölkerung entwaffnen, weil er weitere Aufstände befürchtete. Der Erfolg der Kampagne von Granada und die Bekehrung der Bevölkerung der Alpujarras machte die Tatsache, daß es in Kastilien noch verstreute Gemeinden von Mauren gab, um so unerträglicher. Da konnte es nur eine Lösung geben. Zehn Jahre nach der Austreibung der Juden erließ Isabella am 12. Februar 1502 einen Befehl, durch den allen im Königreich Kastilien noch verbliebenen Mauren nur die Wahl zwischen Taufe und Vertreibung gelassen wurde. Die Mehrheit der Mauren, die *Mudéjares*, zogen es vor, zu bleiben und sich taufen zu lassen. Wie frei diese Wahl war, zeigt die Tatsache, daß die Auswanderung buchstäblich unmöglich gemacht wurde. Der Historiker Galíndez de Carvajal sagt, daß, obwohl es den Mauren an sich gestattet war, das Land zu verlassen, die Behörden *de facto* ihnen das nicht erlaubten, vielmehr sie zwangen, sich taufen zu lassen. Unter solchen Bedingungen gelangte die Masse der noch übrigen Mauren in der Bevölkerung Kastiliens unter die Jurisdiktion des Christentums.

Im Königreich Aragonien, über das Ferdinand herrschte, wurde kein vergleichbarer Druck auf die Mauren ausgeübt. Der Hauptgrund dafür war die große Macht des Landadels und die Autorität der Cortes. Für die Güter der Adligen stellten die Mauren billige Arbeitskräfte dar, woran die Redensart *Mientras mas Moros mas ganancia* * erinnert. Ob es darum ging, seine Adligen zu besänftigen oder aus anderen Gründen eine gemäßigte Politik einzuschlagen – Ferdinand warnte jedenfalls mehr als einmal die Inquisitoren von Aragonien, die noch ansässigen Mauren weder zu verfolgen noch Zwangstaufen zu unterwerfen. So blieben sie denn weiterhin bei ihrer eigenen Lebensweise, bis 1520 die Revolte der *Comuneros* ausbrach. Zur Zeit der Aufstände in Kastilien erlebte auch Valencia wiederholt Unruhen. Hier organisierten die in *germanías* (Bruderschaften) gruppierten Rebellen eine Revolution in der Stadt gegen die dortige Aristokratie. Valencia hatte von allen spanischen Gebieten die stärkste maurische Bevölkerung, die fast ausschließlich in dörflichen Gemeinden lebte, den dortigen Großgrundbesitzern ausgeliefert. Die Anführer der *germanías* fanden, daß die einfachste Methode, die Macht der Adligen auf dem Lande zu brechen, in der Befreiung ihrer maurischen Leibeigenen bestehe, und das taten sie, indem sie sie tauften. So erlebte Valencia in den Jahren 1520 bis 1522 Tausende von Zwangstaufen an Mauren. Die den Rebellen durch königliche Truppen zugefügte Niederlage hätte theoretisch den Mauren ermöglicht, wieder zum Islam überzugehen, da Zwangstaufen allgemein als ungültig betrachtet wurden. Doch die Kirchenbehörden wollten die Neubekehrten nicht wieder verlieren. Die Inquisition insbesondere bemühte sich, die Mauren buchstabengenau an die Bedingungen der Taufe zu binden. Wieder einmal wurde auf das Argument, daß die Taufen unter Zwang vorgenommen worden seien, die übliche Antwort gegeben, daß jemand, der als Alternative zum Tode die Taufe wählte, dadurch doch frei entschieden habe, womit das Sakrament der Taufe gültig geworden sei [2]. Die Inquisition bekam daher den Befehl, bei ihrer Tätigkeit davon auszugehen, daß alle formell richtig vorgenommenen Taufen gültig seien. Die Aufgabe lag jetzt darin,

* »Mehr Mauren, mehr Gewinn«

zu verhindern, daß die Moriscos in ihre alte Religion zurückfielen. Die Tatsache, daß Kastilien und Valencia große neue Gemeinden von Moriscos hatten, ließ es widersinnig erscheinen, daß die Mauren in der Provinz Aragonien noch geduldet werden sollten. Schließlich erließ Karl V. am 13. September 1525 Verfügungen, daß Mauren in Spanien nicht mehr bleiben dürften, es sei denn als Sklaven. Maßnahmen für ihre Bekehrung seien zu treffen. Am 25. November folgte ein Dekret, das die Austreibung aller Mauren aus Valencia bis zum 31. Dezember und aus Katalonien und Aragonien bis zum 31. Januar 1526 verfügte. In diesen Zwangslagen meldeten sich die Mauren zu Tausenden, um eine Religion anzunehmen, an die sie nicht glaubten, die sie keineswegs liebten und die sie niemals im Ernst auszuüben gedachten.

Innerhalb weniger Jahre war die Maurenfrage zu einem beträchtlichen Problem angewachsen. Für die Inquisition bestand es vor allem darin, daß die Moriscos durch Zwang bekehrt und daher in jedem Fall nur oberflächlich mit den Glaubensinhalten der neuen Religion vertraut gemacht worden waren. Es wurde bei ihnen keine rechte Seelsorge betrieben, und in vielen Bezirken gab es gar keinen Geistlichen. In Valencia sprachen viele Moriscos nur Arabisch und verstanden das »Christianisch« nicht. Doch auch die, das Spanisch von Valencia sprachen, betrachteten als ihre Muttersprache das Arabische. Es bestand also neben dem weithin mangelnden Verständnis der christlichen Religion auch ein Sprachenproblem. Die spanischen Priester sprachen nicht Arabisch, und fast alle vertraten wie der Bischof von Orihuela die Ansicht, daß die Moriscos als Untertanen der spanischen Krone die spanische Sprache zu erlernen hätten. In ihren Gemeinden hielten die Moriscos weiterhin an den Bräuchen ihrer alten Religion und an den überlieferten sozialen Gewohnheiten fest, durch die sie sich von der christlichen Bevölkerung unterschieden. Ihre ganz andersartige Lebensweise machte es unmöglich, sie in einem religiös einheitlichen Spanien zu assimilieren. Wesentlich jedoch ist, daß es die Christen waren, die diese Assimilierung unmöglich machten. Überall, wo die Reconquista siegte, wurden die Mauren in sklavische Abhängigkeit gebannt. Im Jahre 1568 erhoben sich die Moriscos von Granada unter Aben Humeya zum zweitenmal in den Alpujarras; es war der verzweifelte Versuch, eine gerechte Behandlung ihres Volkes zu erreichen. Der spanische Gesandte in Frankreich fand, als er an den Sekretär Philipps II. schrieb, ihre Forderungen durchaus gerecht. »Die Moriscos revoltieren, doch es liegt an den Altchristen, die sie zur Verzweiflung treiben. So viele Jahre lang haben sie Ungerechtigkeiten, Mord, Raub und Vergewaltigungen erdulden müssen. Die Moriscos einer Gemeinde baten, ihren Pfarrer versetzen zu lassen, weil ›alle unsere Kinder mit so blauen Augen, wie er sie hat, geboren werden‹.« [3]

In Valencia war die Situation noch schlimmer. Dort waren die Moriscos kaum mehr als ein ländliches Proletariat. Sie bestellten das Land, das ihre einzige Einnahmequelle war, und waren vom Leben in den Städten ausgeschlossen, so daß sie nie in städtische Gemeinschaften hineinwuchsen, nie Geistliche, Soldaten, Ärzte, Rechtsanwälte, Hauswirte oder Steuereinnehmer werden konnten [4]. Die Situation in Valencia hat man ganz treffend mit einem Kolonialregime verglichen oder mit den Südstaaten der USA, da die Moriscos (wie dort die Neger) eine unterdrückte Masse bildeten, die bei dem (altchristlichen) Proletariat der Städte verhaßt war und von der (altchristlichen) Aristokratie verachtet, aber ausgebeutet und daher auch verteidigt wurde [5].

Bei alldem spielte die Inquisition die entscheidende Rolle. Sofort nach den Maßnahmen von 1525/26 begann sie mit einer ergiebigen Serie von *autos de fe* in Valencia; zahlreiche Proteste in den folgenden Jahren zeigten, daß das Tribunal seine Aufgabe ernst nahm, auch die Seelen der christlichen Religion zu erhalten, die den katholischen Glauben gegen ihren Willen hatten annehmen müssen. Eins freilich bremste den unentwegten Eifer der Inquisition. Im Januar 1526 gelang es den Führern der Moriscos, mit der Krone und dem Großinquisitor Manrique eine geheime *concordia* zu schließen, in der vereinbart wurde, daß die Moriscos, falls sie sich alle der Zwangstaufe unterzogen, vierzig Jahre lang von Verfolgung durch das Heilige Officium verschont bleiben sollten, da es ihnen ja nicht gut möglich sei, alle ihre alten Bräuche sofort aufzugeben. Diese Concordia wurde 1528 bekanntgegeben, und im selben Jahr baten die in Monzón tagenden Cortes Karl V., zu verhindern, daß die Inquisition Moriscos verfolge, bevor sie in der neuen Religion ausreichend unterwiesen worden seien. Mit ihrer Bitte kamen sie zur rechten Zeit, denn die Zusicherungen der Concordia waren nicht länger wirksam als die den Mauren von Granada gegebenen Garantien. Die Inquisition legte die Concordia so aus, daß sie den in ihre maurischen Sitten zurückfallenden Bekehrten den Prozeß machen dürfe, und die Zahl der Opfer in diesen Jahren zeigt, daß die Strenge der Inquisitoren nicht nachgelassen hatte. Von 1528 bis 1530 wurden 106 Menschen wegen Ketzerei vor das Tribunal von Valencia gebracht. 1531 gab es 58 Prozesse wegen Ketzerei, und 45 Personen wurden in jenem Jahr verbrannt. Von 1532 bis 1540 stieg die Zahl der wegen Ketzerei Angeklagten auf 441 [6]. In diesen Zahlen sind auch einige jüdische Conversos enthalten, doch bei den meisten Verurteilten handelte es sich um Moriscos.

Im Jahre 1526 – einem entscheidenden Jahr in der Geschichte der Moriscos – verlegte die Inquisition von Jaén ihren Sitz nach Granada. Gleichzeitig wurden neue Verordnungen erlassen, wonach es den Moriscos verboten war, arabisch zu sprechen oder maurische Kleidung zu tragen. Sogar maurische Namen durften sie nicht haben. Durch die Zahlung einer Geldsumme an Karl V. erreichten sie zwar eine Wiederaufhebung dieser Vorschriften, aber die Tatsache, daß das Tribunal nunmehr in Granada residierte, ließ diese Erleichterung nicht sonderlich spürbar werden. In der ganzen nächsten Generation versuchten die Mauren, deren Maßnahmen zu mildern. Schließlich jedoch wurde 1567 ein Edikt im Sinne des alten von 1526 in Granada erlassen. Durch dieses wurden die Bräuche und die Sprache der Moriscos bei Strafe verboten. Bücher in arabischer Sprache wurden vernichtet und maurische Bekleidung verboten. Die Liste der Verbote lief auf Unterdrückung sämtlicher kultureller Eigenarten der Moriscos hinaus. Eine so scharfe Maßnahme bewirkte natürlich Reaktionen. In einer Atmosphäre von Wut und Verzweiflung brach unter der maurischen Bevölkerung Ende 1568 eine Revolte aus, die im ganzen Bergland der Alpujarras aufflammte und die besten Heerführer Philipps II. für die nächsten zwei Jahre in Schach hielt.

In Aragonien leisteten den einzigen wirksamen Widerstand gegen solche Behandlung die Gutsherren der Moriscos. Zu den Protesten, die sie bei den 1533 in Monzón tagenden Cortes vorbrachten, gehörte auch, wie wir schon sahen, die Behauptung, daß das Tribunal von seinen Opfern Land konfiszierte, zum Schaden der wirklichen, nämlich der feudalen Besitzer eben dieser Ländereien. Ähnliche Beschwerden wurden bei den Cortes von 1537 und 1542 erhoben. 1546 schaltete der Papst sich ein und verfügte, daß für mindestens zehn Jahre die Inquisition keinerlei Eigentum der Moriscos beschlagnahmen dürfe. Doch schon ein Jahr später stellten die Cortes von Valencia fest, daß das Tribunal diese Verbote mißachtete. Nach großen Schwierigkeiten zeigten sich 1571 die Inquisitoren endlich zu Kompromissen bereit. Im Oktober 1571 erging ein Erlaß, in dem das Tribunal sich bereit erklärte, falls ihm jährlich 2 500 Dukaten gezahlt würden, das Eigentum von Moriscos, die der Ketzerei angeklagt wurden, weder zu konfiszieren noch auch nur vorübergehend zu beschlagnahmen. Geldstrafen durften verhängt werden, jedoch nur bis zur Höhe von 10 Dukaten. Diese Vereinbarung kam allen Beteiligten zugute: der Inquisition, weil sie dadurch eine gesicherte Jahreseinnahme hatte; den Moriscos, da sie deren Eigentum schützte; und schließlich den Gutsherrn der Moriscos, da ihnen Ländereien, die sie an die von ihnen abhängigen Moriscos verpachtet hatten, erhalten blieben.

Das Hauptproblem, vor das Kirche und Regierung sich gestellt sahen, war die Frage der Bekehrung von Moriscos. Häufig wurde beanstandet, daß die Inquisition Moriscos wegen ketzerischen Verhaltens verfolge, die tatsächlich nie über ihre neue Religion aufgeklärt worden waren und vom Christentum überhaupt nichts wußten. Diese Kritik war nicht ganz berechtigt. In den Jahren nach 1526 machten die Geistlichen von Valencia mehrmals ernsthafte Anstrengungen, ihre nur nominell Bekehrten ins Evangelium einzuweihen. Der Großinquisitor Manrique versuchte 1534, Kinder von Moriscos katholisch zu erziehen und auch eine Anzahl von Gemeindehäusern zu installieren, in denen die Priester die Bevölkerung religiös belehren konnten. Die Einkünfte der früheren Moscheen, die in Kirchen umgewandelt waren, wurden diesem Zweck gewidmet. Juan de Ribera, der 1568 Erzbischof von Valencia wurde, fand einen Weg, die Einkünfte der Priester zu erhöhen und das Missionswerk unter den Moriscos für die Geistlichen einfacher zu machen. Er förderte auch die Gründung eines Seminars sowie eines Kollegiums für Knaben und Mädchen aus Moriscofamilien. Während seiner dreiundvierzigjährigen Amtszeit als Bischof reiste Ribera unermüdlich durch sein Bistum und kümmerte sich um die Nöte der Moriscos. Auch der Bischof von Segorbe unternahm Versuche, seine Gemeinde von den maurischen Bräuchen zu lösen. Es stimmt, daß die Moriscos zunächst überstürzt und unter Zwang zu Christen gemacht wurden, doch fehlte es später nicht an Bemühungen, dieses Versagen wiedergutzumachen. Leider mußte dabei schon von Anfang an mit Fehlschlägen gerechnet werden. Solange die Moriscos eine unterdrückte Minderheit blieben und immerfort ihres sozialen Standes und ihrer Rasse wegen verachtet wurden, bestand keine Hoffnung, sie zu freiwilligem Eintritt in die Christengemeinde zu bewegen. Wie Lea sagte, waren sie »Christen in bezug auf Pflichten und Verantwortungen, blieben jedoch Mauren in Hinsicht auf geldliche Belastungen und Ungleichheit vor dem Gesetz« [7]. Dafür ist nicht der Inquisition die Schuld zu geben, sondern dem Adel von Valencia. Als zum Beispiel 1561 der Inquisitor Miranda erwähnte, daß Mitglieder der reichen Familie Abenamir als *familiares* der Inquisition tätig waren, befahl ihnen der Herzog von Segorbe, ihr Lehnsherr, diese Betätigung aufzugeben, da sein persönlicher Schutz für sie genüge. Es lag im Interesse des Adels, die ihm dienenden Moriscos streng unter der Fuchtel zu behalten und zu verhindern, daß sie in den Genuß von Privilegien gelangten, die sie gehabt hätten, wären sie wohlhabend geworden. Infolgedessen wurden die Moriscos mit schweren Steuern für ihre Feudalherren belastet, die ihnen erspart geblieben wären, wenn man ihren amtlichen Status als Christen respektiert hätte. 1608 beklagte ein jesuitischer Priester, daß eines der größten Hindernisse bei den

Bekehrungen in Valencia die Tyrannei der Großgrundherren sei. Das wurde damals bestimmt auch erkannt, doch die Krone unterstützte weiterhin den Adel, und die Gesetzgebung unter Karl V. und Philipp II. festigte noch den Zustand der Sklaverei, in dem die meisten Moriscos lebten, indem ihnen bei Todesstrafe verboten wurde, den Wohnsitz oder den Gutsherrn zu wechseln oder in eine andere Provinz umzusiedeln. Außerdem waren sie von dem Prinzip der *limpieza de sangre* (Reinheit des Bluts) betroffen, das verbot, daß Nachkommen von Mauren und Juden irgendein öffentliches, weltliches oder kirchliches Amt bekleideten. Dieser Grundsatz setzte sich von der Mitte des 16. Jahrhunderts an allgemein durch in Spanien; so entschied 1552 die Inquisition, daß kein Abkömmling dieser zwei Rassen zum Vertrauensmann *(familiar)* des Tribunals ernannt werden dürfe. Schon vorher war bestimmt worden, daß Personen mit jüdischem Blut nicht Geistliche werden durften, und 1573 ordnete der Papst das auch für die Moriscos an. Auf diese Weise in einem überaus ämterfreudigen Zeitalter von öffentlichen Funktionen ausgeschlossen, wurden die Moriscos zu Bürgern zweiter Klasse; sie waren zu einer dauernden Existenz am Rande der spanischen Gesellschaft verdammt.

Die Knechtschaft, in der die Mauren von ihren Gutsherren gehalten wurden, stand in klarem Gegensatz zur Concordia von 1528, durch die Karl V. ihnen die Freiheiten der Christen garantiert hatte, sofern sie ihre Religion wechselten. Der König hatte sich jedoch nie stark genug gefühlt, die Concordia gegen die Adligen seines Landes durchzusetzen. Es blieb dem Papst überlassen, da zu intervenieren. Ein Breve vom Juli 1531, an Manrique adressiert, befahl dem Großinquisitor, Landherren, die ihren Moriscoknechten höhere Pacht oder Steuern abnahmen als ihren altchristlichen Untertanen, zu exkommunizieren. Demzufolge beauftragte Manrique, freilich erst 1534, besondere Kommissare, um festzustellen, ob die Neuchristen ebenso behandelt wurden wie die Altchristen. Dieses kurze Eingreifen der Inquisition zugunsten der Moriscos scheint fruchtlos geblieben zu sein. Tatsächlich ging das Tribunal gegen Adlige nur vor, wenn sie versuchten, ihre Untertanen vor Maßnahmen der Inquisition zu schützen. Mehrere Personen von hohem Adel haben deswegen leiden müssen. Der berühmteste Fall ist der des Sancho de Córdoba, Admiral von Aragonien, der seinen Irrungen abschwören, zweitausend Dukaten Strafe zahlen mußte und von der Inquisition eingesperrt wurde, weil er Moriscos gegen das Tribunal in Schutz genommen hatte. Im Jahre 1571 befand sich unter den in einem *auto de fe* Bestraften der Großmeister des Ordens von Montesa, den man desselben Verbrechens wegen angeklagt hatte. Im übrigen ging die Inquisition weiterhin gegen Ketzerei bei den Moriscos vor, die zweifellos im Tribunal ein Werkzeug zu willkürlicher Verfolgung erblickten. Eine der Zwangsmethoden der Inquisition bestand darin, arme Moriscos zu überreden, reichere zu denunzieren und sich dadurch einen Anteil an konfiszierten Vermögenswerten oder Geldstrafen zu verdienen. Einem so gnadenlosen Christentum ausgeliefert, sahen sie Rebellion oder Flucht als unvermeidlich an. Bei den Cortes in Monzón 1542 wurde kategorisch festgestellt, daß Moriscos ins Ausland geflohen und zu den Türken übergegangen seien »wegen der Furcht, die sie vor der Inquisition haben« [8]. Sie wandten sich an ihre Freunde im Ausland, zogen in die muslimischen Königreiche von Nordafrika und im Nahen Osten und stießen nicht selten zu den Piraten der Berberküste. Infolge der ständigen Bedrohung durch die Ausdehnung des Türkenreichs und die Marodeure, die manchmal spanische Küsten überfielen, wurde es noch unwahrscheinlicher, daß die Behörden die Moriscos für immer dulden würden. In Andalusien wurde ihnen 1579 und in Valencia 1586 verboten, nahe den Seeküsten zu wohnen, weil es dort zu leichte Wege zur Flucht und für eine Invasion gäbe.

Am Ende des 16. Jahrhunderts schien das Moriscoproblem unlösbar geworden zu sein. Wie wir gesehen haben, bestand die Unlösbarkeit hauptsächlich darin, daß bestimmte Gruppen keine sinnvolle Regelung dieses im wesentlichen sozialen Problems zulassen wollten. Die beiden damals angebotenen Lösungen sind so kraß verschieden, daß es sich lohnt, sie kurz zu erwähnen. Den Standpunkt der Konservativen brachte Martín de Salvatierra, der Bischof von Segorbe, zum Ausdruck, der 1587 dem König Philipp II. eine Denkschrift unterbreitete, in der er die Austreibung der Mauren befürwortete [9]. Den gleichen Standpunkt vertraten nun viele, auch Juan de Ribera. So wünschten es sich die Leute, die der Ansicht waren, die Moriscos hätten, wenn sie nicht gute Christen und zweitklassige Bürger sein wollten, keinen Platz im spanischen Volk. Die gegenteilige Auffassung wurde in einem dem Großinquisitor vorgelegten, undatierten und nicht unterschriebenen Memorandum ausgedrückt, in dem sehr liberale und mutige Maßnahmen vorgeschlagen wurden. Die Besteuerung der Moriscos solle gerecht und billig durchgeführt und die auf Grund der Concordia von 1571 an die Inquisition zu zahlende Steuer solle abgeschafft werden. Von den übrigen Steuern sollten Seminare gebaut werden, um die Kinder der Moriscos im Glauben zu erziehen, und Waisenhäuser eingerichtet werden. Die dort den Gottesdienst versehenden Geistlichen sollten veranlaßt werden, Arabisch zu lernen. Sämtliche Berufe und Ämter, auch das des Geistlichen, sollten den Moriscos offenstehen und Ehen mit Altchristen nicht nur erlaubt, sondern sogar gefördert werden [10].

Eine Lösung in diesem Sinne wäre gerecht gewesen und hätte die sozialen und rassischen Schranken, die den Morisco praktisch zum Ausgestoßenen machten, niedergebrochen. Doch die Kirche bot keine andere Regelung an als die von ihr selbst schon vorgeschlagene. An dem nun folgenden Lauf der Ereignisse hatte die Inquisition ebensoviel schuld wie der Adel und die Krone.

Sobald die Erkenntnis aufkam, daß die Moriscos sich keinesfalls assimilieren würden, sah man die Frage in einem ganz anderen Licht. Durch ihre große Anzahl schienen sie alle Errungenschaften der Reconquista zu bedrohen. Zwischen Alicante und Valencia und Zaragoza drängte sich die ungeheure Menge von 200 000 Moriscos in das Fleisch Spaniens [11]. Die Bedrohung lag nicht nur in der Existenz dieser Masse, sondern in ihrem schnellen Anwachsen, das sich deutlich an der Entwicklung der Bevölkerungszahl der Provinz Valencia ablesen läßt. Dort stieg die Zahl der Haushalte von 64 075 im Jahre 1563 auf 96 731 im Jahre 1609, was einem Zuwachs von 50 Prozent in einer Generation entspricht. Erschreckend jedoch war, daß bei der maurischen Bevölkerung dieser Zuwachs fast 70 Prozent betrug, während er bei den Altchristen unter 45 Prozent lag [12]. Die Dinge lagen nicht nur in Valencia so. Die Zerstreuung der Moriscos von Granada nach der Rebellion in den Alpujarras hatte dazu geführt, daß sie sich allmählich nach Kastilien zogen, so daß beispielsweise die maurische Bevölkerung von Toledo gefährlich anwuchs. Einem Bericht von 1596 zufolge lebten in Andalusien und Toledo 20 000 Moriscos, die ein jährliches Einkommen von über 20 000 Dukaten hatten. Die alte Furcht, daß die dort ansässigen Moriscos womöglich bei einem Einbruch türkischer Streitkräfte nach Spanien Hilfsstellung leisten würden, machte sich im Volk wieder breit. Die bedenklichste Krise für die spanische Monarchie in diesem Jahrhundert war der Aufstand in den Alpujarras, der erst ein Jahr vor dem Seesieg über die Türken bei Lepanto (1571) niedergeschlagen wurde. Aber auch mit Lepanto endete nicht die Furcht vor einer Invasion. Im Jahre 1580 wurde in Sevilla eine Verschwörung von Moriscos entdeckt, die eine Invasion von Marokko aus unterstützen wollten. 1602 schmiedeten sie ein Komplott mit Heinrich IV. von Frankreich, und 1608 ersuchten die Moriscos von Valencia die marokkanischen Araber um Hilfe. »Furcht zog in die Herzen der Spanier ein.« [13]

Die Vertreibung von Moriscos zwischen 1609 und 1614 geht uns hier nicht unmittelbar an. Dieses am 9. April 1609 befohlene Unternehmen fand unter dem Schutz der gesamten spanischen Streitkräfte zu Lande und zur See statt. Die Vertreibungen begannen in Valencia, der am stärksten gefährdeten Provinz, weil hier die Hälfte aller spanischen Moriscos wohnte. Von den insgesamt etwa 300 000 in Spanien ansässigen Moriscos wurden ungefähr 275 000 vertrieben [14].

Die Folgen für die Volkswirtschaft waren katastrophal, insbesondere in Valencia, das ein Viertel seiner Bevölkerung einbüßte. Die Landwirtschaft brach fast zusammen, die Erzeugung von Weizen und Zuckerrohr nahm ab und versagte schließlich ganz. Die Masse der arbeitenden Bevölkerung verschwand. »Wer wird uns denn jetzt Schuhe machen?« rief Erzbischof Ribera. Die früher von Moriscos bestellten Äcker wurden beschlagnahmt und in die Großgüter eingegliedert, und der Landadel, der gegen die Vertreibung scharf opponiert hatte, war jetzt zufrieden, noch Land hinzuzugewinnen. Die vielleicht einschneidendste Folge war der Niedergang des Mittelstands. Dieser lebte, wie auch alle Kirchen, Klöster und Verwaltungseinrichtungen in Valencia, hauptsächlich von der Pacht, die ihm die Moriscos für das von ihnen bestellte Land zu entrichten hatten. Nach deren Vertreibung mußten die nötigen Gelder von den Adligen gefordert werden, die diese Ländereien in Besitz genommen hatten. Der Adel jedoch weigerte sich, den bisherigen Pachtzins zu zahlen. Die Krone unterstützte wie üblich die Aristokratie und senkte den Zinssatz. Jeder, der Spareinlagen in der Stadt Valencia hatte, mußte sich an die dortige Sparkasse wenden, die infolgedessen 1613 bankrott ging und alle in Handel und Geldwirtschaft tätigen Leute ruinierte [15].

Auch für die Inquisition sah die Zukunft dürftig aus. 1611 klagten die Tribunale von Valencia und Zaragoza, die Vertreibung habe sie arm gemacht, denn sie verlören pro Jahr 75 000 Dukaten, die sie sonst aus Bodenzins bezogen hätten. Das Tribunal von Valencia bestätigte zwar zugleich gewisse Kompensationen, behauptete jedoch, die Regierung müsse ihm nahezu 19 000 Dukaten als Ausgleich für Verluste erstatten [16]. Eine Liste der Einnahmen, die dieses Tribunal vor der Vertreibung der Moriscos hatte, zeigt, daß 42,7 Prozent seines Einkommens unmittelbar von den Moriscos im Bezirk stammten. Eine ähnliche Zusammenstellung der Inquisition in Zaragoza aus dem Jahre 1612 zeigt, daß dort die Einnahmen seit der Vertreibung um mehr als 48 Prozent gefallen waren [17]. In beiden Fällen führte also der Erfolg der Inquisition, ein ganzes Volk von Ketzern beseitigt zu haben, paradoxerweise dazu, daß die für die Existenz des Tribunals nötigen Geldquellen austrockneten.

Kardinal Richelieu hat die Vertreibung der Moriscos in seinen Memoiren als die barbarischste Tat in der Geschichte der Menschheit bezeichnet. Cervantes dagegen läßt (womit er nicht unbedingt die eigene Meinung aussprach) eine seiner Bühnengestalten dieser Tat Philipps III. Beifall zollen, da der König »giftige Früchte aus Spanien vertrieben habe, das nun sauber sei und frei von der Furcht, mit der sie [die Moriscos] durch ihre Zahl es erfüllt hätten« [18]. Beide Ansichten wurden von Zeitgenossen vertreten und sind heute noch genauso anzutreffen wie damals. Uns geht es jedoch nicht um die moralische Seite jener Aktion. Die Vertreibung war der letzte Schritt bei der Schaffung der »geschlossenen Gesellschaft«. Insofern war sie ein Teil der Vorgänge, die unerbittlich durch das Heilige Officium und die kastilische Regierung bewirkt wurden. In jedem Stadium wurde das Problem der Moriscos von der Inquisition beobachtet und gesteuert, sie hat also schon deshalb diese Vertreibung ermöglicht. In Valencia waren die Geistlichen für die Vertreibung, der Adel jedoch dagegen. Als die Adligen von der Verfügung von 1609 erfuhren, machten sie sich »in großer Zahl auf den Weg, um dem König und dem Herzog von Lerma zu versichern, daß Valencia völlig ruiniert werden würde, wenn man die Moriscos vertriebe, denn sie seien ja diejenigen, die alle Arbeit machten« [19]. Boronat, der große Historiker des Morisco-Problems, geht über die allgemeine Opposition der Adligen hinweg und lobt die wenigen Adligen »mit reinem Blut und christlicher Seele«, bei denen die Religion über die Selbstsucht gesiegt habe, so daß sie sich für die Vertreibung aussprachen. Für den Historiker Florencio Janer war die Vertreibung das notwendige »Ausscheiden einer feindlichen Rasse« aus dem Herzen Spaniens [20]. Wie ein spätes Echo hören wir die Parolen der Reconquista. Die Tragödie von 1609 war die logische Vollendung des triumphalen Feldzugs gegen Granada im Jahre 1492. Nun endete die Niederlage der Mauren damit, daß sie ins Meer getrieben wurden. So lag über Valencia der Schatten von Kastilien, dem Kastilien der Reconquista und der Inquisition, wo man die Begriffe »Rasse« und »Ehre« zu den höchsten Werten des Spaniers erhoben hatte. Und so war denn die Vertreibung der Moriscos faktisch eine kastilische Lösung, vorgeschlagen und ausgeführt von Kastilianern. Es ist sogar möglich, daß die mächtige Hand der Mesta, der kastilischen Gilde der Schafhalter, im Hintergrund bei der Vertreibung mitgewirkt hat, die einen Schlag gegen den Ackerbau bedeutete [21]. Sicher jedenfalls ist, daß endlich die letzte feindliche Minderheit aus der Gesamtheit der »geschlossenen Gesellschaft« ausgeschaltet wurde, mit der Folge jedoch, daß die Wirtschaft Valencias zeitweilig darniederlag und die Landwirtschaft halb Spaniens einen nachhaltigen Zusammenbruch erlitt.

Rassereinheit und Rassismus

Yo soy un hombre,
aunque de villana casta,
limpio de sangre y jamás
de hebrea o mora manchada.
Lope de Vega *Peribáñez*

Da im Spanien des Mittelalters ein tatkräftiger Mittelstand fehlte und das Feudalherrentum nicht rechtlich institutionalisiert war, entstand eine Situation, in der die höchsten wie die niedrigsten Schichten sich ihre »soziale Mobilität« erhalten konnten. Eine Folge dieses Zustands war, daß das aristokratische Lebensideal vom Volk übernommen wurde und dort nicht weniger beherrschend war als in den oberen Schichten. Seine vollkommenste satirische Darstellung erfuhr dieser Zustand im *Don Quijote* von Cervantes. Für Don Quijote waren wie bei den echten Aristokraten die Begriffe Ehre, Stolz und *hidalguía* die Grundlage seines gesamten Verhaltens. Diese Wertbegriffe bekamen neues Leben durch die Rückeroberung Granadas, dann durch die Entdeckung Amerikas, und schließlich unter Karl V. durch die Ausdehnung der spanischen Vorherrschaft auf Europa. Alle Schichten des spanischen Volkes hatten ihren Anteil an diesen Erfolgen der Krone. Die Vorstellungen von Ehre und Stolz drangen tief ins Bewußtsein des Spaniers und wurden gleichsam zum Mark der sozialen Struktur während der Reconquista und der Zeit danach. Nach den Worten eines ausgezeichneten Historikers »blickte das gemeine Volk nach oben, mit dem Wunsch und der Hoffnung, auch höher zu steigen, und ließ sich verführen durch die ritterlichen Ideale wie Ehre, Würde und Ruhm sowie durch die adlige Lebensweise«[1]. Das Bewußtsein für die übliche Gliederung einer Nation in höhere und niedrigere Klassen war in Spanien getrübt, wo die Ehre zur *raison d'être* aller Schichten geworden war. Da dieser Ehrbegriff als Quintessenz der Tugenden des altchristlichen Adels betrachtet wurde, wandelte sich die Hochachtung vor der Ehre zur Hochachtung vor dem Adel. Ehre war das Erbgut des Adels, in ihm verankert und nur ihm zustehend.

So beherrschten denn die aristokratischen Tugenden Ehre und Stolz das spanische Denken im 16. Jahrhundert und führten zu einer gewissen Gleichförmigkeit des sozialen Verhaltens. Die strengen

Wertbegriffe der führenden Schicht wurden im Guten wie im Bösen der anerkannte Kodex für richtiges Verhalten. Wie übertrieben hoch die Ehre geachtet wurde, zeigt sich in den Schriften verschiedener Zeitgenossen. In dem *Manual de confesores* (1557) des Martín de Azpilcueta wird zum Beispiel der Verlust der Ehre dem Verlust des Lebens gleichgesetzt[2]. Die Schande *(vergüenza)* dessen, der von dem anerkannten sozialen Kodex oder der anerkannten Religion abwich, war so groß, daß, wer das tat, sein Recht auf Leben verwirkt hatte. Ein charakteristischer Fall war das Schicksal des Juan Díaz, eines spanischen Schülers und Freundes des Reformators Butzer. Juan war in Deutschland auf Betreiben seines eigenen Bruders ermordet worden, weil dieser, ein strenger Katholik, befürchtet hatte, Juans Ketzerei werde seiner Familie und ganz Spanien Schande machen[3]. Die Inquisition vor allem teilte diesen Standpunkt so streng, daß sie versuchte, spanische Ketzer, wie z. B. Miguel Servet, sogar über die Grenzen Spaniens hinaus zu verfolgen, aus Furcht, ihre Ketzereien könnten das spanische Volk entehren.

Innerhalb des Landes zeitigte der übersteigerte Ehrbegriff noch groteskere Wirkungen. Auf den Traditionen der Reconquista fußend, betrachtete der kastilische Adel weiterhin seine Aufgaben noch als ebenso gültig und wirksam wie eh und je. Seine Aufgabe war, zu kämpfen, nicht aber zu arbeiten. Die *hidalguía* erlaubte keinem Adligen, auch dem vom kleinsten Adel nicht, körperlich zu arbeiten oder Handel zu treiben. Handel, Wucher und Arbeit waren das Los der städtischen Bevölkerung, insbesondere der Mittelschichten. Die logische Folge dieses Verhaltens war in Spanien wie auch sonst in Europa, daß der adlige Begriff von Ehre zugleich bedeutete: Verachtung aller körperlichen Arbeit sowie jeglicher Handelstätigkeit. Jegliche Form der körperlichen Arbeit und sonstigen wirtschaftlichen Produktivität wurde in Spanien als unehrenhaft abgetan, wenn auch Staatsmänner und Schriftsteller sich bemühten, diese Auffassung als ein Übel anzuprangern.

Dieses hier etwas simplifizierte Bild zeigt eine Gesellschaft, deren Ideale und deren Struktur altchristlich waren. Menschen vom Typ des Sancho Pansa waren, ungeachtet ihrer Herkunft, stolz darauf, Altchristen zu sein, und dünkten sich infolgedessen dem Adel ebenbürtig. »Obgleich arm«, sagte Sancho, »bin ich doch ein Altchrist und schulde keinem Menschen das mindeste.«[4] Spanien gehörte mit seinen Traditionen und seiner Religion den Altchristen. Also konnte dieses Erbe mit Menschen, die nicht genauso lebten wie sie, nicht geteilt werden. Den Juden und Mauren mußten verachtete Stellungen im Volk zugewiesen werden. Die Juden waren die gefährlichste Minderheit, vor allem, weil ihr Reichtum und ihre Begabung sie mit den höchsten Kreisen der herrschenden Schicht in Kontakt brachte. Die Judenfeindschaft hatte verhängnisvolle Folgen. Sie zwang die Begriffe Stolz und Ehre gleichsam in die Defensive und führte zu der Auffassung, der Mensch könne die Ehre seiner Religion und seiner Nation nur dadurch wahren, daß er seinen Stammbaum reinhielt von Befleckung durch Juden. Was aber, wenn die höchsten Kreise des Adels mit jüdischem Blut durchsetzt waren? Bis zum 16. Jahrhundert war es, wie wir gesehen haben, allgemein bekannt, daß die führenden Familien in Aragonien und Kastilien und vielleicht sogar die Königsfamilie im Grunde von Conversos abstammten. Wenn das so weiterging, mußte das altchristliche Spanien zusammenbrechen. Daher fanden ein paar Eiferer es jetzt an der Zeit, der jüdischen »fünften Kolonne« Halt zu gebieten. Und damit kommen wir zu den Anfängen einer neuen Betonung der rassischen Reinheit und dem sich daraus entwickelnden Kult der *limpieza de sangre*, der »Reinheit des Blutes«.

Die rassische Diskriminierung auf Grund dieses Prinzips begann im 15. Jahrhundert. Das Kollegium San Bartolomé an der Universität von Salamanca genießt den zweifelhaften Ruhm, als erste Institution durch die bei seiner Gründung vom Papst 1414 und 1418 erlassenen Bullen Bestimmungen eingeführt zu haben, wonach es jedem, der nicht zu den *ex puro sanguine procedentes* gehörte, verweigert war, dort zu studieren. Diese Neuerung im Bildungswesen wurde sehr bald nachgeahmt, und einige Kollegien verlangten sogar von allen ihren Beamten und Angestellten bis zum letzten Wasserträger den Nachweis der *limpieza*. Diese Bestimmungen machten jedoch nur begrenzt Eindruck. Wichtiger war die Form der Judenfeindschaft, mit der man versuchte, die Conversos und Juden insgesamt von ihren altchristlichen Mitbürgern zu trennen, so daß es in den Städten zu bedenklichen Konflikten kam. Am deutlichsten wurde das in der Stadt Villena, der im Februar 1446 von der Krone Kastilien das Vorrecht verliehen wurde, allen Conversos das Wohnrecht innerhalb ihrer Mauern zu versagen. Während der nächsten Jahre konzentrierte sich die allgemeine Aufmerksamkeit hauptsächlich auf den Bürgerkrieg in Toledo und die Bekanntgabe des berühmten Gesetzes gegen die Conversos. Dessen Verdammung durch den Papst (die typisch war für die päpstliche Inkonsequenz in Fragen der *limpieza*) sowie durch den Erzbischof von Toledo und durch diverse Behörden half wenig, das Anwachsen des Rassismus aufzuhalten. 1468 gewährte Heinrich IV. der Stadt Ciudad Real auf deren Bitte hin das Privileg, die Conversos von sämtlichen städtischen Ämtern auszuschließen. 1473 kam es in Córdoba nach Bildung einer Bruderschaft, die Conversos ausschloß, zu Massakern.

Den wesentlichen Impuls für den Erlaß zahlreicher Vorschriften und Gesetze, denen das Prinzip der *limpieza* zugrunde lag, gab die Gründung der Inquisition im Jahre 1480. Der soziale Antagonismus, der in Spanien immer spürbar gewesen war, wurde nun verschärft durch das Schauspiel, wie Tausende heimlicher Juden *(judaizantes)* ketzerischer Bräuche beschuldigt und in Scharen zu den Scheiterhaufen gebracht wurden. Nationale und religiöse Einheit schienen nun in erster Linie davon abzuhängen, daß die Conversos von allen Vertrauensstellungen und bedeutenden Posten ausgeschlossen wurden. 1483 bestimmte eine päpstliche Bulle, daß Bischöfe, die Inquisitoren wurden, Altchristen sein sollten, und im selben Jahr erließ der militärische Orden von Alcantara eine Verfügung, die allen Abkömmlingen von Juden und Mauren die Mitgliedschaft versagte. Eine nach der andern nahmen die religiösen Körperschaften Spaniens in ihre Statuten *limpieza*-Klauseln auf. Im Kollegium Santa Cruz der Universität Valladolid galt ein *limpieza*-Statut, das sein Gründer 1488 aufgesetzt hatte. In anderen Kollegien scheute man sich nicht, dem Reglement der Gründer zu widersprechen. Das 1486 von Ximénez gegründete Kollegium San Ildefonso besaß keine Anti-Converso-Klausel, nahm jedoch nach dem Tode des Kardinals 1519 eine entsprechende Vorschrift in seine Statuten auf. Als Torquemada 1496 das große Kloster Santo Tomás in Avila gründete, wandte er sich an den Papst, um eine Verfügung zum Ausschluß aller Abkömmlinge von Juden zu erwirken. Doch erst von 1531 an folgten andere Gründungen der Dominikaner seinem Beispiel. Als erstes Domkapitel hatte das von Badajoz 1511 den *limpieza*-Vorbehalt in seine Statuten aufgenommen und das von Sevilla tat 1515 dasselbe, auf Veranlassung des dortigen Erzbischofs, des Inquisitors Diego Deza. Die Universität in Sevilla nahm, obwohl sie von einem Converso gegründet war, 1537 eine entsprechende Bestimmung auf, nachdem im Gründungsdokument die Klausel, laut der die Universität jedermann offenstehe, sorgfältig ausgelöscht worden war [5].

Bei all diesen Vorgängen spielte die Inquisition eine führende Rolle. Von Anfang an hatte die in Torquemadas im November 1484 in Sevilla herausgegebenen Vorschriften enthaltene Bestimmung gegolten, derzufolge

... die Kinder und Enkel derer, die [durch die Inquisition] verurteilt worden sind, öffentliche Ämter weder ausüben noch innehaben dürfen, auch keine Stellungen oder Ehrenämter, auch nicht Priesterämter bekleiden und nicht sein dürfen Richter, Bürgermeister, Polizist, Friedensrichter, Geschworene, Proviantmeister, Beamter für Gewichte und Maße, Kaufmann, Notar, Öffentlicher Schreiber, Anwalt, Sekretär, Buchhalter, Schatzmeister,

Arzt, Chirurg, Ladenbesitzer, Makler, Geldwechsler, Wiegemeister, Kassierer, Steuerpächter oder Inhaber irgendeiner anderen ähnlichen öffentlichen Stellung [6].

Diese Praxis wurde von den Katholischen Majestäten beibehalten, die 1501 zwei Verfügungen erließen, laut denen es den Kindern durch die Inquisition verurteilter Personen verboten war, irgendein Ehrenamt zu bekleiden oder Notar, Öffentlicher Schreiber, Arzt oder Chirurg zu werden. Conversos wurden in Kastilien auch vom akademischen Leben und den gehobenen Berufen ausgeschlossen, auf Grund einer 1522 von der Inquisition erlassenen Verfügung, wonach den Universitäten von Salamanca, Valladolid und Toledo verboten war, den Nachkommen von Juden und Judaisierenden (heimlichen Juden) akademische Grade zu verleihen. Hiervon war Alcalá ausgenommen, vielleicht aus Hochachtung vor Ximénez de Cisneros, dem verstorbenen Gründer dieser Universität. Diese eine Ausnahme war freilich unbedeutend angesichts der Tatsache, daß sämtliche maßgebenden Körperschaften von Kirche und Staat, allen voran die Inquisition, sich vereinigten, um das Leben einer rassischen Minderheit, die gegen ihren Willen mehr als eine Generation früher zur katholischen Religion gezwungen worden war, zu zerstören. In dieser Atmosphäre von Rassenhaß und Unduldsamkeit versuchten einzelne Stimmen, die Mehrzahl ihrer altchristlichen Mitbürger zu überzeugen, daß der Antisemitismus ein Unrecht sei. Einen der ersten Angriffe auf das Sentencia-Estatuto von 1449 unternahm Alonso Díaz de Montalvo, der energisch auf die gemeinsamen Traditionen und überkommenen Bräuche von Juden und Christen hinwies und besonders darauf aufmerksam machte, daß ein getaufter Jude sich in nichts von einem getauften Heiden unterscheide. Die Muttergottes und alle Apostel, sagte er, seien Juden gewesen. Die sich Christen nannten und die Leute, welche die Sentencia entworfen hätten, seien durch die Gier nach irdischen Gütern dazu veranlaßt worden und seien in der Herde Christi Wölfe im Schafspelz. Der berühmte Converso Alonso de Cartagena war es, der schriftlich die Sentencia entschieden ablehnte, und zwar in seinem Traktat *Defensorium Unitatis Christianae*, geschrieben 1449/50. Indem er den Spieß gegen die Antisemiten umdrehte, wies der gelehrte Bischof von Burgos nach, daß die katholische Kirche recht eigentlich das Heim der Juden sei und die Heiden Außenseiter seien, die man eingeladen habe, ihr beizutreten. Seine gemäßigten Argumente nahm der Oberste der Jeronimiten, Alonso de Oropesa, auf, der 1465 seine Schrift *Lumen ad revelationem gentium* vollendete, in der er die Notwendigkeit der religiösen Einheit betonte und erklärte, daß auch die Juden das Recht auf einen Platz im Lande hätten [7].

Da die Jeronimiten so liberal dachten, ist es um so tragischer, daß sie als erster religiöser Orden in ihre Statuten das *limpieza*-Prinzip aufnahmen. Der Hauptgrund dafür war, daß, wie festgestellt wurde, mehrere Häuser des Ordens wahre Nester von heimlichen Juden waren. Zu den berühmt gewordenen Fällen gehörte der des Priors des Jeronimitenklosters in Toledo, García de Zapata. Wenn er bei der Messe die Hostie erhob, pflegte er zu sagen: »Hoch, kleiner Peter, zeig dich den Leuten!« Und wenn er einem Beichtenden Absolution erteilte, wandte er ihm stets den Rücken zu. Für diese und andere Sünden wurden der Prior und zwei seiner Kollegen vor den Toren ihres Klosters verbrannt. Was schließlich jedoch den Orden zu seiner endgültigen Entscheidung brachte, scheint der Fall des Mönchs Diego de Marchena gewesen zu sein. Marchena war in das Kloster von Guadelupe aufgenommen worden, obgleich er überhaupt nicht getauft war. Bei einem von der Inquisition 1485 in Toledo abgehaltenen *auto de fe* endeten Marchena und zweiundfünfzig andere Personen, die angeklagt waren, jüdische Bräuche praktiziert zu haben, auf dem Scheiterhaufen [8]. Aus Angst, ihr Orden könne in Verruf kommen, nahmen die Jeronimiten 1486 ein Statut an, das alle Abkömmlinge von Juden vom Orden ausschloß. Vierzig Jahre danach, 1525, fanden die Franziskaner es geboten, dasselbe zu tun. Bald danach begannen die Dominikaner, sich gegen die Conversos zu wenden, und nahmen in Aragonien den Grundsatz der *limpieza* in ihr Statut auf. Gekrönt wurden diese Maßnahmen dadurch, daß auch durch das Domkapitel von Toledo 1547 definitiv das *limpieza*-Prinzip eingeführt wurde.

Der Erzbischof von Toledo hatte 1539 ohne Erfolg versucht, die *limpieza* in das Statut aufzunehmen. Der ihm 1546 im Amt folgende Juan Martínez Siliceo aber wollte den Grundsatz der Blutsreinheit unbedingt durchsetzen [9]. Aus einer kleinen Bauernfamilie stammend, hatte Siliceo sich emporgearbeitet und es zu einer glänzenden Karriere gebracht. Sechs Jahre hatte er an der Universität in Paris studiert und später drei Jahre dort gelehrt. In die Heimat zurückgerufen, um in Salamanca einen Lehrstuhl einzunehmen, erweckte er schon bald so viel Aufmerksamkeit, daß er zum Lehrer für Philipp, den Sohn Kaiser Karls V., ernannt wurde, was er zehn Jahre lang blieb. Als 1546 der Bischofssitz in Toledo frei wurde, berief man ihn auf diesen Platz. Dem neuen Erzbischof ging es um mehr als nur um die neu errungene Würde. Sein ganzes Leben lang hatte er unter seiner niederen Herkunft gelitten. Das einzige, worauf er immer stolz sein konnte, war, daß seine Eltern Altchristen gewesen waren. Als Erzbischof von Toledo war er den Conversos alles andere als gewogen, die nach seiner Ansicht ihrer Herkunft wegen die größte

Gefahr für die Einheit der Religion darstellten. Als er daher im September 1546 entdeckte, daß der Papst einen Converso, den Doktor Fernando Jiménez, zum Domherrn in der Kathedrale machte und daß der Vater dieses neuen Geistlichen einst von der Inquisition als Judaisierender verurteilt worden war, weigerte sich Siliceo, die Ernennung zu bestätigen. Er protestierte schriftlich beim Papst gegen diesen Kandidaten und wies warnend auf die Gefahr hin, daß das bedeutendste Gotteshaus Spaniens in Gefahr sei, eine »neue Synagoge« zu werden. Der Papst berief Jiménez von dem Posten ab, doch Siliceo fand das nicht genug und formulierte ein Statut, demzufolge Conversos grundsätzlich von Ämtern an der Kathedrale ausgeschlossen sein sollten. Am 23. Juli 1547 rief er das Domkapitel eilig zusammen, und die *limpieza*-Klausel wurde mit 24 gegen 10 ablehnende Stimmen durchgesetzt.

Das Abstimmungsergebnis zeigt, daß nicht alle Domherren an der Sitzung teilgenommen hatten. Die Erzdiakone von Guadalajara und Talavera, Pedro González de Mendoza und Alvaro de Mendoza, Söhne des mächtigen Herzogs von Infantado und beide Altchristen, erhoben sofort Einspruch. Sie bezeichneten das Statut als ungerecht und verwerflich, und machten dem Erzbischof den Vorwurf, er habe nicht sämtliche Würdenträger des Kapitels zu der Sitzung geladen. Auch drohten sie, den Papst anzurufen. Die hieraus folgende Auseinandersetzung gibt uns ein deutliches Bild von den Ansichten der Gegner sowie der Befürworter des *limpieza*-Prinzips. Der Erklärung Siliceos zufolge [10] galt der Grundsatz der *limpieza* in Spanien bereits in den militärischen Orden, an den Universitäten und in den religiösen Orden. Daß eine Converso-Gefahr bestehe, sei bewiesen durch die Tatsache, daß die lutherischen Ketzer in Deutschland fast ausnahmslos Abkömmlinge von Juden seien. Im übrigen habe er festgestellt, daß »nicht nur die Mehrzahl, sondern nahezu alle Gemeindepfarrer, die in seinem Erzbistum der Seelsorge dienten ... Abkömmlinge von Juden« seien.

Überdies seien die Conversos nicht damit zufrieden, über die materiellen Güter Spaniens zu gebieten. Sie versuchten nun auch, die Kirche zu beherrschen. Wie groß die Gefahr sei, sei daraus zu ersehen, daß im letzten halben Jahrhundert mehr als fünfzigtausend Conversos durch die Inquisition verbrannt und sonstwie bestraft worden seien, die ehemals jüdische Bevölkerung aber trotzdem weiterhin gedeihe. Der Erzbischof wies nach, daß von den zehn Domherrn, die gegen das Statut gestimmt hatten, nicht weniger als neun jüdischer Herkunft waren, fünf von ihnen aus der weitverzweigten Converso-Familie, zu der der Domherr García de Zapata gehöre. Der Widerstand gegen das Statut war jedoch bedeutsamer, als die Abstimmung zahlenmäßig zeigt. Gewiß haben sich am erbittertsten dagegen gesträubt der Dechant der Kathedrale, Diego de Castilla, und der berühmte Humanist Juan de Vergara, beide Conversos, doch mindestens sechs andere Domherren, die ebenso scharf dagegen auftraten, waren Altchristen. Was den Dechanten und diese Domherren auszeichnete (zwei von ihnen gehörten, wie schon gesagt, zum Adelshaus Mendoza), war ihre unbestreitbare aristokratische Abstammung, während Siliceo aus einer Familie kleiner Leute kam. In dem von der andersdenkenden Geistlichkeit [11] formulierten Protest wurde erstens beklagt, daß das Statut gegen das kanonische Recht verstoße; zweitens, daß es gegen die Gesetze des Königreichs verstoße; drittens gegen die Heilige Schrift; viertens gegen den gesunden Menschenverstand; fünftens schließlich werfe es auf viele edle und maßgebende Leute dieser Reiche ein schlechtes Licht. Der fünfte Passus war der entscheidende. Wie Siliceo und auch seine Gegner sehr wohl wußten, waren nur wenige adlige Familien nicht mit Converso-Blut »befleckt«. Die Schicht, aus der er selber stammte, war für den Erzbischof offenbar der einzig reine Teil der Bevölkerung.

Trotz aller Widerstände wurde jedoch das Statut behördlich bestätigt und vom Papst 1555 ratifiziert. Philipp II. schwankte zuerst, stimmte aber 1556 schließlich dem Inhalt zu. Ein Brief, den der König damals schrieb, läßt erkennen, wie fest er davon überzeugt war, »alle in Deutschland und Frankreich vorgekommenen Ketzereien seien durch Abkömmlinge von Juden bewirkt worden, so wie wir es in Spanien täglich gesehen haben und noch sehen« [12]. Wenn die Urteilsfähigkeit des spanischen Königs und der Führer der Kirchen im Lande so von antisemitischen Phantasien umnebelt war, konnte es nicht überraschen, im einfachen spanischen Volk dieselben Vorurteile zu entdecken.

Der Streit um diese Frage hörte mit Siliceos Erfolg indes nicht auf. Das Statut von Toledo (1547) wurde sofort von der Universität Alcalá als eine Quelle für »vom Teufel gesäte Zwietracht« verurteilt. In Rom erkannte Papst Paul IV. es an, jedoch nur aus taktischen Gründen, nicht im Prinzip. Derselbe Paul IV. weigerte sich 1565, ein Statut für die Kathedrale von Sevilla anzuerkennen, und verurteilte den Gedanken der *limpieza* als dem kanonischen Recht und der kirchlichen Ordnung widersprechend. Sein Nachfolger Pius V., der später heiliggesprochen wurde, war ein konsequenter Gegner dieser Statuten und versuchte, freilich vergebens, einen eigenen Kandidaten, der nicht *limpio* war, in Toledo als Erzdiakon ins Amt zu bringen. Die Auseinandersetzung verlor an Lautstärke, als die Inquisition 1572 alle Schriften, die sich mit dieser Frage befaßten – gleich ob pro oder contra –, verbot. Solange jedoch die *limpieza* in der Praxis galt und durch die Inquisition, durch Kirche und Staat, amtlich attestiert wurde, konnte die Unruhe nicht aufhören.

Torquemadas Richtlinien für die Inquisition haben uns gezeigt, daß gerade sein Tribunal den ersten Anstoß zur *limpieza* gab, indem es jede wegen jüdischer Praktiken verurteilte Person von öffentlichen Ämtern ausschloß. Einzelne Behörden wandten dann diese Verbote auch auf die Angehörigen des Verurteilten an. Bald begannen Ämter und Körperschaften, alle Conversos auszuschließen, auch diejenigen, gegen welche die Inquisition nicht das geringste unternommen hatte. Damit hörte das *limpieza*-Prinzip auf, ein religiöser Grundsatz zu sein, sondern wandelte sich zum rassistischen Gedanken. Da die Statuten auch orthodoxe Katholiken bloß ihrer Vorfahren wegen diskriminierten, wurde das Verfahren zur ausgesprochenen Rassenhetze.

Bei diesem Erfolg der *limpieza*-Statuten war bald jeder, der sich um ein öffentliches Amt bewarb, gezwungen, zu beweisen, daß er von Altchristen abstammte. Theoretisch strafte die Inquisition die Sünden der Väter nur bis in die zweite Generation und hatte dafür auch im katholischen Kirchenrecht eine Stütze. Doch im Eifer für den *limpieza*-Gedanken wurde an dieser Begrenzung nicht haltgemacht. Wenn bewiesen werden konnte, daß ein Vorfahr von der Inquisition zur Buße gezwungen worden oder Maure oder Jude gewesen war, dann wurde sein Nachkomme zu den Leuten mit unreinem Blut gerechnet und infolgedessen von allen öffentlichen Ämtern ausgeschlossen. So war es denn für Bewerber um solche Ämter wichtig, zum Beweis der Reinheit ihres Blutes einen Stammbaum aufzusetzen. Bis zum Ende des 16. Jahrhunderts waren Beweise dieser Art bei den vier militärischen Orden und bei den wichtigsten Kollegien sowie an den Universitäten schon strenge Vorschrift. Der Zwang, die eigene *limpieza* zu beweisen, führte zu Betrug, Meineid und Erpressung. Das wird besonders deutlich, wenn man sich die Unterlagen von Bewerbern ansieht, die bei der Inquisition tätig werden wollten. Nach 1560 mußten alle beim Tribunal angestellten Personen *limpios* sein, also schon vor der eigentlichen Bewerbung um einen Posten ihre Blutreinheit nachweisen. Der Antragsteller mußte den Beamten der Inquisition seinen Stammbaum vorlegen; wenn er verheiratet war, auch den seiner Frau. Ferner mußten Namen und Wohnort von Eltern und Großeltern mit aufgeführt werden, und wenn dabei Hinweise auf unreines Blut gefunden wurden, genügte das, den Bewerber abzuweisen. Wurden keine derartigen Hinweise gefunden, so ernannten die Beamten des Tribunals besondere Kommissare, die sich zu den in der Bewerbung genannten Orten begeben und dort von Zeugen beeidete Protokolle über die Vorfahren des

Bewerbers beischaffen mußten. Die Kommissare waren ermächtigt, alle in Frage kommenden Archive zu studieren und Zeugen zu laden. Zeugen für den Bewerber benutzten natürlich, falls alle Beweise durch Dokumente unbefriedigend blieben, die für Mißbrauch besonders zugänglichen Pfade. Zeugen konnten bestochen werden, für einen Bewerber zu beeiden, daß er nicht von Conversos abstamme, oder konnten ihn in derselben Angelegenheit erpressen. In jedem Fall erlitt der Bewerber den Schaden. Wenn einem Bewerber ein Posten bei der Inquisition verweigert wurde, gab das Tribunal niemals den Grund dafür an, so daß dann die Familie des Abgewiesenen bald der Unreinheit verdächtigt wurde, selbst wenn das nicht der Fall war. Manche Bewerber mußten Prozesse über sich ergehen lassen, die länger als zwei Jahre dauerten, und hatten Kosten über Kosten zu zahlen, bis ein anerkannter Stammbaum zusammengestellt werden konnte. Andere schworen lieber einen Meineid, um Posten zu bekommen, und wenn dann das Tribunal ihr Verbrechen entdeckte, mußten sie selbst und alle ihre Zeugen hohe Geldstrafen bezahlen und wurden öffentlich angeprangert. Oft wurde auch den Bewerbern die Beschäftigung schon durch bösartiges Gerede von Feinden vorenthalten, weil manchmal auch nur das Gerücht der Unreinheit als Beweis anerkannt wurde [13]. Die Genealogie wurde zu einer sozialen Waffe, und man darf wohl sagen, daß in einer Gemeinschaft, wo der Beweis laut Stammbaum den einzigen Paß für eine Karriere bei der Kirche oder im Staatsdienst bildete, der Rassenhaß zum Regierungssystem wurde.

Wir können uns nur schwer vorstellen, was es für den einzelnen bedeutete, wenn er der mangelnden Reinheit des Bluts verdächtigt wurde. Die Ehre des Spaniers lag in seiner Religion und seiner Rasse. Wenn das eine oder andere in Zweifel gezogen wurde, empfand er das als Schande und Entehrung der eigenen Person sowie seiner Familie und seiner Nachkommen. Diese Ansicht brachte auch ein Schriftsteller zur Zeit Philipps IV., Juan Escobar de Corro, zum Ausdruck, der in seinem *Tractatus bipartitus de puritate et nobilitate probanda* den Begriffen »Ehre« und »Reinheit« den gleichen Wert beimaß und behauptete, es sei besser zu sterben, als in Schande zu leben. Für Escobar war der Fleck auf dem Stammbaum unauslöschlich und blieb ewig haften [14]. Es handelte sich hier um eine rassistische Verfälschung der Lehre von der Erbsünde, derzufolge die Sünden der Väter auch durch die Taufe nicht auszulöschen waren. Und die Inquisition trug ihren Teil zur Bekräftigung dieser Lehre bei. Widerspenstige Ketzer wurden verbrannt, während kleineren Sündern andere Strafen zugemessen wurden, unter anderem das Tragen des *Sanbenito*, den auch die zum Scheiterhaufen Verurteilten bis zur Verbrennung anlegen mußten. Schon zu Anfang des 16. Jahrhunderts wurde es Brauch, die *Sanbenitos* von Bestraften nach Ablauf der festgesetzten Tragezeit öffentlich auszuhängen. Dieser Brauch wurde verallgemeinert durch die amtlichen Verfügungen von 1561, in denen es hieß, daß

... sämtliche Sanbenitos der Verurteilten, der Lebenden und der Toten, ob noch im Lande oder nicht, in den Kirchen der Orte, in denen sie wohnten, auszuhängen sind ... damit sie dort verbleiben als ewige Erinnerung an die Schändlichkeiten der Ketzer und ihrer Nachkommen [15].

Erklärter Zweck der Zurschaustellung dieser *Sanbenitos* war also die öffentliche Verkündung und Verewigung der Schande verurteilter Personen, so daß ganze Familien von einer Generation zur andern für die Sünden ihrer Vorfahren bestraft werden sollten. Zweifellos ist Verewigung der Schande das Ziel dieser Maßnahme gewesen, denn es wurde allgemein üblich, alte und verrottende Sanbenitos durch neue mit den Namen derselben Sünder zu ersetzen. Diese Sanbenitos waren allgemein verhaßt, nicht nur bei den betroffenen Familien, sondern auch in ihrer weiteren Umgebung, die dadurch in schlechten Ruf kam. Die navarresische Stadt Logroño appellierte 1570 mit Erfolg an die Suprema mit der Bitte, aus ihren Kirchen die zahlreichen Sanbenitos entfernen zu dürfen, die von Rechts wegen zu Gemeinden in anderen Gegenden gehörten [16]. Man befürchtete dort, daß so viele dieser Gewänder die ganze Stadt und die Provinz in Verruf bringen würden. Bei dem Aufstand, der 1516 auf Sizilien gegen die spanische Regierung stattfand, wurden die Sanbenitos in den Kirchen heruntergerissen und nie wieder ersetzt. In Spanien jedoch achtete die Inquisition sehr darauf, daß die Bußgewänder stets öffentlich ausgehängt blieben. Diese Praxis behielt man bis gegen Ende des 18. Jahrhunderts bei. Sie diente dazu, Abstammungsnachweise an Hand der Sanbenitos nachzuprüfen. Es spielte schließlich keine Rolle mehr, ob jemand auf dem Scheiterhaufen gestorben war oder bei einem *auto de fe* nur Buße getan hatte. Wessen Vorfahr durch einen Sanbenito verewigt war, litt noch Generationen später unter dem Ausschluß von allen öffentlichen Ämtern und der allgemeinen Verachtung.

Die sozialen Folgen des *limpieza*-Kults waren so offensichtlich, daß es stets Leute in Spanien gab – wenn auch wenige –, die sich nicht scheuten, dieses Prinzip zu mißbilligen. Es ging ja dabei nicht nur darum, daß ein erheblicher Teil der Bevölkerung ständig verhindert blieb, am Leben im Lande aktiv teilzunehmen, sondern es stand mehr als Gerechtigkeit auf dem Spiel, nämlich die ganze Ethik. Der eigentliche Grund der langdauernden, erbitterten Feindschaft zwischen den Jesuiten und der spanischen Inquisition geht auf die *lim-*

pieza-Frage zurück. Der heilige Ignatius von Loyola traf zuerst auf die hysterische Judenfeindschaft, als er 1527, als Student in Alcalá, seiner strengen religiösen Bräuche wegen des Judaisierens verdächtigt wurde. Es war dasselbe Jahr, in dem die Cortes von Guipúzcoa eine schon 1483 erlassene Verfügung, durch die Conversos der Zuzug in diese Provinz verboten wurde, zum Gesetz machten. Damals wies Ignatius es empört von sich, vom Judentum überhaupt etwas zu verstehen, da er ein Adliger aus einer Provinz (nämlich Guipúzcoa) sei, die überhaupt kaum Juden kennengelernt habe. Einige Jahre später jedoch erklärte er, als er mit Freunden speiste, er hätte es als eine von Gott gewährte Gunst betrachtet, wenn er ein Nachkomme von Juden wäre. Als er gefragt wurde, wie er auf diesen Gedanken komme, erwiderte er: »Wieso!? Verwandt zu sein mit Christus Unserem Herrn und Unserer lieben Frau, der Jungfrau Maria?« Bei einer anderen Gelegenheit hatte ein Landsmann von ihm, ein Baske, mit dem er befreundet war, bei der Erwähnung des Wortes »Jude« durch Ignatius ausgespuckt. Da nahm Ignatius ihn beiseite und sagte, wie sein Biograph berichtet: »›Also, Don Pedro de Zarate, sei vernünftig und höre mir zu.‹ Worauf er ihm so viele Gründe genannt habe, daß Zarate beinah bereit gewesen wäre, Jude zu werden.« [17] Diese Episoden zeigen, daß Ignatius sich zu diesem Zeitpunkt bereits so weit von den üblichen Vorstellungen befreit hatte, daß er aufrichtig tiefe geistige Freundschaft für Juden bekunden konnte.

Wie ihr Gründer, so weigerte sich auch die ganze Gesellschaft Jesu, den Rassenhaß mitzumachen. Als 1551 die Jesuiten in Alcalá ein Kollegium ohne Erlaubnis durch den Erzbischof Siliceo eröffneten, erließ dieser eine Verfügung, wonach es allen Jesuiten verboten war, als Geistliche zu fungieren, wenn sie nicht vorher von ihm persönlich geprüft worden waren. Es war kein Geheimnis, daß Siliceo diese Verfügung traf, weil er darüber erbittert war, daß christliche Conversos die Vorlesungen dieses Kollegiums besuchten. Francisco Villanueva, der Rektor des Kollegiums, schrieb darüber empört an Ignatius:

> Es ist sehr schade, daß niemand willens zu sein scheint, diese armen Menschen irgendwo auf Erden wohnen zu lassen, und ich wollte nur, ich hätte noch die Kraft, ihr Verteidiger zu werden, besonders da man bei ihnen mehr tugendhaftes Verhalten antrifft als bei Altchristen und Hidalgos [18].

Unter den spanischen Jesuiten waren jedoch, wie nicht anders zu erwarten, auch manche, die für den Gedanken der *limpieza* eintraten. Zu diesen gehörte auch der erste Provinzial der Jesuiten in Spanien, Antonio de Araoz. Er wies Ignatius nachdrücklich darauf hin, daß

Siliceo versprochen habe, dem Orden große Gefälligkeiten erweisen zu wollen, falls er in seine Statuten die *limpieza* aufnähme. Ferner betonte er, daß der gute Name der Gesellschaft in Spanien leiden werde, wenn bekannt würde, daß ihr auch Neuchristen angehörten. Dennoch weigerte sich Ignatius, seinen Standpunkt zu ändern. Bis zu seinem Tode 1556 gestattete er dem Orden nicht, Conversos zu benachteiligen. Wenn Conversos sich zum Eintritt in seinen Orden bewarben, riet er ihnen, lieber der Gesellschaft in Italien anstatt in Spanien beizutreten. Er nannte den *limpieza*-Kult so: »die spanische Laune« – *el humor español* – oder, bei einer Gelegenheit noch sarkastischer: *humor de la corte y del Rey de España*, also »die Laune des spanischen Königs und seines Hofes«. Siliceo haßte bald den Orden der Jesuiten wegen ihrer ständigen Opposition, und denselben Haß hegten andere prominente Mitglieder der spanischen Geistlichkeit und die von den Dominikanern beherrschte Beamtenschaft der Inquisition. Die drei Generale des Ordens, die Loyola folgten, blieben in ihrem Widerstand gegen die *limpieza*-Statuten fest. Auf Ignatius folgte zunächst Diego Laínez, als General des Ordens von 1558 bis 1565. Daß er ein Converso war, machte Philipp II. und die spanische Kirche zu seinen erbitterten Gegnern. In einem 1560 geschriebenen Brief an Araoz verwarf Laínez die *limpieza* als *El humor o error nacional* (Laune oder Irrtum des ganzen Volkes) und verlangte von den spanischen Jesuiten unbedingten Gehorsam in dieser Sache. Sein Nachfolger wurde ein Spanier von unanfechtbar altchristlicher Abstammung, Francisco Borja, Herzog von Gandia, der in die Kirchengeschichte einging als der heilige Franziskus Borgia. Sein Standpunkt war so bekannt, daß man schließlich aus Schikane einige seiner Schriften auf den Index der verbotenen Bücher setzte. Bei einem seiner Besuche in Spanien fragte der Ministerpräsident Philipp II., der Fürst von Eboli, den Ordensgeneral, warum seine Gesellschaft auch Conversos als Mitglieder aufnehme. Francisco Borgia antwortete unnachgiebig:

»Warum behält der König den X und den Y, die Conversos sind, in seinen Diensten? Wenn Seine Majestät das bei denen, die er in seinen Hofstaat aufnimmt, als unerheblich betrachtet, weshalb sollte dann ich ein Problem daraus machen, sie als Diener des Herrn zuzulassen, bei dem es keine Unterscheidung zwischen Menschen gibt, seien sie Griechen oder Juden, oder Barbaren und Skythen?«[19]

In den Jahren nach 1590 jedoch merkten die Jesuiten in Spanien, daß weniger Anwärter zu ihnen strebten, da es der von ihren Feinden inszenierten Flüsterpropaganda gelang, die Gesellschaft als eine Partei der Juden hinzustellen. Im übrigen fielen, infolge eines Ausleseverfahrens, die wichtigsten Posten in der spanischen Provinz an

Jesuiten, die für das *limpieza*-Prinzip stimmten. Ergebnis dieser Praxis war, daß zwecks Änderung der Satzungen der Gesellschaft Druck ausgeübt werden konnte. Bei der im Dezember 1593 in Rom abgehaltenen Generalversammlung wurde dafür gestimmt, alle Conversos von der Mitgliedschaft auszuschließen. Gegen diesen schmählichen Rückzug erhob sich einsam nur eine spanische Stimme, nämlich die des Paters Ribadeneira. Fast allein seinen Bemühungen, den Orden auf dem von Loyola vorgezeichneten Pfad zu halten, war es zuzuschreiben, daß der Beschluß aufgegeben wurde. Im Februar 1608 wurden die Vorschriften so geändert, daß fortan jeder Converso, wenn seine Familie seit fünf Generationen christlich war, dem Orden beitreten konnte. Dieser Passus von 1608 wurde nominell nur wie eine Ausnahme dargestellt, während er faktisch die völlige Abkehr von der Entscheidung des Jahres 1593 bedeutete, da die meisten Conversos tatsächlich, dank der Zwangstaufen von 1492, schon seit fünf Generationen Christen waren.

Trotz des durch die Inquisition in der *limpieza*-Frage verhängten Schweigegebots versiegte der Strom gedruckter Werke über dieses Thema nicht. 1575 veröffentlichte Diego de Simancas, der Bischof von Zamora (später ein erbitterter Feind des Erzbischofs Carranza von Toledo) seine *Defensio Statuti Toletani*, eine der letzten bedeutenden Schriften zur Verteidigung der Rassentheorien Siliceos.

Gegen Ende des 16. Jahrhunderts begann man sich in den führenden Schichten des Landes wegen der Folgen der *limpieza*-Politik schwere Sorgen zu machen. Der Zwang, die Reinheit des Blutes in einer Gesellschaft nachzuweisen, in der selbst die geringste Beimischung jüdischen oder maurischen Bluts die *limpieza* ausschloß, bedrohte die Sicherheit der vornehmsten Familien. Immer, wenn jemand eine andere Stellung annahm oder in ein höheres Amt befördert wurde, war eine gründliche Überprüfung seines Stammbaums fällig. Die Kosten dafür waren enorm, besonders für jene, die in den amerikanischen Kolonien lebten und die notwendige Ahnenforschung in Spanien betreiben lassen mußten. Es gibt da zum Beispiel den Fall des Franziskanermönches Francisco Delgado, der seinen Stammbaum auf den Kanarischen Inseln bestätigen lassen mußte, um bei der Inquisition in Peru eine Stellung annehmen zu können. Das kostete ihn die nahezu unerschwingliche Summe von 3 352 silbernen Reales [20]. Noch schwerer als die ungerechten Kosten war jedoch die Ungewißheit zu ertragen. Zu einer der höchsten Familien zu gehören war nur selten Schutz gegen emsige Durchforschung des Stammbaums; wenn einem Familienmitglied, weil es als unrein verdächtig war, eine Stellung verweigert wurde, geriet unweigerlich, und oft für immer, die ganze Familie in den Geruch der mangelnden Reinheit ihres Bluts. Somit bedrohte das Beharren auf der *limpieza* den gesamten Adel mit Unehre und Schande.

Ein Dominikaner, Agustín Salucio, war es, der schließlich um 1599, zu Beginn der Regierungszeit Philipps III., in einem *Discurso* das Problem von neuem ins Gespräch brachte. In diesem Schriftstück wurden zum erstenmal als Gründe gegen das *limpieza*-Prinzip nicht die üblichen kanonischen und zivilrechtlichen Argumente vorgebracht. Salucio wies darauf hin, daß, falls man nicht den Abstammungsnachweis auf etwa ein Jahrhundert begrenzte, bei Nachforschungen herauskommen würde, daß fast jeder Mensch in Spanien eine Spur unreinen Bluts habe. Die einzigen Leute, die dabei gut abschnitten, wären dann die unteren Klassen, deren Stammbäume unverfolgbar seien, so daß sie anstandslos als Altchristen durchgehen würden. Salucio vertrat seinen Standpunkt offenbar nicht aus Prinzip, vielmehr befürchtete er, daß die gegen eine rassische Minderheit betriebene *limpieza*-Politik in ihren Rückwirkungen die Ehre und Reinheit der in Spanien herrschenden Schichten unterhöhlen werde. Stark beschäftigte dieses Problem auch mehrere Adlige in Kastilien, denen es gelang, unter Philipp III. eine Junta zu bilden, die sich mit der Sache befassen sollte. Die Hauptklage dieser Vertreter des Adels war, daß »wir in Spanien einen gewöhnlichen Menschen, der *limpio* ist, höher achten als einen *hidalgo*, der das nicht ist« [21]. Infolgedessen (hieß es in der Denkschrift) gebe es jetzt in Spanien zwei Arten Adel, nämlich »einen größeren, zur *hidalguía* gehörenden, und einen geringeren, den der *limpieza*, dessen Mitglieder wir als Altchristen bezeichnen«. Es kam hier und da auch zu völlig widersinnigen Kriterien für die Vermutung von *limpieza*: Fechter galten schlechthin als *limpios* und Ärzte schlechthin als Juden; Leute aus Léon und Asturias wurden einfach als Altchristen und die Bewohner von Almagro als Conversos bezeichnet.

> Das alles ist so absurd, daß wir, wären wir ein anderes Volk, uns selber Barbaren nennen würden, die sich ohne Vernunft, ohne Gesetz und ohne Gott regieren . . .
> Eine weitere schlimme Auswirkung ist, daß der Staat infolge der rigoros geforderten Abstammungsnachweise hervorragende Untertanen verliert, die das Talent haben, großartige Theologen und Juristen zu werden, jedoch diese Berufe nicht ergreifen, weil sie wissen, daß sie zu keinem ehrenvollen Amt zugelassen werden.

Das Ergebnis war, daß Leute ohne Rang und mit nur geringer Bildung in hohe Stellungen im Lande aufrückten, während den gebildeten Adligen die Möglichkeit, in ihren Berufen weiterzukommen, genommen wurde. Das Verächtlichmachen jüdischen Bluts, hieß es weiter in der Denkschrift, führe nur dazu, daß die Conversos enger zusammenfänden und in ihrer Verteidigung gefährlich würden. In Frankreich und Italien dagegen, wo man sie nicht diskriminiere, hätten sie sich friedlich in die Gemeinschaft eingefügt. Die logische Folge des Nachweisens der *limpieza* werde sein, daß die Leute, die unwiderlegbar *limpio* seien und infolgedessen als einzige ein Amt haben durften, bald nur noch eine winzige Minderheit im Lande sein würden, denen gegenüber dann – »beleidigt, unzufrieden und reif zum Aufruhr« – die gewaltige Volksmasse stehe.

Als Philipp IV. (1621–1665) auf den Thron kam, hatte man eingesehen, daß an der Methode etwas geändert werden müsse. Im Februar 1623 entwarf eine *Junta de Reformación* das neue Reglement für die Prüfung der *limpieza*. Es sollte bei der Bewertung um ein Amt der einmalige Nachweis der Abstammung genügen und bei Beförderungen oder Wechsel des Tätigkeitsfeldes kein neuer verlangt werden. Mündliche Angaben dazu sollten nicht gelten, wenn nicht auch verläßlichere Nachweise beigebracht wurden, und Gerüchte sollten ungültig sein. Es wurde angeordnet, die gesamte Literatur, soweit sie vorgab, Listen von Familien zu bieten, die von Juden abstammten – wie zum Beispiel das berüchtigte *Libro Verde de Aragón* –, öffentlich zu vernichten und zu verbrennen. Obwohl gegen diese Maßnahmen vielfach opponiert wurde, kam doch nun auch eine Flut von Schriften gegen das *limpieza*-Wesen zutage, die, mit der übrigen Literatur zusammen, Zeugnis davon ablegten, daß Spanien unter Philipp IV. eine geistige Krise durchmachte. Daß man sich mit dem Problem auch in den höchsten Kreisen beschäftigte, zeigt der von einem Mitglied der *Junta de Reformación* gelieferte Bericht, in dem es heißt, daß die *limpieza*

...Ursache und Ursprung sehr vieler Sünden, Meineide, Fälschungen, Streitigkeiten und Gerichtsverfahren, zivilrechtlicher wie strafrechtlicher, ist. Viele aus unserem Volk haben sich, als sie sahen, daß ihnen der Weg zu den Ehren und Ämtern in ihrem Heimatland versperrt war, aus diesen Reichen entfernt und haben sich in andere Länder begeben, in ihrer Verzweiflung, sich mit Schande bedeckt zu wissen. So verzweifelt, daß, wie mir erzählt wurde, zwei hervorragende Edelleute aus diesen Reichen, die zu den trefflichsten Soldaten unserer Zeit zu zählen sind, auf dem Totenbett erklärt haben, sie seien, da ihnen verwehrt gewesen war, in die Ritterorden einzutreten, oft vom Teufel versucht worden, sich das Leben zu nehmen oder zu den Türken überzugehen und dort zu dienen. Und sie kannten auch etliche, die das getan hatten [22].

Das *limpieza*-Prinzip in Frage stellen hieß, die spanischen Lebensgrundlagen, wie sie seit dem Ende des 15. Jahrhunderts galten, in

Zweifel ziehen. Daß man fähig wurde, die Schattenseiten eines sozialen Dogmas zu erkennen, trug zu der *crise de conscience* bei, die im Spanien des 17. Jahrhunderts die Atmosphäre des Niedergangs kennzeichnete. Für jeden, vom König abwärts, wurde es Verpflichtung, die eigenen Fehler zu beichten, um dadurch herauszufinden, was in Spanien und seinem Weltreich falsch gemacht worden war. »Graf«, schrieb Philipp IV. um 1640 an Olivares, indem er auf die vielen militärischen Niederlagen der Spanier hinwies, »an diesen bösen Ereignissen sind Ihre Sünden und die meinen ganz besonders schuld.« Und in einem Schreiben an den Staatsrat sagte der König:

Ich glaube, daß Gott Unser Herr ärgerlich und zornig auf mich und meine Reiche ist wegen vieler Sünden und besonders der meinen [23].

In einer Welt, die zu zerfallen begann, war die Zeit für eine Bilanz gekommen. Doch es war bereits zu spät in den Augen derer, die keinen Grund für das Unheil, das Spanien allmählich überflutete, zu sehen vermochten. Achtzehn Tage vor seinem Tode (1645) konnte Francisco de Quevedo im Wirbel der Ereignisse keinen Sinn entdecken. In einem Brief an seinen Freund Francisco de Oviedo sagte er:

Von allen Seiten treffen sehr schlechte Nachrichten über völligen Ruin ein, und das schlimmste dabei ist, daß jedermann es so erwartet hat. Señor Don Francisco, ich weiß nicht, ob das Ende naht oder bereits gekommen ist. Das weiß nur Gott, denn es gibt vielerlei, was scheinbar wirklich existiert und sein eigenes Wesen hat, und ist dann doch nur ein Wort oder eine leere Form [24].

In dieser Stimmung des moralischen Zusammenbruchs führte sogar ein Inquisitor den Kampf gegen die *limpieza*-Statuten [25]. Der *Discurso de un Inquisidor*, der unter Philipp IV. geschrieben wurde, soll von dem Inquisitor Juan Roco Campofrío stammen, der Bischof von Zamora und nachher von Badajoz und Soria gewesen war. Ihm zufolge war der Nachweis der *limpieza* zu einer Quelle sittlicher und politischer Skandale im Lande geworden. Das Stigma der Unreinheit hatte Spanien in zwei Hälften geteilt, die sich ständig im Kampfzustand miteinander befanden. Die durch die Statuten hervorgerufenen Exzesse und Streitigkeiten waren an mehr als neunzig Prozent der bei spanischen Gerichten anhängigen Zivil- und Strafverfahren schuld. Der rassenfeindliche Aspekt der Statuten war ein Unrecht, denn viele Conversos und Mauren hatten anständiger gelebt als sogenannte Altchristen, und viele, denen von der Inquisition der Prozeß gemacht wurde, waren tatsächlich Altchristen und nicht Juden gewesen. Die schwere Gefahr sei, führte der Inquisitor weiter aus, daß

der größere Teil der Bevölkerung Spaniens bald als unrein gebrandmarkt sein werde und dann die einzige Garantie für altchristliches
Blut die Abstammung aus den untersten Schichten sei. Die Schrift
des Inquisitors, der vom blinden Glauben an die Richtigkeit des *limpieza*-Grundsatzes abwich, war nur eines, vielleicht aber das wichtigste der vielen Traktate, die damals gegen diese Politik geschrieben
wurden, die das Volk zerriß. 1624 wurde von einem Francisco Murcia de la Llana, der sowohl die Rassentrennung wie auch die Frem-
denfeindschaft seiner Zeitgenossen verwarf, eine erbitterte Attacke
auf die Statuten unternommen. Seine Worte richten sich an die spanische Nation:

Blicke in dich hinein und überlege, daß keine andere Nation solche Statuten hat und daß da, wo es sie gab, das Judentum am meisten florierte.
Doch wenn einer deiner Söhne eine Französin oder Genuesin oder Italie-
nerin heiratet, verachtest du die Frau, weil sie eine Fremde ist. Welch ein
Unwissen! Welche überwältigende spanische Verrücktheit! [26]

In einer anderen, gegen Ende der Regierungszeit Philipps wahrscheinlich von portugiesischen Geldleuten aus Converso-Kreisen verfaßten Denkschrift wurden päpstliche und spanische Autoritäten ersucht, bekanntzugeben, daß alle Bekehrten mit Verdächtigungen zu
verschonen seien und unbehindert öffentliche Ämter übernehmen
könnten [27]. Doch der Hinweis auf den christlichen Glauben der Beschuldigten gehörte zu den von jeher gewohnten Begründungen.
Eine bessere Basis für die Opposition boten die sozialen Auswirkungen der *limpieza*-Politik. Trotz der *crise de conscience* unter Philipp
IV. wurden, abgesehen von den 1623 getroffenen Maßnahmen, die
Statuten nicht mehr modifiziert. Die Rassenfeindschaft lebte weiter
bis zum Ende des *ancien régime* und der Inquisition – und noch
darüber hinaus.
Wenn die Durchschlagskraft des *limpieza*-Denkens großenteils auf
die Inquisition zurückging, so ist sein Schwinden ebenfalls ihr zuzuschreiben. So gründlich hatte bis zum Beginn des 18. Jahrhunderts
das Tribunal Spanien von ketzerischen Conversos gereinigt, daß es,
recht besehen, ein jüdisches Problem gar nicht mehr gab. Mit dem
Wegfall der Converso-Gefahr sank der Antisemitismus auf die Stufe
eines unsinnigen Vorurteils, das in der Wirklichkeit keine Grundlage
mehr hatte. »Der Jude« wurde zu einem Mythos, einer Legende – das
war alles. Judaisierende waren in der zweiten Hälfte des 18. Jahrhunderts eine Kuriosität. Und doch ging die *limpieza*-Politik unentwegt weiter, freilich immer deutlicher im Widerspruch zur klaren
Vernunft. Der Widersinn dieser Statuten und ihre nachteiligen Auswirkungen auf die Gesellschaft vor allem erweckten die Aufmerksam-

keit der königlichen Minister. Im Jahre 1751 fand José de Carvajal das Traktat des Agustín Salucio so überzeugend, daß er für sich selbst eine Abschrift davon machen ließ [28], und der Graf von Floridablanca fand die Strafen wegen Unreinheit ungerecht, weil sie »einen Menschen für sein heiligstes Tun, nämlich die Bekehrung zu unserer hehren Religion, ebenso treffen wie für sein schwerstes Verbrechen, nämlich der Abkehr von ihr« [29].

Doch es bedurfte mehr als einiger reformfreudiger Minister, um das *limpieza*-Wesen abzuschaffen, welches, da es eher ein Teil der politisch-sozialen Wirklichkeit denn eine religiöse Angelegenheit war, die Abschaffung der Inquisition noch überlebte. Die amtliche Anerkennung ihrer Notwendigkeit endete mit einem königlichen Befehl vom 31. Januar 1835, der an die Ökonomische Gesellschaft in Madrid erging, doch noch bis zum Jahre 1859 war für den Eintritt ins militärische Kadettenkorps der Nachweis der *limpieza* Bedingung. Der letzte amtliche Akt in der Sache war ein Gesetz vom 16. Mai 1865, das die Beweispflicht für Blutreinheit bei Eheschließungen und bei Bewerbungen um gewisse Posten bei Behörden abschaffte.

Die Hauptwirkung der *limpieza* war offensichtlich die Teilung der spanischen Bevölkerung in das, was moderne Soziologen mit *in* und *out* bezeichnen. Eins der tückischsten Beispiele war die Behandlung der Conversos in Palma de Mallorca. Noch in der Mitte des 18. Jahrhunderts wurde, obwohl sie »gute Katholiken waren«, ihren Söhnen der Zugang zu den höheren Stellungen im Bereich der Geistlichkeit und ihren Töchtern der Eintritt in religiöse Orden verweigert. Sie wurden gezwungen, in einem begrenzten Gebiet der Stadt zu wohnen, und die anderen Bewohner schmähten sie mit den Bezeichnungen *Hebreos, Judios* oder *Chuetas*. Die Gilden, die Armee, die Marine und öffentliche Ämter blieben ihnen verschlossen [30]. Trotz mannigfacher Bemühungen seitens der Regierung und etlicher Kirchenmänner wurden sie bis zum Ende des 19. Jahrhunderts diskriminiert. Noch 1858 verweigerte man ihnen alle öffentlichen Ämter sowie die Zulassung zu Gilden und Bruderschaften, so daß sie auf reine Handelstätigkeit beschränkt waren. Sie wurden genötigt, in den eigenen Kreisen zu heiraten, denn kein anderer wollte sich mit ihnen persönlich verbinden, und die Kirchenbehörden erteilten auch keine Erlaubnis für »gemischte Ehen« [31]. Doch galt das zu diesem Zeitpunkt nicht mehr für ganz Spanien.

Ein nicht so auffallendes und doch nicht weniger wichtiges Ergebnis des *limpieza*-Kults war die Verewigung des Begriffs »Ehre« in seinem sozial schlechtesten Sinn. So sehr war der Begriff »Blutreinheit« aus dem Zusammenhang mit dem jüdischen Problem entschwunden, daß 1788 Karls II. Minister Aranda die Redensart *lim-*

pieza de sangre im Sinne von Reinheit vor Befleckung durch dienende Berufe oder Händlertätigkeit anwandte, so daß gegen Ende des Jahrhunderts auch der synonyme Begriff *limpieza de oficios* aufkam[32]. Hier sehen wir den Begriff ausschließlich zur Unterscheidung von Volksschichten gebraucht: die oberen waren rein, die unteren knechtisch. Das heißt, daß die Unterschiede auf einem Dogma basierten, dessen rassistischer Ursprung längst vergessen war. Das Endergebnis war, daß die oberen Klassen weiterhin ihre (rassische und rangmäßige) Reinheit behaupteten, indem sie sich weigerten, in irgendeinem Gewerbe oder in Stellungen tätig zu werden, die unter ihrer Ehre und Würde lagen. Auf diese Weise wurde durch die *limpieza*-Statuten noch ins 19. Jahrhundert eine im Grunde mittelalterliche Weltanschauung hineingetragen. Wie mittelalterlich sie war, zeigt die Verfassung des militärischen Ordens von Santiago, der am Ende des 16. Jahrhunderts noch immer nicht nur Juden, Mauren, Ketzer und deren Nachkommen ausschloß, sondern auch alle »Händler oder Tauschhändler oder Leute mit ordinären Berufen, wie Silberschmiede, Maurer, Gastwirte, Maler ... oder mit sonstigen inferioren Beschäftigungen, zum Beispiel Schneider und andere derartige Leute, die von der Arbeit ihrer Hände leben«[33]. Wie der Orden von Santiago, so stützte auch die Aristokratie sich auf eine rassische und wirtschaftliche Exklusivität, durch die sie in der Geschichte des modernen Spanien als besonders rückschrittlich gekennzeichnet sein sollte.

Die spanische Inquisition - ihr Aufbau

> »Wir haben Dein Werk verbessert und benut-
> zen als sein Fundament: Wunder, Mysterien
> und Befehlsgewalt.«
> Dostojewski *Die Brüder Karamasow*

Die spanische Inquisition hat, wie wir schon sahen, das mittelalterliche Tribunal, das im Königreich Aragonien seit 1238 bestand,
gründlich ersetzt. Sie war ihrer Art und ihrem Zweck nach auf
kastilische Verhältnisse zugeschnitten und erregte daher in anderen
Gebieten der Halbinsel beträchtliche Opposition. Bis zum Beginn des
16. Jahrhunderts waren die Gegner größtenteils ausgeschaltet, und es
verblieb ein zentralisiertes Tribunal unter kastilischer Leitung, dessen Autorität sich über alle Reiche der spanischen Krone erstreckte.
Ferdinand und Isabella hatten von Anfang an beabsichtigt, die Inquisition unter ihrer Kontrolle zu halten und sie nicht dem Papst zu
überlassen, wie das beim mittelalterlichen Tribunal der Fall gewesen
war. Sixtus IV. war überraschend hilfswillig, und seine Bulle zur
Errichtung der Inquisition vom 1. November 1478 verlieh den Katholischen Majestäten Macht nicht nur über Ernennungen, sondern
auch, in Form stillschweigender Billigung, auch über konfiszierte
Güter. Die Inquisitoren sollten das sonst den Bischöfen zustehende
Recht der Entscheidung über die Ketzer haben, sollten jedoch die
Bischöfe selbst nicht belangen dürfen. Als später der Papst seinen
Irrtum erkannte, einem Tribunal dieser Art die Unabhängigkeit gewährt zu haben, gab er seinem Protest in einem Breve vom 29. Januar 1482 Ausdruck. Gleichzeitig verweigerte er Ferdinand die Ausdehnung seiner Kontrolle über die alte Inquisition in Aragonien.
Weitere Konflikte entstanden mit der von Sixtus am 18. April erlassenen Bulle, in der Mißbräuche bei Inquisitionsprozessen angeprangert wurden. Ferdinand hielt jedoch trotz der Opposition Roms und
in Aragonien an seiner Politik fest; als durch die Bulle vom 17. Oktober 1483 Torquemada zum Großinquisitor für das Königreich Aragonien ernannt wurde, stand sein Sieg fest. Kurz zuvor war die
Ernennung Torquemadas zum Großinquisitor Kastiliens vom Heiligen Stuhl bestätigt worden. Somit war er nun die einzige Amtsperson
auf der Halbinsel, deren Verfügungen für ganz Spanien galten, da

sogar die Königreiche Kastilien und Aragonien nur in Personalunion verbunden, aber politisch selbständig waren.

Die Inquisition, wie sie 1483 und später existierte, war in jeder Weise ein Werkzeug der königlichen Politik und blieb politisch der Krone zur Verfügung. Damit wurde sie freilich nicht zu einem weltlichen Tribunal. Zu einer bestimmten Zeit behaupteten ihre katholischen Apologeten besonders nachdrücklich, die spanische Inquisition sei nichts anderes als ein weltliches Gericht, und ihre Exzesse könnten als schuldhafte Taten von Spaniern, nicht jedoch der Kirche, entschuldigt werden. Das trifft nicht zu. Die von den Inquisitoren in Spanien vertretene Entscheidungsbefugnis und Gerichtsbarkeit wurden direkt oder indirekt von Rom verfügt, und ohne Rom hätte das Tribunal zu wirken aufgehört. Ernennungen, kirchenrechtliche Bestimmungen, Gebietsabgrenzungen – alles das mußte zunächst von Rom gebilligt werden. Also war die Inquisition ein ihrem Wesen nach kirchliches Tribunal, für das die römische Kirche die volle Verantwortung übernahm.

Die zentrale Organisation des neuen Tribunals wurde 1483 als *Consejo de la Suprema y General Inquisición* bezeichnet. Dieses Gremium bestand fortan neben den vier Verwaltungskörperschaften, deren Existenz schon 1480 von den Cortes in Toledo bestätigt worden war. Wenn auch Torquemada der erste Großinquisitor wurde, so war der eigentliche Gründer der Inquisition Pedro González de Mendoza, der Erzbischof von Sevilla und spätere Kardinalerzbischof von Toledo. Dieser hohe, als Schutzherr des Kolumbus berühmt gewordene Geistliche war es, der die Verhandlungen mit Rom, die zur Errichtung der Inquisition führten, einleitete. Dennoch steht er ganz im Schatten Torquemadas. Der große, hagere, fanatische Dominikanermönch, Prior des Klosters Santa Cruz in Segovia, prägte dem Tribunal, dessen Oberhaupt er wurde, die unauslöschlichen Merkmale seines Charakters auf. Die vorhandenen Porträts von ihm lassen kaum den Mann erkennen, der angeblich den Bischofssitz in Sevilla abgelehnt und lieber das bescheidene Leben eines Mönchs fortgesetzt hat. Auch ist in dem vollen Gesicht, das ihm der zeitgenössische Künstler verlieh, nicht viel von seinen bekannten asketischen Zügen zu finden. Doch die Geschichte liefert Beweise für das, was die Kunst nicht zeigt. Torquemada hat mehr als alle vor und nach ihm getan, die Macht und Befehlsgewalt der Inquisition in Spanien zu begründen. Ihn pries 1484 Sixtus IV. dafür, daß er »unseren Eifer auf die Angelegenheiten lenkte, die zum Lobe Gottes und der Nützlichkeit des orthodoxen Glaubens beitragen« [1]. Durch seine Strenge bei der Verfolgung von Ketzern setzte er den Maßstab, durch den die Inquisition zu einem furchterregenden Begriff bei den

Gottlosen wurde. Obgleich er selbst von Conversos abstammte, war er der erste, der eine *limpieza*-Bestimmung in einem Dominikanerkloster einführte, nämlich in dem von ihm selbst gegründeten Kloster Santo Pomás zu Avila. Der Besucher, der heute in die stille Kapelle und die schönen Innenhöfe der großartigen Anlagen kommt, wird keine Spur vom Namen des Gründers und so gut wie nichts finden, was an ihn erinnert. Und doch wurden die Mauern dieses Klosters erbaut mit Geld, das von reuigen Ketzern kassiert wurde, und am Fuß des Altars liegt das marmorne Grab des Prinzen Juan, des Sohnes von Ferdinand und Isabella, dessen Tod, wie es heißt, einer der Anlässe zur Vertreibung der Juden gewesen ist. So liegen hier, in Stein, Zeugnisse für die Leistungen des »Judenhammers«.

Die große Bedeutung Torquemadas läßt darauf schließen, daß die Dominikaner ebenso entscheidend über die neue Inquisition geboten, wie sie die alte geleitet hatten. Tatsächlich jedoch wurde ihnen, obgleich sie weiterhin im neuen Tribunal die Vorherrschaft besaßen, niemals ausdrücklich die Leitung der Organisation übertragen. Infolgedessen finden wir bei der Inquisition oft Laien in Stellungen, die gewöhnlich Geistlichen vorbehalten waren, und im 18. Jahrhundert sehen wir sogar das Tribunal hauptsächlich unter der Leitung von Jesuiten, den offenkundigen Rivalen der Dominikaner. Torquemadas Bedeutung täuscht auch noch in anderer Hinsicht. Obwohl der Großinquisitor als souveräne Persönlichkeit zu handeln schien, wurde seine Befehlsgewalt des öfteren eingeschränkt und nur nach päpstlicher Billigung wieder erweitert. Überdies gab der Papst häufig anderen Geistlichen in Spanien ebenso große Vollmachten, zum Beispiel 1491, als für kurze Zeit ein zweiter Großinquisitor für Kastilien und Aragonien ernannt wurde, und 1494, als in Spanien vier Bischöfe diesen Posten bekamen, während Torquemada seine Stellung noch ausübte. Die oberste Führung durch mehrere Beauftragte wurde aus politischen Gründen dann beibehalten. Als Torquemada 1498 starb, folgte ihm Diego Deza, der 1505 Erzbischof von Sevilla wurde. Aber erst 1504 war er einziger Leiter der Inquisition geworden, weil die unter Torquemada ernannten Bischöfe ihre Positionen bis dahin behielten. Königin Isabella starb am 26. November 1504. Ihr Tod führte zu zeitweiliger Trennung der Königreiche Kastilien und Aragonien infolge der Streitigkeiten Ferdinands mit seinem Schwiegersohn Philipp I. von Kastilien. Deshalb hatte Ferdinand den Papst gebeten, für Aragonien einen besonderen Inquisitor einzusetzen. Das geschah im Juni 1507, als Ximénez de Cisneros für Kastilien und der Bischof von Vich, Juan Enguera, für Aragonien ernannt wurde. Die zwei Positionen blieben getrennt bis zum Tode Ximénez' im Jahre 1518. Da berief Karl I. den Kardinal Adrian von

Utrecht, der Bischof von Tortosa und seit 1516 Großinquisitor von Aragonien war, in dasselbe Amt für Kastilien. Später blieb dieses Tribunal ständig unter einem Oberhaupt.

Die spanische Inquisition verfuhr im wesentlichen nach dem Beispiel der mittelalterlichen, hatte jedoch die Freiheit, alle früher angewandten Verhörmethoden ihren eigenen Zwecken entsprechend abzuwandeln. Das war offenbar nötig in Anbetracht der besonderen sozialen Verhältnisse, unter denen sie geschaffen wurde. Torquemada und seinen Kollegen war es gestattet, selbst die Richtlinien für ihr Tribunal zu entwerfen, unabhängig von den Standpunkten der Krone oder Roms. Die Folge war, daß es mehrfach zu ernsten Zwistigkeiten zwischen dem Tribunal und den beiden Mächten kam, denen es theoretisch unterstellt war. Das erste danach geschaffene Reglement waren die bei dem Konzil in Sevilla am 29. November 1484 beschlossenen Vorschriften. Unter Torquemada wurden sie 1485, 1488 und 1498 erweitert, und sein Nachfolger Diego Deza fügte 1500 noch einige Artikel an. Alle diese Bestimmungen waren unter dem Sammelbegriff *Instrucciones Antiguas* bekannt, an denen spätere Inquisitoren eigenmächtig mancherlei änderten. Gedruckt wurden diese Vorschriften 1627 und 1630 von Gaspar Isidro de Arguello in Madrid als Handbuch mit dem Titel *Instrucciones del Santo Oficio de la Inquisición, sumariamente, antiguas y nuevas.* Diesem Handbuch folgte die umfassende *Compilación de las Instrucciones del Oficio de la Santa Inquisición,* veröffentlicht 1667 in Madrid durch den Großinquisitor [2]. Diese Bestimmungen machen deutlich, wie ein mächtiges geistliches Gremium seine eigenen Gesetze machen und sein Verhalten selbst bestimmen konnte, ohne besondere Rücksicht auf die Gesetze der Gemeinschaft zu nehmen, in deren Bereich es existierte. Die Autonomie des Tribunals sollte in den folgenden Jahren, nachdem die grundsätzliche Daseinsberechtigung der Inquisition nicht mehr in Zweifel gezogen wurde, fast die einzige ernsthafte Ursache für Auseinandersetzungen im Zusammenhang mit der Inquisition werden.

Das maßgebende Oberhaupt der Inquisition war ein Großinquisitor in jenem Gremium, das kurz als *Suprema* bezeichnet wurde. Die Befehlsgewalt der Inquisitoren sollte, für einige Zeit, unter direkter Bevollmächtigung durch den Papst ausgeübt werden, was später so ausgelegt wurde, daß der Großinquisitor selbst die päpstlichen Ermächtigungen erteilen könne. Daher wuchs die Macht des Großinquisitors entsprechend der wachsenden Autorität der Suprema, die anfangs nur eine beratende Körperschaft gewesen war, jedoch bis 1605 (wie der venetianische Gesandte Contarini berichtet) in allen Religionsfragen souverän geworden und nicht, wie die anderen Gremien, verpflichtet war, den König um sein Einverständnis zu ersuchen. Das Verhältnis zwischen der Suprema und dem Groß-inquisitor wurde nie deutlich geklärt, weil zwischen ihnen gewöhn-lich Einigkeit herrschte und sie einander nicht den Vorrang bestrit-ten. Doch bei gewissen Gelegenheiten war die Suprema zweifellos unabhängig und brauchte den Inquisitor nicht zu fragen. Alle Mit-glieder der Suprema (ihre Zahl war nicht festgesetzt) wurden aus-schließlich vom König ernannt. Die Suprema erließ oft Verfügun-gen, ohne sich darum kümmern zu müssen, ob der Großinquisitor damit einverstanden war. Wenn die Meinungen im Rat geteilt wa-ren, wurde die Entscheidung durch Mehrheitsbeschluß gefällt, wo-bei die Stimme des Großinquisitors nicht mehr Gewicht hatte als jede andere. Es gab in dieser Hinsicht jedoch keine generell gültigen Richtlinien; die Autorität des Großinquisitors hing von den jeweiligen Umständen und von seinem Charakter ab. Der Pro-zeß gegen den Mönch Froilan Díaz zeigt deutlich, wie weit sich gele-gentlich der Großinquisitor über die Ansicht der Suprema hinweg-setzen konnte.

Froilan Díaz, ein Dominikaner, der seit 1698 Beichtvater Karls II. (1665–1700) gewesen war, wurde im Jahre 1700 nach verschiedenen Palastintrigen verhaftet unter der Beschuldigung, bei der Verzaube-rung des unglücklichen Königs, der in die Geschichte Spaniens als *El Hechizado* (der Verhexte) einging, mitgewirkt zu haben. Verhaf-tet wurde Díaz auf Ersuchen der deutschen Königin und ihres Freun-des Balthasar de Mendoza, des Bischofs von Segovia, der 1699 zum Großinquisitor ernannt worden war. Díaz, der zur Suprema gehörte, wurde eingekerkert, während fünf Theologen eine Untersuchung vornahmen und dabei feststellten, daß für eine schwere Beschuldi-gung des Mannes kein Anlaß gegeben war. So stimmten denn im Juni 1700 alle Ratsmitglieder außer Mendoza für seine Freilassung. Mendoza weigerte sich, das Ergebnis anzuerkennen, und befahl, auch die übrigen Mitglieder der Suprema so lange in Haft zu nehmen, bis sie sich mit der Verhaftung des Mönchs einverstanden erklärten. Gleichzeitig befahl er dem Tribunal von Murcia, Díaz den Prozeß zu machen. Das taten die dortigen Inquisitoren und – sprachen ihn frei. Nun befahl Mendoza die Wiederaufnahme des Prozesses und behielt Díaz im Kerker. Inzwischen hatte man überall gegen die Handlungs-weise des Großinquisitors protestiert. So kam es, daß der neue König, Philipp V., viel Zustimmung fand, als er, nach der Feststellung, daß Mendoza politisch ein Gegner der Bourbonendynastie war, ihm die Bewegungsfreiheit nahm, indem er ihn auf seinen Bischofssitz nach Segovia schickte. Mendoza beging nun den Fehler, an den Papst zu appellieren, was in der Geschichte der spanischen Inquisition bis dahin nicht vorgekommen war. Sofort intervenierte die Krone, um ein Eingreifen Roms zu verhindern, und 1704 wurde Díaz endlich rehabilitiert und wieder in die Suprema aufgenommen. Mendoza wurde im März 1705 erneut als Großinquisitor eingesetzt [3].

Dieser Fall erwies sich als der letzte, in dem ein Großinquisitor den Versuch unternahm, seinen Vorrang zu behaupten. Später bot die vorwiegende Beschäftigung des Tribunals mit Verwaltungsfragen und Zensur anstatt mit großen Staatsaffären nur selten Gelegenheit zu persönlicher Initiative, und so stärkte sich mehr und mehr die Autorität der Suprema. Es wurden nach und nach auch kaum bekannte Geistliche zu Großinquisitoren ernannt, wofür die Wahl des Bischofs von Ceuta (Nordafrika), der 1705 die Nachfolge Mendozas antrat, ein typisches Beispiel ist.

Die wachsende Autorität der Suprema führte zu stärkerer Zentralisierung der Inquisition, ein Vorgang, der im 17. Jahrhundert beschleunigt wurde, als die Zahl der Ketzer kleiner wurde und daher die Tribunale in den Provinzen immer weniger zu tun hatten. In früherer Zeit war es, wie der Fall Lucero zeigte, den Regionaltribunalen möglich gewesen, ihre Provinzautonomie weitgehend auszunutzen. In diesem Punkt hat später die sorgfältiger amtierende Suprema für Abhilfe gesorgt. Vor allem wurden früher Fälle von Provinztribunalen nur dann an die Suprema verwiesen, wenn die Richter zu keiner Einigung kamen oder wenn die Suprema selbst ausdrücklich befahl, einen Fall an sie weiterzugeben. In den ersten Jahren nach 1530, als man fand, daß das Tribunal in Barcelona bei der Unterdrückung eines Falles von Hexenwahn in Katalonien äußerst hart vorging, mußten alle dort gefällten Urteile erst durch die Suprema bestätigt werden, bevor sie gültig wurden. Die Inquisitoren scheinen in Barcelona kein Eingreifen der Suprema geduldet zu haben, denn der Großinquisitor sah sich veranlaßt, ihre Akten zu überprüfen und die bei diesem Tribunal vorgekommenen Unregelmäßigkeiten und Grausamkeiten anzuprangern. Von dieser Zeit an achtete die Suprema in größerem Maße auf Verfahrensweise sowie Strafmaß bei den regionalen Tribunalen, die nach 1632 verpflichtet waren, Monatsberichte über ihre Tätigkeit einzureichen. Von der Mitte des 17. Jahrhunderts an mußten alle Strafmaße erst der Suprema mitgeteilt werden, bevor sie verfügt werden durften. Damit hatte die Inquisition ihre Maschinerie so stark zentralisiert, wie das überhaupt möglich war. Im 18. Jahrhundert wurden die Fälle so spärlich, daß die Tribunale zu bloßen Anhängseln der Suprema wurden, die alle Verfolgungen einleitete und durchführte.

Ihr Vorrang erstreckte sich besonders auch auf die Finanzen, denn es war vorgesehen, daß jedes Tribunal auf Anforderung gewisse

Beträge an die zentrale Verwaltung abführen mußte. Ein andermal wieder mußten geldlich günstiger gestellte Tribunale zu den Kosten der weniger erfolgreichen beisteuern. Bei alledem mußte ein bestimmtes kirchliches Verfahren eingehalten werden. Wie wir sehen werden, war die Inquisition keineswegs ein reiches Unternehmen, vielmehr hatte sie während der längsten Zeit ihrer Existenz Mühe, Ausgaben und Einnahmen auszugleichen. Insbesondere wurden nach und nach die vielen Verwaltungsbeamten eine finanzielle Belastung, während die Zahl der Geldstrafen und Beschlagnahmungen ständig sank. Es wäre durchaus falsch, sie für eine gewinnbringende Organisation zu halten.

Den Tribunalen der Inquisition in Spanien wurden anfangs keine festen Amtssitze zugewiesen. Sie wurden installiert, wann und wo man sie für erforderlich hielt. Infolgedessen wurden viele der ursprünglich vorhandenen Tribunale wieder aufgehoben, nachdem sie ihren Bereich von den dort lebenden Judaisierenden oder heimlichen Juden gereinigt hatten. Zu den nur zeitweilig tätig gewesenen Tribunalen gehörten die Inquisitionsgerichte von Alcatraz, Avila, Balaguer, Barbastro, Burgos (später nach Valladolid verlegt), Calatayud, Ciudad Real (gegründet 1483 und 1485 nach Toledo verlegt), Daroca, Guadalupe, Huesca und Lérida (vereinigte, später in Zaragoza etablierte Tribunale), Medina del Campo, Orihuela, Osuna, Perpignan, Segovia, Sigüenza, Tarazona, Tarragona, Teruel und Jerez de la Frontera[4]. Diese ergänzten einander oder wurden später zu länger arbeitenden Tribunalen zusammengelegt, deren Gründungsdaten hier folgen:

Königreich Kastilien

Sevilla	1480	Las Palmas	1505
Córdoba	1482	Llerena	1509
Toledo	1485	Santiago	ca. 1520
Valladolid	1485	Granada	1526
Cuenca	ca. 1500	Logroño	1570
Murcia	ca. 1500	Madrid	ca. 1640

Königreich Aragonien

Zaragoza	1484	Barcelona	1486
Valencia	1484	Palma de Mallorca	1488

Einige dieser Tribunale wurden erst spät eingesetzt, weil in den betreffenden Gebieten schon vor ihnen andere Inquisitionsgerichte tätig gewesen waren. Dem Tribunal von Logroño (Navarra) zum

Beispiel war das in Calahorra vorausgegangen, das bereits 1493 eingesetzt wurde, so daß also tatsächlich die Inquisition in dem Gebiet schon achtzig Jahre gewirkt hatte. Ähnlich wie bei Logroño hielt man auch in Madrid eine derartige Organisation nicht für nötig, denn für Madrid sorgte das Tribunal in Toledo, bis dort die Arbeit zuviel wurde und das rasche Wachstum der Stadt Madrid dort ein eigenes Tribunal erforderlich machte. Mit der Organisation nach Provinzen wurde ein Netz von Inquisitoren gebildet, die das ganze Königreich erfaßten, so daß ihr Amt das einzige wurde, das unbehindert in allen Teilen Spaniens wirken konnte, sogar in den Gegenden, wo königliche Erlasse durch örtliche Privilegien eingeschränkt waren. Portugal ließ in dem Zeitraum von 1580 bis 1640, als es sich unter der Herrschaft der spanischen Könige befand, seine Inquisition nicht in die von Kastilien eingliedern, so daß dieses Tribunal für eine Weile unabhängig handelte. 1586 jedoch gelang es Philipp II., den Kardinalerzherzog von Österreich, der auch Gouverneur von Portugal war, als Oberhaupt der portugiesischen Inquisition einzusetzen, so daß für die nächsten zehn Jahre und sogar noch nach der Abreise des Erzherzogs das Tribunal weitgehend der Aufsicht des spanischen Königs unterworfen blieb. Die Entwicklung der portugiesischen Inquisition beschäftigt uns jedoch hier nicht.

Gemäß den Anordnungen Torquemadas mußte jedes Tribunal aus zwei Inquisitoren, einem Beisitzer, einem *alguacil* (Gerichtsdiener), einem *fiscal* (Ankläger) und dem sonst noch erforderlichen untergeordneten Personal bestehen. Die personelle Besetzung wurde von selbst größer mit der Ausdehnung der Geschäfte, vor allem der Beschlagnahmungen, und durch die größere Zahl der Leute, die beanspruchen konnten, vom Tribunal besoldet zu werden, wie die Gefängniswärter, Notare, Kaplane und andere. Aber die Erweiterung, die sich vollzog, wurde bald als bedenklicher Mißbrauch sowohl seitens der Krone als auch des Volkes erkannt. Geklagt wurde hauptsächlich über die hohe Zahl der »Vertrauenspersonen« *(familiares)* im Königreich. Der *familiar* – die Bezeichnung hatte damals einen unheimlichen Beiklang – war eine gewohnte Erscheinung der mittelalterlichen Inquisition und wurde auch bei den späteren spanischen Tribunalen beibehalten. Er war im Grunde ein dienstbarer Laie beim Heiligen Officium, ständig bereit, für das Tribunal allerlei Pflichten zu erfüllen. Dafür war ihm gestattet, Waffen zu tragen, um die Inquisitoren zu beschützen, und außerdem genoß er eine Reihe von Privilegien, die auch den anderen Beamten zustanden. *Familiar* zu werden, war eine hohe Ehre. In den ersten Jahrzehnten ihres Wirkens konnte die Inquisition sich rühmen, unter ihren Vertrauenspersonen zahlreiche Adlige und Leute mit Titeln zu haben. Zu Beginn des

16. Jahrhunderts waren die *familiares* in einer als Kongregation des heiligen Pedro Martyr genannten Bruderschaft *(hermandad)* zusammengeschlossen, die genauso organisiert war wie die durch die mittelalterliche Inquisition nach der Ermordung des Inquisitors Pedro Martyr in Italien 1252 geschaffenen Vereinigungen. Theoretisch sollten der *hermandad* alle Mitglieder des Tribunals angehören, doch praktisch waren hauptsächlich die *familiares* ihre Mitglieder.

Obgleich diese ihres Wirkens wegen als eine »fünfte Kolonne« von Spitzeln und Spionen berüchtigt waren, scheinen ihre Zeitgenossen weit mehr über ihre wachsende Anzahl besorgt gewesen zu sein und auch über das gesetzwidrige Verhalten, das sie sich, durch ihre Privilegien gedeckt, leisteten. Die *familiares* als eine Art Geheimpolizei anzusehen, geht zu weit und entspricht nicht den Tatsachen. Gewiß hüteten die Bürger in deren Gegenwart ihre Zunge, doch selbst ein nur kurzer Einblick in die Akten der Inquisition zeigt, daß die meisten Denunziationen beim Tribunal von einfachen Leuten, Nachbarn, Reisebekanntschaften und sonstigen Bekannten gemacht wurden. Das finden wir in »geschlossenen Gesellschaften« häufig. Damals war es nicht nötig, sich auf Methoden einer Geheimpolizei zu verlassen, weil die gesamte Bevölkerung belehrt worden war, den Feind innerhalb der Stadtmauern zu erkennen. Die *familiares* erregten mehr durch ihre große Anzahl allgemeinen Unwillen, so daß Vereinbarungen über eine Begrenzung getroffen werden mußten. Im Königreich Kastilien wurde im März 1553 eine Concordia beschlossen, nachdem ein halbes Jahrhundert darüber gestritten worden war, ob *familiares* bei kriminellen Handlungen von gerichtlichen Anklagen verschont werden sollten. Die Inquisition konzedierte, daß in allen wichtigen Zivilprozessen die *familiares* unter die Jurisdiktion der weltlichen Behörden zu stellen seien. Gleichzeitig wurde ihre Anzahl begrenzt. Die sehr hohe Zahl, die jedoch auch jetzt noch bewilligt wurde, zeigt, daß zu Klagen wahrhaftig Grund genug vorhanden gewesen war. Das Tribunal von Toledo gestattete sich 805 *familiares*, das von Granada 554 und das von Santiago 1009. Die Zahlen wurden im Verhältnis zur Bevölkerung der Städte festgesetzt. Ähnliche Concordias wie die von Kastilien 1553 wurden in Valencia 1554 und im ganzen Königreich Aragonien 1568 beschlossen. Kraft dieser Vereinbarungen wurden dem Tribunal von Zaragoza 1215 und dem von Barcelona 905 *familiares* zugebilligt. Überraschend bleibt, daß solche Massen von *familiares* erlaubt wurden. Mit dem Amt waren bedeutende Vorrechte verbunden, doch ebendeshalb wurde es auch kostspielig. Im Jahre 1641 versuchte beispielsweise die Inquisition, Geld aufzubringen, indem sie Posten als *familiares* für je 1500 Dukaten zum Kauf anbot. Schlimmer noch als dieser unverblümte Handel mit dieser öffentlichen Stellung war die Unsitte, *familiares* ohne jede Akte über den Vorgang zu ernennen, so daß es oft Scherereien gab, wenn Diebe oder Mörder der Verhaftung zu entgehen versuchten, indem sie behaupteten, als *familiares* geistliche Privilegien zu haben. Das war eine der von den Cortes von Aragonien 1530 und auch 1533 vorgebrachten Beschwerden. Die Schuld für viele durch derartige Praktiken verursachte Ärgernisse muß den Tribunalen in der Provinz, nicht aber der Suprema angelastet werden, denn diese bemühte sich vergebens, die Anzahl wie auch die Aufgabe der zahlreichen bei der Inquisition angestellten Amtspersonen zu begrenzen.

Der Handel mit Ämtern trug stark zur Vermehrung der *familiares* sowie der anderen Beamten mit oder ohne Gehalt bei. Philipp II. bemerkte 1595, daß man Ämter verkaufte, und diese Praxis wurde leider mit Billigung des Königs bis 1631 beibehalten. Damals wurden öffentliche Stellungen zum Kauf angeboten, um Regierungsausgaben zu decken. Dieser Mißbrauch wurde noch verewigt, als man zuließ, daß eine Anzahl dieser Ämter erblich wurden. Das Ergebnis war die Schaffung einer überflüssigen Bürokratie, die keine Pflichten zu erfüllen hatte und sich nur um das Einkommen oder die Privilegien ihrer Ämter kümmerte. Die Inquisition folgte mit dem Verkauf von *familiares*-Stellungen einfach der Praxis der Verwaltung von Kirche und Staat.

Bemerkenswert an der Inquisition in Spanien ist, wie bereits gesagt, daß sie nie eine reiche Organisation war. Ihr Finanzgebaren richtete sich im wesentlichen auf dreierlei: Gehälter, feste Geldanlagen und Beschlagnahmungen. Die Gehälter waren natürlich nicht Einkommen, sondern Ausgaben, was immerhin wichtig ist, wenn wir bedenken, daß die Inquisition sich selbst, ohne direkte Hilfe durch die Regierung, finanzieren sollte. Infolgedessen zog man die Gehälter aus den Geldstrafen und den konfiszierten Vermögenswerten. Daß diese Tatsache zu erhöhtem Eifer bei der Auferlegung von Geldstrafen und der Konfiskation von Eigentum führen würde, war die große Furcht all derer, die in den ersten Jahren des Tribunals die Krone gebeten hatten, das Gehalt der Inquisitoren durch die Regierung bezahlen zu lassen und ihnen nicht zu erlauben, es aus konfiszierten Werten zu ziehen. Wie die Dinge jedoch lagen, mußte das Tribunal sich allein durchschlagen, woraus hervorgeht, daß die Inquisition eigentlich nur eine zeitweilige Einrichtung sein sollte, denn sonst hätte man gewiß ständig finanziell für sie gesorgt. Über die Gehälter bei der Suprema in ihrer Anfangszeit wissen wir nichts Genaues, doch ist aktenkundig, daß in den Jahren nach 1520 das gesamte Gehalt von drei Mitgliedern der Suprema und zehn ihrer

Untergebenen etwas weniger als dreitausend Dukaten betrug; und zwar in einer Zeit, als man für einen Dukaten 185 Liter Wein oder 220 Kilogramm Brot kaufen konnte. Im nächsten Jahrhundert hatte diese Situation sich geändert, denn bis 1600 war das Preisniveau allgemein um das Doppelte und bei manchen Waren, zum Beispiel Weizenmehl, um mehr als das Dreifache gestiegen. Nun gab es für einen Dukaten etwas über 13 Liter Wein oder 55 Kilogramm Brot. Die Gehälter der Suprema hielten kaum noch Schritt mit dieser Inflation. Im Jahre 1629 betrug das Gehalt des Großinquisitors rund 3 870 Dukaten; die übrigen Mitglieder der Suprema erhielten die Hälfte dieser Summe. Insgesamt bezogen die sechsunddreißig zu ihr gehörenden Personen 26 855 Dukaten. Ein Jahrhundert später, nämlich 1743, hatten diese Zahlen sich ungefähr verdoppelt. Es erhielt dann der Großinquisitor rund 7 000 Dukaten, und die vierzig Mitglieder der Suprema bekamen zusammen 64 100 Dukaten. Während dieser Periode waren jedoch die Preise nicht übermäßig gestiegen, so daß am Anfang des 18. Jahrhunderts die Gehälter bei der Inquisition gar nicht schlecht waren [5].

Bei den Tribunalen in der Provinz war die Lage nicht so günstig. Dort erhielt 1498 ein Inquisitor 160 Dukaten als Gehalt, das bis 1541 auf 267 und bis 1606 auf 800 Dukaten stieg. Seine Untergebenen bekamen, entsprechend den Bestimmungen von 1498, bestimmte Bruchteile dieser Summen. *Fiscales* (Ankläger) und *notarios* (Sekretäre) sollten halb soviel bekommen wie ein Inquisitor. Der einzige Untergebene, der anfangs mehr erhielt als der Inquisitor, war der *alguacil*, der aus einer Pauschale, die sein Gehalt einschloß, das Gefängnis zu versorgen hatte. Laut Lea blieben die Gehälter bei den Provinztribunalen von 1606 bis zum Ende des 18. Jahrhunderts stabil [6]. Dann müssen sie freilich in den beiden Inflationszeiten Mitte des 17. und Mitte des 18. Jahrhunderts äußerst dürftig gewesen sein.

Da die Gelder der Inquisition nie planmäßig angelegt wurden, konnte die Inquisition in ungünstigen Zeiten kaum ausreichend für sich sorgen. Im Jahre 1635 zum Beispiel besaß die Suprema verschiedene Pfandbriefe der Regierung *(juros)* sowie städtische *(censos)*, die ihr ein jährliches Einkommen von 26 237 Dukaten brachten, dennoch verursachten die laufenden Ausgaben ein Defizit von 12 966 Dukaten. Im Jahre 1657 konnte die Suprema sich eines Einkommens von 50 000 Dukaten aus Anlagen rühmen, doch 1681 klagte sie über Armut, ohne Zweifel aufrichtig, nach der großen Deflation von 1680. Die finanziellen Wechselfälle waren typisch für die aufs Geratewohl geschaffene Organisation der Tribunale.

Im folgenden soll ein Blick auf die finanzielle Entwicklung des

Tribunals von Sevilla geworfen werden. Deutlich sichtbar ist die Verschlechterung der Lage im Lauf der Jahre. Im Februar 1600 hatte das Tribunal ein jährliches Einkommen (aus *censos*, vermieteten Häusern und anderen Quellen) von 10 781 Dukaten, während die Ausgaben für das abgelaufene Jahr 9 346 Dukaten betrugen. Die Zahlen für spätere Perioden waren[7]:

	Einkommen		*Ausgaben*	
1630	12 328	Dukaten	11 598	Dukaten
1699	12 653	Dukaten	15 869	Dukaten
1726	15 075	Dukaten	20 642	Dukaten

Diese Zahlen gaben freilich nicht das gesamte Einkommen wieder, weil Einkünfte aus Beschlagnahmungen nicht mit verbucht waren. Es war jedoch, abgesehen von der Periode 1721/22, nur selten zur Beschlagnahme großer Werte gekommen. Vergleichen wir diese Tabelle mit den Zahlen für 1600, so sehen wir, daß nun annähernd 50 Prozent mehr investiert worden war, während die unmittelbaren Ausgaben um mehr als 200 Prozent stiegen. Dabei ist noch zu bedenken, daß die Gehälter die gleichen geblieben, die Preise aber bis 1680 katastrophal gestiegen waren.

Um uns einen Begriff von der Einteilung der Kosten machen zu können, lohnt sich der Blick auf den finanziellen Zuschnitt eines recht aktiven Tribunals, des Inquisitionsgerichts zu Córdoba im Jahre 1578. Dabei ist zu berücksichtigen, daß dieses Tribunal, wie auch andere, beträchtliche Summen aus Stiftspfründen und anderen kirchlichen Ämtern bezog. Diesen war zuerst 1501, vom Papst Alexander VI., die Aufgabe übertragen worden, das sinkende Einkommen von Tribunalen zu ergänzen[8]. Das reguläre Jahreseinkommen des Tribunals von Córdoba betrug, ohne beschlagnahmte Werte:

	Maravedis
Aus *juros* und *censos*:	757 590
Aus Stiftspfründen in Córdoba, Jaén u. a.:	866 560
Aus Bußgeldern, Geldstrafen usw.:	150 000
Zusammen	1 774 150

In demselben Jahr war die Summe der Gehälter des Tribunals in Córdoba fast so hoch wie das Einkommen. Ein großer Teil davon war der Betrag, den jedes Tribunal alljährlich für den Bedarf der Suprema beiseite legte. Das vollständige Verzeichnis der Gehälter sah so aus:

	Maravedis
An die Suprema überwiesen:	313 200
Gehälter:	
drei Inquisitoren:	562 500
Ankläger *(fiscal)*:	97 750
drei Sekretäre:	205 250
alguacil:	67 750
Notar für Beschlagnahmen:	57 750
Gefängniswärter:	61 250
Bote	40 250
Pförtner	30 000
Schatzmeister:	97 750
Juez de bienes:	30 000
Gerichtshelfer:	10 000
Advokat:	10 000
Buchhalter:	20 000
Rechnungsführer:	8 000
Wache der Dauergefängnisse:	6 000
Aktenschreiber:	7 500
Zwei Kaplane:	15 000
Zwei Ärzte:	8 000
Zeitverkünder:	5 000
Barbier:	2 000
Zusammen	1 654 950

Zu diesen Gehältern kamen noch die gewöhnlichen Unkosten, die sich auf 378 700 Maravedis pro Jahr beliefen. Die Gesamtausgaben 1578 betrugen daher 2 033 650 Maravedis. Damit geriet, zumindest auf dem Papier, das Tribunal in ein Defizit von 259 500 Maravedis. Es waren jedoch auch hier die beschlagnahmten Werte nicht mit aufgeführt, und gerade diese Summen waren, wie wir noch sehen werden, oft außerordentlich hoch. Von den Beschlagnahmen jedoch abgesehen, verlief die Entwicklung der Finanzen des Tribunals in Córdoba ähnlich wie bei den meisten anderen:

Jahr	Einkommen	Ausgaben
1642	94 639 Reales	119 987 Reales
1661	105 120 Reales	140 662 Reales
1726	81 397 Reales	90 507 Reales [9]

Nach den letzten größeren Konfiskationen, nicht lange nach 1720, sah die Inquisition in finanzieller Hinsicht mageren Jahren entgegen. Ein amtlicher Bericht über ihre Finanzen 1731 zeigt [10], daß die

Suprema und ihre 16 spanischen Tribunale zusammen Einkünfte in Höhe von 145 798 Dukaten hatten, bei Gesamtausgaben von 195 452 Dukaten, so daß ein Defizit von fast 50 000 Dukaten verblieb. Einige Tribunale hatten daran wenig Schuld, andere mehr, am meisten wohl die Suprema selbst (einschließlich des Tribunals in Madrid), ferner die in Toledo, Zaragoza und Logroño. Bis zum Ende des 18. Jahrhunderts hatten mehrere ihre Position durch kluge Geldanlagen verbessert, doch die finanzielle Stabilität der Inquisition wurde endgültig zerstört, als sie 1799 ihren gesamten Besitz, Ländereien und Grundstücke, verkaufen mußte [11], alsdann gezwungen wurde, zu den militärischen Maßnahmen gegen Napoleon beizusteuern, und dieser schließlich 1808 das Eigentum des Heiligen Officiums restlos konfiszierte.

Die wichtigste (weil am heftigsten umstrittene) Einnahmequelle der Inquisition waren die Beschlagnahmungen gewesen. Nach dem Kirchenrecht wurden Ketzer nicht nur persönlich, sondern auch an ihrem Vermögen gestraft, das erfaßt (sequestriert) und einbehalten (konfisziert) wurde. Ketzer, die nicht büßen wollten, wurden dem weltlichen Gericht überlassen und verbrannt. Wer Buße tat, wurde mit der Kirche versöhnt. In beiden Fällen jedoch verlor er seinen Besitz. Die einzige Ausnahme von dieser Bestimmung wurde gemacht, wenn der Ketzer freiwillig sich selbst und andere während der Gnadenfrist von dreißig oder vierzig Tagen angezeigt hatte, die die Inquisition der Bevölkerung eines bestimmten Gebiets gewährte, bevor sie dort mit ihren Prozessen begann. Dem Büßenden also, der sich auf diese Weise zur Versöhnung meldete, blieben Gefängnis und Vermögensverlust erspart.

Die ersten, bei denen die Inquisition konfiszierte, waren die Conversos, deren wohlbekannter Reichtum offenbar manchen Strenggläubigen zum Einschreiten verlockt hat. Höhnisch schrieb Hernando del Pulgar während der Unruhen in Toledo über die Bürger dieser Stadt: »Welche großartigen Glaubenserforscher müssen sie doch sein, wenn sie Ketzereien sogar in den Besitztümern der Bauern des Städtchens Fuensalida finden, die sie berauben und verbrennen.« [12] Daher dachte man bei dem Begriff Inquisitor stets sogleich an Beschlagnahmungen und unterstellte allgemein, wie Pulgar, daß das Suchen nach Ketzern im Grunde eine Suche nach Vermögenswerten war. Zu Anfang betrafen die von der Inquisition vorgenommenen Beschlagnahmen ganz erhebliche Werte. So soll Diego Susán, der führende Mann bei dem Komplott in Sevilla 1481, der später verbrannt wurde, ein Vermögen von nahezu 30 000 Dukaten gehabt haben und war, wie Bernáldez berichtet hat, nur »einer von vielen sehr bekannten und sehr reichen Leuten«. Nach den Worten eines anderen Chronisten aus Sevilla fiel »besonders die große Anzahl von Prozessen gegen vermögende Leute« auf [13]. In späteren Jahren wurden bedeutende und reiche Conversofamilien sogar schon durch Verfahren wegen geringster Ketzereien ruiniert, denn auch »Versöhnung« hieß, daß der gesamte Besitz der Schuldigen konfisziert wurde und nichts davon seinen Nachkommen zufallen durfte, so daß die Witwe und die Kinder oft mittellos zurückblieben. Ganze Familien wurden eines einzigen Sünders wegen bettelarm.

Konfiszierte Werte sollten in erster Linie die Kosten für die Tätigkeit der Inquisition decken und waren während ihrer ganzen Geschichte ein bedeutender Zuschuß zu den Steuereinnahmen, so daß Tribunale, denen es gelang, ein ganzes Nest reicher Ketzer zu entdecken, in solchen Glücksfällen erhebliche Gewinne einstrichen. Aber nicht alle Nebeneinnahmen fielen der Inquisition zu. Offiziell hatten die Tribunale gar nicht über konfisziertes Gut zu verfügen, sondern sich nur mit der Ketzerei zu befassen, aus der sich dann als gesetzmäßige Strafe die Beschlagnahmen ergeben mochten. An sich sollten alle konfiszierten Werte der Krone zufallen, doch die Tribunale machten es sich bald zur Aufgabe, über möglichst viele Einkommensquellen selbst zu bestimmen, vor allem über Eigentum von Ketzern aus Kreisen der Geistlichkeit. Wie berichtet wird, teilten Ferdinand und Isabella alle Gewinne aus konfisziertem Gut in drei Portionen auf: eine für den Krieg gegen die Mauren, eine für die Inquisition und die dritte für fromme Zwecke, doch scheint diese Einteilung in der Praxis nie so erfolgt zu sein. Ein Zeitgenosse war der Meinung, daß die Katholischen Majestäten aus konfiszierten Werten die enorme Summe von 10 Millionen Dukaten erhielten, allein als Beitrag zu ihrem Kampf gegen die Mauren in Granada [14]. Sollte das stimmen, so müßte es sich um die Gesamtmenge der Beschlagnahme gehandelt haben, nicht nur um ein Drittel der Summe. Eine weitere an der Inquisition interessierte Gruppe, der Adel, bekam auch ihren Anteil an den Gewinnen. Das jedoch nur, wenn einem ihrer Vasallen wegen Ketzerei sein Eigentum genommen wurde, denn dann erkannte die Krone an, daß die Feudalherren ein Besitzrecht an ihren Vasallen hatten, und gestand ihnen ein Drittel der auf dem Boden ihrer Landgüter konfiszierten Werte zu. Zu denen, die von diesem Nebenrecht profitierten, gehörten die Herzöge von Segorbe (1491), von Béjar und von Infantado, ebenso der Kardinal Ximénez de Cisneros. Unter Karl V. wurde allerdings diese Methode nicht beibehalten.

Abgesehen von den in Sevilla erzielten Profiten fanden auch anderswo die Inquisitoren die Konfiskation überaus gewinnbringend. Das Tribunal in der kleinen Stadt Guadalupe brachte bei nur einjähriger Tätigkeit dort (1485) aus konfisziertem Gut so viel Geld auf, daß davon fast die gesamten 7 286 Dukaten betragenden Kosten für den Bau einer königlichen Residenz bezahlt werden konnten [15]. Die nachprüfbaren Fälle zeigen, daß über die aus konfisziertem Vermögen gewonnenen Gelder seitens der Inquisition zumeist großzügig verfügt wurde. Was jedoch wahrscheinlich nie ganz zu klären sein wird, ist die Frage, wieviel von diesem Geld die Krone bekam und wieviel das Tribunal einbehielt. Die nachprüfbaren Beispiele dürfen wir nicht einfach verallgemeinern. Im Jahre 1676, gegen Ende der letzten großen und ertragreichen Kampagne der Inquisition gegen die in Spanien wohnenden portugiesischen Judaisierenden, behauptete die Suprema, aus der königlichen Schatulle Erträge aus beschlagnahmtem Gut in Höhe von 772 748 Dukaten und 884 979 Pesos empfangen zu haben. Das waren für jene Periode außerordentlich hohe Summen, die auch erkennen lassen, welch großen Anteil die Krone aus den beschlagnahmten Werten zog. Wenn wir nun noch die Höhe der 1678, nach Entdeckung der angeblichen Verschwörung der Conversos, auf Mallorca konfiszierten Werte betrachten, so stoßen wir dort auf eine Gesamteinnahme von über 2½ Millionen Dukaten [16], sicherlich die größte von einem einzelnen Tribunal eingetriebene Summe während der dreihundert Jahre aktiver Inquisition. Von diesem gewaltigen Betrag scheint jedoch die Krone nur weniger als fünf Prozent bekommen zu haben. Was also geschah mit derartig hohen Summen aus Konfiskationen? In jedem Fall kam es dabei zu rechtlichen Differenzen. Schulden der Opfer mußten beglichen, die Kosten der Prozesse und der dabei tätigen Beamten bezahlt werden. Ein Drittel konnte, wie von jeher üblich, die Krone beanspruchen. Einen Teil des Geldes legten die Inquisitoren in *censos* und durch Kauf von Häusern an. Nehmen wir als ein Beispiel die Stadt Lérida im Jahre 1487. Dort wurden die Erlöse aus beschlagnahmtem Besitz von Conversos zu Teilen dem Stadtrat, einem religiösen Orden und einem Krankenhaus übereignet und für noch einige andere nützliche Zwecke ausgegeben, so daß dort die Inquisition nicht selbst über alle anfallenden Einkünfte verfügte [17]. Auf tausend verschiedenen Wegen tröpfelte das Geld aus den Händen der Inquisitoren. Wenn das nicht an Unfähigkeit in der Verwaltung lag, dann war es schiere Unehrlichkeit der kleineren Beamten. Einerlei wie hoch die Einkünfte aus Beschlagnahmen zu jeder beliebigen Zeit waren – mit Sicherheit darf angenommen werden, daß die Tribunale nicht merklich reicher wurden oder jedenfalls zeitweiligen Reichtum nicht für längere Zeit zu wahren verstanden.

Beschlagnahmen wurden hauptsächlich bei den *autos de fe* verfügt. Bei näherem Studium zeigt sich, wie unterschiedlich reich dort die

Geldquellen sprudelten, wobei wir auch zwischen Konfiskation und Sequestration unterscheiden müssen. Erstere war bedingungslose Inbesitznahme, letztere nur zeitweilige Beschlagnahme, während das Opfer im Kerker saß. Praktisch jedoch gingen auch sequestrierte Werte ganz verloren. Die Erträge aus ihnen wurden zur Begleichung der Gerichtskosten benutzt und um den Unterhalt des Gefangenen während der Wochen, Monate oder Jahre dauernden Kerkerstrafe zu bezahlen. Einige Zahlen sollten genügen, um zu zeigen, wie diese Verrechnung bei den Tribunalen erfolgte. So berechnete 1731 die Inquisition von Cuenca, daß ihre Sequestrierungen bei 29 Gefangenen insgesamt 777 453 Reales eingebracht hatten. Das war nur wenig mehr als die von der Inquisition in Santiago zwischen Januar 1703 und Januar 1704 eingetriebene Summe, die 961 440 Reales betrug. Anderseits hatte ein *auto de fe* am 18. Oktober 1655 in Santiago nur insgesamt 96 033 Reales eingebracht [18]. Eine andere Zahlenreihe wird uns helfen, die Einkommen mehrerer Tribunale aus konfisziertem Gut zu vergleichen. In der folgenden Tabelle finden wir die von acht Tribunalen um die Mitte des 16. Jahrhunderts, also während einer Periode mit relativ wenig Fällen von Ketzern, aus Konfiskationen erzielten Beträge [19]:

Tribunal	Zeitraum			Einkommen in Maravedis
Valladolid	März	1542 –	Dezember 1543	193 494
Toledo	Oktober	1542 –	Dezember 1543	1 504 172
Llerena	Juni	1541 –	Juli 1542	1 841 260
Murcia	Dezember	1535 –	1543	4 072 778
Córdoba	Juli	1542 –	1543	10 501 126
Sevilla	Dezember	1541 –	Dezember 1542	196 908
Granada	November	1541 –	Oktober 1543	19 128 421
Cuenca	November	1535 –	Dezember 1542	40 518 209

Die Beschlagnahmen waren nicht etwa nur bitter für die kleinen Leute. Die Mitte des 17. Jahrhunderts gehört zu den für wohlhabende Conversos grausamsten Zeiten in Spanien. In einem späteren Kapitel werden wir sehen, wie die Inquisition bei der Vernichtung der reichsten Finanziers von Spanien zu einer Zeit mitwirkte, als das Land sich schlecht leisten konnte, solche Männer zu opfern. Die in jenen Jahren vom Tribunal eingezogenen Vermögen beliefen sich auf Millionen von Dukaten. Zu Beginn des 18. Jahrhunderts jedoch war das Einkommen aus konfiszierten Werten nahezu versiegt, aber auch nach dieser Zeit brachten die Einkünfte aus Beschlagnahmen, soweit sie von der Inquisition in Renten, *censos* und *juros*, angelegt waren, noch beträchtliche Summen ein. Konfisziert jedoch wurde praktisch fast gar nichts mehr. Beim Tribunal in Toledo wurde das letzte Urteil, das die Konfiskation der Güter des Beschuldigten verfügte, im Jahre 1738 gefällt. Im Jahre 1745 gab es bei der spanischen Inquisition noch einen einzigen Konfiskationsbeamten, während anfangs zu jedem Tribunal ein solcher Beamter gehörte.

Was eigentlich war denn die Aufgabe der Inquisition? Nach dem, was wir von ihrem Ursprung und ihrem Wirken bisher kennenlernten, ist es kaum nötig zu wiederholen, daß sie hauptsächlich geschaffen wurde, um die Ketzerei auszumerzen. Wesentlich dabei ist, daß nach ihrer Definition Ketzer diejenigen waren, die die Taufe »verraten« hatten, und daß daher das Tribunal nur Jurisdiktion über Leute hatte, die getauft worden waren. Wieder und immer wieder wurden Opfer, die, vom Heiligen Officium der Ketzerei beschuldigt, behaupteten, gar nicht getauft worden zu sein, der Verfügungsgewalt der Inquisition unverzüglich entzogen. In einem von Lea zitierten Fall wurde eine des Judaisierens beschuldigte Frau, die auf dem Wege zum Scheiterhaufen behauptete, überhaupt nicht getauft worden zu sein, umgehend aus dem Verfahren entlassen. Trotzdem blieben zweifellos etliche Leute, bei denen dasselbe zutraf, auf Grund gewisser formeller Verstöße im Zugriff des Tribunals. Soweit ausländische Protestanten von der Inquisition beschuldigt wurden, war das Problem etwas komplizierter. Die Kirche anerkannte (wie noch heute) jede Taufe, die in gültiger Form vollzogen war, selbst wenn das durch einen Ketzer geschah. Somit gehörten korrekt getaufte Protestanten zur katholischen Kirche und waren daher für die Inquisition greifbar. Ausländische Seeleute, die so unvorsichtig waren, sich mit dem Heiligen Officium anzulegen, mußten bald erleben, daß sie für die Ketzerei, in der sie geboren waren, harten Verhören und Folterungen unterzogen wurden. Die Begrenzung der gerichtlichen Gewalt auf getaufte Personen bedeutete, daß in ihren ersten Jahren die Inquisition gegenüber den großen jüdischen und maurischen Gemeinden im Reich machtlos war. Daher hatte sie allen Anlaß, die Vertreibungen 1492 und im 16. Jahrhundert zu unterstützen. Bis zur Mitte des 16. Jahrhunderts war dann nominell jeder Mensch auf der Insel zum Katholiken geworden, und die Inquisitoren hatten es nun nicht mehr nötig, Unterschiede zwischen Getauften und Ungetauften zu machen.

Auseinandersetzungen über den Umfang seiner Jurisdiktion plagten das Heilige Officium noch lange nach seiner Gründung. Vor der Einrichtung der päpstlichen Inquisition im 13. Jahrhundert hatten die Bischöfe der Kirche in erster Linie die richtende Gewalt über Ketzer. Diese bischöfliche Befugnis wurde von der spanischen Inquisition nicht mehr geduldet, denn sie allein beanspruchte und behielt die ausschließliche Jurisdiktion in allen Fällen von Ketzerei. Theoretisch besaßen zwar die Bischöfe noch ihre Rechtsprechungsbefugnisse, doch setzten sie diesen Anspruch praktisch nur selten durch. Im Januar 1584 benachrichtigte die Suprema den Bischof von Tortosa, daß die Päpste nur der Inquisition die Rechtsprechung über Ketzerei gewährt und jede andere gerichtliche Zuständigkeit verboten hätten, doch dieser Anspruch war offensichtlich falsch, da 1595 der Papst Clemens VIII. dem Erzbischof von Granada mitteilte, die Autorität der Inquisitoren in Ketzereifällen schließe die bischöfliche Jurisdiktion nicht aus [20]. Diese einander widersprechenden Behauptungen führten oft zu ernstlichen, nie zufriedenstellend geklärten Streitigkeiten zwischen den Bischöfen und den Tribunalen. Die spanische Kirche traf das schwerer, denn das Anwachsen der Macht der Inquisitoren auf Kosten der bischöflichen Autorität bereitete den Weg für die Existenz religiöser Organisationen, die sich der unmittelbaren Autorität der spanischen Kirche zu entziehen suchten. Diese Entwicklung ist erkennbar an der Position der religiösen Orden und der Gesellschaft Jesu.

Die meisten religiösen Orden waren laut ihrem Statut unmittelbar nur dem Papsttum verantwortlich und daher ganz allgemein der bischöflichen Jurisdiktion entzogen. Da jedoch die Inquisition ihre Vollmachten vom Papst bekam, bemühte sich das Tribunal auf jede Weise, die Mönche in Glaubensfragen unter seine Gewalt zu bringen. In dieses Problem spielten auch politische Rivalitäten hinein, weil die ersten Inquisitoren, auch Torquemada, zumeist Dominikaner waren und dieser Orden sich nicht nur im mittelalterlichen Inquisitionswesen, sondern auch bei den späteren Tribunalen eine Vorzugsstellung geschaffen hatte. Feindschaft zwischen Dominikanern und Franziskanern führte dazu, daß letztere sich Verfügungen Roms zum Schutz ihrer Privilegien verschafften. Unter Karl V. zerbröckelte diese Gegnerschaft, denn der Kaiser sicherte sich 1525 zwei Breves vom Papst, wonach alle Mönche in Spanien der Rechtsprechung der Inquisition und ihrer Beamten unterzuordnen waren. Der Zustand blieb nicht lange so, denn 1534 und später verlieh der Papst den Franziskanern und anderen Orden wieder sämtliche Vorrechte, die sie zuvor gehabt hatten. Dieses Ringen ging, mit Unterbrechungen, weiter bis zum Beginn des 17. Jahrhunderts, als die päpstlichen Breves von 1592 und 1606 eindeutig zugunsten der Inquisition entschieden.

Wir sahen, daß die Gesellschaft Jesu, obwohl von Spaniern gegründet und geleitet, in der »geschlossenen Gesellschaft« Spaniens im 16. Jahrhundert keineswegs willkommen war. Siliceo, der Erzbischof von Toledo, zeigte sich besonders feindlich gegen die Jesuiten, und der berühmte Dominikaner Melchor Cano führte eine Reihe heftiger Kampagnen gegen sie, wobei er die *Geistlichen Übungen* des heiligen Ignatius als ketzerisch verschrie und die Gesellschaft und ihre ganze Tätigkeit verdammte. Cano und Siliceo waren nur einzelne Streiter in dem breit angelegten Verfolgungskampf, den der Hof und die Inquisition gegen die Jesuiten führten, um sie zu diskreditieren [21]. Eine der von der Inquisition bestrittenen Freiheiten war das Privileg der Jesuiten, daß sie Ketzer bei niemandem außer dem Vorgesetzten ihres eigenen Ordens anzuzeigen brauchten. Als das Heilige Officium 1585 erfuhr, daß die Patres am Jesuitenkollegium in Monterey (in der Provinz Galicia) die Ketzereien einiger ihrer Mitglieder verschwiegen hatten, anstatt sie bei ihm anzuzeigen, handelte es sofort, indem es den Prinzipal für Kastilien und zwei Patres von Monterey verhaftete. Die Bestrafung ihrer Opfer gelang den Inquisitoren jedoch nicht, da der Fall 1587 von Rom selbst behandelt wurde, aber die Begleitumstände bewiesen, wie richtig es von ihnen gewesen war, die ausschließliche Jurisdiktion über Ketzer zu beanspruchen. Diese *cause célèbre* vollendete ihren Sieg über die religiösen Orden.

Nur eine Gruppe, die der Bischöfe, blieb außerhalb der Rechtsprechung der Inquisition. Alle anderen, vom höchsten Erbadel bis zum kleinen Mann, waren der Autorität ihrer Tribunale unterworfen, die sie auch während der längsten Zeit seines Bestehens bedingungslos stützen halfen. Über Bischöfe konnte nur in Rom gerichtlich verfügt werden, eine Bestimmung, die schon während der Inquisition im Mittelalter eingehalten worden war. In Spanien war diese Frage natürlich von einigem Gewicht, weil dort ein großer Teil der Bischöfe von Conversos abstammte. Einer der ersten, die die Inquisition aufs Korn nahmen, war der Bischof Dávila von Segovia, der 1461 sein Bistum bekommen hatte. Er hatte dem Heiligen Officium den Zutritt zu seiner Diözese verweigert und war, als er 1490 vom Tribunal nach Rom vorgeladen wurde, schon im achtzigsten Lebensjahr. Noch angesehener sogar als er war Pedro de Aranda, Bischof von Calahorra, der 1482 zum Vorsitzenden des Staatsrats von Kastilien gewählt worden war. Er wurde 1493 nach Rom zitiert und starb dort, entehrt, sieben Jahre später. Einer der hervorragendsten Bischöfe aus einer Converso-Familie, der krasses Unrecht erlitt, war Hernando de Talavera, von dessen Fall wir schon Kenntnis nahmen. Der berühmteste Zusammenstoß zwischen Episkopat und Inquisition, bei dem es um königliche und päpstliche Privilegien ging, war der Fall des Bartolomé de Carranza, des Erzbischofs von Toledo.

Bartolomé de Carranza y Miranda wurde 1503 in Navarra als Sohn armer Eltern, die jedoch *hidalgos* waren, geboren [22]. Als Zwölfjähriger ging er auf die Universität in Alcalá und trat mit siebzehn bei den Dominikanern ein. Sie sandten ihn zu weiterem Studium nach Valladolid, wo er dank seiner großen geistigen Gaben einen Lehrstuhl für Theologie bekam. Im Alter von etwas über dreißig Jahren reiste er nach Rom, wo er in demselben Fach die Doktorwürde erlangte, und kam als berühmter Mann nach Spanien zurück. Eine Zeitlang betätigte er sich als Zensor bei der Inquisition, lehnte aber alle Beförderungen ab. So auch 1542 den reichen Bischofssitz von Cusco in Amerika, ebenso 1548 den Posten als Beichtvater des Königs und 1550 den als Bischof für die Kanarischen Inseln. Zweimal wurde er (1545 und 1551) als Vertreter Spaniens zum Konzil in Trient delegiert. 1553 kam er wieder nach Spanien und begleitete im nächsten Jahr den Prinzen Philipp auf dessen Reise nach England, wo der Prinz Maria Tudor heiratete. Dort zeichnete sich der sehr temperamentvolle Carranza durch den Eifer aus, mit dem er die Universitäten Oxford und Cambridge von Ketzern reinigte – eine Tätigkeit, die ihm den Beinamen The Black Friar (Der schwarze Mönch) eintrug. In England blieb er von Juli 1554 bis Juli 1557 und begab sich dann zu Philipp nach Flandern. Als im Mai 1557 Erzbischof Siliceo von Toledo starb, beschloß Philipp sofort, an seine Stelle Carranza zu berufen, der aber diese Ehre, wie schon alle früheren, ablehnte. Der König blieb unnachgiebig. Schließlich erklärte Carranza sich bereit, den Bischofssitz anzunehmen, jedoch nur, falls ihm das ausdrücklich befohlen werde. Auf diese Weise wurde der demütige, wahrhaft fromme und ehrgeizlose Dominikanermönch das Oberhaupt des nach Rom bedeutendsten Bistums der katholischen Welt.

Carranza galt in den geistlichen Kreisen Spaniens als Parvenü, dem man geringere Ansprüche auf Toledo zugestand als anderen hervorragenden spanischen Prälaten, vor allem dem Großinquisitor Valdés. Wie Siliceo war Carranza ein Mensch, der, aus bescheidenen Verhältnissen kommend, in ein weitgehend aristokratisches Milieu geriet. Ihm wurde dieser Bischofssitz übertragen, während er im Ausland war, ohne daß Philipp sich die Mühe machte, das erst mit seinem einheimischen Ratgebern zu besprechen. Geistig war Carranza seinem Ordensbruder Melchor Cano weit unterlegen, einem brillanten Theologen, der im Orden stets sein schärfster Rivale gewesen war. Diese Tatsache unter anderem reichte aus, um eine ganze Schar von Feinden gegen den neuen Erzbischof auf die Beine zu bringen. Es fehlte nur die rechte Waffe zum Angriff. Die aber lieferte Carranza selbst mit seinen *Kommentaren zum christlichen Katechismus*, die er 1558 in Antwerpen veröffentlichte.

Diese Kommentare gelten heutzutage in ihren Lehren als vollkommen orthodox. Das Konzil zu Trient prüfte das Werk und billigte es, und auch zahlreiche hervorragende Theologen in Spanien waren damit einverstanden. Zweifellos aber schrieb Carranza einen schlechten Stil und drückte sich theologisch nachlässig aus. Feindliche Kritiker, vor allem Cano, nahmen gewisse Redewendungen in seiner Schrift unter die Lupe und bezeichneten sie als Ketzerei. Der Erzbischof von Granada nannte die Kommentare »zuverlässig, vertrauenswert, fromm und katholisch«. Der Bischof von Almería erklärte, das Buch enthalte »nichts Ketzerisches und viele vortreffliche Lehren«. Und doch behauptete Melchor Cano, es bringe »viele Vorschläge, die skandalös, unbesonnen und Irrlehren seien, und manche sogar ketzerisch«. Unter dem Vorsitz von Valdés machte die Inquisition sich Canos Kritik zu eigen. Kein Wunder also, daß Papst Pius V. behauptete: »Die Theologen Spaniens wollen Carranza zum Ketzer machen, obgleich er das nicht ist.« Wenn bei Carranza wirkliche Ketzereien nicht zu entdecken waren, weshalb wurde er dann von seinen Feinden verdächtigt? Es reicht nicht aus, zu sagen, daß persönliche Feindschaften ihn drohend umgaben, obgleich das zutrifft. Sowohl Valdés wie Cano verabscheuten Carranza. Weitere tödliche Feinde waren Pedro de Castro, der Bischof von Cuenca, der Hoffnungen auf das Bistum Toledo gehegt hatte, sowie dessen Bruder Rodrigo. Diese beiden Männer, Söhne des Grafen von Lemos, ärgerte es als Aristokraten, wenn Leute von geringer Herkunft in einflußreiche Stellungen aufstiegen. So sollten sie bei der Verhaftung und Einkerkerung des Erzbischofs die Hauptrolle spielen.

Hinter den persönlichen Feindschaften steckte noch die Tatsache, daß Carranza, obwohl tiefgläubiger Katholik, nach spanischen Maßstäben ein Liberaler war. Als Student war er 1530 zweimal bei der Inquisition angezeigt worden, weil er angeblich Meinungen des Erasmus vertreten hatte. Beim Konzil von Trient hatte er sich für radikale Reformen in der kirchlichen Disziplin eingesetzt. Später, während er im Kerker saß, wurde sein Name mehrfach in Verbindung gebracht mit Reginald Pole, dem Kardinal von England, einem ebenfalls liberal denkenden Mann, der in Spanien als Ketzer mit katholischer Maske betrachtet wurde. Was Carranza zum Verderben ausschlug, war der Protestantismus in Spanien, der genau in die Zeit fiel, als Carranza das Bistum Toledo erhielt. Carlo de Sesso und Pedro Cazalla belasteten beim Verhör den Erzbischof mit kleinlichen Beschuldigungen. Bei einer Gelegenheit sollte er zu ihnen gesagt haben, er glaube an dasselbe wie sie, ein andermal jedoch erklärt haben: »Was mich betrifft, so glaube ich nicht an das Fegefeuer.« Bei Predigten in London sollte er sich lutherischer Redewendungen bedient haben. Der Großinquisitor vermerkte sorgsam alle diese Aus-

163

sagen. Und doch konnte das Heilige Officium nicht gegen Carranza vorgehen, da er als Bischof nur Rom verantwortlich war. Valdés erhob in Rom dringenden Einspruch, bis im Januar 1559 Papst Paul IV. die Inquisition brieflich für die Dauer von zwei Jahren ermächtigte, Bischöfen den Prozeß zu machen. Es sollten jedoch der Verhaftete und die Akten des Falles nach Rom überwiesen werden. Valdés empfing dieses Breve am 8. April 1559. Am 6. Mai entwarf die Inquisition eine Anklage und forderte die Verhaftung Carranzas, weil er »viele Ketzereien des Luther gepredigt, geschrieben und zu Dogmen gemacht« habe. Nach starkem Druck sanktionierte Philipp II. am 26. Juni diese Entscheidung. Am 6. August wurde Carranza, der täglich mit diesem Schlag rechnete, von der Regierung nach Valladolid zitiert.

Da er die Folgen der Vorladung ahnte und fürchtete, brach er zwar sofort auf, verzögerte aber unterwegs seine Reise. Am 16. August begegnete er einem befreundeten Dominikaner aus Alcalá, der ihn warnte, daß die Inquisition ihn suche, um ihn zu verhaften. Durch diese Mitteilung sehr beunruhigt, setzte der Erzbischof seine Reise fort, bis er nach vier Tagen unbehelligt den Ort Torrelaguna, etwas nördlich von Madrid, erreichte, wo er seinen Freund, den Mönch Pedro de Soto, traf, der von Valladolid gekommen war, um ihn ebenfalls zu warnen. Doch es war bereits zu spät. Carranza wußte nicht, daß schon vier Tage vor seiner Ankunft in Torrelaguna die Beamten der Inquisition dort Quartier bezogen hatten und auf ihn warteten. Er kam in der kleinen Stadt am Sonntag, dem 20. August, an. Ganz früh am Morgen des 22. begaben sich der Inquisitor Diego Ramírez und Rodrigo Castro, ein Beamter der Suprema, mit ungefähr zehn bewaffneten *familiares* in das Haus, wo Carranza logierte, und riefen vor seinem Schlafraum: »Öffnet für das Heilige Amt!« Der Erzbischof ließ sie eintreten, und ein Beamter erklärte ihm: »Euer Ehren, ich habe den Befehl bekommen, Ehrwürden im Namen des Heiligen Amts zu verhaften.« Carranza erwiderte ruhig: »Habt ihr einen gültigen Haftbefehl?« Worauf ihm der Beamte den von der Suprema unterzeichneten Befehl vorlas. Carranza protestierte: »Wissen die Inquisitoren denn nicht, daß sie über mich nicht richten dürfen, da ich kraft meiner Würde und Weihe unmittelbar dem Papst und sonst niemandem unterstehe?«

Das war der Moment zum Ausspielen der Trumpfkarte. Ramírez antwortete: »Ehrwürden werden in diesem Punkt vollauf zufrieden sein!« und zeigte ihm das päpstliche Breve. Der Erzbischof mußte den ganzen Tag unter Hausarrest bleiben, und für die Stadt wurde abends ein Ausgehverbot erlassen. Niemand durfte sich nach neun Uhr auf die Straße wagen oder aus dem Fenster blicken. In der Stille und Dunkelheit der Nacht entführten die Inquisitoren rasch ihre Beute aus Torrelaguna. Am Abend des 28. August wurde Carranza in Valladolid in eine Zelle der Inquisition geschoben. Nach den Worten Leas »verschwand er so völlig aus dem Gesichtskreis der Menschen, als habe die Erde ihn verschlungen«.

Im Gefängnis wurden ihm zwei Zellen zugeteilt, in denen er sieben Jahre ohne den geringsten Kontakt mit der Außenwelt verbrachte. Während der ganzen Zeit seiner Gefangenschaft durfte er nicht einmal das Abendmahl nehmen. Menschlich begann erst jetzt sein tragisches Schicksal, doch politisch war sein Fall schon abgeschlossen. Von nun an wurde er gar nicht mehr als Mensch betrachtet, sondern war nur noch ein Pfand in dem zwischen Rom und dem Heiligen Officium geführten Kampf um die Jurisdiktion. Weiter galt er nichts in diesem Streit, bei dem es im Grunde um den Ehrgeiz einzelner Männer und die Ansprüche kirchlicher Tribunale ging. Marañón schreibt, daß es in dieser Atmosphäre von Schurkerei wenigstens einen gerechten Mann gegeben habe, nämlich den als »Doktor Navarro« bekannten Martín de Azpilcueta, der seine Karriere in Spanien opferte, um den unglücklichen Erzbischof im Prozeß getreulich und sorgsam zu verteidigen.

Die langen Verhandlungen zwischen Rom und den spanischen Behörden sollten uns hier nicht beschäftigen. Es kam, kurz gesagt, dem Papsttum darauf an, sein Recht auf Carranza zu behaupten und somit seine Jurisdiktion über die Bischöfe zu sichern. Philipp II. betrachtete diesen Anspruch als Eingriff in spanische Angelegenheiten und verbot der Inquisition die Auslieferung des Gefangenen an Rom. Papst Pius IV. entsandte 1565 dieserhalb eine Delegation zu Verhandlungen nach Madrid. Zu ihr gehörten drei Prälaten, die später Päpste wurden, als Gregor XIII., Urban VII. und Sixtus V. Auch diesen hochangesehenen Geistlichen gelang es nicht, ihren Auftrag durchzusetzen. Einer von ihnen schrieb nach Rom:

Niemand wagt, aus Furcht vor der Inquisition, zugunsten Carranzas zu reden. Kein Spanier würde wagen, den Erzbischof freizusprechen, selbst dann nicht, wenn er ihn für ganz schuldlos hielte, denn das würde Widerstand gegen die Inquisition bedeuten. Letztere würde bei ihrer Autorität nie zugeben, daß sie Carranza zu Unrecht eingekerkert habe. Die glühendsten Verfechter der Gerechtigkeit hier finden, daß es besser sei, einen schuldlosen Menschen zum Untergang zu verurteilen, als auf die Inquisition einen Schandfleck fallenzulassen [23].

Als 1566 Pius V. den päpstlichen Thron bestieg, kam eine Lösung in Sicht. Es gelang Carranza, aus seiner Zelle eine Nachricht nach Rom schmuggeln zu lassen, ein Papier, auf das er geschrieben hatte:

»Herr, bist du es, so heiße mich zu dir kommen auf dem Wasser.«
Und das war, was Pius sowieso plante. Im Juli 1566 befahl er den
spanischen Behörden, Carranza und sämtliche zu seinem Fall gehörenden Dokumente nach Rom zu schicken, und drohte bei Nichtbe-
folgung den Verantwortlichen die Exkommunikation an. Als der
greise Erzbischof Rom erreichte, wurde er in Ehrenhaft zum Kastell
Sant' Angelo gebracht. Diese zweite Gefangenschaft dauerte neun
Jahre. Pius V. starb 1572, ohne den Streitfall entschieden zu haben.
Sein Nachfolger Gregor XIII. fällte schließlich, im April 1576, das
Urteil. Die *Kommentare* wurden verworfen und verboten; Carranza
zwang man, einer ganzen Liste von »Irrtümern« abzuschwören,
worauf er sich in ein Kloster in Orvieto zurückziehen mußte. Den
freigewordenen, reichen Bischofssitz in Toledo wollte der Papst
einstweilen verwalten lassen. Dieses Urteil befriedigte Philipp und
auch die Inquisition, deren Autorität bei einem Freispruch gelitten
hätte. Und Rom war zufrieden, da es sein alleiniges Verfügungs-
recht über die Bischöfe gesichert hatte. In gewissem Sinn war es auch
befriedigend für Carranza, der nun keiner Ketzerei mehr beschuldigt
war, trotz des Verbotes seiner Kommentare, die in allen Ausgaben
des spanischen Index vermerkt blieben und erst im letzten, 1790,
fehlten. Anstelle der Gerechtigkeit ward also ein politischer Kompromiß gefunden. An alles hatte man dabei gedacht, nur nicht an
den gebrechlichen Greis, der achtzehn Tage, nachdem ihm das päpstliche Verdikt vorgelesen worden war, erkrankte und am 2. Mai 1576
um drei Uhr früh starb.

Die spanische Inquisition -
ihre Prozeßmethoden

> »Ich bin aber nicht schuldig«, sagte K., »es ist
> ein Irrtum. Wie kann denn ein Mensch über-
> haupt schuldig sein? Wir sind hier doch alle
> Menschen, einer wie der andere.« – »Das ist
> richtig«, sagte der Geistliche, »aber so pflegen
> die Schuldigen zu reden.«
> Franz Kafka *Der Prozeß*

Das Verfahren der Inquisition war darauf abgestellt, die größt-
mögliche Wirkung zu erzielen und dabei möglichst wenig bekannt-
werden zu lassen. Diese Taktik des Geheimhaltens verdunkelte
selbstverständlich das Wissen von ihren Aktionen, so daß es überall
falsche Vorstellungen vom Grad der Strenge ihrer Tribunale gab.
Obwohl wir in mancher Hinsicht das Bild einer grausamen, gnadenlosen Inquisition mildern können, war die Stimmung der Menschen,
die in das Netz dieser Organisation gerieten, vor ihrer Verhaftung
und Verurteilung alles andere als sorglos. Mariana hat, wie wir
schon sahen, überliefert, wie bestürzt viele Spanier schon waren, als
sie der »Freiheit, offen zu sprechen und andere anzuhören, beraubt
wurden, da in allen großen und kleinen Städten und den Dörfern
Leute eingesetzt waren, die jeden Vorgang weitermeldeten. Diesen
Zustand hielten manche für die schlimmste Sklaverei, für so schlimm
wie den Tod«. Dieser Satz bezieht sich speziell auf die *familiares*
und die beruflichen Spitzel der Inquisition. Doch an der Furcht,
denunziert zu werden, und dem drückenden Gefühl, unter Verdacht
zu stehen und beobachtet zu werden, war auch das Volk selbst
schuldig, weil es sich an der Hetze gegen die Juden ausgiebig beteiligte. So brachte das ganze Volk sich in einen Zustand, bei dem jeder, der einen Nachbarn, oft wegen ganz geringfügiger Verfehlungen,
denunziert hatte, fortan damit rechnen mußte, selbst auch denunziert
zu werden. Den Anstoß zu diesem verheerenden Zustand hatte die
offizielle Politik gegeben. Wir sahen schon, daß 1485 die Inquisitoren von Toledo die Rabbiner der Provinz zusammenholten und sie
zwangen, zu schwören, in ihren Synagogen besonders diejenigen
Juden zu verfluchen, die heimliche Juden (Judaisierende) unter den
Conversos nicht denunzierten. So wurde eine Hälfte der jüdischen Bevölkerung aufgefordert, die andere zu bespitzeln, eine Aufgabe, die
viele Juden bereitwillig erfüllten, da sie den Conversos ihrer Abtrünnigkeit und ihres sozialen Erfolges wegen zürnten.

Der ganzen Bevölkerung wurde sehr genau erklärt, wie sie die heimlichen Juden in ihrer Mitte erkennen könne. Wenn die Inquisitoren in einem Bezirk mit ihrem Werk begannen, verkündeten sie meistens zur Einleitung eine Gnadenfrist, während der die freiwillig Beichtenden nicht bestraft werden sollten. Diese Frist wurde öffentlich bekanntgemacht durch ein Gnadenedikt, das die Ketzer aufforderte, hervorzukommen und sich selbst oder andere zu denunzieren. Als Frist wurde gewöhnlich ein Kalendermonat angesetzt, zuweilen auch vierzig Tage. Da die Versöhnung mit der Religion während der Gnadenfrist keine ernstliche Strafe wie etwa die Beschlagnahme von Eigentum nach sich zog, erlebte in den ersten Jahren die Inquisition eine ungeheure Menge freiwilliger Bezichtigungen. Auf Mallorca zum Beispiel meldeten sich nach Veröffentlichung des ersten Gnadenedikts 337 Conversos mit Selbstanzeigen. In Sevilla wurden infolgedessen die Gefängnisse überfüllt. Selbstbezichtigungen erfolgten in Massen. Während in den ersten Jahren der Inquisition die Gnadenedikte regelmäßig erlassen wurden, ersetzte man sie nach 1500 durch Glaubensedikte, in denen der Begriff der »Gnadenfrist« fehlte. Statt dessen wurde als Strafe die Exkommunikation denen angedroht, die Ketzer nicht anzeigten, ob es nun sie selbst oder andere waren. Mit dem Glaubensedikt zusammen wurde eine genaue Beschreibung der Bräuche, besonders der Judaisierenden, der Muslimen, der Illuminaten und Protestanten herausgegeben. Falls jemand einen Nachbarn bei Ausübung der geschilderten Bräuche sah, mußte er ihn bei der Inquisition anzeigen. In einigen auf die heimlichen Juden gemünzten Sätzen hieß es etwa [1]:

»Wenn du weißt oder gehört hast von Leuten, die dem Gesetz des Moses zufolge den Sabbat einhalten, indem sie saubere Hemden und neue Kleider anziehen, saubere Tücher auf die Tische und saubere Laken auf die Betten legen zu Ehren des Sabbats und vom Freitagabend an keine Lampen brennen; oder wenn sie das Fleisch, das sie essen wollen, im Wasser ausbluten lassen oder den Rindern oder Vögeln, die sie essen, die Kehlen durchschneiden lassen, dabei bestimmte Worte sprechen und das Blut mit Erde bedecken; oder wenn sie Fleisch zu Ostern und an anderen von der Heiligen Mutterkirche verbotenen Tage gegessen oder die große Fastenzeit gemacht haben und an dem Tage barfuß gegangen sind; oder wenn sie jüdische Gebete sprechen, am Abend einander um Verzeihung bitten, die Eltern ihre Hände auf die Köpfe ihrer Kinder legen, ohne das Zeichen des Kreuzes zu machen oder etwas anderes zu sagen als »Sei gesegnet durch Gott und durch mich«; oder wenn sie ihr Essen auf jüdische Art segnen oder die Psalme zitieren ohne das Gloria Patri; oder wenn eine Frau noch vierzig Tage nach der Kindesgeburt die Kirche nicht betritt; oder wenn sie ihre Kinder beschneiden oder ihnen jüdische Namen geben; oder wenn sie nach der Taufe die Stelle, wo das Öl und das Salböl gestanden haben, abwaschen; oder wenn einer auf dem Totenbett sich zur Wand dreht, um zu sterben, und wenn er tot ist, sie ihn mit heißem Wasser waschen und ihm von allen Körperteilen die Haare abscheren . . .

In solchen und vielen anderen Fällen wußte dann der Zeuge derartigen Verhaltens, daß er Ketzer vor sich hatte, und war verpflichtet, sie anzuzeigen. Die infolge der Denunziationen und der gegenseitigen Beschuldigungen geschaffene Atmosphäre war sicherlich für die Unglücklichen, denen durch Argwohn im Volk unweigerlich die Verurteilung drohte, schon »so schlimm wie der Tod«. Und den meisten Beschuldigungen lagen nur belanglose Dinge zugrunde. Wenn ein Nachbar am Ende der Woche die Bettlaken auswechselte, war das Beweis genug für eine Anzeige. Um 1530 wurde auf einer der Kanarischen Inseln eine Frau, Aldonca de Vargas, der Inquisition gemeldet, weil sie gelächelt hatte, als jemand die Jungfrau Maria erwähnte. Und 1635 wurde Pedro Ginesta, ein Mann von über achtzig Jahren, in Barcelona von einem früheren Freund vor das Tribunal gebracht, weil er an einem Fasttag ganz in Gedanken eine Mahlzeit mit Speck und Zwiebeln gegessen hatte. »Bei besagtem Gefangenen«, lautete die Anklage, »ist, da er aus einem mit Ketzerei infizierten Volk stammt [d. h. aus Frankreich], zu vermuten, daß er schon oft an verbotenen Tagen Fleisch verzehrt hat, ganz nach der Art der Sekte des Luther.«[2] In dieser Art führten Anzeigen unter bloßem Verdacht zu Urteilen, die nur auf Vermutungen basierten. Manche Anzeigen allerdings hatten nichts mit Ketzerei zu tun, wie etwa der Fall des Alonso de Jaén zeigt, der 1530 angeklagt wurde, weil er gegen die Mauer einer Kirche uriniert hatte, oder das Beispiel des Gonzáles Ruiz, der während des Kartenspiels zu seinem Gegner gesagt hatte: »Sogar wenn du Gott zum Partner hast, wirst du dieses Spiel nicht gewinnen.«[3] Die Selbstbezichtigungen wurden fast ausnahmslos durch die Furcht bewirkt, daß, wer nicht beichtete, denunziert werden würde. So führte denn mehr die Angst zu den Selbstanzeigen als das Bewußtsein wirklicher Schuld. Lea zitiert den Fall zweier Ehemänner, die sich 1581 selbst bezichtigten, im Gespräch mit ihren Frauen behauptet zu haben, daß Unzucht keine Sünde sei. Ihre Frauen wurden vorgeladen und bestätigten diese Beichten. Das einzige denkbare Motiv für das Verhalten dieser Ehemänner war die Furcht, daß sonst ihre Frauen sie vielleicht angezeigt hätten[4]. Derartige Fälle waren nicht selten. Die Akten der Inquisition verzeichnen zahlreiche Fälle, in denen Nachbarn und Freunde, auch Mitglieder derselben Familie, einander denunzierten. Bei vielen Anzeigen war sicherlich Bosheit oder Haß der Antrieb, aber es gab auch viele Fälle, in denen allein die Furcht, selbst angezeigt zu werden, den

Anlaß gab, beim Beichten gleich den anderen zu denunzieren. Zur »Gnadenfrist« gehörte nämlich eine wichtige Klausel, die das Motiv zu solchem Verhalten gab. Sie besagte, daß es, um in den Genuß der Gnadenfrist zu kommen, nicht genüge, sich selbst der Ketzerei zu bezichtigen, sondern auch erforderlich sei, alle, die sich derselben Abirrung schuldig oder den Betreffenden dazu verleitet hätten, ebenfalls anzuzeigen. Die durch diese Vorschriften erzeugte Kettenreaktion war bei dem Kampf gegen die Ketzerei äußerst wirksam. Der für die Orthodoxie bezahlte Preis war hoch. Es scheint zunächst, daß nur ein kleiner Teil der Bevölkerung in ständiger Furcht vor Denunziation gelebt hat, die Mehrheit der Gläubigen aber offen und unbeschwert lebte, doch da es sich bei Tausenden von Anzeigen um gänzlich triviale Dinge handelte, ist nicht auszuschließen, daß vielleicht doch die Mehrheit vor solchen Verfolgungen bangen mußte. Der Gleichmut, mit dem die Spanier die Beeinträchtigung ihrer Gedankenfreiheit und Gewissenszwang hinnahmen, läßt uns mit Schrecken wieder an die Erfahrungen im 20. Jahrhundert denken. Sicher ist an Leas Behauptung, daß »der Schatten des Heiligen Amts über dem ganzen Lande lagerte«, etwas Wahres. Diese Verhältnisse leiteten sich zwar aus der Inquisition her, doch diese selbst war ja nichts anderes als eine Waffe in den Händen eines Volkes, das seine Freiheit freiwillig dem Zweck geopfert hatte, all jene gleichsam aus dem Herzen Spaniens herauszuschneiden, die sich den im Lande üblichen besonderen Idealen und Wertvorstellungen nicht anpassen wollten.

Wenn auch das Heilige Officium Denunziationen gern sah, so wußte es doch oft zwischen falschen und zutreffenden Beschuldigungen zu unterscheiden. Als 1637 Felipe Leonart, ein in Frankreich geborener, in Tarragona lebender Nadelmacher, von seiner Frau, seinem Sohn und dem Schwiegersohn als Lutheraner angezeigt wurde, erkannte das Tribunal sehr rasch, daß die Beschuldigungen aus reiner Bosheit vorgebracht worden waren, und brach nach Zurückweisung der Anklagen das Verfahren ab [5]. Falsche Zeugenaussagen kamen nicht sehr oft vor, wenn wir als Beispiel dafür einmal das Tribunal von Toledo nehmen. Bei den dort zwischen 1575 und 1610 geführten Prozessen gab es Meineide nur in acht Fällen. Die Meineide selbst wurden im Verhältnis zu dem Unheil, das sie über ihre Opfer brachten, nicht streng genug bestraft, wenn man auch in einigen Fällen die Meineidigen zum Feuertod, zur Auspeitschung oder zur Galeere verurteilte, was vielleicht dann doch als Abschreckung gewirkt hat. Schwerer fertig zu werden war mit pathologischen Selbstbezichtigern, wie etwa der französischen Nonne Ursule de la Croix im Kloster von Alcalá, die beichtete, Ketzerei getrieben und freitags Fleisch gegessen zu haben. Das wurde ihr vergeben, doch sie beichtete erneut die gleichen Sünden. Beim zweitenmal wurde sie versöhnt und zu einer sehr leichten Buße verurteilt. Als sie jedoch (1594) sich zum drittenmal selbst beschuldigte, tat man ihr den Gefallen, sie auf den Scheiterhaufen zu schicken[6]. Diese Langmut der Inquisitoren spricht für die relative Milde, die sie bei freiwilliger Beichte zeigten, wenn auch bei diesen Beichten die Straflosigkeit nur während der Gnadenfrist garantiert war.

Daß man sich so stark auf Denunziationen stützte, wirft die Frage nach der Glaubwürdigkeit der Zeugen auf. Bei der spanischen Inquisition wurden leider den Zeugen mehr Vorteile zugestanden als bei jedem weltlichen Gerichtstribunal, schon weil man ihre Namen geheimhielt. Das erzeugte weithin Feindschaft, wie es bei den verschiedenen, unter Karl V. abgehaltenen Cortes zum Ausdruck kam, besonders bei den Cortes von Valladolid im Februar 1518. Doch der Einfluß des Kardinals Ximénez stand dem Verlangen nach Bekanntgabe der Zeugennamen im Wege, so daß die Inquisition ihre Methode unverändert beibehielt. Infolge des Verschleierns der Namen mußten die gegen einen Verhafteten erhobenen Beschuldigungen oft in nur allgemeinen Begriffen vorgebracht werden, damit der Angeklagte nicht an Einzelheiten merken konnte, wer ihn denunziert hatte. Mit anderen Worten: Der Gefangene wurde über die wahren Gründe für seine Einkerkerung gänzlich im unklaren gehalten, und wenn er dann mit nur allgemeinen Worten der Ketzerei beschuldigt wurde, mußte er sich vollkommen auf sein Gedächtnis verlassen, um zu erkennen, was denn speziell den Anlaß zu seiner Verhaftung gegeben haben mochte. Die Notwendigkeit der Geheimhaltung wurde damit gerechtfertigt, daß in einigen Fällen Zeugen ermordet worden waren, um deren Aussagen zu verhüten. So argumentierte zumindest Ximénez. Doch dieses System der Geheimhaltung war, wie das 1526 in einer Denkschrift der Stadt Granada formuliert wurde, eine offene Aufforderung zu Meineid und Falschaussagen[7]. Man könnte diesen Einwand als unzutreffend bezeichnen, wären nicht die Denunziationen ernst genommen worden, so daß auch für den, der später entlastet wurde, das ihn infolge der geheimen Angeklagten treffende Unheil entsetzlich war. Als zum Beispiel, Doktor Jorge Enríquez, der Arzt des Herzogs von Alba, 1622 starb, behaupteten mehrere angebliche Zeugen, er sei nach jüdischem Ritus beerdigt worden. Die Folge davon war, daß die gesamte Familie Enríquez, ihre Verwandten und ihr Hauspersonal, eingekerkert und zwei Jahre gefangengehalten wurde, bis man sie aus Mangel an Beweisen freisprach.

Rein juristisch waren die Tribunale der Inquisition nicht schlimmer und nicht besser als die weltlichen Gerichtshöfe jener Zeit. Mißgriffe, die bei den Prozeduren des Heiligen Officiums unterliefen, gab es ebensooft bei den königlichen Gerichten, an denen durch die berühmten Cortes von Toledo (1480) Reformen durchgeführt wurden. Das abweichende Merkmal bei der Inquisition – die absolute Geheimhaltung – machte sie anfälliger für Mißbräuche, als das bei anderen öffentlichen Tribunalen überhaupt möglich war. Diese Geheimhaltung ist aber, wie es scheint, nicht schon ursprünglich durch das Reglement der Inquisition bedingt gewesen, denn Akten aus ihrer Frühzeit verweisen nicht auf geheime, sondern auf öffentliche Prozesse und öffentliche Gefängnisse. Doch mit dem Beginn des 16. Jahrhunderts wurde die Geheimhaltung allgemein üblich und bei allen Aktionen des Tribunals durchgesetzt. Sogar die mannigfachen Anleitungen für die Inquisitoren wurden, obwohl sie gedruckt vorlagen, nur einem kleinen Kreis von Leuten zugänglich gemacht und der Öffentlichkeit vorenthalten. Daraus ergab sich zwangsläufig, daß man im Volk von den Methoden und der Prozeßführung bei der Inquisition nichts wußte. Diese Unkenntnis half in den ersten Zeiten dem Tribunal, indem sie den Übeltätern Respekt und Furcht einflößte, erzeugte jedoch späterhin im ganzen Lande immer mehr Angst und Haß, weil das Volk sich ganz phantastische Vorstellungen von der Tätigkeit der Tribunale machte. Daher war die Inquisition großenteils selbst daran schuld, daß sie im 18. Jahrhundert, oder sogar schon früher, grundlos in üblen Ruf kam. Das natürliche Ergebnis dieser erzwungenen Unkenntnis wurde offenbar durch die bei den Cortes in Cádiz 1813 geführten Debatten über einen geplanten Erlaß zur Abschaffung der Inquisition. Wenn die Verteidiger des Tribunals sich auf das Argument stützten, daß die Inquisition Spanien »mystisch und mythisch« einig gemacht habe, so konnten ihre Bekämpfer sich fast ausschließlich auf legendäre, falsche Begriffe von der Struktur und den Funktionen dieser Einrichtung verlassen [8].

Mag man auch die Außenwelt im Dunkel gelassen haben, so wurde doch intern alles Erklärende und Aufklärende fast unfehlbar genau aktenkundig gemacht. Bei der verwaltenden wie bei der protokollführenden Apparatur des Tribunals wurde scharf darauf geachtet, selbst die geringsten Einzelheiten des Verfahrens schriftlich festzuhalten. Dank dieser Tatsache gehört die spanische Inquisition zu den wenigen Einrichtungen der neueren Zeit, über deren Organisation und Methoden uns eine so riesige Menge von Dokumenten Auskunft geben, daß absichtliche Verfälschungen ihrer Geschichte unmöglich werden.

Bevor eine Verhaftung erfolgte, wurde das Beweismaterial des

Falles einer Anzahl von Theologen unterbreitet, die als Zensoren *(calificadores)* prüften, ob für die Anklage Ketzerei vorlag. Entschieden die *calificadores*, daß genügend Beweise von Ketzerei vorlägen, so schrieb der Ankläger *(fiscal)* einen Befehl zur Verhaftung des Angeklagten aus, der sodann in Gewahrsam genommen wurde. In zahlreichen Fällen erfolgte jedoch die Verhaftung schon vor der Prüfung durch die *calificadores*, womit alle Sicherheitsmaßnahmen gegen ungerechte Verhaftung einfach umgestoßen waren. Infolgedessen saßen in den Gefängnissen der Inquisition oft Menschen, gegen die überhaupt noch keine Beschuldigung vorgebracht war. Deshalb kam es bei den Cortes in Aragon 1533 zu Protesten gegen willkürliche Verhaftung und Verhaftungen aus geringfügigem Anlaß. Doch der Eifer der Beamten und Inquisitoren überschritt alle Vernunft, und so gab es Fälle, wie 1609 beim Tribunal von Valladolid, wo mehrere Verdächtigte (unter ihnen ein neunjähriges Mädchen und ein vierzehnjähriger Knabe) zum Teil bis zu zwei Jahren im Gefängnis gelegen hatten, ohne daß die Beschuldigungen gegen sie auch nur von den *calificadores* überprüft worden waren. Hier sollte freilich vermerkt werden, daß die Suprema, sobald sie von derartigen Mißbräuchen erfuhr, stets die Schuldigen streng rügte.

Bei Verhaftung wurden sofort auch die dem Angeklagten gehörenden Vermögenswerte beschlagnahmt. Es wurde ein Verzeichnis angelegt von allem, was sich im Besitz des Mannes oder seiner Familie befand, und diese Werte wurden von den Beamten der Inquisition in Verwahrung genommen, bis über den Fall entschieden war. Die Inventarlisten, die bei solchen Gelegenheiten angelegt wurden, sind historisch sehr interessant, weil sie uns genaue Auskunft über den Zuschnitt des Familienhaushalts im 16. oder 17. Jahrhundert geben, denn es wurde jeder Gegenstand im Hause, auch Töpfe und Pfannen, Löffel, Lumpen und alte Kleidung, in Gegenwart eines Notars sorgfältig notiert. Manchmal wurden auch die zur Zeit der Bestandsaufnahme geltenden Preise eingesetzt, was nicht unwichtig war, weil es oft nötig wurde, die Sachen zu verkaufen, um den Unterhalt des Gefangenen oder seiner Angehörigen zu bezahlen. Wenn über einen Fall jahrelang nicht verhandelt wurde, war die Beschlagnahme des Besitzes für die Angehörigen des Gefangenen sehr hart, da sie auf einen Schlag sowohl ihrer Einkünfte wie auch ihres Heims beraubt wurden. Denn solange der Beschuldigte im Gefängnis blieb, wurden die Kosten für seine Verpflegung aus dem beschlagnahmten Eigentum gedeckt, das meistens Stück um Stück in öffentlichen Auktionen verkauft wurde. Anfangs wurde während der Dauer der Beschlagnahme für die Verwandten überhaupt nichts getan, so daß die Regierung schließlich helfend eingreifen mußte. Im Juli 1486 befahl

König Ferdinand dem Tribunal in Zaragoza, die hilfsbedürftigen Kinder eines Angeklagten namens Juan Navarro mit Erlös aus dessen Eigentum zu unterstützen, solange sein Fall noch nicht entschieden war. Andere hatten nicht dieses Glück. Es gab Fälle, in denen die Kinder reicher Gefangener verhungerten oder auf den Straßen betteln gingen. Diesen Übeln wurde durch die Anweisungen von 1561, laut denen die Unterstützung von Angehörigen aus dem Erlös von beschlagnahmten Gegenständen erlaubt war, endlich abgeholfen. Jedoch kam diese Konzession, die um die Mitte des 16. Jahrhunderts zwar schon galt, aber noch nicht gesetzlich fixiert war, für zwei Generationen von Conversos zu spät. Sogar noch nach 1561 vermochten manchmal Angeklagte ihr Eigentum kaum vor unehrlichen Beamten und sich selbst nur schwer vor willkürlicher Verhaftung und lang dauernden Prozessen zu schützen.

Der Angeklagte wurde meistens schnell und heimlich in die Kerker der Inquisition geschafft, wo er auf seinen Prozeß warten mußte. Von den verschiedenen Gefängnistypen der Inquisition war das härteste das »Geheimgefängnis«, das für langfristige Einkerkerung (nicht aber für die Haftzeit bis zum Beginn des Prozesses) vorgesehen war. Die Inquisitoren verstanden es, ihre Gerichtsgebäude geschickt auszuwählen. In einigen der größten Städte Spaniens erlaubte man ihnen, die von Festungsmauern umgebenen alten Schlösser und Burgen mit ihren sicheren Verliesen zu benutzen. Das Tribunal von Zaragoza tagte in dem Kastell Aljafería, das von Sevilla in einer Kapelle des westlichen Vororts Triana (es bezog 1627 ein Gebäude innerhalb der Stadt) und das von Córdoba im Alcázar. In allen diesen Gebäuden waren die Kerkerräume in relativ gutem Zustand. Damit ist erklärt, warum man allgemein die Kerker der Inquisition für nicht so schlimm und für humaner hielt als die königlichen Gefängnisse und auch die der sonstigen Kirchenbehörden. In Valladolid kam es 1629 vor, daß ein Mönch ketzerische Behauptungen nur aufstellte, um aus dem Gefängnis, in dem er sich befand, in das weniger strenge der Inquisition gebracht zu werden. 1675 gab ein im bischöflichen Gefängnis untergebrachter Geistlicher vor, ein Freund der Juden zu sein, nur um in das Inquisitionsgefängnis überführt zu werden. Nichts könnte deutlicher den besseren Zustand der Inquisitionsgefängnisse im Vergleich zu den städtischen Strafanstalten beweisen als die Beschwerden der Gefängnisbehörden von Córdoba, die 1820 über die jämmerlichen Zustände in dem ungesunden Stadtgefängnis klagten und vom Stadtrat die Überführung der Gefangenen in den Kerker der Inquisition verlangten, der »sicher, sauber und geräumig« sei. »Zur Zeit«, hieß es, »hat er sechsundzwanzig Zellen, eine vollständig getrennte Abteilung für Frauen sowie Arbeitsplätze.« Bei einer anderen Gelegenheit meldeten die Behörden, das Gebäude der Inquisition liege

abseits von der Stadt, ganz für sich und auf allen Seiten dem Wind ausgesetzt. Es sei geräumig, werde reichlich mit Wasser versorgt, die Abflüsse seien gut verteilt, um den Gefangenen wirklich zu nützen, und die Räume seien so getrennt und belüftet, wie es zur Erhaltung der Gesundheit der Insassen nötig sei. Somit sei es ein aus eben diesen Gründen sehr geeignetes Gefängnis [9].

Ein Portugiese, der 1802 vom Tribunal in Lissabon eingekerkert wurde, hat das Gefängnis der Inquisition ausführlich beschrieben. Was er zu berichten hat, gilt weitgehend für die Inquisitionsgefängnisse in Spanien.

Der Wärter, der zur Erhöhung seiner Würde als *Alcaide*, das heißt: Hüter des Schlosses, bezeichnet wird, nahm mich mit Worten in Empfang, die fast einer kleinen Predigt glichen. Er riet mir, mich in diesem respektablen Hause höchst anständig zu benehmen, und betonte, ich dürfe in meinem Raum keinen Lärm machen und nicht laut reden, denn vielleicht seien die anderen Gefangenen gerade in den benachbarten Zellen und könnten mich dann hören. Und er gab mir noch weitere ähnliche Hinweise. Dann führte er mich in meine Zelle, einen kleinen, zwölf Fuß langen und acht Fuß breiten Raum, der durch einen drei Fuß tiefen Eingang mit dem Korridor verbunden war. In diesem Eingang befanden sich zwei eiserne, weit voneinander entfernte Gitter. Jenseits dieser Gitter, zum Korridor hin, war der Eingang durch eine hölzerne Tür verschlossen, in deren oberem Teil eine Öffnung befand, die Licht aus dem Korridor in die Zelle einließ. Der Korridor empfing sein Licht durch Fenster, die nach einem schmalen Hof gingen, der aber gegenüber, und recht nahe, eine sehr hohe Mauer hatte. In diesem kleinen Raum stand eine Art Rahmen aus Holz, auf dem eine Strohmatratze lag, die mein Bett sein sollte. Ferner gab es einen kleinen Wassertopf und ein Utensil für verschiedene Zwecke, das nur alle acht Tage ausgeleert wurde, wenn ich zur Messe in die Kapelle für die Gefangenen ging. Und die Zeit dort war auch meine einzige Gelegenheit, frische Luft zu atmen. In der Kapelle waren die Sitze so abgeteilt, daß die Gefangenen einander nie sehen und daher auch nicht wissen konnten, wie vielen die Gunst, zur Messe gehen zu dürfen, zuteil wurde. Die Decke der Zelle war gewölbt, der Fußboden aus Ziegelsteinen, die Wände aber von Natursteinen gebaut und sehr dick. Infolgedessen war der Raum im Winter sehr kalt und so feucht, daß oft die Gitterstäbe mit Wassertropfen wie mit Tau bedeckt waren und meine Kleidung den Winter hindurch ständig feucht blieb. So also sah meine Unterkunft für die Dauer von fast drei Jahren aus [10].

Die Tatsache, daß es in den Gefängnissen der einzelnen Tribunale unterschiedlich zuging, spricht eigentlich nur für eine gewisse Nachlässigkeit, die manchmal fälschlich als Zeichen besonderen Wohlwollens der Inquisition ausgelegt wird. Keineswegs aber waren diese Gefängnisse grauenvolle Höhlen. Die Gefangenen wurden, auf ihre eigenen Kosten, regelmäßig und ausreichend verpflegt mit den jeweils erhältlichen Lebensmitteln, insbesondere Brot, Fleisch und Wein. Einem glücklichen Gefangenen in Toledo war es 1709 möglich, sich zusätzlich zur normalen Verpflegung regelmäßig Öl, Essig, Eis, Eier, Schokolade und Speck schicken zu lassen [11]. Die Kosten für die Armen wurden vom Tribunal bezahlt. So betrug in Las Palmas die für die mittellose Catalina de Candelaria während ihrer sechsmonatigen Haft (1662) bezahlte Summe 154 Reales. Eine der Personen, die die Kosten für ihren Unterhalt selbst aufbringen konnten, war zum Beispiel Isabel Perdomo, die im Jahre 1674 für ihren siebenwöchigen Aufenthalt in demselben Gefängnis 28 Reales zu bezahlen hatte [12]. Auch über die reine Verpflegung hinaus wurde bei einigen Tribunalen – entsprechend der finanziellen Lage des Verhafteten – für die Gefangenen gut gesorgt. Einem Mann namens Juan de Abel aus Granada wurde gestattet, in seiner Zelle »eine Matratze, eine Steppdecke, zwei Laken, zwei Kissen, eine Wolldecke und einen Bettvorleger sowie andere Gegenstände zu benutzen« [13]. Sogar Mittellose bekamen manchmal Pantoffeln, Hemden und dergleichen. Daneben wurden einige andere Annehmlichkeiten erlaubt, wie etwa Schreibpapier, eine Konzession, die zum Beispiel Fray Luis de León, der vier Jahre im Inquisitionsgefängnis von Valladolid zubrachte, gründlich ausnutzte, indem er dort sein Erbauungsbuch *Los Nombres de Christo* schrieb.

Bei allen gelegentlichen Vergünstigungen war der Aufenthalt in den Inquisitionsgefängnissen jedoch alles andere als angenehm: Die Gefangenen waren von der Außenwelt strengstens abgeschnitten, und auch innerhalb des Gefängnisses suchte man sie nach Möglichkeit voneinander getrennt zu halten. Wenn sie endlich das Gefängnis wieder verließen, mußten sie schwören, nicht das mindeste von dem, was sie in den Zellen gesehen oder selbst erlebt hatte, zu verraten. Also ist kaum verwunderlich, daß infolge dieser absoluten Schweigepflicht die blutrünstigsten Legenden über das, was drinnen vorging, aufkamen. Eine Bestimmung der spanischen und der römischen Inquisition (offenbar aber nicht der portugiesischen) besagt, daß Verhafteten die Teilnahme an der Messe sowie der Empfang der Sakramente verboten waren. In dieser Hinsicht wurde besonders hart Carranza betroffen, dessen Qual gewiß dadurch verdoppelt wurde, daß er während seiner achtzehnjährigen Gefängniszeit jeglichen geistlichen Trostes beraubt war. Im Gegensatz zu den wenigen, die das Glück hatten, vergleichsweise milde behandelt zu werden, gibt es

*Ferdinand von Aragon
mit seiner Gemahlin Isabella
von Kastilien.*

*Zug der Ketzerrichter und der zum Feuertode
verurteilten Ketzer nach der Kirche.*

*Linke Seite:
Francisco Ximenes de Cisneros, seit 1492
Beichtvater Isabellas von Kastilien, später
Kardinal und Großinquisitor.*

Ein spanisches Inquisitionsgericht während einer öffentlichen Sitzung auf dem »Großen Platz« in Madrid. Kupferstich, 1723.

Französische Buchminiatur: Die Festung des Glaubens wird gegen Ketzer und gegen die Sieben Todsünden verteidigt (Handschrift des 15. Jahrhunderts).

Rechte Seite:
Spanische Inquisition: Eine zum Feuertode verurteilte Ketzerin im Ketzergewand und mit der Ketzermütze.

Folterung von Juden, die auf das Rad geflochten werden (anonymer Holzschnitt aus dem Jahre 1475).

Arabische Handschrift: Spanische Juden in der Synagoge (Miniatur aus dem 15. Jahrhundert).

»Spion der Inquisition«.

»Der Inquisitor«.

König Philipp II. im Alter von 59 Jahren.

Herzog Alba (unbekannter Kupferstich aus dem 16. Jahrhundert).

Das Ketzergericht in Portugal, 1664.

Rechts:
»Das Folterzimmer«, Gemälde
von A. Magnasco.

Unten:
Hinrichtung und Verbrennung von Ketzern
in Spanien im 18. Jahrhundert.

Unten rechts:
Anwendung der Folter vor einem
spanischen Inquisitionsgericht.

Antikirchliche Karikaturen: Sehr verbreitete Karikatur auf das Genußleben der Päpste. Holzschnitt aus dem 16. Jahrhundert.

Akten über andere, denen es schlimmer erging. John Hill, ein englischer Seemann, der 1574 vom Tribunal in Las Palmas eingekerkert wurde, klagte darüber, daß er auf dem nackten Fußboden schlafen mußte, von Flöhen gepeinigt, ohne Brot und Wasser, und nahezu ohne Bekleidung [14]. Derartige Klagen waren oft zu vernehmen, und zwar über jedes andere städtische oder kirchliche Gefängnis. Andere allgemein übliche Härten bestanden im Tragen von Ketten (was von der Inquisition nicht oft angeordnet wurde) und darin, endlos lange in lichtlosen und ungeheizten Zellen leben zu müssen. Überdies benutzte die Inquisition für schwer zu behandelnde Gefangene zweierlei Geräte: Die *mordaza*, einen Knebel, der den Gefangenen am Sprechen oder Fluchen hinderte, und die *pie de amigo*, eine eiserne Gabel, mit der der Kopf steif aufrecht gehalten wurde. Wenn wir an die Zustände überall in den europäischen Gefängnissen bis fast in unsere Zeit denken, dürfen wir mit Lea die Schlußfolgerung ziehen, daß »die geheimen Kerker der Inquisition als Unterkunft erträglicher waren als die bischöflichen und die städtischen oder königlichen Gefängnisse. In ihnen ging es im allgemeinen menschlicher und vernünftiger zu als im Gewahrsam unter anderer Jurisdiktion, ob in Spanien oder im Ausland« [15].

Die Strapazen des Gefängnislebens führten durchweg zu einer fast gleichmäßigen Totenziffer, die wir nicht der Folter zuschreiben sollten (mit der die Inquisitoren sehr behutsam umgingen) als vielmehr den Krankheiten und den unzulänglichen hygienischen Bedingungen. Wie der Großinquisitor Kardinal Adrian 1517 schrieb, waren die Gefängnisse nur als Haftanstalten, nicht aber zur Bestrafung gedacht. Die Inquisitoren machten es sich besonders zur Aufgabe, Grausamkeiten und brutale Behandlung möglichst zu vermeiden. Dementsprechend wurde auch die Folter nicht als Selbstzweck betrachtet. In den Instruktionen von 1561 waren keine Richtlinien für die Anwendung der Folter gegeben, vielmehr wurde dringend geraten, sie nur anzuwenden »gemäß dem Gewissen und dem Willen der dazu berufenen Richter, und zwar nach Gesetz und Vernunft und wenn wirklich Anlaß dazu gegeben war. Die Inquisitoren sollten sehr darauf achten, wann die Bestrafung durch Foltern tatsächlich nötig sei, und sich nach entsprechenden Präzedenzfällen richten.« [16] Zu einer Zeit, als bei den europäischen Strafgerichten allgemein gefoltert wurde, verfuhr die spanische Inquisition mit einer Milde und Umsicht, die im Vergleich mit anderen Institutionen zu ihren Gunsten spricht. Foltern wurden nur als äußerstes Mittel angewandt, und zwar in den wenigsten Fällen. Oft brachte man die Angeklagten nur *in conspectu tormentorum*, wobei schon der Anblick der Foltergeräte das Geständnis bewirkte.

Unter Folterungen erzielte Geständnisse wurden nie als alleingültig anerkannt, da sie ja durch ein Druckmittel bewirkt worden waren. Deshalb war es erforderlich, daß der Beschuldigte sein Geständnis am Tage nach der Folterung klaren Sinnes bestätigte. Weigerte er sich, das zu tun, griff man nach einem Vorwand, die Tortur fortzusetzen. Da nach den Bestimmungen niemand öfter als einmal gefoltert werden sollte, wurde das Ende jeder Tortur nur als Pause bezeichnet, und auf die Weigerung, das Geständnis zu bestätigen, wurde die Fortsetzung der Folter angedroht. Opfer, die man zwang, ihre eigenen Ketzereien zu beichten, wurden oft auch *in caput alienum* gefoltert, das heißt, sie wurden aufgefordert, Kenntnis der Verbrechen anderer Personen preiszugeben. Auch diese Prozedur kam in Spanien viel seltener vor als sonst in der christlichen Welt. Lea hat geschätzt, daß beim Tribunal in Toledo zwischen 1575 und 1610 nur etwa 32 Prozent der Personen, für deren Vergehen eigentlich die Folterung vorgesehen war, tatsächlich gefoltert wurden [17]. Nehmen wir das als Durchschnitt an, so sehen wir, daß die Inquisitoren sich weit weniger der schärfsten Methoden bedienten, als manche Schriftsteller es geschildert haben. Die von Feinden der Inquisition heraufbeschworenen blutrünstigen, sadistischen Szenen sind nur Legende. Bis zur Mitte des 18. Jahrhunderts war die Tortur bei den Tribunalen praktisch fortgefallen, und im Jahre 1816 verbot schließlich der Papst ihre Anwendung bei allen ihm unterstehenden Tribunalen.

»Die volkstümliche Vorstellung«, sagt Lea, »daß die Folterkammer der Inquisition ein Schauplatz raffiniertester Grausamkeiten, ganz besonders erklügelter Methoden, Schmerzen zuzufügen, und größter Hartnäckigkeit im Erpressen von Geständnissen sei, ist ein Trugschluß, der den Sensationsschriftstellern, welche die Leichtgläubigkeit der Menschen ausgenutzt haben, zu verdanken ist [18].« Dieser Irrtum besteht weiterhin, hauptsächlich, weil gemeinhin unlogische und unzutreffende Vergleiche zwischen den Methoden der Inquisition und denen totalitärer Staaten von heute gezogen werden. In solchen Berichten wird das Gefängnis als ein Ort dargestellt, an den der Mensch allein zu dem Zweck, ihm ein falsches Geständnis zu entlocken und ihn zur Buße zu zwingen, gebracht wurde. Dementsprechend werde das Geständnis durch Folterung oder die Drohung mit Folter erreicht und die Reue durch so etwas wie »Gehirnwäsche«. Mit solchen Behauptungen wird den Inquisitoren ein zu großes Kompliment gemacht, denn sie waren zu keiner Zeit so spitzfindig, daß sie die Leistungen ihrer modernen Kollegen auch nur annähernd erreicht hätten. Ihre Methoden waren ehrlich, simpel, klar aufs Ziel ausgerichtet, und psychologisches Raffinement gab es dabei nicht.

Die Folterer der Inquisition waren meistens die bei den weltlichen

Gerichten angestellten öffentlichen Henker. Während der Prozeduren mußten zugegen sein: die Inquisitoren selbst, ein Vertreter des Bischofs und ein Sekretär, der gewissenhaft die Einzelheiten notierte. Ärzte waren gewöhnlich in Notfällen schnell erreichbar. Die Grundregel, die beachtet werden mußte, lautete, daß das Opfer nicht in Lebensgefahr kam und kein Glied verlor. In den bei weitem meisten Fällen hielt man sich an diese Bestimmung, doch kam es vor, daß den Opfern die Beine oder Arme gebrochen wurden, wenn sie sich hartnäckig weigerten zu gestehen. Selten geschah es, daß jemand an den Folgen der Tortur starb. In solchen Fällen konnte der Inquisitor sich mit dem Gedanken trösten, daß die Opfer infolge ihrer Hartnäckigkeit zu Tode kamen.

Die Inquisition hielt sich nicht fest an vorgeschriebene Foltern. Die gebräuchlichsten waren die auch bei anderen Tribunalen, den weltlichen wie den kirchlichen, angewandten; wo über neuartige Torturen geklagt wurde, handelte es sich um seltene Ausnahmen. Die drei üblichen Folterinstrumente waren die *garrucha*, die *toca* und der *potro*. Bei der *garrucha*, einem Flaschenzug, wurde das Opfer, an den Handgelenken gebunden, bis zur Decke hochgezogen, während schwere Gewichte an seinen Füßen hingen. Dann ließ man es, aus jeweils verschiedener Höhe, in das Seil fallen, wobei Arme und Beine langgezerrt und nicht selten ausgerenkt wurden. Komplizierter war die *toca* oder Wasserfolter. Das Opfer wurde liegend an die Folterbank gefesselt, sein Mund mit Gewalt geöffnet und eine *toca*, ein leinenes Tuch, ihm in die Kehle geschoben; durch diesen Stofftrichter goß man dann langsam Wasser aus einem Krug. Die Schwere der Tortur hing von der Anzahl der Krüge ab, das heißt von den Wassermengen, die hineingezwungen wurden. Beim *potro*, der nach dem 16. Jahrhundert gebräuchlichsten Tortur, band man das Opfer an die Folterbank mit Stricken, die, um den Körper und alle Glieder geschlungen, vom Henker, der an den Enden drehte, allmählich immer fester gezogen wurden. Mit jeder neuen Drehung schnitten die Stricke tiefer ins Fleisch und preßten es immer mehr zusammen. Bei allen Folterungen war es Vorschrift, die Opfer vorher zu entkleiden. Männer wie Frauen wurden nackt ausgezogen und behielten nur ein Stück Stoff zum Bedecken ihrer Schamteile.

Eine Altersgrenze für Opfer scheint es ebensowenig gegeben zu haben wie eine zeitliche Begrenzung der Tortur. Oft mußte man bei Opfern alle drei Foltern anwenden, bevor sie gestanden. Bei weniger widerspenstigen genügte eine der drei. Obwohl die Inquisitoren gewöhnlich sehr alte und sehr junge Menschen nicht der Tortur unterwarfen, gab es auch Fälle, in denen sie das offenbar für notwendig hielten. In den Akten ist verzeichnet, daß man Frauen zwischen 70 und 90 Jahren mit dem *potro* gefoltert hat. In Valencia wurde 1607 ein dreizehnjähriges Mädchen gefoltert, anscheinend aber auf nicht zu harte Weise, denn es überstand die Quälerei, ohne ein Geständnis abzulegen.

Die Akten der Inquisition, auch in anderer Hinsicht äußerst genau geführt, sind beim Beschreiben der Vorgänge während der Folterung überaus gründlich. Jedes Wort, jede Geste wurde vom anwesenden Protokollführer vermerkt. Es folgen hier Auszüge von amtlichen Berichten über drei Folterungen im 16. Jahrhundert. Bei der ersten war es eine Frau, die beschuldigt worden war, kein Schweinefleisch gegessen und an Samstagen ihr Tischtuch gewechselt zu haben.

Es wurde befohlen, sie auf den *potro* zu legen. Sie sagte: »Señores, weshalb wollt ihr mir nicht sagen, was ich gestehen soll? Señor, richtet mich wieder hoch – habe ich denn nicht gesagt, daß ich alles getan habe?« Sie wurde aufgefordert, genau wiederzugeben, was die Zeugen gesagt hatten. »Señor«, sagte sie, »wie ich Euch schon erklärte, weiß ich's nicht genau. Ich habe doch gesagt, daß ich alles, was die Zeugen behaupten, getan habe. Señores, befreien Sie mich, denn ich kann mich nicht entsinnen!« Sie ward wieder aufgefordert, es auszusprechen. Sie sagte: »Señores, es hilft mir ja nichts, zu erklären, daß ich es tat, und ich habe doch zugegeben, daß das, was ich getan habe, mir dieses Leiden eingebracht hat – Señor, Ihr wißt nun die Wahrheit. Señores, habt um Gottes willen Erbarmen mit mir. Ach, Señor, nehmt diese Dinger von meinen Armen – Señor, befreit mich, sie töten mich!« Sie ward mit den Stricken an den *potro* geschnürt, ward ermahnt, die Wahrheit zu sagen, und es kam der Befehl, die *garrotes* fest anzuziehen. Da sagte sie: »Señor, sehen Sie denn nicht, daß diese Leute mich töten? Ich habe es getan, ja – laßt mich los, um Gottes willen!« [19]

Ausländische Ketzer wurden den gleichen Prozeduren unterworfen. Es folgt hier der Fall des Jakob Petersen aus Dünkirchen, eines zwanzigjährigen Seemanns, der im November 1597 vom Tribunal der Kanarischen Inseln verhört wurde. Nachdem er entkleidet und gebunden war, wurden die Stricke um drei Drehungen fester gezogen.

Als das geschah, sagte er zuerst »Oh, Gott!« und dann »Es gibt kein Erbarmen!« Nach weiterem Andrehen ward er ermahnt, und da sagte er: »Ich weiß nicht, was ich sagen muß, oh, lieber Gott!« Alsdann wurden noch drei Drehungen des Strickes befohlen, und nach zweien davon sagte er: »O Gott, o Gott, es gibt kein Erbarmen, o Gott, hilf mir doch, hilf mir [20]!«

Nach drei weiteren Drehungen gestand er. Als nächstes Beispiel erwähnen wir George van Hoflaquen, einen Kaufmann aus Brügge, der im Dezember 1597 vom gleichen Tribunal gefoltert wurde, nachdem die Inquisitoren seine Behauptung, er sei Katholik, als unglaubwürdig zurückgewiesen hatten.

Er ward gebunden und ermahnt und sagte: »Señor Inquisitor, was wünschen Euer Gnaden, das ich sagen soll?« Er habe, fügte er hinzu, die Wahrheit gesagt, er sei Katholik. Sie befahlen, den Strick noch um drei Drehungen fester anzuziehen, und als das geschehen, wurde er gewarnt, erklärte jedoch, er habe nichts auszusagen. Dann befahlen sie noch drei Drehungen des Strickes, und wieder wurde er gewarnt und sagte, es sei die Wahrheit, er sei Katholik und sei das immer und hätte, wenn das unwahr sei, es eingestanden. Er ward ermahnt, bei der Wahrheit zu bleiben. Da sagte er, weiter wisse er nichts und wüßte er's, so würde er's sagen. Nach dieser Antwort wurden noch drei Drehungen des Strickes befohlen und er selbst, als das geschehen, abermals ermahnt. Er sagte, wenn sie von ihm verlangten, zu erklären, daß er ein Ketzer sei, so würde er das nun sagen wegen dieser Quälerei, aber er sei wirklich Katholik gewesen und sei das noch. Nach erneuter Mahnung, die Wahrheit zu sagen, sagte er, wenn er etwas anderes wisse, würde er das sagen, und es sei doch wahr, daß er Katholik sei. Nach dieser Antwort befahlen sie abermals drei Drehungen des Strickes und nochmaliges Ermahnen. Er sagte wieder, er sei wahrhaftig Katholik und »Was wünschen denn Euer Gnaden von mir zu hören?« Nochmals wurde er ermahnt, die Wahrheit auszusprechen. Er erwiderte, das habe er doch getan, und falls er sich nicht klar ausgedrückt habe, sei das auf die Schmerzen der Folterung zurückzuführen. Er sei niemals in die Kirchen der Ketzer gegangen und habe über diese in Melimburg vielerlei gehört. Dort habe er sagen hören, sie seien üble Ketzer, und das pflegten Katholiken zu äußern, aber mehr könne er nun nicht sagen. Da befahlen sie, ihn loszubinden und ihn auf den *burro* zu setzen, und bevor sie ihn hochhoben, sagte er, jetzt sei er zum Ketzer gemacht worden infolge der erlittenen Schmerzen und müsse die vielen Versäumnisse, auf diesen Inseln und in Brügge in die katholischen Kirchen zu gehen, als seine eigene Schuld anerkennen [21].

Während diese Beispiele uns einen gewissen Einblick in die Schmerzen der Opfer unter der Folter geben, sollte nicht vergessen werden, daß durch die zahllosen Fälle, in denen die Opfer durchhielten, die relative Milde im Verfahren der Inquisition bewiesen wird. Ein Vergleich mit der bewußten Grausamkeit und den Verstümmelungen, zu denen es damals bei den normalen weltlichen Gerichten kam, zeigt die Inquisition in günstigerem Licht, als es die Gegner der Inquisition wahrhaben möchten. Diese Tatsache in Verbindung mit den relativ erträglichen Verhältnissen in ihren Gefängnissen macht klar, daß die Inquisition generell nicht an Grausamkeiten um ihrer selbst willen interessiert war und jederzeit versucht hat, das Walten der Gerechtigkeit durch eine gnädige Behandlung zu mildern.

Die spanische Inquisition – Prozeß und Urteil

> Qué maldita canalla!
> Muchos murieron quemados,
> y tanto gusto me daba
> Verlos arder, qué decía,
> Atizándoles la llama:
> »Perros herejes, ministro
> Soy de la Inquisición Santa.«
> Calderon *El Sitio de Breda*

Da die Inquisitoren Verdächtige gewöhnlich erst verhaften ließen, wenn die Beweise gegen sie schlüssig zu sein schienen und durch die *calificadores* bestätigt worden waren, wurde das Opfer von Anfang an als schuldig betrachtet, so daß ihm selbst die Last, seine Schuldlosigkeit zu beweisen, zufiel. Die einzige Aufgabe der Inquisition bestand darin, von dem Gefangenen ein Schuldbekenntnis und seine Bereitschaft zur Buße zu erhalten. Wurde im Verlauf der Ermittlungen erkannt, daß der angebliche Beweis falsch und der Gefangene vermutlich schuldlos war, dann wurde er sofort freigelassen. Die Hauptaufgabe des Tribunals jedoch war, nicht als Gerichtshof zu handeln, sondern vielmehr als Disziplinarbehörde, die ausersehen war, mit einem nationalen Notstand fertig zu werden. Unter diesen Umständen und bei den damaligen juristischen Maßstäben waren die Tribunale der Inquisition ihrer Aufgabe in jeder Weise gewachsen.

Eine der Besonderheiten des Verfahrens war – was für viele Menschen Härten und Leiden brachte – die Weigerung, Gründe für die Verhaftung bekanntzugeben, so daß das Opfer für Tage, Monate oder sogar Jahre gefangensaß, ohne zu wissen, warum es sich in den Zellen der Inquisition befand. Anstatt den Gefangenen unter Anklage zu stellen, gingen die Inquisitoren zu ihm und ermahnten ihn im Lauf von mehreren Wochen dreimal, sein Gewissen zu durchforschen, die Wahrheit zu gestehen und sich der Gnade des Tribunals anzuvertrauen. Bei der dritten Mahnung wurde betont, es sei beabsichtigt, die Klage zu erheben, und es sei daher am klügsten zu gestehen, bevor die Beschuldigungen verkündet würden. Der Zweck der Unkenntnis, in der man den Gefangenen hinsichtlich der gegen ihn erhobenen Vorwürfe beließ, war, ihn zu zermürben. War er schuldlos, so wußte er nicht, was er eingestehen sollte, oder bekannte sich zu Verbrechen, deren die Inquisition ihn gar nicht anklagte. War er schuldig, dann fragte er sich fortwährend, wieviel von der

182

Wahrheit die Inquisitoren tatsächlich schon wußten und ob vielleicht alles bloß ein Trick sei, ihn zum Geständnis zu zwingen.

Sobald nach den drei Ermahnungen der Ankläger die Beschuldigungen vorlas, mußte der Angeklagte sie sofort einzeln beantworten und hatte weder Zeit noch einen Advokaten, um sich eine Verteidigung zurechtzulegen. Unter diesen Umständen belastete fast jede seiner Antworten ihn noch mehr. Erst später bekam er die Erlaubnis, sich juristische Hilfe zu seiner Verteidigung zu beschaffen.

Es war bei der spanischen Inquisition, im Gegensatz zu der mittelalterlichen, eine bedeutende Konzession, daß der Angeklagte einen Anwalt oder einen Rechtsberater hinzuziehen durfte. Dieses in den Anweisungen von 1484 verbriefte Recht wurde im allgemeinen auch gewahrt, doch machten spätere Änderungen dieser Vorschrift zuweilen die Unterstützung durch den Rechtsanwalt zu einer Farce. In den ersten Jahren der Inquisition durften Angeklagte sich ihre Rechtsanwälte nach Belieben auswählen, doch später beschränkte das Heilige Officium bei seiner wachsenden Vorsicht die Auswahl auf eine Reihe von ihm selbst nominierter Anwälte, so daß etwa von der Mitte des 16. Jahrhunderts an die Advokaten der Gefangenen *(abogados de los presos)* als Beamte des Tribunals betrachtet wurden, die von den Inquisitoren abhängig waren und Hand in Hand mit ihnen arbeiteten. Dieser neuen Kategorie von Anwälten haben manche Gefangenen offenbar mißtraut, denn wir erfahren, daß 1559 ein Inhaftierter in Valencia zu seinem Zellengenossen sagte, daß, auch wenn der Inquisitor ihm einen Advokaten bewillige, der ihm keinen guten geben werde, sondern einen Kerl, der sich nur nach dem richte, was der Inquisitor wolle. Und wenn er selbst es riskiere, um einen nicht zur Inquisition gehörenden Anwalt oder Rechtsberater zu bitten, würden sie ihm den nicht zuweisen, denn wenn so einer den Wünschen des Inquisitors zuwiderhandle, könne der den Mann wegen Verfälschung der Tatsachen verklagen oder wegen Mißachtung des Gerichts und ihn dadurch ins Gefängnis bringen [1].

Das soll jedoch nicht heißen, daß viele *abogados de los presos* ihre Pflicht nicht gewissenhaft erfüllt hätten, doch sie waren in der Ausübung ihres Amts behindert durch die ihnen vom Tribunal gesetzten Grenzen und die schwierige sowie gefährliche Aufgabe, einen Gefangenen, dessen Ketzerei sie verwerfen mußten, gleichzeitig zu verteidigen. Es gab einige Gelegenheiten, bei denen Angeklagten gestattet wurde, sich selbst einen Rechtsberater zu suchen. So zum Beispiel wurde das Carranza erlaubt, der unter anderen auch den berühmten Kirchenrechtslehrer Martín de Azpilcueta als Verteidiger erkor.

War endlich die Anklage aufgesetzt, so gab man dem Angeklagten eine Abschrift der gegen ihn zeugenden Beweise, damit er seine Verteidigung vorbereiten konnte. Diese Bekanntgabe der Belastungen war keineswegs so vorteilhaft, wie das scheinen mochte. Vor allem wurden ja, wie bereits erwähnt, die Namen sämtlicher Zeugen dabei verschwiegen. Und noch schwerer wog, daß alles, was vielleicht dem Angeklagten ermöglicht hätte, Zeugen zu identifizieren, einfach ausgelassen wurde. Das hieß, daß er oft die gegen ihn erhobenen Beschuldigungen gar nicht vollständig erfuhr. Somit stand es den Inquisitoren frei, als Beweise auch Mitteilungen zu benutzen, über die der Angeklagte gar nicht unterrichtet worden war. Das half zwar, die Zeugen vor dem Erkanntwerden und möglicher Rache zu schützen, lähmte jedoch manchmal die Verteidigung vollständig. Zu diesem Problem nahm die Suprema anfangs nur unklar Stellung, doch in ihren Anweisungen von 1561 wurde schließlich festgelegt, daß Beweise, durch die Zeugen identifiziert werden könnten, ausgelassen werden durften und dann nur über die dem Angeklagten bekanntgegebenen Beweispunkte zu verhandeln sei. Mit dieser Regelung wurde wenigstens pro forma der Gerechtigkeit genügt.

Abgesehen von dem denkbaren Nachweis, daß er völlig grundlos angeklagt worden war, hatte der Gefangene mehrere Möglichkeiten zur Verteidigung. Er konnte Zeugen, die für ihn günstig aussagten, laden lassen, konnte gegnerische Zeugen ausschalten, indem er ihnen persönliche Feindschaft ihm gegenüber nachwies, oder konnte auch seine Richter ablehnen. Ferner konnte er gewisse mildernde Umstände anführen, wie z. B. Trunkenheit, Irrsinn oder jugendliches Alter. Von diesen Möglichkeiten wurde auch stets Gebrauch gemacht, freilich nicht immer mit gleichem Erfolg. Bei den weitaus meisten Prozessen der spanischen Inquisition stützte die Verteidigung sich nur auf eigene Zeugen, weil das die einzige Möglichkeit war, die unbekannten Quellen, aus denen Beweise gekommen waren, aufzuspüren. Die anonyme Zeugenschaft war ein ernstes Problem. Wir haben bereits den Fall des Diego de Uceda genannt, der 1528 des Lutheranismus bezichtigt wurde, und zwar nur, weil er zufällig, auf dem Wege von Burgos nach Córdoba, mit einem Fremden gesprochen hatte. Da in der ihm vorgelegten Anklageschrift alle Einzelheiten wie Zeit und Ort ausgelassen waren, bildete Uceda sich ein, die Anklage gründe sich auf ein Gespräch, das er einige Abende später in Guadarrama geführt hatte. Infolgedessen konzentrierte er vergeblich seine ganze Energie darauf, nachzuweisen, daß dieses Gespräch ganz harmlos gewesen sei, während die wirklichen Belastungspunkte unwiderlegt blieben. Uceda beschloß, Zeugen laden zu lassen, die ihn entlasten konnten. Er mußte sechs Monate warten, bis man diese gefunden hatte, und auch dann halfen ihre Aussagen ihm nicht. Also war auch die Zuflucht zu günstigen Zeugen ein ungewisses und viel Zeit raubendes Unternehmen. Eher war noch mit dem Entkräften der Aussagen feindlicher Zeugen ein Erfolg zu erzielen. Für Felipe Leonart, von dessen Fall wir ebenfalls bereits sprachen [2], wurde es nicht schwer, nachzuweisen, daß die Beschuldigungen durch seine Familie aus purer Bosheit erhoben worden waren. Ähnlich war es bei Gaspar Torralba aus dem Dorf Vayona in der Nähe der kleinen Stadt Chinchon, der 1531 zu seiner Verteidigung eine Liste von 152 Personen, die er als seine Todfeinde bezeichnete, vorlegte. Da die Namen der meisten von den 35 Gegenzeugen in der Liste enthalten waren, kam er glimpflich davon [3]. Gegnerische Zeugen mit dem Hinweis auf ihre persönliche Feindschaft dem Angeklagten gegenüber auszuschalten oder ihre Aussagen zu entkräften, erwies sich allerdings nur dann als möglich, wenn der Angeklagte ungefähr wußte, wer ihn denunziert haben konnte. Wenn er aber, wie Uceda, das nicht im entferntesten ahnte, blieben die »Beweise« unerschüttert.

Die Ablehnung von Richtern verlangte beträchtlichen Mut und wurde eigentlich nur riskiert, wenn der Gefangene deren persönliche Feindschaft ihm gegenüber klar beweisen konnte. Carranza war einer der wenigen, denen es gelang, mit dieser Begründung vor andere Richter zu kommen, wenn ihm das auch letzten Endes wenig genützt hat. Mildernde Umstände wurden auch nicht sehr oft angeführt. Beispielsweise hatte der schon erwähnte Pedro Ginesta [4] sein hohes Alter und sein geschwächtes Gedächtnis als Grund für seine Versäumnis, am Bartholomäustag zu fasten, angeführt und wurde deshalb freigesprochen. Irrsinn, häufiger als Entschuldigung vorgebracht, war schwer zu widerlegen, aber ebenso schwer zu bestätigen. Von Geisteskrankheiten hat man wohl bei keinem Tribunal jener Zeiten, ob es ein weltliches oder ein kirchliches war, besonders klare Vorstellungen gehabt. Immerhin waren die Inquisitoren dabei äußerst vorsichtig und gaben sich viel Mühe, zu ergründen, ob die Behauptung der Geistesgestörtheit zutraf. Insbesondere im Falle von Hexerei, die sie als eine Art Wahnsinn ansahen, sprachen die Inquisitoren relativ milde Strafen aus.

Reguläre Prozesse, das heißt zügige Verfahren in einem bestimmten Raum und innerhalb festgesetzter Zeiten, gab es nicht. Vielmehr bestanden die Prozesse aus einer Reihe von Audienzen, wobei Ankläger und Verteidiger ihre Behauptungen zu Protokoll gaben, und einer Reihe von Verhören seitens der Inquisitoren im Beisein eines Notars. Sobald Ankläger und Verteidiger ihrer Pflicht genügt hatten, wurde der Fall als abgeschlossen betrachtet. Der Zeitpunkt zur Verkündung des Urteils war jetzt im allgemeinen nicht mehr fern. Dazu war erforderlich die Bildung einer *consulta de fe*, das heißt eines Gremiums, zu dem die Inquisitoren, ein Vertreter des Bischofs sowie einige Berater, die Examina in Theologie und Jura abgelegt hatten, gehörten. Diese Personen stimmten über das Urteil ab. Gemäß den Anweisungen von 1561 galten, wenn die Inquisitoren und der Vertreter des Bischofs einer Meinung waren, deren Stimmen mehr als die der Majorität der anderen Berater. Waren sie verschiedener Ansicht, so wurde der Fall an die Suprema verwiesen. Seit Beginn des 18. Jahrhunderts jedoch bedeutete die zentrale Rolle der Suprema, daß, wenn überhaupt, nur wenige wichtige Entscheidungen von den Tribunalen in der Provinz gefällt wurden und die *consulta de fe* ganz ausschied, weil alle Urteile durch die Suprema allein erfolgten.

So verlief in den Grundzügen das Verfahren, bei dem natürlich in jedem Stadium leicht Mißbräuche möglich waren. Der schwerste Nachteil für den Gefangenen war die fehlende Möglichkeit einer ausreichenden Verteidigung. Die Rolle seines Advokaten war darauf beschränkt, die Einzelheiten für die Verteidigung schriftlich aufzusetzen und das Schriftstück den Richtern vorzulegen. Außerdem waren weder eine mündliche Verhandlung noch ein Kreuzverhör erlaubt, woraus sich ergab, daß de facto die Inquisitoren gleichzeitig Richter und Geschworene sowie gleichzeitig Ankläger und Verteidiger waren und das Schicksal des Gefangenen ganz von ihrer Laune und ihrem Charakter abhing. Ein anderer Nachteil, den die meisten Gefangenen erlitten, war die endlose Dauer der Verfahren. Das klassische Beispiel dafür bietet der Fall Carranza, doch haben andere nicht weniger zu leiden gehabt. Besonders hart erging es dem mexikanischen Priester Joseph Brunon de Vertiz, der 1649 verhaftet wurde, im Gefängnis 1656 starb, bevor der Prozeß gegen ihn überhaupt begonnen hatte. Das Verfahren wurde posthum durchgeführt, der Mann erst 1659 zum Tode verurteilt und *in effigie* verbrannt. Ein anderes Beispiel ist Gabriel Escobar, ein Geistlicher minderen Ranges, der 1607, des Illuminismus beschuldigt, vom Tribunal in Toledo verhaftet wurde und 1622, noch vor Ende seines Prozesses, im Kerker starb.

Diese Verzögerungen gingen nicht nur auf Kosten der Gesundheit des Gefangenen, sondern zehrten auch an seinem beschlagnahmten Eigentum, aus dem während der gesamten Haftzeit alle anfallenden Kosten bestritten wurden.

Verurteilung hieß ausnahmslos, daß sich das Opfer einem *auto de fe* unterwerfen mußte. Diese Zeremonie war entweder, in leichteren Fällen, nichtöffentlich *(auto particular)* oder, bei schwereren Vergehen, öffentlich *(auto pública)*. Letztere wurde als *auto de fe* berühmt und berüchtigt. Die von der Inquisition verhängten Strafen wurden bei diesem feierlichen Akt verkündet. Da die Skala der möglichen Strafen endlos lang war, ist es wohl zweckmäßig, tabellarisch zunächst die Art der durch die Inquisition bestraften Verbrechen und dann die entsprechenden Strafmaße aufzuführen. Ein repräsentatives Beispiel ist die Tätigkeit des Inquisitionsgerichtes von Toledo. Im folgenden werden die Zahlen aus jeweils zwei verschiedenen Zeiträumen wiedergegeben. Zunächst die Zahl der jeweiligen Delikte [5]:

Art des Vergehens

	1575–1610	1648–1794
Ausübung jüdischer Bräuche (Judaisierende)	174	659
Behauptung, Unzucht sei keine Sünde	264	3
Ausübung arabischer Bräuche (Moriscos)	190	5
Gotteslästerung	46	37
Hexerei	18	100
Ketzerei	62	3
Verleitung während der Beichte	52	68

In dieser Tabelle fällt die große Zahl von Judaisierenden besonders in der zweiten Hälfte des 17. Jahrhunderts auf. Die häufige Verurteilung heimlicher Juden ging weitgehend auf die Zuwanderung von Portugiesen zurück. Was die Behauptung angeht, Unzucht sei Sünde, so scheint der auffallende Rückgang der Zahl der wegen dieses Vergehens verurteilten Personen bei oberflächlicher Betrachtung darauf hinzudeuten, als habe die Inquisition eine gründliche Änderung der Moral bewirkt. Doch das Absinken dieser Zahl ist wohl eher damit zu erklären, daß das Tribunal es aufgegeben hatte, sich um so geringfügige Vergehen noch zu kümmern.

Die in Toledo während derselben zwei Perioden verhängten Strafen waren die folgenden:

	1575–1610	1648–1794
Versöhnung	207	445
Tragen des Sanbenito	186	183
Vermögensentzug	185	417
Einkerkerung	175	243
Verbannung aus dem Wohnort	167	566
Auspeitschung	133	92
Galeere	91	98
Verbrennung in persona	15	8
Verbrennung in effigie	18	63
Verwarnung	56	467
Freispruch	51	6
Vertagung des Verfahrens auf unbestimmte Zeit	128	104

Die Zahl der Freisprüche, so klein sie war, läßt doch eine Besserung im Vergleich zum mittelalterlichen Tribunal, das gemeinhin niemals freisprach, erkennen. Da ein glatter Freispruch bedeutete, daß das Gericht einen Fehler begangen hatte, wurde es in zunehmendem Maße üblich, bei schuldlosen Personen die Anklage einfach fallenzulassen oder den Fall zu »suspendieren«. Die Vertagung auf unbestimmte Zeit brachte für den Angeklagten indes keine allzu große Erleichterung, sondern hielt ihn in Furcht, denn in dem Begriff der Suspendierung lag doch der Hinweis auf die Möglichkeit, daß der Prozeß jederzeit und bei jedem geeignet erscheinenden Anlaß wiederaufgenommen werden konnte. So blieb der Betroffene nachher ständig unter Verdacht. Die Möglichkeiten, Berufung gegen eine Strafe einzulegen, waren sehr gering. In Fällen, die bei einem öffentlichen *auto de fe* endeten, war das schon deshalb nicht möglich, weil die Angeklagten die Art ihrer Bestrafung erst erfuhren, wenn sie bereits in die bei der Zeremonie übliche Prozession eingegliedert waren. Dann war es natürlich für Berufungen zu spät. Das Verkünden der Strafe erst im letzten Moment erhöhte selbstverständlich die Ungewißheit, Furcht und Verzweiflung der Gefangenen. Wer jedoch verurteilt war, durch Verbrennung erlöst zu werden, dem wurde sein Schicksal stets am Abend vor der Zeremonie offenbart, um ihm Zeit zu geben, sich auf Beichte und Reue vorzubereiten. Später ließen die Tribunale das sogar drei Tage vorher mitteilen. Bei den nichtöffentlichen *autos* bot sich weit mehr Gelegenheit, nach dem Verlesen der Strafe noch Berufung einzulegen, die in solchen Fällen stets an die Suprema zu richten war, denn eine Berufung in Rom wurde niemandem nahegelegt.

Die verhängte Strafe war in den Augen der Inquisition eine Buße, ein Umstand, der bei der Betrachtung des Inquisitionsverfahrens nicht nachdrücklich genug betont werden kann. Das Tribunal war nicht nur bestrebt, selbst die Schuld der Opfer zu ermitteln, sondern vor allem auch, diese zu Geständnissen und zur Bußwilligkeit zu zwingen. Daher war der Begriff *auto de fe* buchstäblich als »Akt des Glaubens« aufzufassen. Es wurden dabei öffentlich die Buße für die begangene Sünde und der Haß auf die Ketzerei kundgetan, und allen daran Beteiligten wurde eine Schonfrist von vierzig Tagen gewährt. Die feierliche religiöse Stimmung von Buße und Frömmigkeit bei diesen Zeremonien bewirkte immer wieder Bekehrungen hartnäckiger Ketzer noch in letzter Stunde. Es gab viele, die sich einfach aus Angst, lebend verbrannt zu werden, bekehren ließen, aber auch andere, die mit anscheinend aufrichtigen Lobesworten für ihren erst neu erworbenen Glauben in den Tod gingen. Gerade wegen dieses Umstands dürfen wir die psychologische Wirkung der Atmosphäre bei den *autos de fe* ernst nehmen.

Ein paar Worte sollten noch zu den weniger drastischen Strafen der oben wiedergegebenen Liste gesagt werden. Versöhnung, das Los der meisten Reumütigen, bedeutete theoretisch: Rückkehr des Sünders in den Schoß der Kirche nach Ableistung der geziemenden Buße. Tatsächlich aber war sie, abgesehen vom Tod auf dem Scheiterhaufen, die strengste der von der Inquisition verhängten Strafen, denn bei dem Versöhnungsakt wurde der Büßer zu einer der anderen in der Liste aufgeführten Strafen, etwa Vermögensverlust und Einkerkerung, verurteilt. Das Vermögen wurde praktisch in allen Fällen konfisziert, so daß auch der Gefangene, der mit einer Freiheitsstrafe von nur wenigen Monaten davonkam, zwar als strenggläubiger Katholik, aber als Bettler wieder ins Leben trat. Wer nach der Versöhnung wieder einer Sünde überführt wurde, den behandelte man als rückfälligen Ketzer und verurteilte ihn zum Scheiterhaufen.

Der *sanbenito*, eine Verballhornung von *saco bendito*, war ein schon bei der mittelalterlichen Inquisition gebräuchliches Büßergewand, das die spanische Inquisition übernahm. Es handelte sich dabei in der Regel um einen Kittel von gelbem Stoff mit ein oder zwei diagonalen Kreuzen darauf. Dieses Gewand mußten die Büßer als Zeichen ihrer Schande tragen, je nach der Schwere ihrer Verfehlung für mehrere Monate, Jahre oder sogar lebenslänglich. Wer bei einem *auto de fe* erlöst werden sollte, mußte einen schwarzen *sanbenito* tragen, auf den Flammen, Teufel und allerlei schmückendes Beiwerk gemalt waren. Der zum Tragen des gewöhnlichen *sanbenito* Verurteilte mußte ihn stets umhängen, sobald er sein Haus verließ. Wie es bei lebenslänglicher Gefängnisstrafe üblich war, so konnte auch die Verurteilung zu lebenslänglichem Tragen des *sanbenito* durch einen Gnadenakt der Inquisition jederzeit in eine zeitlich begrenzte Strafe umgewandelt werden. Die Proteste gegen die *sanbenito*-Strafe richteten sich weniger gegen die Tatsache, daß die Verurteilten zum Zeichen ihrer Buße eine Zeitlang im *sanbenito* herumlaufen mußten, als vielmehr gegen die Gepflogenheit, die Schande des Verurteilten dadurch zu verewigen, daß die Gewänder nach Ablauf der verordneten Tragezeit in der Kirche des Ortes aufgehängt wurden – *ad perpetuam rei memoriam*.

Die durch die Inquisition verhängte Kerkerstrafe war entweder auf mehrere Monate oder Jahre befristet oder lebenslänglich, die dann meistens als »dauernd und unerläßlich« bezeichnet wurde. Keine dieser Strafen aber bedeutete unbedingt die Einschließung in einem Gefängnis. Entsprechend den Anweisungen von 1488 konnten die Inquisitoren nach Gutdünken jemanden zum Arrest im eigenen Hause oder etwa in einem Kloster oder einem Spital verurteilen, was dazu führte, daß sehr viele Gefangene ihre Strafen auf einigermaßen behagliche Art verbüßten. Der Hauptgrund für diese überraschende Konzession war der Raummangel in den Gefängnissen der Inquisition, die oft schon so überfüllt waren, daß man sich mit anderweitiger Unterbringung behelfen mußte. Das kam zahlreichen Gefangenen zugute. So wurde 1655 in einem Bericht über das Tribunal von Granada vermerkt, daß Gefangene während des Tages unbehindert ausgehen durften, durch die Stadt und in die Vororte schlenderten, sich in den Häusern von Freunden vergnügten und erst abends in ihr Gefängnis zurückkehrten. Auf diese Weise hätten sie ein behagliches Logis, für das sie keine Miete zahlten [6]. Eine weitere Milderung der scheinbaren Härte der Inquisitionsstrafen bedeutete die Tatsache, daß die »dauernde« Gefangenschaft fast nie vollzogen wurde. Im 17. Jahrhundert kam bei »lebenslänglich« selten eine Gefängniszeit von mehr als drei Jahren heraus, falls der Gefangene reumütig war, und »unerläßlich« bedeutete gewöhnlich eine achtjährige Haftzeit. Trotzdem verhängte die Inquisition weiterhin auch die »dauernde« Strafe, weil nach dem Kirchenrecht der Ketzer »lebenslänglich« ins Gefängnis kam. Wie selbstverständlich verfügte die Inquisition auch so widersinnige Bezeichnungen wie »dauerndes Gefängnis für ein Jahr«.

Die Galeere, bei der mittelalterlichen Inquisition als Strafe noch nicht üblich, wurde durch Ferdinand von Aragonien eingeführt, der dadurch billige Arbeitskräfte gewann, ohne sich dem Vorwurf offener Sklaverei auszusetzen. Die Galeere war gewiß die anfechtbarste aller von der spanischen Inquisition verhängten Strafen, wurde jedoch nicht oft ausgesprochen und nie für länger als zehn Jahre, während die weltlichen Gerichte damals und später auch zu lebenslänglichem Galeerendienst verurteilten. Die Galeerenstrafe enthob die Inquisition der Aufgabe, die Büßer in ihren Gefängnissen unterzubringen, und der Staat sparte die Kosten, die er sonst für angeheuerte Galeerenruderer aufzuwenden hatte.

Häufiger war das Auspeitschen. Der Gebrauch der Peitsche zur Züchtigung war bei den Christen schon lange üblich gewesen, doch unter der Inquisition wurde diese Strafe weit mehr als eine Züchtigung. Der Büßende wurde gewöhnlich dazu verurteilt, »durch die Straßen gepeitscht« zu werden. Er mußte dann bis zum Gürtel nackt erscheinen, wurde oft auch auf einen Esel gesetzt und mit der vorbestimmten Anzahl von Hieben, die der Henker austeilte, durch die Straßen getrieben. Vorübergehende und Kinder machten ihrem Haß auf den Ketzer Luft, indem sie das Opfer mit Steinen bewarfen. Frauen wurden ebenso gepeitscht wie Männer. Auch gab es für diese Strafe keine Altersgrenze. Aus den Akten geht hervor, daß auch Mädchen im Alter zwischen zehn und zwanzig Jahren und Greisinnen zwischen siebzig und achtzig von dieser Behandlung nicht verschont blieben. Im Durchschnitt wurde der Angeklagte zu ein- bis zweihundert Hieben verurteilt.

Oft wurden mehrere Strafen gleichzeitig verhängt. Beim *auto de fe* in Granada am 30. Mai 1672 wurde Alonso Ribero für die Fälschung von Dokumenten der Inquisition zu vier Jahren Verbannung aus der Heimat, sechs Jahren Galeere und hundert Peitschenhieben verurteilt; Francisco de Alarcon wegen Gotteslästerung zu fünf Jahren Verbannung, fünf Jahren Galeere, zweihundert Peitschenhieben und einer Geldstrafe[7]. Zu den übrigen Strafen braucht kaum etwas erklärt zu werden. Verbannung aus dem Lande oder vom Wohnort wurde häufig »für schlechten Einfluß« verhängt. Vermögenswerte wurden möglichst immer konfisziert. Von mehreren ungewöhnlichen Strafen, die gelegentlich vorkamen, sollte eine von der Inquisition in Mexiko verhängte Buße erwähnt werden; dort wurde im Dezember 1664 ein Büßer am ganzen Leib mit Honig bestrichen und mit Federn beklebt und mußte während eines *auto de fe* vier Stunden so in der grellen Sonne stehen.

Die schwerste Strafe war Verbrennung. Diese Form der Hinrichtung von Ketzern war in der christlichen Welt schon länger gebräuchlich, so daß die spanische Inquisition in dieser Hinsicht keiner inhumanen Neuerung beschuldigt werden kann. Bei den kirchlichen Gerichten war es, sanktioniert durch die mittelalterlichen Präzedenzfälle, üblich geworden, den Ketzer zum Tod auf dem Scheiterhaufen zu verurteilen, ihn dann aber den weltlichen Behörden zwecks »Erlösung« zu überantworten. Diese waren verpflichtet, das tödliche Urteil zu vollstrecken, was dem Heiligen Officium laut Gesetz verboten war. Dennoch versuchte die Inquisition nie darüber hinwegzutäuschen, daß sie voll und ganz für diese Hinrichtungen verantwortlich war. Daher ist kaum verständlich, warum die Apologeten der Inquisition immer wieder vorgaben, die Tribunale seien daran überhaupt nicht schuld gewesen. Vielmehr waren sie dafür so ausschließlich verantwortlich, daß Zeitgenossen, wie Hernando del Pulgar, keinen Moment zweifelten, daß sie sich in solchen Fällen mit Gnadengesuchen an den Großinquisitor, nicht aber an die weltlichen Behörden zu wenden hatten.

Nur zwei Gruppen von Verhafteten mußten mit Verbrennung rechnen – die nicht bußfertigen und die rückfälligen Ketzer. Als rückfällig galt, wer nach der Verzeihung einer schweren Ketzerei dieselbe nochmals begangen hatte. Tatsächlich wurden auf dem Scheiterhaufen nur wenige von den in den Akten als »erlöst« eingetragenen Personen verbrannt. Diese Unglücklichen hatten in der Regel die Wahl zwischen zwei Todesarten. Wenn sie bereuten, bevor das *auto de fe* seinen Höhepunkt erreichte, erwürgte man sie »barmherzig«, sobald das Feuer angezündet wurde. Weigerten sie sich aber zu bereuen, so wurden sie lebend verbrannt. Die Mehrzahl derer, die »erlöst« werden sollten, wurde nur *in effigie* verbrannt, entweder weil sie bereits tot waren oder sich durch Flucht gerettet hatten. An der großen Zahl der während der ersten Jahre der Inquisition *in effigie* verbrannten Opfer läßt sich ermessen, wie vielen es gelungen war, dem Tribunal zu entfliehen.

Die verhältnismäßig kleine Zahl der Verbrannten läßt sich als wirksames Argument gegen den legendären Blutdurst der Inquisition ins Treffen führen. Die entsprechenden Zahlen werden wir später noch untersuchen. Daß die Inquisitoren im allgemeinen, wo nur möglich, eine Verurteilung zu dieser Höchststrafe sowie den Vollzug des Feuertodes zu vermeiden suchten, verdient betont zu werden. Es wurden in allen Fällen vielfache und erhebliche Anstrengungen gemacht, hartnäckige Ketzer zu bekehren, und sobald dem Unbußfertigen seine bevorstehende Exekution mitgeteilt war, wurden diese Bemühungen verdoppelt. Als in Sevilla beim *auto de fe* vom 25. Juli 1720 ein Opfer zur »Erlösung« verurteilt worden war, wurden »während der drei Tage vor dem Strafakt die weisesten und frommsten Männer der Stadt hinzugezogen, um es zu bekehren, während man für seine Seele in allen Kirchen betete« [8]. Die in den ersten barbarischen Jahren der Inquisition relativ häufigen Verbrennungen hörten im 18. Jahrhundert auf. Unter der neunundzwanzig Jahre währenden Herrschaft Karls III. und Karls IV. wurden nur vier Menschen verbrannt [9].

Über die Zeremonie während des *auto de fe* gibt es eine ganze Literatur. In Spanien begann diese Veranstaltung als ein religiöser Akt, wurde dann aber nach und nach zu einem wahren Volksfest. Bei Ausländern hat dieser Akt stets Entsetzen und Furcht ausgelöst. In den Tagebüchern und Briefen von Reisenden kommen Abscheu und Erstaunen über diese im übrigen Europa unbekannte Gepflogenheit zum Ausdruck. Bestimmt haben jene Fremden, wenn jemand sie daran erinnerte, daß das öffentliche Hinrichten von Verbrechern in anderen Ländern nicht besser sei als das spanische *auto de fe*, einen derartigen Vergleich zurückgewiesen und behauptet, in Spanien sei »Fanatismus« am Werke, in ihrer Heimat jedoch »Gerechtigkeit«. Wie auch der moderne Mensch darüber urteilen mag – ohne Zweifel ist das *auto de fe* bei den Spaniern ein beliebtes Schauspiel gewesen. Die literarische Überlieferung sowie zahlreiche Stiche und Gemälde zeigen uns, daß sich bei jeder Veranstaltung dieser Art, bis ins 18. Jahrhundert hinein, zahlreiche Zuschauer einfanden. Das *auto de fe* fand stets auf dem größten verfügbaren Platz statt. Der Aufwand, mit dem die einzelnen Vorgänge des *auto de fe* zelebriert wurden, war, wie auf den Gemälden jener Zeit deutlich erkennbar ist, sehr kostspielig. Deshalb fanden ·die öffentlichen *autos de fe* nicht oft statt. Die Zahl der jährlichen *autos de fe* hing vom Ermessen der einzelnen Tribunale ab. Manche Inquisitionsgerichte versuchten, mindestens einmal im Jahr eine derartige Veranstaltung stattfinden zu lassen. Für dieses höchst feierliche Ereignis wurden die Gefangenen sorgfältig vorbereitet. Sobald genug Verurteilte vorhanden waren, wurde ein Datum bestimmt, und die Inquisitoren benachrichtigten die Stadträte sowie die Kirchenbehörden. Einen Kalendermonat vor Beginn der Feierlichkeiten zog eine Prozession von *familiares* und *notarios* durch die Stadt, um den festgesetzten Zeitpunkt zu verkünden. In den verbleibenden vier Wochen bis zu dem *auto de fe* mußten alle Vorbereitungen getroffen werden. Zimmerleute und Maurer wurden mit dem Aufstellen der nötigen Gerüste und Tribünen sowie der Anfertigung der erforderlichen Dekorationen beauftragt. Am Vorabend der Zeremonie fand eine besondere Prozession statt, die sogenannte »Prozession vom Grünen Kreuz«, bei der *familiares* und andere Personen das Kreuz des Heiligen Officiums zum Schauplatz der Veranstaltung trugen. Die ganze Nacht hindurch wurden unter Gebeten die letzten Vorbereitungen getroffen, und früh am nächsten Morgen wurde eine feierliche Messe gelesen, wonach alle, die zur Zeremonie erscheinen mußten, ein Frühstück erhielten (auch die Verurteilten) und dann die Prozession aufbrach, um sich ohne Umweg nach dem Platz zu begeben, wo das *auto de fe* stattfinden sollte.

Es existiert der Bericht eines Zeitgenossen über ein in Toledo am Sonntag, dem 12. Februar 1486, veranstaltetes *auto de fe*, bei dem mehrere hundert Judaisierende mit der Kirche versöhnt wurden. In den ersten Jahren wurde das Feierliche wenig oder gar nicht betont, und die Inquisitoren widmeten sich nur der Aufgabe, große Mengen von Ketzern rasch und nachdrücklich zu versöhnen.

Alle zu Versöhnenden schritten in einer Prozession; es waren siebenhundertundfünfzig Personen, Männer und Frauen. In diesem Zuge kamen sie von der Kirche des heiligen Pedro Martyr, und zwar in folgender Ordnung: Die Männer alle zusammen in einer Gruppe, barhäuptig und ohne Schuhe, und da es außerordentlich kalt war, sagte man ihnen, sie sollten Sohlen unter ihren nackten Füßen tragen. In den Händen hielten sie Kerzen, die nicht brannten. Auch die Frauen waren in einer Gruppe zusammen, ohne Kopfbedeckung, auch die Gesichter ungeschützt und, wie die Männer, ohne Schuhe, mit Kerzen in den Händen. Unter ihnen allen waren viele bekannte und hochgestellte Leute. Bei der bitteren Kälte und der Entehrung und Schande, die sie durch die Gegenwart der großen Zuschauermenge erlitten (es waren sehr viele Leute aus der weiten Umgebung gekommen, um sie zu sehen), gingen sie laut heulend und weinend ihres Weges und rauften sich die Haare, sicherlich mehr der Entehrung wegen, unter der sie litten, als wegen irgendeines Frevels an Gott. So schritten sie in Pein die Straßen entlang, durch die sich sonst die Fronleichnamsprozession bewegt, bis sie zur Kathedrale kamen. Am Portal der Kirche standen zwei Kaplane, die auf die Stirn eines jeden das Zeichen des Kreuzes machten und sagten: »Empfange das Zeichen des Kreuzes, du, der du es verleugnetest und verlorst, weil du getäuscht wurdest.« Dann traten sie in die Kirche und gingen bis zu einem an dem neuen Portal errichteten Gerüst, auf dem die Padres Inquisitores saßen. In der Nähe war noch ein Gerüst, auf dem ein Altar stand, an dem die Messe gelesen und eine Predigt gehalten wurde. Danach erhob sich der Notar und begann, jeden beim Namen aufzurufen, indem er fragte: »Ist der Soundso hier?« Der genannte Büßer hob seine Kerze und antwortete: »Ja.« Dort in der Öffentlichkeit lasen sie alles das vor, worin er jüdische Gesinnung gezeigt hatte. Dasselbe wurde bei den Frauen getan. Als das vorbei war, wurde ihnen öffentlich die Buße auferlegt und ihnen befohlen, an sechs Freitagen in Prozessionen zu gehen, ihren Körper mit Geißeln aus Hanfstricken zu züchtigen, den Rücken nackt, ohne Schuhe und ohne Kopfbedeckung. Und an diesen sechs Freitagen mußten sie fasten. Auch ward angeordnet, daß sie zeit ihres Lebens kein öffentliches Amt, etwa als *alcalde, alguacil, regidor* oder *jurado*, bekleiden oder öffentliche Schreiber oder Boten sein dürften und daß denjenigen, die solche Posten innehätten, diese jetzt entzogen würden. Auch daß sie nicht Geldwechsler, Ladenbesitzer oder Lebensmittelhändler werden und keinerlei amtliche Stellung haben dürften. Auch dürften sie weder Seide noch scharlachroten oder bunten Stoff als Kleidung und kein Gold oder Silber oder Korallen oder sonstige Schmuckstücke tragen. Auch als Zeugen nicht auftreten. Und es ward ihnen erklärt, daß sie, falls sie nochmals in gleicher Weise abirrten und erneut von dem Vorerwähnten täten, zum Feuertode verurteilt würden. Und als dies alles vorüber war, gingen sie fort, um zwei Uhr am Nachmittag [10].

Zwei Uhr ist in Spanien die Zeit des Mittagessens. Also hatten die Inquisitoren es geschafft, 750 Gefangene an einem Vormittag abzufertigen. Das war ein ganz anderes Verfahren als das gedehnte Tempo, der Pomp und die Zeremonie bei den späteren *autos de fe*, die bis weit in die Nacht andauerten und manchmal bis zum folgenden Tage, wie etwa in Logroño im November 1610. Die Geschwindigkeit in Toledo war vermutlich nicht der Rekord, denn nach den 750 Opfern im Februar brachte dieses Tribunal es am 2. April auf 900 Versöhnungen, nochmals auf 750 am 11. Juni und auf 900 am 10. Dezember, ganz zu schweigen von zwei weiteren *autos de fe*, am 16. und 17. August, bei denen siebenundzwanzig Menschen verbrannt wurden.

Als Kontrast zu der schlichten und zielstrebigen Durchführung der *autos de fe* in den ersten Jahren der Inquisition führen wir hier ein Beispiel aus späterer Zeit an. Am 30. Juni 1680 fand auf der Plaza Mayor in Madrid in Gegenwart des Königs und seines Hofstaats ein eindrucksvolles *auto de fe* statt. Die Berichte von der Zeremonie und das Riesenbild, das ein zeitgenössischer Maler vom Schauplatz schuf, lassen nicht ahnen, daß das glanzvolle Ereignis sich gleichsam zwischen den Ruinen der Macht Spaniens abspielte, zu einer Zeit allgemeinen Elends infolge schlechter Ernten, Geldknappheit und der Verbreitung der Pest von den Südküsten der Halbinsel aus [11]. Eine brauchbare Kurzfassung des zeitgenössischen Berichts über dieses *auto de fe* wurde 1748 in London veröffentlicht [12]:

Ein Gerüst, fünfzig Fuß lang, war auf dem Platz errichtet, und zwar bis zur gleichen Höhe mit dem als Sitzplatz für den König vorgesehenen Balkon. Am Ende und entlang der ganzen Breite des Gerüstes, zur Rechten vom Balkon des Königs, war ein Halbrund errichtet, zu dem fünfundzwanzig oder dreißig Stufen hinaufführten, und dieses war bestimmt für die Räte der Inquisition und die anderen Räte Spaniens. Oberhalb der Stufen, unter einem Baldachin, war das Rednerpult des Großinquisitors plaziert, und zwar viel höher als der Balkon des Königs. Zur Linken vom Gerüst und Balkon war ein zweites Halbrund von gleicher Größe wie das andere errichtet, und in diesem hatten die Verbrecher zu stehen.

Einen Monat nachdem der Akt des Glaubens verkündet worden war, ward die Feier mit einer Prozession eröffnet *, die von der Kirche der heiligen Maria in folgender Ordnung einherschritt: An der Spitze marschierten einhundert Kohlenhändler, alle bewaffnet mit Piken und Musketen. Diese Leute liefern das Holz, mit dem die Verbrecher verbrannt wurden. Ihnen folgten Dominikaner, denen ein weißes Kreuz vorangetragen wurde. Dann kam der Herzog von Medinaceli, der das Banner der Inquisition trug. Danach wurde ein schwarzverhängtes grünes Kreuz vorangetragen, hinter welchem mehrere Granden und andere vornehme Personen folgten, welche Familiares der Inquisition waren **. Die Marschordnung beschlossen fünfzig zur Inquisition gehörende Wächter, in schwarz-weiße Gewänder gekleidet und befehligt vom Marqués de Povar, dem erblichen Beschützer der Inquisitoren. Nachdem der Zug in dieser Reihenfolge bis vor den Palast gekommen war, schritt er alsdann zum Platz, wo das Banner und das grüne Kreuz auf dem Gerüst befestigt wurden. Es blieb dort niemand außer den Dominikanern, indes die übrigen sich zurückzogen. Diese Mönche verbrachten einen Teil der Nacht mit dem Singen von Psalmen, und am Altar wurden vom Tagesanbruch an bis sechs Uhr morgens mehrere Messen zelebriert. Eine Stunde danach erschienen der König und die Königin von Spanien, die Königinmutter und alle Damen von Rang auf den Balkonen.

* Sie fand am Abend des 29. Juni statt.
** »mehrere« ist untertrieben: In der Prozession gingen nicht weniger als 25 Granden, 37 andere Adlige und 23 weitere erlauchte Persönlichkeiten mit.

Um acht Uhr begann die Prozession, auf gleiche Art wie tags zuvor, mit der Gruppe der Kohlenhändler, die sich zur Linken von des Königs Balkon aufstellten, seine Wächter ihm zur Rechten. Die übrigen Plätze auf den Balkonen und Gerüsten wurden eingenommen von den Gesandten, dem Hochadel und dem Landadel. Alsdann kamen dreißig Männer, die aus Pappe gemachte, lebensgroße Figuren trugen. Einige davon stellten die im Gefängnis verstorbenen Personen dar, deren Knochen auch gebracht wurden, in Kästen, die ringsum mit Flammen bemalt waren. Und die übrigen Figuren stellten diejenigen dar, die den Händen der Inquisitoren entwichen und geächtet waren. Diese Figuren wurden an einem Ende des Rundbaus plaziert.

Nach diesen kamen zwölf Männer und Frauen, die Stricke um ihre Hälse und Fackeln in den Händen hatten, mit drei Fuß hohen Mützen aus Pappe, auf denen ihre Verbrechen verzeichnet oder in verschiedener Art dargestellt waren. Ihnen folgten fünfzig andere, die auch Fackeln in den Händen hatten und als Kleidung einen gelben Sanbenito, einen Kittel ohne Ärmel, trugen, auf den vorn und hinten große Andreaskreuze in roter Farbe gemalt waren. Das waren Verbrecher, die (es war dies ihre erste Gefangenschaft) ihre Verbrechen bereut hatten. Diese sind gewöhnlich entweder zu einigen Jahren Kerker oder zum Tragen des Sanbenito verurteilt, was als die größte Schande, die eine Familie treffen kann, betrachtet wird. Jeder dieser Verbrecher wurde von zwei Familiares der Inquisition geführt. Als nächstes kamen weitere zwanzig Verbrecher beiderlei Geschlechts, die dreimal in ihre früheren Abirrungen zurückgefallen und zum Feuertod verurteilt waren. Jene, die gewisse Anzeichen von Reue erkennen ließen, sollten vor dem Verbrennen erwürgt werden, die übrigen jedoch, weil sie hartnäckig auf ihren Irrtümern bestanden, lebend verbrannt werden. Diese trugen leinene, mit Teufeln und Flammen bemalte Sanbenitos und Kappen gleicher Art. Fünf oder sechs von ihnen, die hartnäckiger waren als die übrigen, hatten Knebel im Munde, damit sie keine gotteslästerlichen Worte äußern konnten. Die zum Sterben Verurteilten waren, abgesehen von der Begleitung durch zwei Familiares, von vier oder fünf Mönchen umgeben, welche sie unterwegs auf den Tod vorbereiteten.

Diese Verbrecher schritten, in der erwähnten Reihenfolge, unter dem Balkon des Königs vorbei und wurden, nachdem sie um die Tribüne gegangen waren, in dem Halbrund zur Linken aufgestellt, wobei jeder einzelne von den ihm zugeteilten Vertrauten und Mönchen umgeben blieb. Einige der Granden, die zu den Familiares gehörten, setzten sich auf zwei für sie bereitgestellte Bänke im untersten Teil des anderen Halbrunds. Die Beamten des Obersten Rates der Inquisition und die Inquisitoren sowie die Beamten der übrigen Ratskörperschaften und etliche andere Personen hohen Ranges, weltliche wie geistliche, allesamt zu Pferde, trafen in feierlichem Aufzug ein und plazierten sich bei dem Halbrund zur Rechten, beiderseits vom Rednerplatz für den Großinquisitor. Er kam als letzter von allen, in purpurfarbenem Gewand, begleitet vom Vorsitzenden des Rates von Kastilien, welcher sich, sobald der Großinquisitor Platz genommen hatte, zurückzog. Dann begannen sie mit der feierlichen Messe . . .

Etwa um zwölf Uhr wurde mit der Verlesung der Strafen für die verurteilten Verbrecher angefangen. Die Namen der im Gefängnis Verstorbenen sowie der Geächteten kamen zuerst. Ihre Abbilder aus Pappe wurden auf ein kleines Gerüst emporgetragen und dort in kleine, für diesen Zweck angefertigte Käfige gestellt. Dann ging es weiter mit dem Verlesen der Strafe jedes einzelnen Gefangenen, die daraufhin einer nach dem andern in besagte Käfige gestellt wurden, damit alle Anwesenden sie sehen konnten. Die ganze Zeremonie dauerte bis neun Uhr abends, und als sie dann zum Schluß noch eine Messe zelebriert hatten, entfernte sich der König. Die zum Feuertode verurteilten Verbrecher wurden dem weltlichen Gericht überantwortet und, auf Esel gesetzt, durch das Foncaral genannte Tor gebracht und um Mitternacht in dessen Nähe alle hingerichtet.

Bei dem hier beschriebenen *auto de fe* schworen zehn Personen ihren Irrtümern *de levi* (d. h., wegen eines geringeren Verbrechens) und einer *de vehementi* (wegen eines schwereren) ab. Dieses Abschwören war die bei gewissen moralischen Sünden und bei Verdacht von Ketzerei eingeführte Prozedur. Der Büßende schwor, seine Sünde hinfort zu unterlassen, und wenn er *de vehementi* zu schwören hatte, kam er wahrscheinlich nach Bruch dieses Eides bei der nächsten Gelegenheit auf den Scheiterhaufen. Sechsundfünfzig Sünder wurden versöhnt, zwei von ihnen *in effigie*, da sie in den geheimen Kerkern gestorben waren. Dreiundfünfzig wurden erlöst, davon neunzehn *in persona*, zu denen auch eine Frau von über siebzig Jahren gehörte. Bei diesem *auto de fe* wurde die Praxis der Inquisition in ihrer höchsten Vollendung durchgeführt. Es wird hierbei deutlich, daß das Verbrennen der Opfer nicht mit der Hauptfeierlichkeit verbunden wurde, vielmehr bei einer untergeordneten, oft außerhalb der Stadt, vor sich ging, wo vom Pomp der großen Prozession nichts mehr zu sehen war. Die wesentlichen Merkmale eines *auto de fe* waren die Prozession, die Messe, die Predigt bei der Messe und die Versöhnung der Sünder. Also wäre es falsch anzunehmen (wie das gemeinhin geschieht), daß die Verbrennungen das Kernstück bildeten. Sie mögen oft dabei ein Aufsehen erregendes Schauspiel geboten haben, gehörten jedoch nicht zum Wesentlichsten der Prozeduren, und es hat Hunderte von *autos de fe* gegeben, bei denen kein einziger Scheiterhaufen angezündet wurde. Die Phrase *auto de fe* weckt in der Phantasie des Protestanten gewöhnlich Visionen von Flammen und Fanatismus, während die wörtliche Übersetzung des Begriffs seinen wirklichen Sinn viel klarer macht.

Die Verbrennung eines Judaisierenden beim *auto de fe* vom 24. August 1719 in Logroño hat ein beteiligter Inquisitor selbst geschildert. Wir betreten dabei den Schauplatz in dem Moment, da das Opfer bereits an den Brandpfahl gebunden ist. Eine brennende Fackel wird vor das Gesicht des Verurteilten gehalten, um ihn warnend auf das hinzuweisen, was ihn erwartet, wenn er nicht bereut. Um das Opfer herum stehen zahlreiche Mönche, die

...den Verbrecher immer intensiver und eifriger bedrängen, sich zu bekehren. Ganz gelassen sagte er: »Ich will mich zu dem Glauben Jesu Christi bekehren«, also Worte, die bis dahin von ihm noch nicht gehört worden waren. Das erfreute alle Mönche übermächtig. Sie begannen, ihn zärtlich zu umarmen, und dankten Gott unendlich dafür, daß er ihnen eine Tür zur Bekehrung dieses Mannes geöffnet hatte ... Und als er sein Glaubensbekenntnis ablegte, fragte ein gebildeter Mönch vom Franziskanerorden ihn: »Unter welchem Gesetz wirst du nun sterben?« Er wandte sich um, blickte dem Mönch in die Augen und sagte: »Pater, ich erklärte Euch doch schon, daß ich im Glauben Jesu Christi sterbe.« Das erweckte bei allen große Freude und Vergnügen, und der Franziskaner, der gekniet hatte, stand auf und umarmte den Missetäter. Alle übrigen taten sehr befriedigt dasselbe und dankten Gott für seine unendliche Güte ... In diesem Moment sah der Verbrecher den Henker, der den Kopf hinter dem Brandpfahl vorschob, und fragte ihn: »Warum hast du mich eben einen Hund genannt?« Der Henker erwiderte: »Weil du den Glauben Jesu Christi geleugnet hattest. Doch jetzt, da du gebeichtet hast, sind wir Brüder, und wenn ich dich durch meine Worte gekränkt habe, bitte ich auf den Knien um Verzeihung.« Der Übeltäter verzieh ihm gern, und beide umarmten sich ... Und ich begab mich, wünschend, daß die Seele, die so viele Zeichen für ihre Bekehrung gegeben hatte, nicht verlorengehe, wie zufällig hinter den Pfahl, wo der Henker stand, und befahl ihm, den Mann sofort zu erwürgen, weil es sehr wichtig war, das nicht zu verzögern. Und er tat es sehr schnell.

Als gewiß war, daß der Mann nicht mehr lebte, wurde der Henker angewiesen, an allen vier Ecken das zum Scheiterhaufen geschichtete Buschholz und die Holzkohle anzuzünden. Das machte er sofort, und es begann an allen Seiten zu brennen, wobei die Flammen rasch zur Plattform hinaufleckten und das Holz und die Kleidung ansengten. Sobald die den Verbrecher fesselnden Stricke durchgebrannt waren, fiel er durch die offene Falltür in die Glut des Scheiterhaufens, und sein ganzer Körper wurde zu Asche [13].

Die Asche wurde über die Felder oder über den Fluß verstreut, womit der Ketzer, dem seine Bekehrung keinen Nutzen mehr gebracht hatte, aus dem Dasein verschwand, jedoch nicht aus der Erinnerung, denn ein *sanbenito* mit seinem Namen wurde, fast in jedem Fall, nach seinem Tode in der Kirche des Ortes aufgehängt. Eine Altersgrenze für zum Scheiterhaufen Verurteilte gab es nicht. Frauen in den Achtzigern und erst wenig über zehn Jahre alte Knaben wurden genauso wie alle anderen Ketzer behandelt.

Infolge der kunstvoll arrangierten Zeremonien wurden die *autos de fe* oft sehr kostspielig, was an sich schon für die Tribunale ein Grund war, sie nicht zu oft zu veranstalten. Die nichtöffentlichen *autos* waren schlichter und dementsprechend billiger. Die Kosten der öffentlichen waren außerordentlich verschieden. Warum, ist schwer zu erklären. Ein paar Beispiele dafür sind von Nutzen. Das am 18. Oktober 1570 in Logroño abgehaltene *auto de fe* kostete insgesamt 37 366 Maravedis, wobei der größte Teil der Summe nicht für die Veranstaltung selbst, sondern nachher für ein zur Feier dieses Tages stattfindendes Fest ausgegeben wurde. Die verschwenderischen Ausgaben wurden von der Suprema gerügt und demzufolge bei einem *auto de fe* im nächsten Jahr, am 27. Dezember, auf 1 548 Maravedis herabgedrückt [14]. Wenn wir diese Kosten einmal mit denen bei einem größeren Tribunal wie dem von Sevilla vergleichen, so sehen wir, daß dort die Ausgaben für jedes *auto de fe* auf über 300 Dukaten (112 500 Maravedis) veranschlagt wurden [15]. Abrechnungen mit einzelnen Beträgen geben uns einen Begriff, wo das viele Geld in einer Periode mit rapide steigenden Preisen blieb. Zunächst zwei Aufstellungen des Tribunals von Sevilla [16]:

Auto de fe zu Sevilla am 30. Januar 1624

	Maravedis
Allgemeine Unkosten	28 076
Bänke, Teppiche usw.	36 552
Stoffe für Sanbenitos	17 136
Kerzen	23 366
Advokaten für die Verbrecher	26 520
Bau der Tribünengerüste	264 724
Zusammen	396 374

Auto de fe zu Sevilla am 29. März 1648

	Maravedis
Allgemeine Unkosten	84 184
Bemalen und Bekleiden der Figuren	37 400
Miliz	10 200
Bau der Tribünengerüste	351 560
Mahlzeiten für die Soldaten und Figurenträger	21 148
Kerzen, Umhänge, Hüte	82 416
Transport der Angeklagten aus Córdoba	68 000
Mahlzeiten	156 680
Zusammen	811 588

Noch höher waren die Ausgaben des Tribunals von Córdoba für ein am 3. Mai 1655 veranstaltetes *auto de fe* [17]. Die drei größten Posten in der Rechnung waren:

	Maravedis
Bau der Tribünengerüste	644 300
Bänke, Kissen usw.	273 326
Essen für das Tribunal und seine Geistlichen	103 258

Insgesamt beliefen sich die Kosten auf 2 139 390 Maravedis, eine bestürzend hohe Summe im Vergleich zu sonstigen *autos de fe*. Neben dieser Zahl wirkt die vom Tribunal auf Mallorca bei einem *auto de fe* 1675 ausgegebene Summe von 4 000 Dukaten (1 500 000 Maravedis) noch bescheiden [18].

Bei Kosten von dieser Höhe wurde oft ein *auto de fe* finanziell zu einer schweren Belastung, die nur ganz selten durch besonders hohe Geldstrafen und Beschlagnahmen ausgeglichen werden konnte. Dessenungeachtet fanden *autos de fe* erstaunlich oft statt. In der Geschichte der Inquisition gab es drei hauptsächlich gegen Conversos gerichtete Unterdrückungswellen, und in diesen Zeiträumen wurden die meisten *autos de fe* angesetzt. Die erste Welle dauerte von etwa 1480 bis 1490, die zweite begann nach 1650 und dauerte bis 1680, und die dritte erstreckte sich von 1720 bis 1725. Die zwei letztgenannten betrafen vor allem Conversos, die aus Portugal zugewandert waren. Zwischen diesen Höhepunkten setzten die örtlichen Tribunale noch regelmäßig *autos de fe* von unterschiedlicher Bedeutung an. Zwischen 1549 und 1593, einer an Ketzern armen Periode, veranstaltete die Inquisition von Granada nicht weniger als fünfzehn *autos*. Zwischen 1557 und 1568 – ebenfalls eine Periode mit relativ seltenen Fällen von Ketzerei – veranstaltete das Tribunal von Murcia zehn *autos*, was ein recht hoher Durchschnitt war; das von Córdoba brachte es auf sieben in den neun Jahren von 1693 bis 1702. Abgesehen von der kurzen Epoche der protestantischen Gefahr, war es im 16. Jahrhundert relativ still, und es wurden in jenen Jahren der Weltmacht Spaniens weniger Menschen verbrannt als in den früheren und späteren Zeiträumen.

Bis zum 18. Jahrhundert kam es dann, infolge der immer geringeren Zahl und der steigenden Kosten, langsam dahin, daß allmählich die *autos de fe* aufhörten. Der neue König aus dem Hause Bourbon, Philipp V., war der erste spanische Monarch, der sich weigerte, ein *auto de fe* zu besuchen, das 1701 zur Feier seiner Thronbesteigung veranstaltet wurde. Allerdings war er später (1720) bei einer derartigen Zeremonie anwesend. Unter Philipps Regierung endeten in Spanien die Massenverfolgungen, und in der zweiten Hälfte des Jahrhunderts fanden nur noch nichtöffentliche *autos de fe* statt. Es wäre verfehlt, das etwa größerer Toleranz zuzuschreiben. Vielmehr lag es einfach an der erfolgreichen Ausmerzung der Ketzer.

Besondere Zuständigkeiten

>»Bollwerk der Kirche, Pfeiler der Wahrheit, Wächter des Glaubens, Schatz der Religion, Verteidigung gegen Ketzer, Durchleuchter der Täuschungen des Feindes, Prüfstein für die reine Lehre.«
>Fray Luis de Granada über die Inquisition in seinem *Sermón de las Caídas Publicas*

Obwohl die Inquisition in Spanien ursprünglich ausschließlich zur Bekämpfung der durch Ketzerei drohenden Gefahren geschaffen wurde, beschränkte sie sich nicht lange auf diese Tätigkeit. Etwa zu Beginn des 16. Jahrhunderts war es ihr bereits gelungen, die Rechtsprechung bei nahezu allen Verbrechen auszuüben, über deren Bestrafung fast ständig die kirchlichen Gerichte zu verfügen gehabt hatten. Die Gründe für diese Erweiterung der Macht der Inquisitoren sind leichter zu erklären als zu entschuldigen. Nachdem erst die Vollmacht der Bischöfe, Fälle von Ketzerei abzuurteilen, dem Heiligen Officium übertragen worden war (faktisch, nicht nur in der Theorie), begannen die bischöflichen Gerichte ihre Initiative auch in anderen Bereichen der kirchenrechtlichen Zuständigkeit zu verlieren, schon deshalb, weil die Inquisitoren den Begriff »Ketzerei« so weit faßten, daß er noch zahlreiche andere Verbrechen mit einschloß. Somit wurden die Inquisitionstribunale, deren Vollmachten man leicht hätte beschränken können, weil es eigentlich nur Fälle von Ketzerei behandeln sollte, de facto allmächtig, da es seine Autorität in allen Lebensbereichen der Spanier zur Geltung zu bringen verstand.

Schon ganz am Anfang ihrer Tätigkeit schritten die Inquisitoren in Fällen von Bigamie ein, ohne erst um Ermächtigung dazu bitten zu müssen. Das wurde möglich, weil alle Vergehen gegen die Ehe sowohl der kirchlichen wie der staatlichen Bestrafung unterlagen und die Bischöfe dabei keinen Vorrang besaßen. Zuerst stellte man fest, daß Bigamie im Zusammenhang mit ketzerischen Bräuchen vorkam, und bestrafte sie daher als eine Ketzerei im Rahmen einer anderen. So geschah es im Fall des Dionis Ginot, eines Notars aus Aragonien, dessen Abbild 1486 in Zaragoza verbrannt wurde, sowohl wegen Ausübung jüdischer Bräuche als auch wegen Bigamie. Als jedoch bei späteren Fällen die Akten erwiesen, daß die Inquisition auch Leute wegen Bigamie allein bestrafte, rief das in Katalonien Proteste hervor. In einer dort 1512 beschlossenen Concordia (die der Papst 1516 bestätigte) wurde festgelegt, daß nur die Bischöfe über Fälle von Bigamie urteilen sollten, sofern nicht auch Ketzerei dabei war. Eben diese Klausel bot der Inquisition ein Schlupfloch, durch das sie eingreifen konnte. Von da an, und solange sie bestand, verfolgte sie Bigamisten trotz der im 16. Jahrhundert durch die Cortes von Aragonien erhobenen Proteste. Die Benutzung der Klausel zugunsten einer Zuständigkeit der Inquisition erwies sich als denkbar einfach. Da mit Bigamie gegen die katholische Vorstellung von der Ehe verstoßen wurde, ergründete man im Verhör die Absichten des Übeltäters und beschuldigte ihn dann einer abweichenden Auffassung vom Sakrament der Ehe. Und abweichende Auffassungen in Religionsfragen waren Ketzerei. Diese Fälle wurden jedoch relativ milde bestraft. Die Bigamisten wurden nie als wirkliche Ketzer betrachtet und kamen meistens glimpflicher davon, als wenn ihr Fall vor einem weltlichen Gericht verhandelt worden wäre. Die drei beim *auto de fe* in Granada am 30. Mai 1672 wegen Bigamie verurteilten jungen Männer wurden jeder mit acht oder zehn Jahren Verbannung aus ihrem Wohnort und vier oder fünf Jahren Galeere bestraft. Ein weiterer typischer Fall ist der des Francisco Fernández. Er wurde wegen Bigamie beim *auto de fe* zu Toledo am 19. März 1721 zu 200 Peitschenhieben und fünf Jahren Galeere verurteilt [1].

Die theologische Begründung, mit der man sich dieser Fälle bemächtigte, die nur Verstöße gegen die allgemeine Ethik waren, ermöglichte weitgehende Eingriffe ins Privatleben des einzelnen. Jegliche Unmoral wurde nun von der Inquisition verfolgt, unter dem Hinweis, hinter dem unerlaubten Verhalten vermute man religiöse Abirrung. Infolgedessen handelte es sich bei sehr vielen vor das Tribunal gebrachten Fällen um kaum mehr als gedankenlose und oft harmlose Äußerungen über das persönliche Moralverhalten. Unzucht durfte getrieben, doch nicht für erlaubt gehalten werden. Yñes de Castro, eine Witwe, die sich 1576 vor dem Tribunal von Las Palmas selbst der Behauptung bezichtigte, es sei zuweilen besser, mit einem wirklichen Mann, der nicht der Ehegatte sei, zu schlafen, anstatt mit einem gebrechlichen verheiratet zu sein, wäre nicht wegen unsittlicher Absichten, sondern wegen Ketzerei verklagt worden [2]. Davon ausgehend war es nur ein kleiner Schritt bis zum Eingriff in die private Moral, selbst da, wo von Ketzerei keine Rede sein konnte. Lea zitiert einen Fall von 1784, in dem Josef Mas aus Valencia, der beim Tanz ein unanständiges Lied gesungen hatte, von der Inquisition verklagt wurde.

Zu den Verbrechen, die die Inquisition von Anbeginn bestrafte, gehörte die Gotteslästerung. Darin folgte sie der schon im Mittel-

alter üblichen Praxis, die in der Blasphemie eine unmittelbare Beleidigung Gottes erblickte, die sowohl durch die weltlichen als auch
durch die kirchlichen Gerichte bestraft wurde. Die mittelalterliche
Inquisition verlangte die Gerichtsbarkeit bei Fällen von Gottesläste-
rungen nur, wenn diese irgendwie dem Glaubensbekenntnis wider-
sprach, weil allein dann auch von Ketzerei die Rede sein konnte. Die
offensichtliche Schwierigkeit, zu entscheiden, ob die Gotteslästerung
eines einzelnen als Ketzerei zu werten sei oder nicht, führte im
16. Jahrhundert zu diversen Mißbräuchen seitens der Inquisition und
entsprechenden Protesten seitens der Cortes von Kastilien und Aragonien. Die Cortes von Madrid baten 1534 ausdrücklich darum,
Fälle von Gotteslästerung nur durch die weltlichen Gerichte aburtei-
len zu lassen, doch trotz allen Widerstandes gelang es den Inquisitoren, über die schwereren Fälle von Blasphemie allein zu entscheiden.
Damit war nicht gesagt, daß diese als schweres Verbrechen behandelt
wurden, denn die Inquisitoren hatten ein Gefühl für Nuancen, so
daß die meisten Sünder auf diesem Gebiet mit nur nominellen Strafen davonkamen. Es gab auch mehrere Fälle, in denen das Tribunal
die Angeklagten wieder entließ, weil die Inquisitoren verstanden,
wodurch sie zu unfrommen Worten besonders provoziert worden
waren. In dieser Hinsicht und auch in anderen hatten sie Verständnis
für die durch die menschliche Schwäche verursachten Entgleisungen
im Ausdruck.

Die erste wirkliche Konzession, die den Inquisitoren Macht über
Angelegenheiten gab, die nichts mit der Religion zu tun hatten, hatte
Papst Julius II. mit einer Bulle vom 14. Januar 1505 erteilt [3], durch
die der Inquisition in Spanien die Rechtsprechung auch bei Fällen
von Wucher übertragen wurde. Das war nur eine Wiederholung
der vom Papst schon der mittelalterlichen Inquisition im Jahre 1258
erteilten Vollmacht, also keine Neuerung, vor allem nicht in Anbetracht der wohlbekannten Tatsache, daß Wucher im Mittelalter von
der Kirche ganz offiziell als Verbrechen eingestuft worden war. Aber
diese Ausdehnung der Gerichtsgewalt der Inquisition bekam in Spanien schon deshalb besondere Bedeutung, weil die von jeher als
Wucherer geschmähten Leute, die Anlaß zur Schaffung der Inquisition gegeben hatten, die Juden waren. Die neue Zuständigkeit rief
Proteste auf den Cortes und bei einflußreichen Conversos hervor.
Deshalb entzog der Papst 1516 die Aburteilung von Wucher dem
Befehlsbereich des Heiligen Officiums, doch, wie es auch mit den
übrigen Versprechungen des Jahres 1516 ging, änderte sich in der
Sache nicht das geringste. Die Inquisition nahm weiterhin für sich
das Recht in Anspruch, bei Wucherfällen tätig zu werden, was die
Cortes in Monzón 1533 als unverständlich bezeichneten, als dort die

Beschwerde vorgebracht wurde, daß das Tribunal »ganz allgemein gegen Wucherer einschreite, obgleich Wucher an sich doch nicht den Tatbestand der Ketzerei erfüllt«[4]. Der lange Streit über diese Frage endete erst im März 1554, als die Suprema den Tribunalen verbot, fortan überhaupt noch gegen Wucher vorzugehen.

Ebenso erbittert wurde bei einem anderen moralischen Problem, der Homosexualität, um die Jurisdiktion gestritten. Homosexualität wurde im Mittelalter als das schwerste Verbrechen gegen die Sittlichkeit behandelt und durchweg als das »abscheuliche« oder »unaussprechliche« Vergehen definiert. Trotzdem war sie nicht etwa seltener als in anderen geschichtlichen Perioden. Zumeist wurden die deswegen Bestraften lebend verbrannt oder – in Spanien – kastriert und zu Tode gesteinigt. Unter Ferdinand und Isabella wurde die Strafe geändert in Feuertod und Einzug des Vermögens. Da über dieses Verbrechen stets die alte Inquisition geurteilt hatte, scheint das neuere Tribunal in Spanien damit auch begonnen zu haben, doch am 18. Oktober 1509 verfügte die Suprema, daß gegen Homosexuelle nur vorgegangen werden dürfe, wenn ein Zusammenhang mit Ketzerei vorliege, andernfalls jedoch nicht[5]. Hier scheint es zu einer merkwürdigen Spaltung gekommen zu sein, da die Tribunale in Kastilien sich nie wieder mit Homosexualität befaßten, die Inquisition in Aragonien aber jetzt offiziell gerade dieses Verbrechen in ihre Jurisdiktion einbezog. Am 24. Februar 1524 ermächtigte der Papst Clemens VII. durch ein Breve das Tribunal im Bereich Aragonien, über Fälle von Homosexualität zu entscheiden, einerlei ob Ketzerei damit verbunden war oder nicht. Von dieser Zeit an hielten dort die Inquisitoren sich an die neue Vollmacht, die sie nie wieder aufgaben, trotz der von den Cortes in Monzón 1533 erhobenen Beschwerden. So hatte Aragonien darin eine Sonderstellung, denn nicht einmal die Inquisition in Rom befaßte sich mit Homosexualität. Vom Tribunal in Zaragoza wissen wir, daß dort die Strafe für Homosexualität bei allen Erwachsenen im Alter von über fünfundzwanzig Jahren der Feuertod war, während jüngere ausgepeitscht und auf die Galeeren geschickt wurden. Doch die Todesstrafe wurde von der Inquisition nicht unbedingt durchgesetzt. Selbst wenn sie schon verhängt war, wurde sie sehr oft abgewandelt. Hierbei wird die Menschlichkeit und Milde der Inquisition sichtbar in scharfem Kontrast zu der Härte der weltlichen Gerichte, bei denen die Schuldigen ausnahmslos hingerichtet wurden. Besondere Nachsicht wurde Geistlichen zuteil, die in dieser Hinsicht gesündigt hatten, denn sie wurden eigentlich nie verbrannt, oder doch nur, wenn wiederholte Warnungen nicht fruchteten. Unter den weniger bedeutenden Fällen, die vor das Heilige Officium kamen, war das Hüten der Moral der Geistlichen vielleicht die schwierigste und anstrengendste Aufgabe, nicht nur weil infolge des Zölibats die Geistlichen häufiger zu Vergehen gegen die Sittlichkeit neigten, sondern auch, weil es notwendig war, solche Fälle geheimzuhalten, um Skandale zu vermeiden. Das häufige Vorkommen sexueller Verfehlungen bei Geistlichen ist in Spanien leichter erklärlich als in anderen Ländern, weil dort im Verhältnis zur sonstigen Bevölkerung die Zahl der Priester und Mönche ungewöhnlich groß war. Aber nicht über die Unmoral im allgemeinen machten die Inquisitoren sich besondere Sorgen, sondern vor allem *de solicitatione ad libidinem in actu confessionis*, das heißt über Verleitung zur Unzucht während der Beichte [6]. Der Beichtstuhl, wie wir ihn heute kennen, kam in den Kirchen erst gegen Ende des 16. Jahrhunderts in Gebrauch. Vorher gab es zwischen dem Beichtvater und dem Büßer keine äußere Schranke, so daß Gelegenheiten zur Sünde leicht entstehen konnten, wie es denn auch oft geschah. Die Skandale, die aus diesen sittlichen Verfehlungen bei der Geistlichkeit entstanden, veranlaßten 1561 den Großinquisitor Valdés, sich von Pius IV. für die Inquisition die Vollmacht zur Rechtsprechung in diesen Fällen zu verschaffen, die nunmehr als Ketzerei ausgelegt wurden, weil dabei das Sakrament der Buße mißbraucht wurde. In dieser Definition lagen jedoch ernste Schwächen. Dadurch, daß die Inquisitoren deutlich mehr Sorge um die theologischen als um die moralischen Aspekte der Unzucht während der Beichte erkennen ließen, waren sie später gezwungen, jene Beichtväter milder zu beurteilen, die nachweisen konnten, daß es zu ihren unzüchtigen Handlungen entweder vor oder nach der eigentlichen Beichte gekommen und somit die Heiligkeit der Beichte nicht verletzt worden war. Im übrigen hemmten auch die Streitigkeiten über die Zuständigkeit sowie die Kasuistik der Moraltheologen die Wirksamkeit der Maßnahmen der Inquisition, so daß auf diesem Gebiet die Tribunale längst nicht so erfolgreich durchgreifen konnten wie sonst in ihrem Zuständigkeitsbereich.

Das Überhandnehmen von Hexerei und Zauberei in Europa während des Mittelalters konnte den Kirchenbehörden nicht lange verborgen bleiben. Zu Beginn des 14. Jahrhunderts verkündete Papst Johannes XXII. durch mehrere Erlasse das Verbot jeden Umgangs mit Dämonen und Zauberern. Unter diesem Begriff waren nicht nur Pakte mit dem Teufel zu verstehen, sondern auch sämtliche Künste, die mit Astrologie und sonstigen Zukunftsdeutungen zusammenhingen. Im Jahre 1512 setzten die Cortes von Aragonien sich für schärfere Verfolgung der Zauberei ein, woraufhin die Inquisitoren dieses Landes die Jurisdiktion in solchen Fällen mit voller Zustimmung des Papstes übernahmen. Nach Aragonien geschah das auch in Kastilien, wo die Inquisition auch Magie und Weissagung als Ketzerei einstufte. Bei der außerordentlichen Verbreitung abergläubischer Praktiken überwanden die Inquisitoren alsbald alle Skrupel, die sie vielleicht noch behindert hatten, Zauber als Ketzerei zu definieren, so daß sie um die Mitte des 16. Jahrhunderts in Spanien unnachsichtig jede Person, die mit Zaubersprüchen, Amuletts, Wunderkuren und dergleichen handelte, vor ihre Tribunale zitierten. Die endgültige Zustimmung zu diesem Vorgehen kam von Sixtus V. in seiner 1585 erlassenen Bulle *Coeli et terrae,* durch die jede Astrologie, Magie und Dämonologie verdammt wurden. Die fortschrittliche Denkweise der Päpste und der Inquisitoren in dieser Frage verdient hervorgehoben zu werden, weil in ganz Europa die Astrologie, selbst bei hochgebildeten Leuten, als legitime Wissenschaft anerkannt wurde und das Ausarbeiten von Horoskopen für Kinder aus königlichen Häusern damals allgemein üblich war. Sogar schon vor dem päpstlichen Erlaß von 1585 hatten die Inquisitoren beschlossen, energisch dafür zu sorgen, daß die Astrologie aus dem Lehrplan der Universität von Salamanca, wo sie ausgiebig gepflegt wurde, gestrichen werde. Der zur Überprüfung des Unterrichts in Astrologie zu dieser Universität entsandte Inquisitor fand dort eine so große Zahl von Professoren vor, die ausgesprochen abergläubische Dinge lehrten, daß er meinte, es werde unerträglich lange dauern, sie alle zu bestrafen. Ein Anfang wurde gemacht, indem man sämtliche astrologischen Schriften auf den sogenannten Quiroga-Index setzte. Wieder einmal hatten, wie Lea hervorhebt, »Delinquenten das Glück, daß anstatt der weltlichen Gerichte, die in Fragen der Zauberei allerorten erbarmungslos durchgriffen, Inquisitoren über sie zu befinden hatten« [7]. Die vom Tribunal verhängten Strafen, die von der einfachen Rüge und dem Abschwören *de levi* bis zu Auspeitschung und Verbannung reichten, bestätigen das und zeigen, daß die Inquisitoren bereit waren, auf volkstümliche Irrtümer milde zu reagieren, solange dabei nicht eindeutig ketzerische Vorstellungen mit im Spiel waren. Ein typischer Urteilsspruch ist der über drei junge Frauen im Alter von dreiundzwanzig bis sechsundzwanzig Jahren, die beim *auto de fe* in Granada am 30. Mai 1672 jede zu 100 Peitschenhieben und Verbannung aus der Heimat für vier bis sechs Jahre verurteilt wurden [8]. Freilich war nicht zu hoffen, daß das Problem sich durch Strafen ganz lösen ließ, und so kamen denn vor den spanischen Tribunalen zwischen 1780 und 1820 – also in der letzten Periode ihres Wirkens – nicht weniger als 469 Fälle von Aberglauben und Zauberei zur Verhandlung [9].

Schrecklich wütete während des 16. und 17. Jahrhunderts in Europa und auch in Amerika die Hexenjagd. Hunderttausenden schuldloser Menschen brachte der Hexenwahn den Tod, vor allem in bäuerlichen

Gebieten, wo Leichtgläubigkeit und Aberglaube in besonderem Maße herrschten. Die Gesamtzahl der im 17. Jahrhundert allein in Deutschland hingerichteten angeblichen Hexen wird mit 100 000 angegeben, war also vermutlich viermal so hoch wie die Gesamtzahl der von der spanischen Inquisition verbrannten Opfer. Allein für Großbritannien wird die Zahl der getöteten Hexen mit einigen Tausend angegeben. Wenn auch derartige Zahlen immer problematisch sind, so ist es doch interessant, wenn wir Justizmorde von solchem Ausmaß mit dem Schicksal der der Hexerei verdächtigten Menschen in Spanien, einem Lande, das nicht weniger unter diesem verhaßten Aberglauben litt, vergleichen.

Magie, Zauberei und Hexenkünste gab es von jeher. Das Christentum sah in diesem Phänomen erst gegen Ende des 15. Jahrhunderts eine ernst zu nehmende Gefahr. 1484 erließ Papst Innocenz VIII. die Bulle *Summis desiderantes affectibus,* worin zum erstenmal festgestellt wurde, daß Zauberei eine Krankheit im Körper des christlichen Europa sei, die ausgemerzt werden müsse. Besondere Sorge kam in dieser Bulle über das in Norddeutschland aufgekommene Hexenwesen zum Ausdruck, und es wurden zwei deutsche Dominikaner, Heinrich Kramer und Jakob Sprenger, eigens damit beauftragt, diesen Übelstand in den Provinzen Nord- und Mitteldeutschlands auszurotten. Zwei Jahre später (1486) veröffentlichten Kramer und Sprenger ihr Handbuch über die Bekämpfung der Hexerei, das als *Malleus Maleficarum* oder *Hexenhammer* bekannt wurde. In dieser ausführlichen Sammlung einschlägiger Fälle und der Methoden zur Heilung Verhexter belehrten die beiden Dominikaner die Gläubigen, daß die Hexenkünste keineswegs nur eine Selbsttäuschung seien, sondern ein auf tatsächlichem Umgang mit Satan und den Mächten der Finsternis beruhender Brauch. Sie behaupteten, daß die Hexen wirklich Kinder verzehrten, sich wirklich mit Teufeln begatteten, wirklich zu ihren Versammlungen (oder Sabbaten) durch die Lüfte flögen, wirklich Vieh krank machen, Stürme entfesseln und Blitze herabbeschwören könnten [10]. Kein Buch zu jener Zeit hat mehr als gerade dieses den Aberglauben gefördert, den es vorgeblich bekämpfen wollte. Die in *Malleus* vertretenen Ansichten wurden im 16. Jahrhundert fortwährend durch die von den Päpsten und Bischöfen erlassenen Verfügungen noch untermauert. Wenn bedeutende Kirchenmänner durch ihr Verdammen okkulter Bräuche sich im Grunde zu der Überzeugung bekannten, daß dabei Tatsachen im Spiel waren, konnte es kaum ausbleiben, daß die Gläubigen irregeführt wurden. Gewiß gab es sowohl in Italien als auch in Spanien bedeutende Männer, die als Minderheit diese Auffassungen bekämpften, jedenfalls mehrere Bischöfe, die das Gerede von den durch die Luft fliegenden und sich mit Teufeln paarenden Hexen als Phantasie und Blendwerk bezeichneten, wofür niemand schwere Strafe verdiene. Jedoch wurde in ganz Europa der Hexenwahn immer schlimmer, besonders nachdem protestantische Reformatoren mit ihrer Autorität diese Theorien stützten. Luther, Melanchthon, Bullinger, Calvin und andere haben Verfolgungen befürwortet, wie es sie im katholischen Europa niemals gegeben hat. Calvin leitete 1545 persönlich in Genf eine Aktion, bei der 31 Menschen wegen Hexerei hingerichtet wurden. In Großbritannien geschahen die schlimmsten Morde gegen Ende des 16. und zu Beginn des 17. Jahrhunderts. In Schottland war das Hexenunwesen, ehe die davor warnende Parlamentsakte erlassen wurde (1563), so gut wie unbekannt. Erst diese vorbeugende Maßnahme schuf das Problem. In den folgenden vierzig Jahren wurden Hunderte Schottinnen für das Verbrechen, Hexen zu sein, verbrannt. In England ratifizierte Jakob I. 1604 ein Gesetz gegen Hexen, mit dem Erfolg, daß Hunderte hingerichtet wurden. Unter dem Commonwealth machte ein Hexenjäger namens Matthew Hopkins es zu seiner Aufgabe, das Land auf Rundreisen zu »reinigen«. Es wird berichtet, daß »die Gesamtzahl der auf Grund der Tätigkeit dieses Hopkins hingerichteten Hexen sich nicht annähernd schätzen läßt. Mehrere hundert waren es bestimmt, es können aber auch Tausende sein.«[11] Auf dem europäischen Festland sah es noch schlimmer aus. »Vom 14. bis ins 17. Jahrhundert, so hat man ausgerechnet, müssen es Millionen, auf keinen Fall aber unter 500 000 gewesen sein, die man wegen Hexerei hingerichtet hat. Im Elsaß wurden 1582 kurz nacheinander 134 Hexen und Hexer verbrannt, und zwar an vier Tagen, dem 15., 19., 24. und 28. Oktober. Nicholas Remy aus Lothringen sammelte den Stoff für sein 1595 veröffentlichtes Werk über die Anbetung von Dämonen aus den Prozessen gegen etwa 900 Personen, die er in den fünfzehn Jahren bis dahin zum Tode verurteilt hatte. Im Jahre 1609 sollen De l'Ancre und seine Genossen im Baskenland 600 Menschen zum Tode verurteilt haben. Auf Betreiben des Bischofs von Bamberg wurden 600 Hinrichtungen zwischen 1622 und 1633 vollzogen, und der Bischof von Würzburg schickte in ungefähr demselben Zeitraum 900 in den Tod[12].« Die Liste ist endlos und soll deshalb hier nicht fortgesetzt werden. Die Aufmerksamkeit, die wir diesem Phänomen hier gewidmet haben, sollte lediglich dazu dienen, den Hintergrund für die Darstellung der Hexenprozesse in Spanien deutlicher zu machen.

Zuerst gingen auch die spanischen Behörden mit der traditionellen Schärfe gegen Hexen vor. In der Bibel selbst war ja befohlen, Hexen nicht am Leben zu lassen. Infolgedessen wurden bei den ersten in Spanien vorkommenden Fällen tatsächlich Frauen verbrannt. Das

Tribunal in Zaragoza ließ 1498 eine, 1499 wieder eine und 1500 drei verbrennen. Und 1507 verbrannte, laut Llorente, das Tribunal in Calahorra 30 Frauen wegen Hexerei[13]. Von dieser Zeit an fanden regelmäßig Hexenprozesse statt, die ersten waren ein Verfahren in Toledo 1513 sowie ein Prozeß in Cuenca zwei Jahre später. In Cuenca war die Furcht der Bevölkerung genährt worden durch Gerüchte über ermordet oder verwundet aufgefundene Kinder, weshalb »der Verdacht aufkam, daß sie von *xorguinos* und *xorguinas* (wie im Volk die Hexer und Hexen genannt wurden) verletzt oder getötet worden seien«[14].

Die Inquisition wurde zum erstenmal zu ernstlichem Einschreiten bewogen, als in den Jahren nach 1520 in Navarra ein Hexenwahn ausbrach. Aus diesem Anlaß versammelten sich 1526 die Inquisitoren in Granada, um über das Phänomen zu beraten. Die meisten dort erschienenen Inquisitoren hielten die Geständnisse der Hexen für reine Wahrheit, eine Minderheit, darunter der spätere Großinquisitor Valdés, war jedoch der Überzeugung, daß es sich dabei um Blendwerk handele. Als dann Beschlüsse über die künftige Behandlung solcher Fälle gefaßt wurden, sprachen sich bei weitem die meisten Inquisitoren für mildes Vorgehen aus und wollten, neben anderen Maßnahmen, Prediger nach Navarra schicken, um die unwissenden Leute dort aufklären zu lassen. In den Jahren 1527/28 wurde von den weltlichen Behörden in Navarra eine wilde Kampagne gegen Hexen durchgeführt, die zu Massenexekutionen durch die übereifrigen Beamten führte. Einer der Inquisitoren von Navarra spielte dabei eine führende Rolle und behauptete, persönlich die Hinrichtung von 50 Hexen veranlaßt zu haben, deren böse Künste man überall in den Tälern noch wirken sähe: Kinder seien erstickt worden, Ernten verdorrt und Eicheln vertrocknet. Solche Ansichten wurden auch weiterhin geäußert, so daß die Bemühungen der Inquisition um eine vernünftigere Betrachtung dieser Ereignisse nicht sogleich Erfolg hatten. Erst 1530 schickte die Suprema einen Rundbrief an alle Tribunale, in dem Mäßigung beim Vorgehen gegen Hexen gefordert wurde.

Eine sonderbare *cause célèbre* aus jener Periode sollte hier vermerkt werden. Sie betrifft einen berühmten Magier und Physiker aus Cuenca namens Eugenio Torralba, der seine seltsame Laufbahn während seines Medizinstudiums in Rom zu Anfang des 16. Jahrhunderts begann. In Rom hatte er einen Dominikanermönch kennengelernt, der sich erbot, ihn durch einen guten Geist, den er Zequiel nannte, in das Okkulte einweihen zu lassen. Der gute Geist fand Torralba so sympathisch, daß er bald ständig bei ihm blieb und ihm großartige Geheimnisse aus den Wissenschaften anvertraute und prophetisches Wissen gewährte. Torralba kehrte 1519 nach Spanien zurück, was sehr einfach war, da er sich nicht der üblichen Reisemethoden bediente, sondern einfach von Zequiel durch die Luft transportiert wurde. Bei zumindest einer Gelegenheit, als Torralba 1520 einen Blitzbesuch bei einem ihm befreundeten Prälaten in Rom machte, welcher wußte, daß Torralba zu der Zeit in Valladolid hätte sein müssen, verriet der gute Doktor um ein Haar sein Geheimnis. 1525 wurde er Leibarzt der Königinmutter von Portugal. 1527 verriet er sich schließlich. Als er von Zequiel erfuhr, daß am 6. Mai 1527 die kaiserlichen Truppen Rom plündern würden, bat er den Geist, ihn dorthin zu transportieren, damit er das entsetzliche Schauspiel mit eigenen Augen sähe. Er verließ Valladolid am 5. Mai um elf Uhr abends und war am folgenden Tage um 3 Uhr nachmittags schon zurück, um seinen Freunden zu berichten, was er gesehen hatte. Bald wurde Argwohn wach, weil er zu einem Zeitpunkt von Ereignissen gewußt hatte, als in Spanien davon noch nichts bekannt sein konnte. So befahlen 1528 die Inquisitoren in Cuenca seine Verhaftung, und am 6. März 1531 wurde Torralba zum Tragen eines *sanbenito* und zu mehreren Jahren Kerker verurteilt [15]. Für einen Menschen, der als Zauberer so großen Ruhm geerntet hatte, war diese Strafe außerordentlich milde.

Obgleich Fälle von Hexenkünsten in ganz Spanein vorkamen, artete diese Epidemie am schlimmsten in einem bestimmten Gebiet aus, nämlich im bergigen Land nahe den Pyrenäen, in Navarra und Katalonien, wo sie geradezu monströse Ausmaße annahm, indem ganze Dörfer und Gemeinden der Hexerei beschuldigt wurden. Da ein so gewaltiges Problem sich nicht durch gerichtliche Verfolgungen lösen ließ, wurde 1538 der Inquisitor Valdeolitas mit dem Auftrag nach Navarra entsandt, sich um die allgemeine Forderung, Hexen zum Tode zu verurteilen, nicht zu kümmern, sondern der Bevölkerung klarzumachen, daß Vorgänge wie das Verderben einer Ernte nicht durch Hexen, sondern durch das Wetter verursacht würden. Man sagte ihm, er solle doch nicht dem *Malleus Maleficarum* so blind glauben, da dieser von einem fehlbaren Menschen, der sich irren könne, geschrieben sei. Abgesehen von den Versuchen, die Erregten für vernünftige Überlegungen zugänglich zu machen, war die Inquisition auch genötigt, sich wegen der Rechtsprechung über Verhaftete mit den weltlichen Behörden zu streiten. Erst 1576 gelang es der Suprema, die tatsächliche, wenn auch nicht ausschließliche Aufsicht über die Hexereifälle zu übernehmen. Daß sie in der Frage der Zuständigkeit gesiegt hatte, geht aus der Behandlung solcher Fälle nach diesem Datum hervor. Joana Izquierda, gegen die 1591 ein Prozeß vor dem Tribunal in Toledo eröffnet wurde, gestand, an dem Ritualmord einer Anzahl von Kindern beteiligt gewesen zu sein. Sechzehn Zeugen sagten aus, die Kinder seien tatsächlich ganz plötzlich gestorben, und die Izquierda stehe in dem Ruf, eine Hexe zu sein. Was nun in jedem anderen europäischen Lande zum Todesurteil für die Izquierda geführt hätte, brachte ihr in Spanien keine schwerere Strafe ein als das Abschwören *de levi* und zweihundert Peitschenhiebe.

Der nächste große Hexenwahn brach 1610 in Navarra aus und bewirkte den einzigen Rückschritt, den die Inquisition in dieser Angelegenheit tat. In der zur Panik gesteigerten Aufregung wurden die Inquisitoren in Logroño mitgerissen (einem von ihnen, Alonso de Salazar Frias, werden wir bald wieder begegnen). Am Sonntag, dem 7. November 1610, wurde in der Stadt ein riesiges *auto de fe* veranstaltet, mit so langwierigen Prozeduren und Zeremonien, daß es bis zum nächsten Tage dauerte. Von den dreiundfünfzig Gefangenen, die dort erscheinen mußten, waren 29 der Hexerei beschuldigt. Von ihnen wurden fünf *in effigie* und sechs *in persona* verbrannt [16]. Diese harte Maßnahme löste eine Reaktion bei der Suprema aus, die im März des folgenden Jahres Alonso de Salazar Frias zum Besuch der betroffenen Gebiete von Navarra entsandte. Er erschien dort mit einem Gnadenedikt, um die Bewohner des Gebiets zum Verwerfen ihrer Irrtümer aufzufordern. Salazars Mission wurde außerordentlich erfolgreich und lehrreich. Er begann sein Werk im Mai 1611 und beendete es im Januar 1612, legte jedoch seinen Tätigkeitsbericht erst am 24. März der Suprema vor. Dessen Inhalt war für die Geschichte des Hexenwesens in Spanien von größter Bedeutung. Während der genannten Zeit, erklärte Salazar, habe er 1802 Personen versöhnt, unter diesen 1384 Kinder, die Mädchen im Alter zwischen neun und zwölf Jahren und die Knaben zwischen neun und vierzehn. Von den übrigen Personen seien etliche bereits über siebzig und achtzig Jahre alt gewesen [17]. Nach genauer Überprüfung aller Beichten und der »Beweise« für Morde, Hexensabbate und Paarungen mit Teufeln kam Salazar zu folgenden erstaunlichen Schlußfolgerungen:

Bedenke ich das vorab Gesagte mit der ganzen christlichen Aufmerksamkeit, deren ich fähig bin, so habe ich nicht einmal Andeutungen gefunden, aus denen zu schließen wäre, daß es tatsächlich auch nur einen einzigen Fall von Hexerei gegeben hat. Überdies bringt meine Erfahrung mich zu der Überzeugung, daß von denen, die sich dem Gnadenedikt fügten, drei Viertel oder mehr sich selbst und ihre Mittäter fälschlich bezichtigt hatten. Ich glaube ferner, daß sie freiwillig zur Inquisition gekommen wären, um ihre Geständnisse zu widerrufen, wenn sie sicher gewesen wären, daß man sie dort freundlich und ohne Strafe empfangen hätte, denn ich befürchte, daß meine Bemühungen, sie dazu zu veranlassen, nicht deutlich genug angekündigt worden waren, und befürchte auch, daß während meiner Abwesenheit die Kommissare ... nicht so getreulich handeln, wie es sein müßte, vielmehr mit wachsendem Eifer zu jeder Stunde weitere Hexen und Sabbate entdecken werden, ebenso wie es vordem geschah.

Unter den jetzigen Verhältnissen erscheint es mir auch sicher, daß zwar neue Gnadenedikte oder die Verlängerung der schon erlassenen nicht nötig sind, vielmehr, bei dem krankhaften Geisteszustand der Menschen hier, jedes Aufrühren dieser Sache von Schaden ist und das Übel nur noch verschlimmert. Ich leite die Notwendigkeit, zu schweigen und zurückhaltend zu sein, aus der Erfahrung ab, daß es weder Hexen noch Verhexte gegeben hat, solange noch nicht darüber geredet und geschrieben worden war. Diesen Eindruck gewann ich kürzlich auch in Olagüe bei Pamplona, wo die Beichtenden behaupteten, die Sache habe dort erst angefangen, nachdem Fray Domingo de Sardo hingekommen war und über diese Dinge gepredigt hatte. So kam es denn, daß, als ich mich nach Valderro bei Roncesvalles begab, um dort die zu versöhnen, die gebeichtet hatten, und ich gerade wieder zurückkehren wollte, die Alcaldes mich baten, doch in das zwei Meilen entfernte Tal von Ahescoa zu gehen, nicht etwa, weil man dort irgendwelche Hexerei entdeckt habe, sondern nur, weil der Ort ebenso beehrt werden wollte wie die übrigen. Ich sandte jedoch nur das Edikt der Gnade hin und erfuhr acht Tage nach dessen Bekanntgabe, daß dort bereits Knaben beichteten [18].

Dieser klar durchdachte Bericht steht da wie ein Denkmal für den Sieg der Vernunft über den Aberglauben. Wie Salazar bemühte man sich nun überall in Europa, der Wahrheit systematisch auf den Grund zu kommen. Der hervorragende englische Arzt Dr. Harvey sezierte wenige Jahre nach Salazars Bericht eine Kröte, von der eine angebliche Hexe behauptet hatte, sie sei der ihr befreundete Dämon. Als Harvey festgestellt hatte, daß das Tier eine gewöhnliche Kröte und durchaus nichts anderes war, sah er seine Überzeugung, daß Hexen nur alte, an Selbsttäuschungen leidende Weiber waren, bestätigt. Doch noch immer hielt der Glaube an Hexerei geistig bedeutende Menschen, Wissenschaftler und Theologen, in Europa in Bann, und weiterhin fielen Menschen diesem Wahn zum Opfer. Allein in Spanien war das Bild anders. Dort stützte die Suprema geschlossen Salazars Argumente, und daß sie recht damit tat, wurde bestätigt durch das rasche Verschwinden aller Hexerei aus den Gebieten, die der Inquisitor besucht hatte. Am 31. August 1614 gab die Suprema für die Inquisition bindende Anweisungen heraus, die zum Leitfaden für das künftige Vorgehen der Tribunale wurden. In zweiunddreißig Artikeln pflichtete die Schrift der Skepsis Salazars gegenüber den Behauptungen, daß es Hexen gäbe, bei und riet zu Vorsicht und Milde bei allen Ermittlungen. Verspätete Gerechtigkeit wurde den Opfern des *auto de fe* von 1610 in Logroño dadurch erwiesen, daß man ihre Sanbenitos aus den Kirchen entfernte und man sie sowie ihre Nachkommen von aller Schande freisprach. Obgleich die Inquisition noch genötigt war, der Auffassung des übrigen Europa darin zu folgen, daß Hexerei als Verbrechen zu betrachten sei, wurden in der Praxis in Spanien alle Zeugenaussagen über derartige Vorfälle als Blendwerk behandelt, so daß das Land vor den Verheerungen durch die Hexenjagd und die Verbrennungen zu einer Zeit verschont blieb, als die Hexenhysterie in ganze Europa tobte.

Das heißt jedoch nicht, daß überhaupt keine Verurteilungen von Hexen mehr vorkamen. Beispielsweise wurden in Madrid beim *auto de fe* am 4. Juli 1632 nicht weniger als 11 von den 44 Beschuldigten wegen dieses Verbrechens bestraft [19]. Doch die Verbrennungen hörten bald ganz auf und mit der Zeit auch die Anklagen wegen Hexerei. Beim Tribunal von Valladolid wurde nach 1641 und bei dem von Toledo nach 1648 keine einzige Anklage deswegen mehr erhoben. Statt dessen treffen wir nur auf unbedeutende Fälle von Aberglauben und Zauberei. Toledo verhandelte im 17. und 18. Jahrhundert über insgesamt 216 Fälle dieser Art und Cuenca über 134. Alles waren nur geringe Vergehen. Ernste Fälle wie Besessensein vom Teufel und Hexenkunststücke wurden seltener und versickerten schließlich ganz. Die Inquisition darf sich mit Recht zugute halten lassen, daß sie in Spanien einen Aberglauben energisch ausgelöscht hat, der in anderen Ländern mehr Opfer forderte als jede andere Welle von religiösem Fanatismus. Vor allem ist bemerkenswert, daß die Tribunale in Neukastilien während ihrer ganzen Existenz keinen einzigen Menschen wegen Hexerei verbrannt haben. Von so vernünftig und heilsam arbeitenden Tribunalen hätte man wohl eine auch in nüchternen weltlichen Angelegenheiten vernünftige Haltung erwarten dürfen. Daß das nicht so war, beweisen die harten Schicksale, die manchen Ausländern in Spanien bereitet wurden.

Die Fremden, die der Inquisition am meisten zu schaffen machten, waren gewöhnlich Handelsleute. Zwar ließen die spanischen Behörden fremde Kaufleute gern in ihr Land ein, waren jedoch ängstlich darauf bedacht, persönlichen Verkehr zwischen ausländischen Ketzern und Einheimischen, die auch Ketzer sein mochten, zu verhindern. Überdies gaben sie sich die denkbar größte Mühe, die Bevölkerung des Landes überhaupt vor Kontakten mit fremder Ketzerei zu schützen. Also sahen ausländische Seeleute und Reisende sich genötigt, in Spanien ihre Zunge zu hüten und achtzugeben, daß bei ihnen kein unerlaubtes Druckwerk, etwa eine protestantische Bibel, gefunden werden konnte. Aber selbst wenn sie sich an diese Regeln hielten, wurden sie manchmal verhaftet und von der Inquisition eingekerkert. Das geschah immerhin so oft, daß protestantische Nationen, die Handel mit Spanien trieben, sich in erster Linie um Garantie für die Sicherheit ihrer Händler kümmerten, ehe sie über Geschäfte sprachen. England, ein guter Markt für spanische Rohprodukte, konnte zu besseren Bedingungen abschließen, als sie sonst zu erwarten waren. Im Jahre 1576 wurde durch eine Vereinbarung, den Vertrag Alba-Cobham, das Verhalten der Inquisition gegenüber englischen Seeleuten geregelt. Danach durfte das Tribunal gegen die Seeleute nur auf Grund dessen vorgehen, was sie nach der Ankunft in einem spanischen Hafen taten. Beschlagnahmt werden durfte jedenfalls nur das Eigentum des Beschuldigten, nicht etwa das Schiff und die Fracht, die ja dem Betreffenden zumeist gar nicht gehörten. Trotz des Ausbruchs der Feindseligkeiten zwischen England und Spanien wegen der beiderseitigen Ansprüche auf die Niederlande wurde dieses Abkommen von 1576 noch mindestens zwei Jahrzehnte lang getreulich eingehalten[20]. Als es unter Jakob I. endlich zum Frieden kam, wurde die Vereinbarung in den Friedensvertrag von 1604 mit aufgenommen. Und nach dem Kriege von 1624 bis 1630 wurde die Klausel erneuert durch den Artikel 19 des Friedensvertrags von 1630, der den englischen Seeleuten Sicherheit versprach, »solange sie keinen Skandal mit anderen verursachten«. Diese Klausel gefiel jedoch Cromwell nicht. Er schlug 1653 den Spaniern einen Bündnisvertrag vor, unter dem die Engländer gegen Zugriffe der Inquisition praktisch immun gewesen wären. Nach den in diesem Sinn entworfenen Artikeln wäre es englischen Untertanen erlaubt gewesen, auf spanischem Boden unbehindert ihre Gottesdienste abzuhalten und ihre Bibeln zu benutzen, ohne daß bei ihnen irgend etwas konfisziert werden durfte. Auch sollte ihnen bei Todesfällen erlaubt sein, ihre Toten im Lande zu beerdigen. Cromwells Prestige war so groß, daß der Staatsrat gewillt war, diese Bedingungen zu akzeptieren[21], doch sie wurden infolge der entschiedenen Opposition der zu keinem Kompromiß bereiten Suprema abgelehnt.

Alle vorschriftsgemäß getauften Personen, die *ipso facto* Christen und Mitglieder der katholischen Kirche waren, unterstanden der Rechtsprechung der Inquisition. So kam es, daß hin und wieder Ausländer bei den in Spanien veranstalteten *autos de fe* zu den Verurteilten gehörten. Bei den Verbrennungen von Protestanten in Sevilla um die Mitte des 15. Jahrhunderts stieg allmählich die Zahl der verhafteten Ausländer, was in einem internationalen Seehafen nichts Unnatürliches war. Von den in Sevilla beim *auto de fe* im April 1562 erscheinenden Sündern waren 21 Ausländer, und zwar vorwiegend Franzosen. Bei dem am 19. April 1564 dort abgehaltenen *auto de fe* wurden sechs Flamen *in persona* erlöst, und zwei andere Ausländer schworen *de vehementi* ab. Und bei dem am 13. Mai 1565 waren es vier Ausländer, die *in effigie* erlöst, sieben, die versöhnt wurden,

214

und drei, die *de vehementi* abschworen. Beim *auto de fe* vom 9. Juni 1591 in Toledo wurde ein schottischer Protestant erlöst und ein zweiter, der Kapitän des Schiffes »Mary of Grace«, bei dem am 19. Juni 1594 veranstalteten *auto de fe*. In jenen Jahren standen oft mehr ausländische Protestanten als einheimische Ketzer vor dem Inquisitionsgericht. So wurden in Barcelona von 1552 bis 1578 die einzigen Erlösungen von Protestanten an 51 Franzosen vorgenommen. In Santiago bestrafte man im gleichen Zeitraum über 40 ausländische Protestanten. Das von Schäfer angeführte Material zeigt, daß bis 1600 vor den Tribunalen in Spanien in 1 995 Fällen von angeblichem Luthertum verhandelt wurde, wovon es sich bei 1 640 Fällen um Ausländer handelte. Besonders hart betroffen waren jene ausländischen Kaufleute, deren Heimatländer mit Spanien verfeindet waren. Ihre Schiffsbesatzungen wurden verhaftet, die Schiffe beschlagnahmt und die Ladungen konfisziert. Von den beiden Engländern, die in Sevilla bei dem großen *auto de fe* vom 12. Dezember 1560 »erlöst« wurden, war der eine, Nicholas Burton, ein Schiffskapitän, dessen Fracht man konfisziert hatte und dessen Verluste, mit den übrigen an diesem Tage verfügten Beschlagnahmen, die Gesamtsumme der verlorenen Vermögenswerte auf 50 000 englische Pfund steigerten. So wenigstens stand es in dem Bericht, der wahrlich ein klares Zeugnis für gewisse Profite der Inquisition bildet [22].

Lea vermutet, indem er die Tatsache verallgemeinert, daß am Ende des 17. Jahrhunderts in den Berichten über die *autos de fe* kein Fall von Protestantismus mehr erscheint, es sei auch die Zahl der nach Spanien kommenden Ausländer damals gesunken, und die Inquisition habe »mit ihren Bemühungen, den Verkehr zwischen Spanien und seinen Nachbarländern einzuschränken und das Land von der europäischen Zivilisation zu isolieren, Erfolg gehabt« [23]. Das jedoch ist eine falsche Schlußfolgerung. Erstens hat nicht die Inquisition allein die Schuld gehabt, daß Spanien in die Isolierung ging. Zweitens wuchs die Zuwanderung gerade, als es mit Spanien bergab ging. In der zweiten Hälfte des 17. Jahrhunderts wanderten mehr Franzosen als je nach Kastilien ein. Auch in Andalusien und im Hinterland von Cádiz siedelten sich zahlreiche ausländische Kaufleute an, während Katalonien einen ganzen Strom von Franzosen aufnahm, die über die Pyrenäen ins Land kamen. Der Rückgang der Anklagen von Ausländern und ausländischen Ketzern kann zum Teil der Tatsache zugeschrieben werden, daß die meisten sich im Lande ansiedelnden Fremden bereits katholisch waren, und zum Teil auch der nicht mehr so wirklichkeitsfremden Politik der Inquisitoren. Von 1640 an lockerte sich die Isolierung Spaniens allmählich, und gegen Ende des 17. Jahrhunderts wuchs die Bereitschaft, sich mit den Glaubensformen der Außenwelt mehr oder weniger abzufinden. Bezeichnend ist, daß nach dem langen Spanischen Erbfolgekrieg von 1702 bis 1714, als Truppen, die aus Tausenden von Ketzern bestanden (aus Hugenotten sowie englischen und deutschen Ketzern), von den spanischen Streitkräften auf spanischem Boden gefangengenommen wurden, die Inquisition keinen einzigen Scheiterhaufen anzünden ließ, um Ketzereien, die infolge dieses Ereignisses ins Land eingedrungen sein mochten, auszurotten.

Das Schicksal von Ausländern, die in die Hände des Heiligen Officiums gerieten, läßt sich am besten an der dokumentarisch gut belegten Geschichte des Tribunals der Kanarischen Inseln ermessen. Die Häfen dieser Inseln wurden von englischen Schiffen regelmäßig angelaufen, nicht nur, um dort Ware aufzunehmen, sondern auch als günstige Zwischenstationen vor der weiten Fahrt über den Atlantik zu den spanischen Kolonien und in die Südsee. Zwischen 1586 und 1596 vor allem waren englische Händler und Seeleute schweren Verfolgungen durch die Behörden Spaniens, das sich damals im Kriege mit England befand, ausgesetzt. Bei einem *auto de fe* in Las Palmas befanden sich in der Prozession der Angeklagten zum erstenmal Engländer, vierzehn Seeleute, von denen einer, George Gaspar aus London, *in persona* erlöst wurde, als einziger von diesem Tribunal zum Tode verurteilter Engländer. Beim nächsten öffentlichen *auto de fe*, am 1. Mai 1591, wurden die Abbilder von vier englischen Seeleuten verbrannt, von denen zwei bei dem vorherigen *auto de fe* versöhnt worden waren. Bei dem am 21. Dezember 1597 veranstalteten *auto*, wohl dem letzten, bei dem auch Engländer erscheinen mußten, befanden sich elf englische Seeleute [24]. Die genannten Fälle bilden freilich nicht die Gesamtzahl der durch die Inquisition verhafteten Engländer. Die Listen zeigen, daß zwischen 1574 und 1624 mindestens 44 Engländer in den Kerkern der Inquisition gefangensaßen [25]. Und das war nur ein Teil der Seeleute aller möglichen Nationen, die in spanischen Häfen ihre Sicherheit aufs Spiel setzten. Die englischen Seefahrer waren besonders leicht von der Inquisition zu fassen, weil viele von ihnen schon so alt waren, daß sie noch Gelegenheit gehabt hätten, sich unter Queen Mary im wahren Glauben taufen zu lassen, und andere noch so jung, daß sie das unter dem von Königin Elisabeth geschlossenen Abkommen hätten tun können. Da sie das nicht getan hatten, galten sie als Abtrünnige und Ketzer, denen das Tribunal nicht straflos verzieh.

Bald jedoch machte sich bei der Inquisition eine vernünftigere Haltung den Ausländern gegenüber bemerkbar. Als 1624 wieder Krieg zwischen England und Spanien ausbrach, hatten die auf den Kanarischen Inseln wohnenden Engländer es den dortigen Inquisitoren zu verdanken, daß sie unbehelligt blieben. Das Hauptmotiv für die Besorgnis der Behörden, Ausländer vielleicht allzu streng zu verfolgen, lag in kaufmännischen Erwägungen; die neuerliche Mäßigung der Inquisition scheint den Händlern wieder Mut gemacht zu haben, denn 1654 wohnten allein in Teneriffa etwa 1 500 Niederländer und Engländer [26]. Diese glückliche Situation wurde durch Cromwells unklugen Angriff auf Hispaniola (1655) fast mit einem Schlage zerstört, denn die spanischen Behörden griffen zu Repressalien gegen die in Spanien selbst sitzenden englischen Kaufleute, die allerdings, rechtzeitig über das Unternehmen gegen Hispaniola informiert, das Land verließen, bevor die Hiebe sie trafen. Daher klingen die Berichte der verspätet eingreifenden, für die Repressalien angesetzten spanischen Beamten lächerlich. In Teneriffa, hieß es, sei »das konfiszierte Gut auf dieser Insel und in Las Palmas unbedeutend«. Im Hafen von Santa Maria »war kein einziger Engländer mehr«. In Cádiz blieben nur die katholischen Engländer. In San Lucar »hatte man sie so rechtzeitig gewarnt, daß nichts von Bedeutung dort zurückblieb«, und »die meisten von ihnen und die reichsten hatten alles verkauft und sich mit der englischen Flotte entfernt« [27]. Später kamen sie zurück, wie sie das immer zu tun pflegten. Mittlerweile hatten jedoch die protestantischen Kaufleute nur noch wenig vom Zorn der Inquisitoren zu fürchten, die sich daran gewöhnten, daß es besser war, die *bona fide* tätigen Gruppen von Händlern in Ruhe zu lassen, da der jährliche Profit durch sie weit mehr ins Gewicht fiel als ihr Irrglauben. Insoweit zumindest ging auch das Heilige Officium aus einem Zeitalter der Intoleranz in ein liberaleres über.

Die letzten Tage der Conversos

> »Das größte ihnen vorzuwerfende Verbrechen
> waren nicht die Sünden, die sie begangen hat-
> ten, sondern die Gewinne, die sie an sich nah-
> men.«
> Menasseh ben Israel *Esperanza de Israel*
> (1650)

Wie wir sahen, hatten die Conversos unter einzelnen Verfolgungs-
wellen zu leiden, die schließlich, etwa um 1730, verebbten. Der neue
Ausbruch von Verfolgungen zeigt deutlich, daß sie nicht fähig waren, sich insgesamt in der spanischen Gesellschaft zu assimilieren.
Diese alte Schwäche der Juden war mit schuld an der Isolierung und
Vernichtung der Conversos. Ja, es war eine Vernichtung, die sie sich
selbst zuzuschreiben hatten. Aus den Papieren der Inquisition geht
mehr als deutlich hervor, daß die Judaisierenden es nicht fertig-
brachten, mit ihrer Verachtung für die staatlich vorgeschriebene Religion zurückzuhalten, vielmehr auf hunderterlei Weise, durch Redens-
arten und Handlungen, die man allgemein als gotteslästerlich bezeichnete, ihre feindselige Haltung zu erkennen gaben und damit
eine nicht weniger feindselige Reaktion auslösten. Für den inneren
Druck, der sie förmlich zwang, ihre Gefühle in dieser Art zu äußern,
kann man in unserer Zeit Verständnis aufbringen, wenn wir sehen,
wie heute rassische und religiöse Minderheiten sich weigern, die
Forderungen ideologisch »einheitlicher« Staaten zu erfüllen, in denen
nur eine ganz bestimmte Lebensform und Denkweise geduldet wird.
Damals wie heute kam es jedoch unfehlbar zum Gegendruck.

Die hohe Zahl der Prozesse gegen Judaisierende, die bald nach
1500 erhoben wurden, bezeichnete das Ende jener Generation spanischer Juden, die zum Teil noch an den Mosaischen Gesetzen hingen, wie diese vor 1492 gelehrt worden waren. Wer zum Beispiel
1532 im Alter von fünfzig Jahren als Judaisierender bestraft wurde,
wäre 1492 zehn Jahre alt und somit vermutlich schon alt genug gewesen, um die Gesetze des Moses zu kennen und hebräisch zu sprechen. Da diese Generation um die Mitte des 16. Jahrhunderts gewiß
nicht mehr lebte, würde das erklären, warum damals keine Verfolgungen stattfanden. Die neue Generation, also deren Kinder, wuchs
in ganz anderer Weise heran als ihre Väter. Selbst wenn die Eltern
noch nach jüdischer Sitte lebten, ließ man doch die Kinder über die

Besonderheiten des jüdischen Glaubens mindestens so lange, bis sie vernünftig denken konnten, im unklaren, aus Furcht, daß kindlicher Mangel an Vorsicht die ganze Familie ins Verderben bringen könne. Als 1527 in der kleinen Stadt Atienza, in der Provinz Guadalajar, die Judaisierenden einen heimlichen Gottesdienst als Gedenkfeier für einen Angehörigen abhielten, konnten die Kinder die hebräischen Gebete ihrer Eltern gar nicht verstehen [1]. Bei der erzwungenen Heuchelei kam es dahin, daß die meisten Kinder als orthodoxe Christen erzogen wurden und man sogar auf die Beschneidung verzichtete, vor allem bei den jüngeren Kindern, die gern nackt herumliefen. Gebetbücher wurden nicht mehr benutzt, das Zeremoniell kürzte man, und über Dogmen wurde nicht mehr gesprochen. So verfiel die jüdische Religion schnell. Innerhalb einer Generation waren ganze Gemeinden faktisch Katholiken geworden und blieben jüdisch nur noch in der Verehrung ihrer Vorväter. Salucio, von dem wir schon wissen, daß er gegen die *limpieza*-Statuten schrieb, versicherte zu Beginn des 17. Jahrhunderts, daß aus dem Reich die heimlichen Juden so gut wie ganz verschwunden seien, und sagte, daß, »obwohl es Anzeichen gibt, daß noch etliche vorhanden sind, nicht zu leugnen ist, daß im allgemeinen keine Furcht vor ihnen und kein Argwohn mehr bestehen« [2].

Bis auf einige gut organisierte, geheime Gruppen von Conversos gab es in Spanien keine einheimischen Judaisierenden mehr, doch mit ihrem Verschwinden war auch das ganze großartige Erbgut des spanischen Judentums dahin. In diesem Stadium begann der Zyklus der Verfolgung von neuem. Von den Flüchtlingen, die 1492 und kurz zuvor Spanien verlassen hatten, begaben sich sehr viele, insgesamt etwa 120 000, nach Portugal, wodurch der Anteil der Juden an der portugiesischen Gesamtbevölkerung auf ein Fünftel stieg. Portugal hatte damals noch keine Inquisition, doch statt dessen hatten die dorthin ausgewichenen spanischen Verbannten durch die Krone, die Geistlichkeit und die Bevölkerung zu leiden. Die den Juden gewährte Erlaubnis, in Portugal zu wohnen (zum Preis von fast einem Dukaten pro Kopf), galt nur für sechs Monate, wonach sie dann, wie in Spanien, vor die Wahl gestellt wurden, sich bekehren zu lassen oder vertrieben zu werden. Wenn diese Frist um war, kauften die reicheren Juden sich längere Aufenthaltserlaubnis, doch von den Armen, die das nicht konnten, gingen viele abermals ins Exil, in die amerikanischen Kolonien und nach Afrika. Mit der Bekehrung von Juden hatte man in Portugal größeren Erfolg, als ihnen 1497 versprochen wurde, die Bekehrten für die Dauer von zwanzig Jahren nicht weiter zu verfolgen. Obwohl die Krone dadurch, daß sie diese im allgemeinen wohlhabende Minderheit im Lande duldete, Vorteile hatte, loderte doch bald in, den Gemeinden der Haß auf, und so erlebte Lissabon 1506 den ersten großen Massenmord an Neuchristen. Trotz solcher Ausbrüche kam es bis etwa 1530 selten zu behördlicher Verfolgung, so daß in Portugal die Conversos genau zu der Zeit, als ihre Generation in Spanien ausgerottet wurde, unbehelligt im Wohlstand lebten. 1532 beschloß König Johann III., eine Inquisition nach spanischem Vorbild einzuführen. Die Errichtung dieser Tribunale wurde nur verzögert, weil die reichen Neuchristen in Rom großen Einfluß hatten[3]. Doch 1540 schließlich veranstaltete die portugiesische Inquisiton ihr erstes *auto de fe*. Allerdings waren ihre Vollmachten noch nicht klar definiert, weil der Papst noch schwankte und von den Conversos hin und wieder in Rom enorme Bestechungsgelder angeboten wurden. Erst am 16. Juli 1547 erließ der Papst eine Bulle, die eine selbständige portugiesische Inquisition begründete.

Die Einführung der Inquisition allein erklärt noch nicht das, was uns hier beschäftigt, nämlich die Massenrückkehr portugiesischer Neuchristen nach Spanien, wo viele von ihnen geboren waren. Bei den drei Tribunalen der portugiesischen Inquisition, in Lissabon, Evora und Coimbra, gab es zwischen 1547 und 1580 nur vierunddreißig *autos de fe*, wobei 169 Angeklagte *in persona* und 51 *in effigie* verbrannt wurden und 1 998 Buße tun mußten[4]. Diese Aktivität war für ein Land mit einem so hohen Prozentsatz jüdisch versippter Personen offenbar recht gering, insbesondere, wenn wir sie mit dem Wirken spanischer Tribunale vergleichen. Offenbar schwächte politischer Druck den Zugriff der portugiesischen Inquisitoren. Die große Veränderung kam erst 1580, als Philipp II. Portugal annektierte und eine so strenge Inquisition dort einführte, wie sich das eigentlich nur in einem besiegten Lande machen ließ. 1586 wurde der Kardinalerzbischof Albert von Österreich, der auch Gouverneur von Portugal war, zum Großinquisitor dort ernannt, mit dem Ergebnis, daß innerhalb von neunzehn Jahren (zwischen 1581 und 1600) von den drei portugiesischen Tribunalen fünfzig *autos de fe* angesetzt wurden. Bei fünfundvierzig von diesen kam es zu insgesamt 162 Verbrennungen *in persona*, 59 *in effigie* und 2 979 Verurteilungen zur Buße[5]. Es kann kaum erstaunen, daß am Ende der Regierungszeit Philipps II. die spanischen Inquisitoren stark beunruhigt waren, als sie in ihrem Lande eine neue Converso-Gefahr entdeckten, nämlich in Person der Portugiesen, die vor der eigenen Inquisition geflohen waren.

Die neue Entwicklung wird sichtbar an der wachsenden Zahl der Prozesse gegen Judaisierende. Bei dem am 9. Mai 1591 in Toledo abgehaltenen *auto de fe* waren es 27, von denen einer *in persona* und zwei *in effigie* erlöst wurden. In Granada wurden am 27. Mai

1593 über 75 und im Jahre 1595 in Sevilla 89 heimliche Juden zum *auto de fe* geführt[6]. Zu Beginn des 17. Jahrhunderts war das Übergewicht der Judaisierenden portugiesischer Herkunft nicht mehr zu verkennen. Um ein paar beliebige Beispiele herauszugreifen: 39 der beim *auto de fe* vom 2. Dezember 1625 in Córdoba vorgeführten heimlichen Juden stammten aus Portugal. Vier Opfer wurden an diesem Tage verbrannt; es waren ausschließlich Portugiesen. Beim *auto de fe* am 21. Dezember 1627 befanden sich dort unter den Verurteilten 58 Judaisierende, alle aus Portugal; von ihnen wurden 18 erlöst, davon fünf *in persona*. Bei einem *auto de fe* in Madrid am 4. Juli 1632 waren von den 44 Opfern 17 Portugiesen. Ähnlich sah auch das Bild in Cuenca am 29. Juni 1564 aus, wo 18 von 57 Büßern Portugiesen waren. In Córdoba schließlich befanden sich beim *auto de fe* vom 3. Mai 1655 unter den fünf zum Feuertod verurteilten heimlichen Juden drei Portugiesen. Neun Angeklagten, darunter sieben Portugiesen, wurden besondere Bußen auferlegt. 43 Personen wurden versöhnt; es waren fast ausnahmslos portugiesische Flüchtlinge[7]. Die portugiesischen Neuchristen nahmen in zweierlei Hinsicht den Platz der ausgerotteten kastilischen Juden und Conversos ein: Zum Teil kamen sie auf spanische Scheiterhaufen, im übrigen trugen sie dazu bei, die Geldkassetten der spanischen Monarchie füllen zu helfen.

Durch die Immigranten bekam die Aufgabe der Inquisition neue Aspekte, da jetzt klar wurde, daß sie versuchen mußte, sich gegen den Wunsch des Königs, der so reiche Untertanen wie die Portugiesen verschont wissen wollte, durchzusetzen. Kurz nach 1602 boten die Portugiesen Philipp III. als Geschenk 1 860 000 Dukaten an (ganz zu schweigen von enormen Geschenken an königliche Minister) für den Fall, daß die Krone bereit sei, als Gegenleistung den portugiesischen Judaisierenden einen Generalpardon für alle bisherigen Verfehlungen zu gewähren. Daß die Conversos sich leisten konnten, eine so hohe Summe anzubieten, geht aus ihrer eigenen Aussage hervor, derzufolge sie über Vermögenswerte in Höhe von insgesamt 80 Millionen Dukaten verfügten. Vor einem so großartigen Angebot kapitulierte der verarmte königliche Hof und stellte einen entsprechenden Antrag in Rom. Der päpstliche Pardon erging am 23. August 1604 und wurde am 16. Januar 1605 veröffentlicht. An jenem Tage ließen die drei Tribunale in Portugal insgesamt 410 Gefangene frei[8]. Durch dieses erstaunliche Abkommen enthüllte die spanische Krone, daß sie bankrott und deshalb willens war, religiöse Erwägungen beiseite zu schieben, sobald der Profit aus Bestechungsgeldern größer war als der aus Konfiskationen.

Das freilich bewirkte nur eine zeitweilige Pause in der Tätigkeit der Inquisition, die sowohl in Portugal wie in Spanien sofort wieder aktiv wurde, als die Bedingungen jenes Abkommens keine Geltung mehr hatten. In Portugal vor allem ging sie mit einer bis dahin nicht gewohnten Gründlichkeit zu Werke, und als 1628 die portugiesischen Prälaten neue Zwangsmaßnahmen gegen die Neuchristen vorschlugen, zahlten diese an Philipp III. abermals eine stattliche Summe – es sollen 80 000 Dukaten gewesen sein – für die Erlaubnis, nach Spanien umzusiedeln. Sie gingen dann jedoch nicht nur nach Spanien, sondern auch in andere Länder, wo schon viele von ihnen ansässig waren. Die jüdischen Gemeinden in Frankreich, Holland und England wuchsen rasch an. Daß die Auswanderung so vieler Menschen ein schwerer Verlust für Spanien war, leuchtete jedermann ein. Immer wieder wurde über diese Frage zwischen den unter Philipp IV. in Spanien lebenden Portugiesen und den königlichen Ministern beraten. In einem von den neuchristlichen Kaufleuten dem König übersandten Memorandum behaupteten diese, finanziell die Hauptstütze der Krone zu sein. Ihr Beitrag liege vor allem darin, daß sie

... nach Ostindien zahllose Schiffe schickten mit Waren, aus deren Verzollung die Kosten für die Kriegsmarine gedeckt würden und dem Königreich Geld zufließe. Daß sie Brasilien unterstützten und Geräte bauen ließen, um damit Zucker für ganz Europa zuzubereiten. Daß sie den Handel mit Angola, Kap Verde und anderen Kolonien in Schwung hielten, aus denen Seine Majestät so viele Zollgelder bekommen habe. Daß sie Sklaven für ihre dortigen Dienstleistungen nach Westindien schickten und von Spanien aus überallhin reisten und Handel mit der ganzen Welt trieben. Schließlich seien es heute in Portugal wie in Kastilien die Neuchristen, die den Handel in Gang hielten, die die Abgaben für Seine Majestät eintrieben und durch entsprechende Vereinbarungen dafür sorgten, daß auch außerhalb des Stammreichs Geld zur Verfügung stehe [9].

Infolge der Abwanderungen, betonten sie, gingen die Vorteile ihrer Dienste verloren, und den Nutzen hätten nun Rouen, Bordeaux, Nantes und Florenz...

Die spanischen Behörden hatten für diese Argumente ein Ohr, auch für die Berichte, denen zufolge die Juden, besonders in Holland – nach Cromwell auch in England –, Handel und Wirtschaft beherrschten. Also waren sie bestrebt, die portugiesischen Kaufleute in Spanien zu halten. Der Widerstand dagegen verringerte sich nach dem ersten Staatsbankrott unter Philipp IV., 1626, als durch die Verluste der genuesischen Bankherren ein Vakuum entstand, das nun die Portugiesen ausfüllten, wenn auch nicht ohne laute Proteste ihrer Zeitgenossen. Einer von diesen, der Schriftsteller Pellicer de Ossau, formulierte 1640 seine Einwände wie folgt:

Man hatte geglaubt, die durch die Bankiers aus Genua geschaffenen Übel durch Rückgriff auf die Portugiesen kurieren zu können, denn da sie zu der Zeit Untertanen der Krone waren, werde es, wenn man sie einsetze, auch zum Vorteil für die Krone sein. Doch damit geriet man nur vom Regen in die Traufe. Da nämlich die meisten portugiesischen Großkaufleute Juden waren, veranlaßte die Furcht vor der Inquisition sie, ihre Haupthandelshäuser in Flandern und Städten im Norden einzurichten, indem sie nur wenige Verbindungen in Spanien beibehielten. Das Resultat war also alles andere als vorteilhaft für Spanien, denn die größten Gewinne flossen nun den Holländern und anderen Ketzern zu [10].

Der Graf von Olivares, Premierminister unter Philipp IV., sah die Situation in ganz anderem Licht. Er ignorierte alle Proteste, die seine Pläne, zur Wiederherstellung finanzieller Stabilität der Monarchie die jüdischen Geldleute heranzuziehen, störten, und so wurde seine Ministerzeit in Spanien für die Bankiers aus Converso-Kreisen bis dahin die einträglichste [11]. Bezeichnend ist auch, daß im habsburgisch regierten Spanien die einzige Periode, in der die Regierung über die mögliche Beschränkung der Auswüchse der rassistischen *limpieza*-Politik und auch über die Beschränkung der Vollmachten der Inquisition ernsthaft diskutierte, die Zeit unter Olivares war. Er begann 1634, und nochmals 1641, Verhandlungen mit den in Afrika und der Levante im Exil lebenden Juden, um sie zur Rückkehr nach Spanien zu bewegen, wobei er Garantien, die schlimmen Folgen ihrer Vertreibung wiedergutzumachen, in Aussicht stellte. Was Olivares zu einer so radikalen und wahrlich unpopulären Politik inspirierte, ist schwer zu ergründen und scheint auch letzten Endes zu seinem Sturz beigetragen zu haben. Mit ihm schwand alle Hoffnung, ein wahrhaft einiges Spanien zu schaffen. Nicht ein so engherziges, das nur einig sein wollte, indem es die Vertreibung aller rassischen und religiösen Minderheiten verlangte, sondern ein Commonwealth von Gleichberechtigten, ohne die regionalistischen *fueros* und das Sektierertum von Gruppen anderer Rasse.

Das wichtigste Datum in der Geschichte der portugiesischen Finanziers war das Jahr 1628, denn damals gewährte Philipp IV. ihnen das Recht, Handel zu treiben und zu wohnen, wo sie wollten, weil er hoffte, dadurch dem Ausland einen Teil des Handels mit Westindien und Ostindien wieder abzugewinnen. Dank dieser Konzession dehnten die Neuchristen ihr Einflußgebiet auf die Haupthandelswege zwischen Spanien und Amerika aus. Wie erfolgreich aber sie im Geschäftsleben auch gewesen sein mochten – sie konnten sich trotzdem den Folgen ihrer Herkunft nicht entziehen. Manche mußten die ganze Strenge der Inquisition erleiden. Zwischen 1630 und 1680 wurden einige der reichsten Leute in Spanien durch die Inquisition geächtet und finanziell ruiniert. Es mag wohl stimmen, daß die Krone sich durch die Ausschaltung prominenter Geldgeber von Gläubigern befreit und die Inquisition aus Beschlagnahmen erhebliche Summen gezogen hat, doch im ganzen gesehen führte diese Politik dazu, daß die Monarchie ausgerechnet jene Quellen für Kredite im Inland und im Ausland verlor, die sie brauchte, um ihre zerbröckelnde Wirtschaft abzustützen.

Wir können hier nur auf wenige Fälle eingehen, in denen mehr oder weniger bedeutende Geldleute in die Hände der Inquisition fielen. Nach 1640, als Portugal erfolgreich gegen die spanische Herrschaft revoltierte, begann man in Spanien, die dort wohnenden Portugiesen als eine feindliche »fünfte Kolonne« zu betrachten. So mußten die unseligen Geldleute feststellen, daß sie nicht nur als Juden verachtet, sondern obendrein als Menschen aus einer Nation von Rebellen verabscheut wurden. Als 1643 Olivares gestürzt wurde, hatten sie ihren letzten Beschützer verloren. Doch schon vorher hatten nicht wenige von ihnen unter der »gnädigen Milde« der Inquisition leiden müssen. Von ihnen soll zunächst die Rede sein.

Im Jahre 1636 machte die Inquisition dem Finanzier Manuel Fernández Pinto den Prozeß wegen heimlichen Praktizierens des jüdischen Ritus. Pinto hatte früher einmal Philipp IV. den Betrag von 100 000 Dukaten geliehen. Nun erpreßte das Tribunal von ihm die riesige Summe von 300 000 Dukaten aus dem konfiszierten Vermögen [12]. Prominenter noch als Pinto war Juan Núñez Saravía [13], der uns zuerst begegnet als einer von zehn portugiesischen Geldleuten, die zusammen im Jahre 1627 Philipp IV. 2 159 438 Dukaten geliehen hatten. Drei Jahre danach wurde Saravía bei der Inquisition als Judaisierender denunziert und der Begünstigung Gleichgesinnter beschuldigt. Das Tribunal trat noch nicht in Aktion, sondern sammelte weiterhin Zeugnisse aus Frankreich und Amerika, denen zufolge Saravía, abgesehen von seinen religiösen Verirrungen, auch schuldig war, Barrengold an Gesinnungsfreunde ins Ausland exportiert und dafür schlechtes Geld importiert zu haben. Anfang 1632 wurden er und sein Bruder Enrique verhaftet, und nach den bei der Inquisition üblichen Verzögerungen wurde endlich 1636 Juan der sogenannten leichten Folter unterworfen, bei der er nichts gestand. So wurde er verurteilt, *de vehementi* abzuschwören, 20 000 Dukaten als Buße zu bezahlen und mit seinem Bruder und anderen Judaisierenden beim *auto de fe* in Toledo am 13. Dezember 1637 zu erscheinen. Von so wohlhabenden Leuten wie den Saravías konnte das Tribunal fast immer hohe Profite ziehen. Juans Bruder Enrique Núñez Saravía ist zweifellos durch das Verfahren, das seinen guten Ruf zerstörte und ihn fünf Jahre in den Kerkern der Inquisition hielt, völlig ruiniert worden, denn sein Name erschien nie wieder unter denen der Bankiers, die der Krone zu Diensten waren.

Nach 1640 waren, wie wir schon erwähnten, die portugiesischen Geldleute in Spanien in einer schwierigen Lage, da sie weder ein rechtes Heimatland hatten noch amtlicherseits Unterstützung fanden, vor allem nachdem Olivares gestürzt worden war. Die reicheren unter ihnen wurden einer nach dem anderen eliminiert. 1641 wurde ein Mann namens Diego de Saravía, wahrscheinlich ein Verwandter der beiden erwähnten Brüder, vor der Inquisition angeklagt und mußte dulden, daß bei ihm 250 000 Dukaten in Gold, Silber und Münzen konfisziert wurden [14]. 1646 wurde der betagte Bankier Manuel Enrique verhaftet und verurteilt und 1647 ein anderer, in den Akten nicht amtlich bezeichneter Finanzmann von Toledo. Die Inquisitionsakten machen die engen Verbindungen zwischen manchen Opfern ersichtlich. So wurde zum Beispiel 1646 das Eigentum des reichen Esteban Luis Diamante durch die Inquisition sequestriert. Diamante war am Bankgeschäft seiner Schwäger Gaspar und Alfonso Rodríguez Pasarino beteiligt, von denen letzterer unter der Anklage, heimlicher Jude zu sein, im Kerker saß, während der andere sich durch Flucht gerettet hatte. Alfonso hatte eine Tochter namens Violante, die mit dem sehr bekannten Bankier Simon de Fonseca Piña verheiratet war, einem schlauen, reichen Geschäftsmann, der nie mit dem Heiligen Officium in Konflikt gekommen zu sein scheint. Das bei den Pasarinos bei dieser Gelegenheit konfiszierte Eigentum hatte nach Schätzungen einen Wert von über 100 000 Dukaten [15].

Abgesehen von den wenigen Reichen jüdischer Herkunft, wohnten in Madrid zahlreiche Familien bescheidener Conversos, die unter der erneuerten Verfolgung ebenfalls litten. Nach 1650 fingen die Massenverhaftungen an und die Prozesse, die zu einem wahren Terrorregiment für portugiesische Conversos in Spanien wurden. Ein um die Mitte des Jahrhunderts in Madrid lebender Zeitgenosse hat uns einen dramatischen Bericht mit Tatsachen und Gerüchten über Verhaftungen hinterlassen:

Seit dem vorigen Sonnabend hat die Inquisition zu Madrid siebzehn portugiesische Familien ins Gefängnis geworfen... Auf der Straße der Peromostenser bauen sie in Eile ein Gefängnis, das groß genug werden soll, um alle die Leute unterzubringen, die Tag für Tag festgesetzt werden. Es wird mit Bestimmtheit behauptet, daß es in ganz Madrid keinen einzigen Portugiesen von hohem oder niederem Stand gibt, der nicht noch nach jüdischen Bräuchen lebt. [18. September 1655] – Am Montag, dem 13., um Mitternacht verhaftete die Inquisition vierzehn portugiesische Händler und Geldleute, insbesondere zwei Tabakverkäufer. Diese Leute schießen wie Pilze aus der Erde. [15. September 1655] – Es gibt in Madrid nicht einen einzigen

Tabakverkäufer, den die Inquisition nicht schon verhaftet hätte. Neulich nahmen sie zwei ganze Familien mit, die Eltern wie auch die Kinder. Viele andere entfliehen nach Frankreich. [23. Oktober 1655] – Niemand traut noch den portugiesischen Geldleuten. Sie gehen bankrott und fliehen vor der Inquisition. Mir wurde versichert, daß nach dem *auto de fe* in Cuenca über zweihundert Personen bei Nacht aus dem Lande flüchteten. Soweit kann die Furcht Menschen bringen. [22. August 1654] – In Sevilla wurden Anfang April vier reiche portugiesische Kaufleute nachts von der Inquisition verhaftet. [17. Mai 1655] – Die Cardosos sind nach Amsterdam geflüchtet und haben für 200 000 Dukaten Wolle und 250 000 in Gold mitgenommen. Wie es heißt, weil die Inquisition sie verhaften lassen wollte; so suchen sie jetzt nach einem Land, wo der Mensch in größerer Freiheit lebt als in Spanien. [2. Juni 1655]

Die reichen Gebrüder Cardoso, die Steuereinnehmer in mehreren Provinzen gewesen waren, entflohen, weil ein Erpresser ihnen gedroht hatte, bezeugen zu wollen, daß sie noch jüdischen Bräuchen folgten, es sei denn, sie bezahlten ihn, damit er nichts verriete. Vor die Möglichkeit gestellt, falsche Zeugenaussagen durch Nachweis des Gegenteils entkräften zu müssen, »entzogen sie sich lieber durch Flucht der Strafe, anstatt sich einsperren zu lassen, bis die Wahrheit ermittelt werden konnte« [29. Mai 1655]. Der Tagebuchschreiber hielt es für sehr bedenklich, daß durch falsche Zeugen so bedeutende Männer wie die genannten Cardosos einfach zugrunde gerichtet werden konnten:

Wenn es, wie gesagt wird, wirklich die Übung des Heiligen Offiziums ist, falsche Zeugen nicht zu bestrafen, weil, täten sie das, kein Denunziant mehr kommen würde, dann ist es doch wahrhaftig furchtbar und sogar unmenschlich, Leben, Ehre und Besitz eines Menschen, der vielleicht ganz schuldlos ist, auf Gnade und Ungnade seinen Feinden auszuliefern. Jeden Tag können wir viele Leute sehen, deren Prüfungen erst nach großen Leiden und Jahren im Kerker vorüber sind.

Durch die Verurteilung von Judaisierenden und die Flucht reicher Leute entstand genau die Situation, die Olivares hatte vermeiden wollen. Es kam nun zu Konkursen unter den Kaufleuten in Madrid und anderen Städten, und so wurde jene Gruppe von Finanziers, auf die sich die Krone stützen konnte, immer kleiner. Die Zahl der Opfer stieg rapide.

In Cuenca gab es ein *auto de fe*. Brito schwor *de vehementi* ab. Er wurde zum Tragen des *sanbenito* und einer Geldstrafe von 6 000 Dukaten verurteilt und mußte in die Verbannung gehen. Montesinos erging es ebenso, doch seine Geldstrafe war noch höher: 10 000 Dukaten. Bei Blandon waren es 4 000, bei El Pelado 300 ... Alle stammten aus Madrid, wo sie schon Jahre gewohnt hatten. Sehr reiche Leute. [18. Januar 1656]

Brito war der Finanzier Francisco Díaz Méndez Brito, der in Cuenca schon früher einmal zur Buße gezwungen worden war und 1651 von der Inquisition eingekerkert wurde. Montesinos war der prominente Bankier und Großkaufmann Fernando de Montesinos Téllez, der 1654 im Alter von sechsundsechzig Jahren zusammen mit seiner Frau Serafina de Almeida von der Inquisition in Cuenca eingekerkert wurde. Serafina war verwandt mit der Familie Cortizos, auf die wir noch zurückkommen. Fernando besaß ein gewaltiges Vermögen, das sich zur Zeit seiner Verhaftung auf 213 721 195 Maravedis oder 567 256 Dukaten belief, wovon ein erheblicher Teil in Amsterdam angelegt war, so daß der tatsächliche Besitz in Spanien, vorsichtig geschätzt, »nur« rund 474 000 Dukaten wert war [16]. Allein seine Haushaltseinrichtung im Wert von 10 000 Dukaten zeugte von großem Reichtum. Und doch bestrafte die Inquisition dieses Ehepaar nur mit Bußen und einer Geldstrafe von zusammen 8 000 Dukaten, ohne das riesige Vermögen anzutasten. Danach »siedelte Fernando nach Amsterdam über, um dort als freier Mann zu leben, denn er hatte Angst, verbrannt zu werden, falls er nach Spanien zurückkehrte. Seine Söhne ließ er dort, nachdem er ihnen seinen gesamten Besitz abgetreten hatte. Wie es heißt, werden sie den nach und nach hinüberschaffen und eines Tages seinem Beispiel folgen« [22. November 1656]. Montesinos hat anscheinend in Amsterdam wieder offen nach der jüdischen Religion gelebt, doch seine Söhne, die sich hüteten, seinem Beispiel zu folgen, leisteten weiterhin, wie zuvor ihre ganze Familie, der Krone finanzielle Dienste. Mit der großen Deflation von 1680 gingen ihre Bankgeschäfte so zurück, daß sie zu Beginn des 18. Jahrhunderts Konkurs machen mußten.

Die Tatsache, daß die Inquisition Montesinos sein Vermögen beließ, war nicht etwa ein Zeichen von Selbstlosigkeit. Vielmehr war die Regierung, da so viele reiche Bankiers vor das Tribunal zitiert wurden, bestürzt über die Gefahr für Spaniens finanzielle Stabilität. Am 7. September 1654 schloß der Finanzrat (die *Hacienda*) eine Vereinbarung mit der Inquisition, wonach diese sich nur um das persönliche Eigentum der von ihr angeklagten Personen kümmern durfte, während über das durch amtliche Verträge investierte Geld allein die *Hacienda* verfügen sollte. Dieses Abkommen war insofern ein Fortschritt, als nun ein Unterschied zwischen dem Bankier persönlich und seinen geschäftlichen Investitionen gemacht wurde. Infolgedessen kam es, wie erwähnt, bei der Einkerkerung so bedeutender Finanziers wie Fernando Montesinos nicht mehr automatisch zur Auflösung ihrer beruflichen Unternehmungen.

Bei dem am 29. Juni 1654 in Cuenca abgehaltenen *auto de fe* befand sich unter den Opfern auch der Finanzmann Francisco Coello, der Steuerverwalter in Málaga war [17]. 1658 mußte Francisco López Pereira, der Steuerverwalter von Granada, dem schon einmal (1651) durch die Inquisition in Coimbra der Prozeß gemacht worden war, wieder vor dem Tribunal erscheinen, doch das Verfahren gegen ihn wurde suspendiert. Diego Gómez de Salazar, der Verwalter des Tabakmonopols in Kastilien, ein tiefreligiöser Jude, wurde beim *auto de fe* in Valladolid am 30. Oktober 1664 versöhnt, und nach und nach wurde fast seine ganze Familie verurteilt. Die Liste solcher Fälle ließe sich endlos verlängern. Aus dem vorhandenen Beweismaterial geht nicht nur hervor, daß einige der bedeutenderen portugiesischen Geldleute als Judaisierende verurteilt wurden, sondern auch, daß das Geld der Conversos in der Volkswirtschaft Spaniens die Hauptrolle spielte. Zu den prominentesten Bankiersfamilien aus Converso-Kreisen gehörte die Familie Cortizos. Manuel Cortizos de Villasante wurde in Valladolid als Sohn portugiesischer Eltern geboren. Seine klug geführten Finanzgeschäfte erhoben ihn in die höchsten Ränge Spaniens, so daß er gegen Ende seines Lebens Ritter des Ordens von Calatrava, Gutsherr in Arifana, Mitglied des Finanzrats und Sekretär der Contaduría Mayor de Cuentas, der Hauptabteilung des Königlichen Schatzamts, geworden war. Das alles zu einer Zeit, als die *limpieza*-Vorschriften noch voll in Geltung waren. Plötzlich, nach seinem Tode, 1650, wurde entdeckt, daß er heimlich Jude geblieben und nach jüdischem Ritus bestattet worden war. Normalerweise hätte diese Feststellung seine Familie ins Verderben gestürzt, doch ihr gesellschaftlicher Rang und ihre Leistungen bewahrten die Cortizos vor der Katastrophe, so daß sie noch bis zum Spanischen Erbfolgekrieg im Dienst für die Krone eine große Rolle spielten.

Unter Karl II. wurden die Geldleute in zunehmendem Maß eliminiert. Im November 1669 wurde Luis Márques Cardoso, ein Verwalter des staatlichen Tabakmonopols, zusammen mit seiner Frau beim *auto de fe* in Toledo versöhnt. Sie kamen aus einer reichen Familie, deren gesellschaftliche Position sich mit der der Cortizos vergleichen ließ. Der vielleicht bedeutendste Finanzmann unter der Regierung Karls II., Francisco Báez Eminente, der über die Zolleinnahmen in Cádiz, in Andalusien und Kastilien verfügte, wurde um 1691 von der Inquisition verurteilt [18]. Das schadete dem Hause Eminente nicht, das unter seinem Sohn Juan Francisco Eminente weiterhin dem königlichen Schatzamt wichtige Dienste leistete. Im folgenden Jahrhundert bezeugte Philipp V., daß die Eminentes den Habsburgern »mehr als vierzig Jahre mit ihrer wohlbekannten Verläßlichkeit, ihrem Fleiß und Eifer gedient« hätten [19]. Ein anderer hervorragender Finanzier, Simon Ruiz Pesoa, der die Monarchie in schweren Zeiten gestützt hatte, wurde 1691 verhaftet und sein Besitz sequestriert[20]. Francisco del Castillo, ebenfalls ein führender portugiesischer Finanzmann, geboren in Ecija, wurde 1694 in Sevilla verhaftet und sein Eigentum beschlagnahmt. Diese Fälle zeigen, in welchem Maße die Regierung der zwei letzten Habsburger für die spanischen Geldleute, soweit sie Conversos waren, verhängnisvoll war.

In der zweiten Hälfte des 17. Jahrhunderts befaßte die Inquisition sich in besonders vielen Fällen mit Judaisierenden, doch nach etwa 1680, als die Zahl der Fälle noch einmal anstieg, ließ die intensive Verfolgung nach. Beim *auto de fe* in Granada am 30. Mai 1672 befanden sich unter den 90 Opfern 79 Judaisierende, davon 57 Portugiesen. Bei dem großen *auto de fe* in Madrid am 30. Mai 1680 gehörten zu den Opfern 104 Judaisierende, fast alle portugiesischer Herkunft. Und in Córdoba am 29. September 1684 befanden sich unter den 48 Büßern 34 heimliche Juden[21]. Bei den *autos de fe* nach diesen Jahren sanken die Zahlen beträchtlich, ein Anzeichen dafür, daß die erste Generation der portugiesischen Conversos ebenso gründlich ausgemerzt worden war wie die einheimischen zu Beginn des Jahrhunderts.

Auf Mallorca indes gingen die Verfolgungen noch lange Zeit nicht zurück. Vielmehr setzten die Verbrennungen auf der Insel erst in der zweiten Hälfte des Jahrhunderts jäh ein. Abgeschnitten vom Stammland machte Mallorca eine andere Entwicklung durch. Die mittelalterliche Inquisition hatte es dort seit 1232 gegeben, während das neue Tribunal erst 1488 in Funktion trat. Doch schon vorher litt die Insel unter einem ähnlichen Judenproblem wie das Stammland. Die dortigen großen Massaker im Jahre 1391 fanden ihr Gegenstück bei den Tumulten in Palma de Mallorca im August desselben Jahres, und 1413 wandte sich der heilige Vicente Ferrer mit seinem Bekehrungseifer auch dieser Insel zu. Um 1435 war man der Meinung, die ganze jüdische Bevölkerung dort habe sich zum Christentum bekehrt, hielt es aber dennoch für nötig, wie in Spanien selbst die Inquisition einzusetzen, um die zweifelhaften Fälle auszurotten. Beim ersten *auto de fe* im Jahre 1489 wurden 53 Conversos erlöst, die meisten von ihnen, da sie geflohen waren, nur *in effigie* verbrannt. Am 26. März 1490, nachdem nicht weniger als 424 Conversos auf die mit dem Gnadenedikt angebotene milde Behandlung reagiert hatten, wurden 86 von ihnen versöhnt, und am 31. Mai 1490 wurden auf Mallorca 36 Erlösungen und 56 Versöhnungen vollzogen. Bis zum September 1531 waren sämtliche durch die dortige Inquisition erlösten Personen Juden gewesen, und die Gesamtzahl der Erlösungen belief sich bis dahin auf 535[22]. Nach 1530 war dieselbe Erscheinung wie vorher auf der Halbinsel Spanien auch auf Mallorca zu beobachten: Die Zahl der Conversos unter den Opfern verminderte sich jäh. Also war eine ganze Generation von Judaisierenden ausgelöscht worden. Nun aber trat dafür das Morisco-Problem in den Vordergrund, das noch dadurch erschwert wurde, daß aus Valencia flüchtende Moriscos oft vorzugsweise auf die Balearischen Inseln übersiedelten. Von etwa 1530 an gab es auf Mallorca Massenversöhnungen von Moriscos, und die ersten Erlösungen fanden bei dem *auto de fe* am 10. Juli 1535 statt. Zwischen 1530 und 1645 wurden auf Mallorca 99 Moriscos versöhnt, 27 von ihnen allein im Jahre 1613 [23]. Daß, der Lage im Stammland entsprechend, keine heimlichen Juden mehr vorhanden waren, ist daraus zu ersehen, daß zwischen 1535 und 1645 überhaupt nur 10 Personen erlöst werden, von denen 7 Moriscos waren. Das Fehlen von Judaisierenden in diesem Zeitraum, zu dem sie in Spanien selbst stark zunahmen, ist ein Beweis dafür, daß von den Emigranten aus Portugal sich nicht viele nach den Balearischen Inseln abgesetzt hatten.

Nach einer über ein Jahrhundert während relativen Ruhe brach schließlich 1675 der Sturm über den Nachkommen von Conversos – den Chuetas – los: Am 13. Januar wurde ein Neunzehnjähriger, Alonso López, beim *auto de fe* in Palma verbrannt [24]. Außer ihm kamen die Abbilder von sechs portugiesischen Judaisierenden auf den Scheiterhaufen, ein Zeichen dafür, daß die Nachkommen von Juden durch die ständige Verfolgung schließlich von der spanischen Halbinsel ins Mittelmeer hinausgetrieben worden waren. 1677 kam es zu einer ausgesprochenen Verhaftungswelle von Conversos, und bis 1678 hatte die Inquisition 237 von ihnen verhaftet unter der Beschuldigung, an einer anscheinend wirklich geplanten Verschwörung zum Kampf um ihre politischen und menschlichen Rechte beteiligt zu sein. In den Jahren 1679 und 1691 folgten zwei große Vernichtungswellen. Im Frühling 1679 wurden auf Mallorca nicht weniger als fünf *autos de fe* veranstaltet, wobei insgesamt 221 Personen versöhnt wurden. Wie wir schon sahen, erreichten die dabei konfiszierten Vermögenswerte die Rekordhöhe von mehr als zweieinhalb Millionen Dukaten. Niedergeschmettert durch diese Ereignisse, mußten die Conversos zehn Jahre warten, bevor sie sich wieder rühren durften. 1688 versuchten einige, unter Führung von Onofre Cortes und Rafael Valls, durch ein Komplott diese Werte wieder in ihren Besitz zu bringen, doch das mißlang und hatte vier erst 1691 angesetzte *autos de fe* zur Folge, bei denen 37 Gefangene *in persona* erlöst, also verbrannt wurden. Mit den Versöhnten und den *in effigie* Verbrannten wuchs die Zahl der Opfer dabei auf 86. Nach dieser gewaltsamen Unterdrückung versuchten die Conversos auf Mallorca nicht mehr, ihre Lage zu verbessern. Sie waren zu einer verfemten Gemeinschaft geworden, Verleumdungen preisgegeben und benachteiligt, und das blieb so bis ins 19. Jahrhundert.

In ganz Spanien ging das 17. Jahrhundert mit einer Massenopferung von Conversos zu Ende. Das 18. Jahrhundert begann mit einer neuen Dynastie und einer neuen Auffassung von der Religion. Philipp V. schien durch sein Verhalten den Übergang in eine neue Ära dadurch zu kennzeichnen, daß er zu Anfang seiner Regierungszeit es ablehnte, bei einem ihm zu Ehren veranstalteten *auto de fe* zu erscheinen. Mit der Ausmerzung der einheimischen Judaisierenden und nachher der portugiesischen Zuwanderer schien das Converso-Problem endlich gelöst zu sein. Doch das war eine Täuschung. Philipp V. sollte alsbald erfahren, daß er sich weitgehend nach den Wünschen seiner Untertanen richten mußte, und weigerte sich, sobald er das eingesehen hatte, nicht mehr, die *autos de fe* zu besuchen. Mit dem Wechsel der Dynastien wurde an den religiösen Bräuchen nur sehr wenig verändert, und so verfolgte man Judaisierende, die sich in Spanien noch gehalten hatten, wieder ebenso scharf wie im Jahrhundert vorher. Eine letzte Unterdrückungswelle traf sie kurz nach 1720. Warum so spät noch, in einer Periode, als manche Leute einzusehen begannen, daß diese Verfolgungen ungerecht waren, ist schwer zu erklären. Möglich, daß der Zusammenbruch der allgemeinen Ordnung im Spanischen Erbfolgekrieg die Conversos verleitete, sich größere Freiheiten zu erlauben. Ein Historiker behauptet, dadurch, daß Gibraltar 1704 an die Engländer fiel, sei den Juden ein Einwanderungsweg nach Spanien geöffnet worden [25]. Einleuchtender aber wäre der Gedanke, daß damit den Conversos ein Weg *aus* Spanien ermöglicht wurde, wenn sie nach London übersiedeln wollten, das inzwischen zum Mittelpunkt für die reichsten und die hochadligen jüdischen Familien Europas geworden war. Bemerkenswert bei der Verfolgung der Judaisierenden nach 1720 ist, daß die Mehrzahl Portugiesen waren. Und von diesen wiederum gehörten die meisten schon der zweiten Generation der aus Portugal zugewanderten Conversos an, wenn auch vielleicht etliche neue Immigranten darunter waren, die im Gefolge der portugiesischen Truppen während des Erbfolgekriegs mit nach Spanien zogen.

Eins der berühmteren Opfer der Verfolgung in jener Zeitspanne war Doktor Diego Zapata, ein bekannter Arzt, geboren in Murcia (um 1660) als Sohn portugiesischer Eltern. Judaisierender von frühester Jugend an, bewies Zapata während des Studiums in Valencia und Alcalá seine glänzende Begabung. Mit etwa dreißig Jahren wurde er, verdächtigt, Jude zu sein, kurze Zeit von der Inquisition in Cuenca eingekerkert; doch das anschließende Verfahren wurde, da Beweise nicht erbracht werden konnten, suspendiert. Das störte jedoch seine Karriere nicht. Um die Jahrhundertwende wurde er sehr bekannt als Hausarzt der Kardinäle Portocarrero und Borja sowie anderer hoher Persönlichkeiten. Später wurde er als Mitglied in die fortschrittliche Königliche Medizinische Gesellschaft in Sevilla aufgenommen. Doch sein Festhalten an jüdischen Bräuchen erregte Aufmerksamkeit. Er wurde verhaftet und gefoltert und mußte schließlich beim *auto de fe* in Cuenca am 14. Januar 1725 erscheinen, wo er *de vehementi* abschwor, zu einem Jahr Kerker, zehn Jahren Verbannung und Verlust der Hälfte seines Besitzes verurteilt wurde. Zapata ist ein bedeutender Fall nicht allein für die Geschichte der Juden, sondern auch für die der Entwicklung der spanischen Anschauungen [26]. Er ist nur einer der vielen jüdischen Ärzte gewesen, die dem Rassenhaß zum Opfer fielen, zeichnete sich jedoch unter diesen dadurch aus, daß er die fest verankerten ärztlichen Dogmen jener Zeit immer heftiger kritisierte. Seine nach dem Tode veröffentlichte, 1745 erschienene Schrift *Ocaso de las formas aristotélicas* (Sonnenuntergang der aristotelischen Lehren) war ein gründlicher Angriff auf die mittelalterliche Philosophie und die für die orthodoxe Medizin in Spanien praktisch noch immer allein maßgebenden Erkenntnisse des griechischen Arztes.

Die Judaisierenden wurden damals noch ebenso streng bestraft wie früher. Zum Glück besitzen wir ins einzelne gehende Berichte über alle zu jener Zeit veranstalteten *autos de fe* und vermögen uns daher von dem Zoll an Menschenleben, den sie forderten, ein ziemlich genaues Bild zu machen. Obgleich schon 1720 mehrere bedeutende *autos de fe* in Madrid, auf Mallorca, in Granada und Sevilla stattfanden, fing die wahre Unterdrückung erst 1721 an und ging weiter bis gegen Ende des Jahrhunderts. Die Höhepunkte lagen in den Jahren 1722/23. In der Zeitspanne von 1721 bis 1727 wurden bei vierundsechzig der zahlreich abgehaltenen *autos de fe* insgesamt 824 heimliche Juden sowie 100 andere Opfer verurteilt [27]. Nehmen wir nur die Zahl der verurteilten Judaisierenden in Kastilien zum Beispiel, so läßt sich eine repräsentative Tabelle für die Jahre 1721 bis 1725 aufstellen. Die Zahl der Erlösungen (sowohl *in persona* als auch *in effigie*) ist in Klammern gesetzt, jedoch jeweils auch in der Gesamtzahl enthalten [28].

	1721	1722	1723	1724	1725
Madrid	14(5)	11	—	20(9)	—
Granada	48(20)	48	108(12)	38(21)	27(7)
Sevilla	38(7)	82(11)	35(2)	41(1)	10(3)
Cuenca	31(5)	18(3)	1	8(6)	10(8)
Murcia	—	63(1)	18(1)	7(2)	4
Córdoba	27	13(4)	25(8)	34(8)	—
Valladolid	—	14(3)	2	5(4)	5
Toledo	—	44(11)	6(1)	—	5(1)
Llerena	—	17	11(1)	—	14

Insgesamt 902 (165)

Aus dieser Tabelle wird für uns ersichtlich, daß innerhalb der fünf Jahre von neun Tribunalen in Kastilien allein über 900 Judaisierende verurteilt wurden, zu Strafen, die von der Verbrennung (für mehr als 160 Personen) bis zu den häufiger üblichen der Versöhnung und der Beschlagnahme des Besitzes reichten. Zu diesen Zahlen müssen wir die der übrigen Tribunale auf der Halbinsel addieren. In den Jahren nach 1725 sank die Zahl der *autos de fe* und somit auch die der Opfer rapide, und bis zur Mitte des Jahrhunderts bildete die Gemeinde der Conversos kein ernstes religiös-soziales Problem mehr. Nach dieser letzten weitgreifenden Verfolgung verkümmerten und verfielen in Spanien die Bräuche des Judentums. Im späteren 18. Jahrhundert kamen nur noch selten Fälle vor die Inquisition, der letzte in Toledo 1756. Unter den mehr als fünftausend zwischen 1780 und 1820 (als die Inquisition unterdrückt wurde) vor den Tribunalen verhandelten Fällen lagen nur sechzehn Anklagen gegen Judaisierende vor; zehn von ihnen waren Ausländer, die übrigen sechs hatte man zu Unrecht verdächtigt.[29]

Soweit sich übersehen ließ, waren die Juden Spaniens ausgemerzt, und der letzte Prozeß gegen einen Angehörigen dieser Rasse war der Fall des Manuel Santiago Vivar in Córdoba, 1818.

Die Gegenwart der Juden war jedoch noch lange nach diesem Datum zu spüren, denn solange die *limpieza*-Begriffe in Spanien galten, blieb die rassische Unterscheidung eine gefährliche Manie. Es wurde die Aufgabe der Liberalen des 19. Jahrhunderts, den Schandfleck des Rassismus aus den Gesetzbüchern des Landes fortzuwischen. Die Cortes von Cádiz schafften 1811 die *limpieza*-Vorschriften auf mehreren Gebieten ab, doch unter dem reaktionären Regime Ferdinands VII. wurden 1824 alle alten Bestimmungen wieder für gültig erklärt. Erst recht spät im 19. Jahrhundert wurde den Spaniern erlaubt, Posten in ihrem Vaterland ohne Rücksicht auf die Rasse ihrer fernen

Vorfahren anzunehmen, und die Schöpfer der liberalen Verfassungen machten es zu ihrer Pflicht, das auch schriftlich festzulegen. Und unter Isabella II. erst war es im Jahre 1865 schließlich so weit, daß Nachweise der *limpieza* für die Anstellung bei Staatsbehörden nicht mehr nötig waren.

Das alles besagte jedoch noch nicht, daß der Antisemitismus nachließ. Als 1797 der Finanzminister Pedro Varela die längst vergessenen Pläne des Grafen Olivares wieder aufgriff und den Versuch machte, die Juden nach Spanien zurückzuholen, wurden seine Vorschläge von Karl IV. energisch zurückgewiesen. Sogar 1802 noch drohte die Krone den Bürgern, die Juden vor der Inquisition beschützten, Strafen an. Als 1804 ein französischer Großkaufmann aus Bayonne, ein Jude, vom Tribunal belästigt wurde, griff der französische Botschafter empört ein mit der Bemerkung, daß »die Ausübung international gültiger Rechte doch wohl nicht vom willkürlichen Unterscheiden der Religionen abhängen dürfe, zu denen der Mensch von Geburt an gehöre, und auch nicht von den religiösen Grundsätzen, zu denen er sich bekenne«[30]. Diese Streitereien gingen bis in die ersten Dekaden des 20. Jahrhunderts weiter und verschmolzen dann mit den Problemen, die zur Geschichte unserer Zeit gehören.

Für die neue Generation von Spaniern waren die Juden der dunkle Fleck im Geschichtsbuch ihres Landes. Obwohl man sie ausgemerzt hatte, waren ihre Schatten noch überall gegenwärtig. Die Erinnerung an sie lebte nur noch in den *sanbenitos*, die man, wie ausländische Reisende berichtet haben, in den Kirchen auf der Halbinsel noch bis weit ins 19. Jahrhundert hängen sehen konnte. Doch wenn auch die Inquisition den Anspruch erheben durfte, Spanien von der jüdischen Bedrohung befreit zu haben, so muß ihr doch zum Teil die Schuld an dem bitteren Vermächtnis im Lande, der Judenfeindschaft, gegeben werden. Die politisch rechts stehenden Spanier im 19. Jahrhundert übernahmen den Juden als Urbild ihres Feindes, zuweilen ihn vom Freimaurer unterscheidend, dann wieder beide als gleichermaßen feindlich betrachtend. Der Jude, nunmehr nur noch ein Mythos, wurde im Verstand gewisser Leute mit allem identifiziert, was den durch die Inquisition vertretenen alten Anschauungen zuwiderlief. Jude sein hieß: nicht Katholik sein. Also hieß, nicht Katholik zu sein: jüdisch sein. Und das Ergebnis dieser im Volk verbreiteten Logik war, daß »Juden und Freimaurer«, »Juden und Protestanten« und »Juden und Ausländer« zu Begriffen gestempelt wurden, die keiner näheren Erklärung bedurften. In dem ständigen Kampf, den die Politiker der Rechten für ein rein katholisches Spanien führten, wurde alles Feindselige und Bösartige im Juden, der »auf der Gegenseite stand«, personifiziert.

Doch das gehört zum Mythos, nicht zur Historie und geht uns hier unmittelbar nichts an. Die Abirrungen des 19. Jahrhunderts fanden ihren letzten Höhepunkt in der rassenhetzerischen Literatur, die während des Zweiten Weltkriegs in Spanien kursierte. Nur allmählich, jedoch mit Nachdruck, werden im modernen Spanien diese antisemitischen Legenden verworfen.

Grübler und Neugierige beschäftigten sich noch das ganze 19. Jahrhundert über mit der Frage, wie viele jüdische Gemeinschaften die Ausrottungen der früheren Jahrhunderte wohl überlebt hatten. Hier sei nur die dramatische Begegnung des George Borrow während einer seiner unermüdlichen Reisen mit der Bibel durch ganz Westspanien angeführt. Als er 1836 bei Nacht auf seinem Esel durch Alt-Kastilien ritt, kam er etwa zwei Meilen vor Talavera mit einem Unbekannten, der zu Fuß in dieselbe Richtung ging, ins Gespräch. Kaum hatten sie ein paar Worte gewechselt, da

ging der Mann noch ungefähr zehn Schritte weiter, so wie er zuvor gegangen war, machte dann plötzlich kehrt, ergriff sanft den Zügel meiner Eselin und hielt das Tier an. Nun konnte ich sein Gesicht in den Einzelheiten genau erkennen, und dieses gewaltige Gesicht und sein herkulischer Körperbau erscheinen mir noch jetzt manchmal im Traum. Ich sehe ihn noch dort im Mondschein stehen, wie er mir mit dem tiefen Blick seiner ruhigen Augen ins Gesicht starrte und schließlich fragte: »Also seid Ihr wohl einer von uns?« [31]

In dieser Weise stieß, mitten im 19. Jahrhundert, Borrow auf eine der wenigen noch verbliebenen geheimen Judengemeinden in Spanien. Sein Bericht ist von Schriftstellern der verschiedensten wissenschaftlichen und politischen Couleurs heftig in Zweifel gezogen worden, und die Äußerungen, die Borrow seinem neuen Freund Abarbanel in den Mund legt, klingen in der Tat ein wenig zu phantastisch. Wahr ist jedoch sicherlich, daß Borrow, der später auch einen ehemaligen Inquisitor kennenlernte, Spaniern begegnet ist, die ihm über insgeheim im Lande nach jüdischen Bräuchen lebende Leute aus persönlicher Erfahrung glaubwürdig berichteten. Mehrere andere Reisende haben dasselbe bezeugt. Die Schwierigkeit liegt offenbar darin, daß es unmöglich war, die im Untergrund lebenden Judaisierenden aufzufinden oder ihre Anzahl richtig zu schätzen. Von der im Volk üblichen Übertreibung wird wohl Borrow ebenso beeinflußt worden sein wie jeder andere. Einer seiner Vorläufer, Joseph Townsend, berichtete 1787 nach einer Reise durch das Land:

Sogar bis zum heutigen Tage sollen sowohl Mohammedaner als auch Juden in Spanien noch zahlreich sein, erstere in den Gebirgen, letztere in allen großen Städten. Ihre hauptsächliche Tarnung ist ganz besonderer

Eifer, äußerlich allen Vorschriften der Landeskirche vollauf zu genügen, und diejenigen, die am frommsten zu wirken bestrebt sind, nicht nur Geistliche, sondern sogar auch Inquisitoren, werden von manchen Leuten für Juden gehalten [32].

Aber diesen Berichten nachzuspüren würde uns kein klares Ergebnis bringen. In gewissem Umfang gehört vielleicht die Behauptung von der Existenz einer geheimen Judenschaft zum Arsenal der judenfeindlichen Propaganda. Immerhin darf man wohl glauben, daß Borrow seine Schlüsse aus tatsächlichen Gesprächen mit echten Juden gezogen hat. Einerlei, was daran Wahres ist – es bleibt die Tatsache, daß das Judentum in Spanien, noch lange nachdem der letzte Ketzer auf dem Scheiterhaufen starb, ein vieldiskutiertes Thema blieb. Einerseits gab es den auf Argwohn und Furcht basierenden traditionellen Antisemitismus – der insbesondere in der Bereitschaft seinen Ausdruck fand, dem versteckten und getarnten Feind die Schuld für alle politischen und geschichtlichen Übel zu geben, andererseits kündigte sich bereits jene neue Form des Rassenhasses an, die sich in unserem Jahrhundert so verheerend ausgetobt hat. Beides waren und sind zum Teil die Auswirkungen der Inquisition, die nicht unschuldig gewesen ist an der Tragödie eines gehetzten Volks.

Politischer Konflikt

>»Es gibt keinen vor ihrer Gewalt sicheren Lehnsmann, den sie nicht wie einen ihr unmittelbar Untergebenen behandelt, indem sie ihn ihren Vollmachten, ihren Rügen, Geldstrafen und Kerkerstrafen unterwirft; und keine zufällige Kränkung oder geringe Unhöflichkeit gegenüber ihren Dienern, die sie nicht wie ein Verbrechen gegen die Religion rächt und bestraft.«
>
>Bericht der Königlichen Staatsräte, 1696

Die weltlichen Privilegien der Inquisition waren selbstverständlich, solange sie existierte, der Kritik und Feindschaft ausgesetzt. Da das Tribunal über ungewöhnlich große kirchliche und politische Macht verfügte, geriet es immer wieder in Konflikte nicht allein mit der Regierung, sondern auch mit Rom. Bei diesen Streitigkeiten, die man zumeist nur als ein Ringen um Zuständigkeitsfragen ansehen mag, standen manchmal auch gewisse weit darüber hinausreichende Prinzipien auf dem Spiel, so daß sich Größeres daraus entwickelte. Die Differenzen mit Rom lassen sich bis zu den ersten Anfängen der Inquisition zurückverfolgen, allein schon weil sie vom Papst autorisiert war und infolgedessen päpstlichen Direktiven zu folgen hatte. Beschwerden gegen das Tribunal konnten am besten ausgefochten werden, wenn sie unmittelbar vor der obersten Autorität, also beim Papst, vorgebracht wurden. Wie wir sahen, gaben die Conversos sowohl in Kastilien wie in Aragonien sich alle Mühe, päpstliche Verfügungen zur Milderung der vom Heiligen Officium verhängten harten Strafen zu erwirken. Das war ein durchaus legitimer Schritt, da die Verfassung der Inquisition die Berufungen in Rom gestattete und Rom auf die Wahrung seiner Rechte in dieser Hinsicht sehr bedacht war, nicht nur, um die Inquisitionsgerichte unter Kontrolle zu halten, sondern auch, um mögliche Einkommensquellen nicht zu verlieren, da die Conversos für jede vom Papst zu ihren Gunsten erlassene Bulle großzügig zahlten. Doch die spanischen Monarchen weigerten sich, darin von den Inquisitoren unterstützt, päpstliche Schreiben, wenn diese offen den Urteilen ihrer Gerichte widersprachen, zu beachten. Ferdinand von Aragonien betonte in seinem berühmten Brief an Papst Sixtus IV. vom Mai 1482 energisch den spanischen Standpunkt. Das Schwanken Roms gegenüber den spanischen Ansprüchen und die oft einander widersprechenden Methoden und Maßnahmen der verschiedenen Päpste ermöglichten es schließlich den Inquisitoren, weitgehend nach eigenem Gutdünken zu handeln. Bereits am 2. August 1483 erteilte Sixtus IV. durch einen Erlaß die Genehmigung, sich in allen Berufungsfällen an Rom zu wenden, doch schon elf Tage später widerrief er das mit der Behauptung, getäuscht worden zu sein. Als sein Nachfolger Innocenz VIII. auf ähnliche Weise versuchte, Bittstellern aus Spanien durch päpstliche Schreiben zu helfen, lehnte Ferdinand sich dagegen auf, indem er am 15. Dezember 1484 durch eine pragmatische Sanktion jedem, der ohne königliche Erlaubnis von päpstlichen Schreiben Gebrauch machte, die Todesstrafe sowie Vermögenseinzug androhte [1].

Die Politik der Päpste blieb noch lange nach diesem Zeitpunkt unnachgiebig. Wie hartnäckig um den Anspruch auf alleinige Jurisdiktion gekämpft wurde, beweist Ferdinands nächste Verfügung vom 31. August 1509, mit der er im wesentlichen die Strafandrohungen von 1484 wiederholte. Unter Karl V. wurde das Papsttum vorsichtiger, und so erneuerte Clemens VII. sowohl 1524 wie 1525 die dem Großinquisitor früher schon mehrfach (nämlich 1483, 1486, 1502, 1507, 1508 und 1523) gewährte Erlaubnis, bei Berufungen anstelle des Papstes selbst Gericht abzuhalten, sich also mit Berufungen zu befassen, die sonst an den Vatikan ergangen wären. Damit hatte aber Rom nicht endgültig auf das Recht, sich bei Berufungen einzuschalten, verzichtet, doch als wieder darauf bezogene päpstliche Schreiben in Umlauf kamen, setzte Karl V. 1537 mit Zwang die 1509 von Ferdinand erlassene Verfügung durch. Gelegentlich hatte er auch persönlich an den Papst geschrieben, so zum Beispiel, als er mit Brief vom 4. Mai 1527 den Widerruf eines Breve verlangte, das der Papst zugunsten des »durch das Heilige Amt eingekerkerten« Luis Alvárez de San Pedro verfaßt hatte [2]. Dieses energische Auftreten bewirkte für eine Weile relative Ruhe in den Beziehungen zwischen Madrid und Rom (sofern wir hier von den militärischen Konflikten und der Plünderung Roms durch die kaiserlichen Truppen 1527 absehen). 1548 bestätigte der Papst von neuem, daß ihm nichts daran liege, sich in die unabhängige Rechtsprechung der spanischen Inquisition einzumischen. Unter Philipp II. jedoch brach, nachdem der wunderliche Paul IV. Papst geworden war, der alte Streit um so heftiger wieder los. Obwohl nun Rom gelegentlich Berufungsanträge nach Spanien zurückverwies [3], hatte die Inquisition mehr als bisher damit zu tun, die Ansprüche von Leuten, die im Besitz päpstlicher Empfehlungsbriefe waren, abzuweisen. Und so blieb der Zustand im ganzen 17. Jahrhundert. Doch die Inquisitoren ließen sich durch die Schwierigkeiten mit Rom nicht allzusehr stören, und so konnte es geschehen, daß schon vor Ende des 16. Jahrhunderts der Sekretär der Suprema selbstgefällig versicherte, der Heilige Stuhl habe seinen Anspruch auf die endgültige Entscheidung in Fällen, die das Tribunal behandle, aufgegeben. Die neu eingesetzte Dynastie der Bourbonen duldete unter Philipp V. keine Eingriffe Roms, setzte also die Tradition Philipps II. fort. Der Widerstand gegen Rom wurde jetzt noch härter, und zwar infolge der verschärften internationalen Lage, insbesondere wegen des Umstands, daß der Papst den Erzherzog Karl, der als Habsburger Ansprüche auf den spanischen Thron erhob, unterstützte. Im Jahre 1705 wurden päpstliche Erlasse in Spanien verboten und alle an Rom gerichteten Berufungen verhindert. Diese Festigkeit der Königsgewalt wurde von den meisten Bischöfen und auch von dem obersten Kronjuristen Melchor de Macanaz noch gestärkt. Mit dem Auftreten der Bourbonen und der Ausdehnung ihrer noch neuen Macht über das westliche Mittelmeer, in Spanien sowohl wie in Italien, bekam das an Einfluß geschwächte Papsttum kaum noch Gelegenheit, seine einstigen Ansprüche auf die kirchliche Jurisdiktion wieder zu betonen.

Die Beziehungen zur Krone gestalteten sich für die Inquisition wesentlich ungünstiger. Von Anbeginn war das Tribunal so eng mit der Krone liiert und so von ihr abhängig, daß spätere Historiker es oft mehr wie ein weltliches als ein kirchliches Gericht angesehen haben. Mit diesem Argument traten besonders die katholischen Apologeten gern auf, in der Hoffnung, auf diese Weise ein unschönes Kapitel aus der Kirchengeschichte entfernen zu können. Die Krone hatte die unbeschränkte Macht, Inquisitoren zu ernennen oder abzusetzen, und Ferdinand machte davon so oft Gebrauch, wie er es für nötig hielt. Auch in allen Verwaltungsfragen ließ sich der König, obgleich die Entscheidungen auf diesem Gebiet eigentlich den Inquisitoren überlassen blieben, pedantisch genau informieren. Ein von Ferdinand unter dem 22. Juli 1486 an Torquemada gerichtetes Schreiben zeigt, daß der König sogar geringfügige Einzelheiten genau festlegte, wie zum Beispiel das Gehalt für Türhüter der Inquisition. »Um alle übrigen Fragen«, schrieb er dem Großinquisitor, »kümmert Euch selbst und entscheidet darin nach Eurem Ermessen«[4]. Daß der König tatsächlich völlig über die Inquisition herrschte, geht auch aus den Protesten der Cortes zu Beginn des 16. Jahrhunderts hervor, die, soweit es um Abhilfen und Reformen ging, ausschließlich an die Krone gerichtet wurden. Letzten Endes beruhte deren Kontrollrecht natürlich darauf, daß die Inquisition geldlich ganz von der Krone abhing. Wie schon erwähnt, wurde ihr nie eine eigene finanzielle Basis gegeben. Beispielsweise mußten theoretisch alle konfiszierten Werte unmittelbar dem König zugeleitet werden, während das Tribunal nur indirekt daran beteiligt wurde. Alle Gehälter mußten die Inquisitoren sowie ihre Angestellten beim Königlichen Schatzamt beantragen.

Mit so weitgehender Herrschaft des Königs über die Inquisition hätte diese als höchst nützliches Werkzeug für dessen Politik ausgenutzt werden können, jedoch, wie Lea schlüssig beweist[5], wurde das Tribunal so gut wie nie zum Erreichen besonderer Ziele der Krone herangezogen, nur hin und wieder für relativ kleine Aufgaben. Gelegentlich wurde es in politische Intrigen mit verwickelt, aber bis zum Ende des 18. Jahrhunderts nie als Machtinstrument der Königsgewalt benutzt. Die Könige Spaniens waren klug genug, zu erkennen, daß die Inquisition sich besser durchsetzte und größeren Respekt erzeugte, wenn sie berechtigt war, autonom zu arbeiten, und nicht zum gefügigen Handlanger der Regierung gemacht wurde. Eine Tatsache freilich blieb für die Spanier außerhalb Kastiliens bedrohlich und für den König eine Versuchung: daß nämlich in allen spanischen Reichsgebieten, von denen die Hälfte sich besonderer provinzieller Freiheiten (der *fueros*) erfreute, durch die sie in hohem Maße der direkten Herrschaft des Königs entzogen waren, die einzige Behörde, die ihre Autorität unbedingt zu behaupten verstand, die Inquisition war und daher die Krone doch genötigt wurde, sich, wenn alle anderen Zwangsmethoden versagten, ihrer zu bedienen. Im Jahre 1507 zum Beispiel suchte Ferdinand einen Mann aus der Familie Borgia (Borja) in seine Gewalt zu bekommen, der nach Navarra entwichen war und dort unter der Regierung der D'Albrets ein hohes Amt bekleidete. Da es auf keine andere Weise gelang, seiner habhaft zu werden, überredete Ferdinand die Inquisitoren, gegen ihn ein Verfahren wegen Gotteslästerung, Gottlosigkeit und Auffassung Gottes als körperlich existent zu eröffnen. Borgia entging dem Heiligen Officium und dem König von Aragonien nur, weil er, bevor sie seiner habhaft wurden, auf dem Schlachtfeld fiel[6]. Überraschend aber ist, daß solche und ähnliche Fälle in der Geschichte der Inquisition nur ganz selten vorkamen. Man hätte auch erwarten können, daß Karl V. sie im Kampf gegen die aufständischen *comuneros* benutzte, um einige dieser Rebellen zur Verantwortung zu ziehen, doch liegt keinerlei Beweis vor, daß sie in dieser Sache direkt irgend etwas unternommen hätte. Um konkrete Beispiele für ihr Eingreifen zu finden, können wir nur in gewisse Perioden der Unruhen in den Provinzen mit eigenen *fueros* zurückgreifen, als das Heilige Officium die erste dort verfügbare Waffe war. Als 1640 die Revolution in Katalonien ausbrach, schlug der Großinquisitor selbst vor, sein Tribunal sogleich mit Prozessen gegen die Rebellen beginnen zu lassen[7]. Während des Spanischen Erbfolgekrieges von 1702 bis 1714, als sich die Provinzen Aragoniens wieder einmal von der Vormundschaft Kastiliens losrissen, war es die Inquisition, die mit der Drohung eingriff, allen, die sich verräterisch äußerten, kirchliche

Rügen erteilen zu lassen. Ein Edikt der Inquisition (von 1706) befahl Büßenden, die Beichtväter zu denunzieren, die ihnen im Beichtstuhl sagten, Philipp V. sei nicht der rechtmäßige König von Spanien [8]. Solche Maßnahmen blieben jedoch fast immer nur Androhungen, denen selten Aktionen folgten, die man auch nur entfernt als rein politisch hätte bezeichnen können. Daher wäre es ganz abwegig, die Inquisition als ein Werkzeug des Staates zu betrachten. Philipp II. soll bei einer Gelegenheit gesagt haben: »Zwanzig Geistliche der Inquisition wahren in meinen Reichen den Frieden [9].« Diese schmeichelhafte, von den Inquisitoren selbst oft wiederholte Behauptung bezog sich bestimmt ausschließlich auf den religiösen Frieden, und das Tribunal sah keinerlei Veranlassung, zu behaupten, es habe dazu noch geholfen, das Volk zum Gehorsam gegenüber der Krone zu erziehen.

Die bedeutendsten Fälle, in denen die Inquisition sich in politische Vorgänge einmischte, betrafen kaum echte Staatsangelegenheiten als vielmehr gewisse Intrigen, und das stets nur, wenn es dabei um einzelne Personen ging. Zu diesen Beispielen könnte man die Verhaftung Carranzas und den Prozeß gegen ihn zählen, obwohl in seinem Fall konkrete Belastungen wegen Ketzerei gegeben waren. Der erste wirklich bedeutende politische Fall, bei dem die Inquisition mitwirkte, war der des Antonio Pérez.

In ihren vielen Verzweigungen geht es bei der Lebensgeschichte dieses Pérez um persönliche, nationale und internationale Intrigen und Rivalitäten. Ihr Verlauf ist wiederholt erzählt worden, ihre abschließende Darstellung hat sie durch Gregorio Marañón erfahren [10]. Pérez war 1571 Privatsekretär Philipps II. geworden. Zwei Jahre danach starb sein Gönner, Philipps Ministerpräsident Ruy Gómez, Fürst von Eboli. Pérez rückte in eine der wichtigsten Positionen der Monarchie auf und erbte auch die Leitung der vorher von Ruy Gómez geleiteten Hofpartei. Ein Zeitgenosse bemerkte: »Er [Pérez] stieg so hoch, daß Seine Majestät nur tat, was besagter Antonio Pérez anordnete; immer wenn Seine Majestät im Wagen ausfuhr, nahm Sie ihn mit, und wenn es sich um Dinge handelte, die Seine Majestät genehmigen mußte, wandten sich sogar der Papst und Don Juan de Austria und andere große Herren an Antonio Pérez, damit dieser bei Seiner Majestät durchsetzte, was jene wünschten.« Ein anderer schrieb: »Die Großen vergötterten ihn, die Minister erkannten seine Überlegenheit an, der König liebte ihn [11].« Philipp verließ sich bei Beratungen und politischen Entscheidungen fast ganz auf diesen hochbegabten, aber unheimlichen jungen Mann aus einer Converso-Familie, dem sein Erfolg gestattete, sehr anspruchsvoll zu leben, und dessen Charme zu einer intimen und noch heute mysteriösen Liaison mit der Fürstin von Eboli, der schönen, jedoch einäugigen Witwe des Ruy Gómez, führte. Schließlich wurde der Ehrgeiz Pérez zum Verderben. Im Mittelpunkt des Königshofs stehend, kannte er die Geheimnisse des Herrschers und verwaltete die Gelder, die um Vergünstigungen ersuchende Leute spendeten. Sein langer Arm reichte bis nach Flandern, wo damals des Königs Halbbruder, der berühmte Juan de Austria, als Gouverneur regierte und die Aufständischen zu beschwichtigen suchte. Pérez hat anscheinend – während er behauptete, mit der gemäßigten Politik Juans voll und ganz einverstanden zu sein, und mit dessen Sekretär Juan de Escobedo, dem er mehrere Staatsgeheimnisse anvertraute, ständig in Briefwechsel blieb – auch selbst Verhandlungen mit den holländischen Rebellen angebahnt, um seine eigenen Interessen zu fördern. Schließlich bewogen ihn die Rivalität mit Escobedo und sein Mißtrauen gegen Don Juan zu einer feindseligen Haltung gegen beide. Er begann nun, Philipp gegen seinen Halbbruder zu beeinflussen. Bei der verborgenen Eifersucht Philipps auf den ruhmvollen Sieger von Lepanto war das nicht besonders schwierig. Don Juan, dem es verdächtig vorkam, auf welche Art seine Pläne für Flandern von Madrid blockiert wurden, schickte 1577 Escobedo nach Spanien, um dort Näheres zu ermitteln. Am Königshof eingetroffen, erkannte Escobedo, daß Pérez mit seinem Gebieter, Don Juan, und dem König ein Doppelspiel getrieben hatte. Er begann, ringsum nach Beweisen zu forschen, um Philipps Geheimsekretär zu überführen. Doch inzwischen war es Pérez schon gelungen, dem König zu erklären, daß Escobedo verderblichen Einfluß auf die Entwicklung in Flandern habe, und ihn schließlich sogar zu überzeugen, daß die einzige Lösung darin bestehe, Escobedo als Don Juans Sekretär auszuschalten. Philipp ließ Pérez freie Hand, eine Entscheidung, die er mit dem Hinweis auf wichtige staatliche Interessen moralisch zu rechtfertigen suchte. Der Versuch, Escobedo zu vergiften, mißlang. Dann stürzten sich in der Nacht zum Ostermontag (dem 31. März 1578) gedungene Meuchelmörder auf Escobedo, als dieser mit einigen Freunden durch die engen dunklen Straßen Madrids fuhr, und erdolchten ihn.

Die Gerüchte im Volk wiesen sofort auf Pérez als den Schuldigen, und Escobedos Familie forderte, unterstützt von Mateo Vázquez, dem Rivalen des Pérez im Königlichen Sekretariat, Gerechtigkeit für den Ermordeten. Interessant ist in diesem Zusammenhang, daß der Kardinal Gaspar Quiroga, Erzbischof von Toledo und zugleich Großinquisitor, »nicht zögerte, der öffentlichen Meinung entgegenzutreten und sich offen zu seiner Neigung für Pérez und die Seinen zu bekennen. Am Tage nach der Festsetzung Antonios und der Eboli, als ganz Madrid sie als Urheber des Verbrechens bezeichnete, besuchte Don Gaspar Antonios Frau und Kinder und bot ihnen, wie auch den Kindern der Eboli, Geld an.«[12]

Die Beschuldigten wurden nicht sofort eingekerkert. Philipp wußte nicht, ob er Pérez in Schutz nehmen solle, was bedeutet hätte, daß er den Mord billigte, oder ob er Pérez bestrafen solle, was noch gefährlicher sein konnte, weil Pérez dann vielleicht wichtige Geheimnisse enthüllte. In dieser Situation starb Don Juan, und seine Papiere wurden nach Spanien geschickt. Als Philipp die Schriftstücke las, erkannte er, daß Pérez ihn betrogen hatte und sein Bruder wie Escobedo zu Unrecht beschuldigt worden waren. Nach dieser Enttäuschung war Pérez ihm zuwider, und bald haßte er ihn so, daß er Mateo Vazquez aufforderte, scharf gegen ihn vorzugehen. 1579 rief er den Kardinal Granvelle aus dem Ausland zurück, um ihn zu seinem Premierminister zu ernennen. Pérez, dem die Sinnesänderung Philipps nicht verborgen blieb, bereitete seine Flucht vor. Doch am Abend des 28. Juli 1579, am Tage der Ankunft Granvelles in Madrid, wurden er und die Fürstin von Eboli verhaftet.

Erst im Juni 1584 wurden die erhobenen Beschuldigungen gegen Pérez vom Ankläger präzisiert. Er wurde angeklagt, Beamtenstellungen verkauft, Bestechungsgelder empfangen und Staatsgeheimnisse verraten zu haben. Die Affäre Escobedo wurde dabei ausgelassen, als sei sie unwesentlich, was klar erkennen läßt, daß der König eingegriffen hatte. Das anschließende Verfahren brachte für Pérez eine zweijährige Kerkerstrafe sowie eine außerordentlich hohe Geldbuße. Der relativ milde Ausgang dieses Prozesses läßt sich wohl nur durch die Tatsache erklären, daß er Dokumente besaß, die den König belasteten. Seine Weigerung, diese Papiere herauszugeben, veranlaßte die Regierung, ihn schließlich doch strenger zu behandeln. 1588 wurde er des Mordes angeklagt und nach zwei Jahren harter Kerkerhaft unter Folterungen aufgefordert, zu begründen, warum er dem König zur Absetzung Escobedos geraten habe. Die Tortur brachte ihn dazu, seine Verantwortung für Escobedos Tod unumwunden einzugestehen, doch für seinen dem König gegebenen Rat, der zu dem Mord geführt hatte, gab er keine genaueren oder gar einleuchtenden Gründe an. Philipp konnte nun sein Gewissen mit der Überlegung erleichtern, daß Pérez ihn getäuscht habe und daher an dem Mord allein schuldig war. Während der ganzen Zeit hatte der Kardinal und Großinquisitor Quiroga sich für Pérez eingesetzt. Er ließ ihm Ratschläge übermitteln, leitete ihn bei seiner Verteidigungstaktik, hielt ihn über die Vorverfahren im Königlichen Rat auf dem laufenden und wußte von seinen Plänen, nach Aragonien zu flüchten, wobei er ihn vielleicht auch unterstützt hat. Da Pérez nach seinem Geständnis alle Hoffnungen aufgeben mußte, wollte er unbedingt fliehen. Im April 1590 entwich er mit Hilfe einflußreicher Freunde aus dem Gefängnis in Madrid und ritt querfeldein zur Grenze von Aragonien.

Dort war er durch die *fueros* vor dem Zugriff des Königs geschützt. Sobald er den Boden von Aragonien betrat, konnte der Herrscher von Kastilien ihn nicht belangen. So blieb Philipp nur eine Möglichkeit, Pérez zu fassen, nämlich durch Einschaltung der Inquisition. Und dabei ergab sich, daß gerade Quiroga, als damaliger Großinquisitor, gezwungen wurde, das in Gang zu setzen, was Marañón als »die letzte und grausamste Verfolgung seines [Quirogas] einstigen Freundes« bezeichnete. In Aragonien unbehelligt angelangt, wurde Pérez zu seiner eigenen Sicherheit von den Behörden ins Gefängnis des Oberrichters von Zaragoza gebracht. In dieser Situation begann er durch das Vorzeigen von entlastenden Papieren die Aragonier auf seine Seite zu bringen. Mittlerweile war in Madrid das Todesurteil gegen ihn verkündet worden. Philipp stieß mit seinem Bestreben, die Inquisition eingreifen zu lassen, zuerst auf gewisse Schwierigkeiten, weil das Tribunal nur bei nachweislicher Ketzerei gegen Pérez vorgehen konnte. Doch der Beichtvater des Königs, Pater Chaves, der sich siebzehn Jahre zuvor schon an der Anklage Carranzas beteiligt hatte und wiederholt Aktionen Philipps, die im Namen der Staatsräson unternommen wurden, seinen theologischen Segen gegeben hatte, brachte es nun fertig, Beweise für Ketzerei schon in harmlosen Schimpfwörtern von Pérez zu entdecken. Pérez sollte einmal gesagt haben, er wolle »sein Wort gegen Gottes Nase verpfänden«. Dazu bemerkte Chaves: »Diese Absicht... ist eine Gotteslästerung und der Badianischen Ketzerei verdächtig, welche besagt, Gott sei leiblich und habe menschliche Glieder.« Derartiger Unsinn wurde noch gestützt durch die Behauptung, daß allein in der Absicht des Pérez, aus dem Gefängnis zu entfliehen, schon Ketzerei gelegen habe, weil der Flüchtige nachher die von einem kalvinistischen Fürsten beherrschte Provinz Béarn hätte durchqueren wollen, wobei Umgang mit Ketzern unvermeidlich gewesen sei [13]. Mit diesen fabrizierten Anklagen begann nun die Inquisition, gegen Pérez vorzugehen.

Am 24. Mai 1591 ließen die Inquisitoren von Zaragoza Pérez aus dem Gefängnis des Oberrichters in ihr eigenes in der Aljafería schaffen, nachdem sie den Oberrichter genötigt hatten, den vorgewiesenen Auftrag für die Überführung zu unterschreiben. Mittlerweile war jedoch Pérez mit seiner Propaganda gegen den König ein Volksheld in Zaragoza geworden, und kaum wurde dort die Nachricht von dem geplanten Schritt der Inquisition bekannt, da drängte sich schon in den Straßen die Menge, die schreiend die Freilassung des Pérez for-

derte und die Gerichtsbehörden bedrohte. Bei dem sich entwickelnden Tumult trug der Vizekönig von Aragonien, der Marqués de
Almenara, Wunden davon, an denen er zwei Wochen später starb.
Der Mob begleitete Pérez wieder zum Gefängnis des Oberrichters
»und jubelte ›Freiheit, Freiheit!‹ Und [Pérez] stimmte in diese Rufe
ein« [14].

Diese Tumulte vom Mai sollten sich im September wiederholen,
als die Inquisitoren abermals behaupteten, die Jurisdiktion über den
Gefangenen zu haben, und ihn wieder zur Aljafería zu bringen versuchten. Als dann Pérez durch die Rebellen in Zaragoza tatsächlich
befreit wurde, änderte sich das Gesamtbild gründlich. Die Inquisition hatte bei ihrem ureigenen Zweck versagt, und Rebellen hatten
einen Entflohenen beherbergt und einen Vizekönig ermordet. Jetzt
half Philipp sich mit der Armee. Im Oktober 1591 drangen kasti-
lianische Truppen in Aragonien ein, schlugen ein zur Verteidigung
der *fueros* aufgestelltes Rebellenheer zusammen, unterwarfen Zaragoza und exekutierten den Oberrichter und andere aragonesische
Adlige. Pérez flüchtete ins Ausland, nach Béarn, versuchte erfolglos,
von dort aus 1592 eine Invasion einzuleiten, und ging dann ins Exil,
zuerst nach England, später nach Frankreich, wo er seine Propaganda
gegen Philipp II. fortsetzte. Unverkennbar blieb jedenfalls die Tatsache, daß die von der Inquisition gegen Pérez erhobenen Beschuldigungen wegen Ketzerei kein wahres Wort enthielten. Sie wichen so
weit von der Wahrheit ab, daß 1607 Papst Paul V. ein Breve erließ,
mit dem Pérez von dieser angeblichen Schuld freigesprochen wurde.
Und 1611, ein Jahr nachdem er in Paris gestorben war, bekundete
der dortige päpstliche Nuntius, Pérez habe als Katholik gelebt und
sei als Katholik gestorben [15].

Aus dem 17. Jahrhundert sind nur wenige Beweise für Fälle bekannt, in denen die Inquisition zu politischen Zwecken tätig wurde.
Eigentlich ragt da nur der Fall des Jeronimo de Villanueva hervor, der
unter Olivares zu Macht und Einfluß gekommen war und bald nach
seinem Herrn und Meister auch stürzte. Die Anklage gegen ihn war
begründet, sie hing mit dem Illuminismus der Nonnen vom Kloster
San Plácido zusammen [16]. Das langwierige Verfahren gegen den
Mönch Froilan Díaz, von dem bereits die Rede war, betraf obskure
Dinge, die nichts mit Religion oder Politik zu tun hatten. Erst in
der Regierungszeit Philipps V. stoßen wir auf einen Fall, der als
letzter erfolgreich durchgeführter politischer Prozeß der Inquisition
bezeichnet wurde [17]. Das Verfahren gegen Melchor de Macanaz.

Macanaz, der erste bedeutende Reformator und produktive politische Schriftsteller in Spanien zur Zeit der Bourbonen [18], hat zu
Unrecht dafür leiden müssen, daß Menéndez Pelayo ihn unter die

großen Ketzer in der Geschichte des Landes einreihte. Der energische und eigenwillige Jurist, der kurz nach der Wende des 18. Jahrhunderts in die Dienste des Königs trat, widmete seine Tätigkeit ganz der Erweiterung und Festigung der königlichen Macht auf der Halbinsel. Seine große Gelegenheit kam 1707, als infolge der sogenannten Rebellion der Reiche Aragonien, Valencia und Katalonien gegen Philipp V. der König sich entschloß, den Schritt zu tun, den schon Philipp II. 1591 erwogen, aber doch nicht getan hatte, nämlich in Aragonien die *fueros* abzuschaffen. Dadurch ermutigt, machte Macanaz als Minister von Valencia und nachher von Aragonien sich an die Aufgabe, die Autorität des Königs gegen jede Opposition, wo immer sie auftrat, durchzusetzen. Er handelte streng im Sinne der als »Regalismus« bezeichneten Auffassung, derzufolge die Suprematie der Krone auch in religiösen Angelegenheiten durch nichts eingeschränkt werden durfte. Als Macanaz 1713 zum Obersten Kronanwalt ernannt wurde, bat ihn Philipp V., einen Kommentar zu den Verhandlungen zu schreiben, die damals um die Wiederaufnahme diplomatischer Beziehungen zum Heiligen Stuhl geführt wurden. Diese Beziehungen waren 1709 abgebrochen worden, weil der Papst im Spanischen Erbfolgekrieg den habsburgischen Kronprätendenten unterstützte. Macanaz verfaßte auftragsgemäß ein Memorandum, dessen Inhalt den übrigen Mitgliedern des Rates von Kastilien im Dezember 1713 bekanntgegeben wurde. Dieses berühmte Dokument [19] ist von Menéndez Pelayo als »regalistisch« und »kirchenfeindlich« bezeichnet worden. Und das war es seinem Inhalt nach auch zweifellos, denn es sprach Rom alle fiskalischen Ansprüche an Spanien ab, untersagte jederlei Berufung in Rom, sofern sie nicht auf dem Wege über die Regierung erfolge; päpstliche Botschafter, die kirchliche Jurisdiktion beanspruchten, waren unzulässig, den kirchlichen Tribunalen sollte jede weltliche Machtfunktion genommen werden und die Krone das Recht haben, von der Kirche beliebig hohe Steuern zu verlangen. Wenn dieses Memorandum von Rom geringschätzig sprach, so lag das ganz in der spanischen Tradition und bot insofern kaum Neues. Vielleicht die Hälfte der spanischen Bischöfe unterstützte damals diesen »Regalismus«. Schon 1709 hatte der Bischof von Córdoba und Vizekönig von Aragonien, Francisco de Solís, es riskiert, eine schismatische Abhandlung mit dem Titel »Über die Mißbräuche des Römischen Hofes in bezug auf die Königlichen Rechte Seiner Katholischen Majestät und über die Jurisdiktion der Bischöfe« zu veröffentlichen [20]. Trotz einer so starken Stütze für Macanaz entschloß sich die Inquisition, ihn zu verhaften. Der Großinquisitor, Kardinal Giudice, grollte Macanaz schon seit langem, weil er seine Ernennung zum Erzbischof von Toledo (nach dem Tode des vorherigen) verhindert hatte [21]. So gab er nun, am 31. Juli 1714, die Verdammung des Memorandums bekannt. Darauf folgten eine entsprechende Verfügung seitens der Suprema und Denunziationen, die von den Universitäten in Salamanca und Alcalá ausgingen [22]. Der König befahl, da er diesen Druck auf einen seiner wichtigsten Minister nicht dulden wollte, den Rücktritt Giudices und die Annullierung aller gegen Macanaz ausgesprochenen Rügen. Das Vorgehen der Inquisition gab Anlaß genug, seine Macht zu beschneiden. Philipp beauftragte dann Macanaz und einen seiner Mitarbeiter, die Archive der Inquisition zu überprüfen, um festzustellen, inwieweit das Tribunal reformiert werden könne, um es dann der Krone völlig unterzuordnen. Nach dem Bericht, den die zwei Männer im November 1714 verfaßten, wurde nicht gehandelt, weil die politischen Strömungen für Macanaz gefährlich wurden. Die von Giudice und Alberoni gelenkte italienische Partei bei Hofe errang einen entscheidenden Sieg dadurch, daß Philipp V. im Dezember 1714 Elisabeth Farnese heiratete. Nach diesem Ereignis war es nur noch eine Frage der Zeit, bis die Italiener in die Lage kamen, ihre Feinde zu stürzen. Am 7. Februar 1715 wurde Macanaz aus seiner Machtstellung entlassen. Zehn Tage später traf Kardinal Giudice in Madrid ein, wo er feststellen konnte, daß er wieder in Gunst stand und seinen früheren Einfluß zurückgewonnen hatte. Mit halbem Herzen stimmte Philipp der erneuten Bekanntgabe zu, daß die Inquisition Macanaz verurteilen werde, der nun, von diesem Damoklesschwert bedroht, veranlaßt wurde, schleunigst ins Exil zu gehen. Wie Antonio Pérez traf auch ihn ein Urteil der Inquisition, das ganz offensichtlich aus politischen Erwägungen erfolgte, und das Exil war und blieb die stärkste Sicherung gegen seine Rückkehr nach Spanien. Es bestand jedoch ein wichtiger Unterschied zwischen diesen beiden Männern. Pérez spielte den Verräter seines Vaterlandes und verfaßte im Ausland Schmähschriften gegen König und Inquisition. Macanaz aber sprach draußen nie ein schlechtes Wort über Spanien und trat ständig intensiv für die Fortdauer der Inquisition ein [23], indem er behauptete, alle bei ihr zu rügenden Übel kämen nur vor, weil sie nicht der Aufsicht des Königs unterstellt sei. Wie er in einem Schreiben aus der Verbannung an Grimaldo, den damaligen Sekretär des Königs, sagte, sei bei allem, was er über das Tribunal schreibe, sein Ziel, »Spanien aus dem Irrtum zu erwecken, in welchem die Angst vor der Inquisition es hält, weil der König über das, was die Inquisitoren tun, gar keine Macht hat« [24]. Also hat er ernstlich geglaubt, daß, wäre die Inquisition dem König unterstellt, die Furcht vor ihr vergehen werde. Wieweit er damit recht gehabt hätte, bleibt sehr fragwürdig. Immerhin begegnen wir in Macanaz einem Befürworter des

Tribunals, der offen zugibt, daß es Furcht im Lande erregte. Seine übrigen Schriften zu dem Thema kündigen ihren Inhalt schon durch die Titel an. Die zwei wichtigsten sind »Die spanische Inquisition hat keine anderen Vorgesetzten als Gott und den König« [25] sowie die langatmige, trockene Abhandlung »Kritische Verteidigung der Inquisition« [26].

Sein »regalistischer« Standpunkt in Sachen Inquisition war an sich natürlich nichts Neues. Das Problem, ob die Inquisition der Aufsicht bedürfe, stellte sich gleich bei Beginn ihrer Tätigkeit und bekam jedesmal, wenn über die Zuständigkeitsfragen gestritten wurde, was ja häufig geschah, wieder besonderes Gewicht. Unter Ferdinand dem Katholischen wurde die Herrschaft des Königs über das Tribunal nicht in Frage gestellt und von ihm, nach mancherlei Disputen mit dem Papst, auch aufrechterhalten. Die auf ihn folgenden Monarchen wichen im Grunde von dieser Praxis nicht ab, und es war, obgleich für lange Zeit der Eindruck bestand, als habe allein der Großinquisitor unumschränkt über das Tribunal zu verfügen, letzten Endes doch der König, der in wichtigen Fragen, wie zum Beispiel bei der Ernennung der Inquisitoren, die Entscheidung hatte. Das ergab sich schon daraus, daß die Krone das entscheidende Vorrecht, speziell den Großinquisitor zu ernennen oder zu entlassen, niemals aufgegeben hat. Theoretisch oblag die Ernennung des Großinquisitors stets dem Papst, der seine Autorität unmittelbar aus den allgemeinen päpstlichen Vollmachten ableitete, so daß, oberflächlich gesehen, der König einen vom Papst ernannten Großinquisitor nicht absetzen konnte. In der Praxis jedoch wurde die Ernennungsurkunde stets den der Krone genehmen Persönlichkeiten überreicht. Stand eine Entlassung von Inquisitoren bevor, so wählte der König dabei am liebsten Methoden, die nicht wie direkte Opposition gegen die päpstliche Autorität wirkten. Da nach dem Kirchenrecht die Bischöfe in ihrem Bistum wohnen mußten, die Pflichten eines Großinquisitors jedoch oft lange Abwesenheit bedingten, konnte die Übernahme beider Ämter für unvereinbar erklärt werden, sofern nicht eine Sondererlaubnis die Verpflichtung zum festen Wohnsitz aufhob. Unter Philipp III. wurde diese Unvereinbarkeit als Vorwand benutzt, um zunächst (1599) den Großinquisitor Portocarrero loszuwerden und (1601) auch seinen Nachfolger, Fernando Niño de Guevara [27]. Wenn diese Methode versagte, konnte der König einen Großinquisitor durch Appell an den Papst absetzen lassen oder ihn so unter Druck setzen, daß er freiwillig zurücktrat. So vorzugehen war notwendig, wenn der betreffende Inquisitor nicht auch Bischof war oder, wie im Jahre 1632 Sotomayor, ein Bistum *in partibus infidelium* verwaltete.

Finanziell war, wie erwähnt, die Inquisition von der Krone abhängig und mußte sich daher in bestimmten Grenzen halten, wenn sie auf eigene Faust handeln wollte. Doch schon vor Ende des 16. Jahrhunderts gab es Anzeichen dafür, daß sie nach finanzieller Selbständigkeit trachtete. Das wurde vor allem dadurch ermöglicht, daß sie der Krone die aus konfiszierten Werten erzielten Beträge verheimlichte. 1560 und auch 1561 wurden die Inquisitoren durch interne Mitteilungen aufgefordert, Berichten an den König keine Verzeichnisse konfiszierter Werte beizufügen und über diese nur die Suprema zu unterrichten [28]. Nicht daß beschlagnahmtes Gut damals wie auch zu anderen Zeiten die einzige Einnahmequelle gewesen wäre, aber diese Werte waren von besonderer Bedeutung, als die Zahl der angeklagten Judaisierenden anwuchs, vor allem nach der Zuwanderung von Portugiesen seit dem Ende des 16. Jahrhunderts. Wie weit dadurch tatsächlich der Reichtum oder die Handlungsfreiheit der Inquisition zunahmen, läßt sich nur mutmaßen. Als wahrscheinlich ist aber anzunehmen, daß die Tribunale sich nun seltener an das Königliche Schatzamt zu wenden brauchten, weil sie ein üppiges unmittelbares Einkommen hatten. Dieser relativen Selbständigkeit der Inquisition im 17. Jahrhundert setzte Philipp V. ein Ende, indem er 1703 Befehle zu strenger Kontrolle der Gehälter und Ausgaben bei den Tribunalen erteilte, mit dem Erfolg, daß nunmehr bis zur Abschaffung der Inquisition für die Bewilligung besonderer Beträge jeweils eine spezielle Verfügung der Krone erforderlich war, die die Suprema gegenzeichnen mußte.

Die Krone hatte auch Gelegenheit, in Dispute um die Jurisdiktion einzugreifen, die, in kleinen Bezirken beginnend, immer weiter ausgriffen und dann stets zu Debatten auf höchster Ebene führten. Meistens aber war so ein Streit um die Zuständigkeit kaum mehr als ein Bemühen der Tribunale um unbedingte Durchsetzung der für sie und ihre Beamten errungenen Privilegien, und am häufigsten ging der Streit um die *familiares* bei der Inquisition. Da diese ausnahmslos Laien waren, blieb es nie aus, daß bei Verbrechen oder anderen strafbaren Handlungen eines *familiar* die weltlichen Gerichte behaupteten, zuständig zu sein. Über diesen Punkt gab es jedesmal Streit, und erst 1518 ließ Karl V. durch einen Erlaß verkünden, daß weltliche Gerichte, wenn sie sich um Verbrechen, die *familiares* und andere Beamte und Bedienstete betrafen, zu kümmern gedächten, ihren Sonderrechten zuwiderhandelten. Nach Bekanntgabe dieses Erlasses zögerte die Inquisition nicht, selbst ihre unbedeutendsten Angestellten vor der Justiz der zivilen Gerichte abzuschirmen, was dann zu weiteren Reibungen und Konflikten führte.

Eine Reform, der die Inquisition zustimmte, war die freiwillige

Begrenzung der Zahl ihrer *familiares*. Die 1553 für Kastilien beschlossene Concordia befaßte sich eingehend mit der Bestimmung der Anzahl der zuzulassenden *familiares* und der Jurisdiktion der zivilen Gerichte. Bei allen schweren Verbrechen sollte die weltliche Justiz, die Inquisition aber nur für die Aburteilung geringer Vergehen zuständig sein. Obgleich diese Concordia bis zum Ende der Inquisition in Geltung blieb, brachte sie nur teilweise Erfolg, denn die Streitigkeiten darüber wurden wie zuvor fortgesetzt, und weder die zivilen Gerichte noch die Inquisitionstribunale kümmerten sich um die Einhaltung jener Vorschrift. In den Provinzen, in denen besondere *fueros* galten, wurden häufiger Konzessionen durch neue Concordias gemacht, weil man sich dort noch weniger an sie hielt als in Kastilien. Obgleich für Valencia 1554 durch eine Concordia bestimmt worden war, die Zahl der *familiares* zu reduzieren und die Jurisdiktion im einzelnen zu regeln, fand man es schon 1568 wieder nötig, eine neue Concordia bekanntzugeben, um die Klauseln der vorangegangenen zu bestätigen und neue Bestimmungen anzufügen. Selbst das genügte noch nicht, denn in einem Bericht des Rats von Aragonien vom 21. Juli 1632 wird behauptet, daß es in Valencia weder Frieden noch Sicherheit geben werde, bevor nicht eine Reform in der Auswahl der *familiares* erfolgt sei, da an fast sämtlichen verübten Verbrechen *familiares* beteiligt seien, die sicher sein durften, straflos auszugehen, weil sie darauf vertrauten, daß ihre Beschützer, die Inquisitoren, zu ihren Gunsten eingreifen würden[29]. In Aragonien wurde diese Auseinandersetzung noch härter geführt, weil der dortige Adel auf die ihm verfassungsgemäß zustehenden Freiheiten sehr stolz war. Dort wurde die Frage der *familiares* erst durch die Concordia von 1568 gelöst, die den gleichen Text hatte wie im selben Jahr in Valencia veröffentlichte Regelung. Jedoch genügte sie in Aragonien, wie auch in Valencia, nicht zur Befriedung der Provinz. Die Konflikte gingen weiter. Erst nach 1646, als die Cortes von Aragonien den Rechtsprechungsbereich der Inquisition einschränkten, waren die weltlichen Gerichte dort halbwegs zufrieden. In Katalonien war die Lage ähnlich, vielfach aber schlimmer, weil dort in weiten Gebieten alle Gesetze mißachtet wurden und ein bedrohliches Banditentum sich breitmachte. Die Stimmung der Katalanen geht aus der Art hervor, wie man die Concordia von 1568, die auch für Katalonien vorgeschlagen wurde, dort aufnahm. Die Deputierten von Barcelona lehnten sie sofort entschieden ab mit der Behauptung, der Inhalt verstoße gegen ihre *fueros*, und sie würden sich daher auf Leben und Tod dagegen wehren. Kein Wunder, daß im Februar 1569 die dortigen Inquisitoren berichteten, die Bevölkerung werde erst zufrieden sein, wenn sie das Tribunal aus ihrem

Lande vertrieben habe[30]. Anstatt der Concordia von 1568 galt in Katalonien nun die von 1512, welche von der Inquisition nie ganz anerkannt worden war. In dieser verzwickten Lage war eine wirkliche Vereinbarung gar nicht zu erzielen, trotz zeitweiliger Kompromißlösungen, wie sie die Concordia von 1630, die nach dem Großinquisitor Zapata benannt wurde, vorsah.

Die Konflikte hinsichtlich der gerichtlichen Zuständigkeiten im Reich wurden von den Ministern der Krone ernst genommen. Im Lauf des 17. Jahrhunderts drängten die Staatsräte von Kastilien den König wiederholt, zu handeln, vor allem bei ihren Sitzungen in den Jahren 1620, 1622, 1631 und 1639, als sie die Inquisitoren beschuldigten, sie »genössen das Privileg, die Seelen der Angeklagten durch Nadelstiche, ihr Leben durch Unheil zu peinigen und ihre Ehre durch Bloßstellungen zu verderben«[31]. Bezeichnend ist, daß die meisten dieser Proteste während der Regierung Philipps IV. und unter Olivares erhoben wurden, gerade zu der Zeit, als ein Inquisitor es auf die eigene Kappe genommen hatte, zu bestreiten, daß die *limpieza*-Vorschriften eine kluge Maßnahme seien. Dieses Zweifeln an der Rolle der Inquisition war typisch für die um die Mitte des 17. Jahrhunderts aufkommende Gewissenskrise. Die Reformer begannen zu fürchten, daß die der Inquisition eingeräumte Freiheit für die erfolgreiche Ausübung der königlichen Macht bedrohlich werde. 1696, unter Karl II., wurde eine berühmt gewordene Junta einberufen, an der je zwei Mitglieder der Staatsräte von Kastilien, Aragonien, Italien, Ostindien und Westindien sowie der militärischen Orden teilnahmen. Der von diesem Gremium verfaßte Bericht vom 12. Mai[32] ist der erste große Angriff von »Regalisten« auf die Inquisition, noch vor den Schriften von Macanaz, der sicher durch sie beeinflußt worden ist. Eingeleitet wurde der Bericht mit einer Attacke gegen die Exzesse in der Rechtsprechung der Inquisition:

Es gibt keinen vor ihrer Gewalt sicheren Lehnsmann, den sie nicht wie einen ihr unmittelbar Untergebenen behandelt, indem sie ihn ihren Vollmachten, ihren Rügen, Geldstrafen und Kerkerstrafen unterwirft; und keine zufällige Kränkung oder geringe Unhöflichkeit gegenüber ihren Dienern, die sie nicht wie ein Verbrechen gegen die Religion rächt und bestraft. Nicht zufrieden damit, die Personen und den Besitz ihrer Beamten von allen öffentlichen Steuern und Abgaben befreit zu wissen, möchte sie sogar die Immunität verlangen, derzufolge Verbrecher nicht in den ihr gehörenden Gebäuden verhaftet werden dürfen. Im Stil ihrer Schreiben benutzt sie und findet sie Gefallen an Methoden, um den Respekt vor den Königlichen Richtern zu mindern und sogar den vor den ihnen übergeordneten Magistraten ...

Der Text führt weiter aus, daß die Präzedenzfälle ganz und gar dafür sprächen, daß dem König die volle Befehlsgewalt über die Inquisition zustehe, und zwar in sämtlichen Angelegenheiten außer reinen Religionsfragen. Obwohl nicht nach diesem Bericht verfahren wurde, machte die Haltung Philipps V., der nun auf den Thron folgte, deutlich, daß er das Tribunal fest an die Zügel nehmen wollte, und so wurde der von Macanaz und anderen so begeistert propagierte »Regalismus« der Inquisition gegenüber zur offiziellen Politik der Krone. Welche Folgen das bei der späteren Entwicklung der Inquisition hatte, werden wir alsbald sehen.

Das ancien régime

> De aquí la perpetuación del odio, no sólo
> contra la Inquisición, sino contra la religión
> misma
> Jovellanos *Representación a Carlos IV.*

Wenn die Inquisition seit ihren Anfängen die sozialen und politischen Interessen des Spanien der Reconquista vertreten hat, dann galt das auch noch nach der endgültigen Ausmerzung des Judentums auf der Halbinsel in den Jahren nach 1720. Der Fall des Melchor de Macanaz zeigte, daß das Tribunal noch wie eh und je nach offensichtlich veralteten Begriffen urteilte und letzten Endes ein Feind der königlichen Macht geworden war. Seine Rolle als Bewahrer der »geschlossenen Gesellschaft« hatte noch lange nicht aufgehört. Dies vor allem rechtfertigte nach Meinung der Krone nach wie vor die Existenz der Inquisition, ganz besonders während der kuturellen Revolution Spaniens im 18. Jahrhundert. Die Inquisition konnte ihre Macht so lange behaupten, wie sie gewillt war, der Politik der in Spanien herrschenden Klasse zu dienen. Nachdem es nun die rassischen Minderheiten nicht mehr gab und die Einheit des Glaubens herbeigeführt war, blieb nur die Aufgabe, die Errungenschaften der letzten zwei Jahrhunderte festzuhalten – das heißt: für die uneingeschränkte Geltung der in Spanien herrschenden Prinzipien weiterhin ebenso zu sorgen, wie es im Fall des *limpieza*-Grundsatzes geschehen war. Hierfür verblieb der Inquisition als einziges Tätigkeitsfeld, gleichzeitig als einzige Waffe – die Zensur. Das 18. Jahrhundert sollte in Spanien eine sonderbar inkonsequente Verbindung zwischen der Zensurpraxis und der Position der herrschenden Schicht bringen.

Von der neuen, seit 1700 auftretenden Dynastie der Bourbonen wird häufig behauptet, sie habe Spanien neue Gedanken und neue Aktivität beschert. Daß es so nicht war, ist leicht zu beweisen durch die gewaltige Zunahme der Verfolgungen zwischen 1720 und 1730 sowie dadurch, daß Philipp V. die Inquisition in ihrer Religionspolitik unentwegt unterstützte. Gerade der Aufsehen erregende Fehlschlag des von Macanaz begonnenen Versuchs, die Inquisition der Aufsicht des Königs zu unterstellen, hatte ihre Daseinsfrist verlängert, so daß sie die »geschlossene Gesellschaft« noch für eine weitere Generation bewahrte. Überraschend ist, daß die ersten intensiven Anstrengungen, das spanische Gebiet gegen Einflüsse vom Ausland abzuschirmen, nicht die Inquisition unternahm, sondern die französische Regierung. In den 1701 von ihr dem Marquis de Louville, dem Erzieher Philipps V., zu Anfang seiner Regierungszeit erteilten Anweisungen wurde ausdrücklich betont, er »müsse, soweit es in seinen Kräften stehe, die Ausbreitung des Jansenismus, vornehmlich in Neapel und den Niederlanden, verhindern... [und] jeder Stärkung der Autorität des Papstes in Spanien entgegenwirken« [1]. Getreu diesem strengen Gebot blieb der erste bourbonische Monarch bei einer Religionspolitik, die, wenngleich die königliche Autorität über die Kirche in gewissen Punkten erweitert wurde, am Status der Kirche und dem der Inquisition nichts Wesentliches änderte. Trotz des im Jahre 1700 erfolgenden Wechsels der Dynastie gab es zwischen den gesellschaftspolitischen Vorstellungen des letzten Habsburgers und denen des ersten Bourbonen erstaunlich wenige innere Brüche, woraus sich zum Teil erklären läßt, daß die »geschlossene Gesellschaft« bis zur Mitte des 18. Jahrhunderts von jeglichen äußeren Einflüssen isoliert bleiben konnte. Die Herrschaft der adligen Oberschicht, die dem Volk ihr gesellschaftliches System aufzwang, blieb weiterhin auf der ganzen Halbinsel gesichert. Noch hatten über das Land die Großgrundbesitzer zu bestimmen, denen gegen Ende des 18. Jahrhunderts schätzungsweise über die Hälfte des spanischen Bodens gehörte, während sie (einer anderen Berechnung zufolge) im Bereich der ganzen Halbinsel zu dieser Zeit die Jurisdiktion über 15 große und 2 286 kleine Städte sowie über mehr als 6 000 Dörfer ausübten [2]. Im Jahre 1710 soll allein in Kastilien der Adel die Macht über 500 von den 700 großen und kleinen Städten gehabt haben [3]. Für dieselbe Zeitspanne hatte Macanaz geschätzt, daß von den 560 Ortschaften mit Stadtcharakter in der Provinz Valencia 527 unter der Herrschaft des Adels standen und sogar aus den nur 33 dem König unterstehenden Gemeinden nicht das ganze Steueraufkommen der Regierung zukam [4]. Was diese Zahlen besagen, wird uns erst deutlich, wenn wir bedenken, daß die Adligen nur acht Prozent der Bevölkerung bildeten.

Allein durch die Vormachtstellung des Adels konnte die »geschlossene Gesellschaft« so lange konserviert werden. Erst als diese Aristokratie ihre Macht verlor, konnten Spaniens Grenzen nach Europa zu geöffnet werden. In einer Zeit der Krise, als unter Philipp IV. die Aristokratie ihre Pflicht, der Krone beizustehen, während der Kämpfe gegen die Revolutionäre in Katalonien und in Portugal nicht erfüllte, zerstörte der nachfolgende Zusammenbruch der Großgrundwirtschaft des Adels auch das auf die gesamte soziale Struktur im Lande und auf die Inquisition gesetzte Vertrauen. Antonio de Mendoza, Sekre-

254

tär in einem der Kronräte unter Philipp IV., bemerkte, die Inquisition »sei niedergetrampelt, ihre Diener seien entehrt, und täglich äußerten viele offen ihren Mißmut darüber, daß diese untauglichen Leute das selbst verschuldet hätten«. Am bedenklichsten jedoch sei, daß »die Adligen, die man jetzt im Hinblick auf Abstammung und Religion als unangreifbar betrachte, sich darüber geringschätzig äußerten, indes die in beiden Punkten Verdächtigen ihrer Wut und ihrem Haß auf sie (die Inquisition) Luft machten« [5]. Und doch führte die Krise unter Philipp IV. nicht zu strukturellen Änderungen im sozialen Gefüge Spaniens. Um so mehr war das dann unter Philipp V. der Fall. Unter seinem Regime ging während des Erbfolgekrieges die Blüte des spanischen Uradels zugrunde: Granden und Adlige liefen zum Feind über, wurden verbannt oder eingekerkert, und so wurde die politische Macht einer bereits entkräfteten Aristokratie gänzlich hinweggefegt. Für seine weitere Regierungszeit stützte der König sich auf eine neue, aus dem einfachen Bürgertum hervorgehende Adelsschicht, die ihre Positionen nicht ererbtem Reichtum, sondern seinem Vertrauen verdankte. Und das wurde unter den Bourbonen der Normalzustand. Doch das kulturelle Weltbild von einst hielt sich noch, wie denn auch im Bereich der Kirche und des Staates der alte Reichtum und der gesellschaftliche Vorrang der Aristokratie unerschüttert blieben. Philipp V. hat zwar die staatliche Verwaltung gründlich geändert, konnte jedoch die in der Mentalität der Spanier fest verankerten Wertvorstellungen nicht umstoßen.

Infolgedessen blieb dann doch die Inquisition auch fernerhin unangefochten die Wächterin der »geschlossenen Gesellschaft«, und dieser Zustand änderte sich nur langsam. Wenig über ein Jahrzehnt nachdem das Tribunal Melchor de Macanaz verurteilt hatte, streckte es seine Fänge nach einem Mann aus, der noch Oberster Minister Spaniens werden sollte. Das war Joseph del Campillo, ein Beamter, der wie Macanaz, im Dienst für den König aus einer ganz bescheidenen Stellung hoch aufrückte. Als Campillo erfuhr, daß das Tribunal in Logroño gegen ihn vorgehen wollte, protestierte er im Juli 1726 mit einem Schreiben an den dortigen Inquisitor gegen die Beschuldigungen, daß er »verbotene Bücher lese, mit Ketzern Briefe wechsle und nicht strenggläubig sei« [6]. Was auch an diesen Vorwürfen wahr gewesen sein mag – und an Campillos Strenggläubigkeit zu zweifeln, besteht kein Anlaß –, dieser nicht gerade bedeutende Zwischenfall im Jahre 1726 war ein Vorzeichen für das nahende große Schisma zwischen den Geistlichen der Krone und dem Tribunal des Heiligen Officiums.

Dieses Schisma wurde durch einen Benediktinermönch namens Benito Jeronimo Feijóo eingeleitet, der in Oviedo Theologie lehrte, in seiner freien Zeit viel las, vor allem ausländische Bücher, und von 1726 ab begann, eine Reihe von Bänden zu veröffentlichen, in denen unter dem Gesamttitel *Teatro crítico universal* alle Aspekte menschlichen Wissens behandelt wurden. Lange vor seinem Tode (1764) hatte Feijóo bereits neun Bände dieses *Teatro* veröffentlicht, denen noch fünf mit dem Titel *Cartas eruditas* gefolgt waren. 1750 sprach Ferdinand VI. Feijóo offiziell die Anerkennung aus, die ihm unter dem vorigen Herrscher versagt geblieben war, und es wurde bekanntgegeben, daß seine Schriften beim König Anklang gefunden hatten. Feijóo sollte einer der ersten werden, die die »geschlossene Gesellschaft« unterhöhlten.

Das kulturelle und soziale Bild Spaniens zu Beginn des 18. Jahrhunderts ist bis heute im einzelnen wenig bekannt. Man hat behauptet, daß die spanische Literatur jener Epoche nur Unbedeutendes hervorgebracht habe [7]. Die Wahrheit scheint jedoch zu sein, daß es dort noch Überbleibsel aus einer Zeit bedeutender Leistungen gab, die erst die Gelehrten unserer Tage allmählich zutage fördern. In den Wissenschaften aber, sagte Feijóo, »schlagen wir, während das Ausland Fortschritte macht in der Physik, in Anatomie, Botanik, Geographie und Naturkunde, einander die Schädel ein und erfüllen unsere Hörsäle mit Gebrüll bei der Frage, ob das Sein etwas Eindeutiges oder eine Analogie von etwas anderem ist« [8]. Der Grund für diesen Tiefstand liege, erklärte er, nicht nur im Unwissen und an der »in Spanien üblichen Voreingenommenheit gegen alles Neuartige«. Vielmehr sei daran auch schuld der falsche Begriff von Nationalstolz, der eigentlich nur als heuchlerische Defensive der Ignoranten bezeichnet werden könne [9]. Feijóo schlug vor, diese der Aufklärung so feindliche Haltung durch eine gänzlich neue zu ersetzen. Die Wissenschaft solle nicht bloß Theorien anbieten und sich auch nicht nur an abstrakte Grundsätze klammern, sondern auf Experimenten weiterbauen, auf »Beobachtung und Erfahrung«, so wie beim Erschließen der neuen Seewege nach West- und Ostindien. »Ich wünschte«, schrieb Feijóo, »man zöge *Erfahrung* aller theoretischen Vernünftelei vor.« [10]

Erst allmählich wurden seine Lehren in dem zunächst noch winzig kleinen Kreis der wahrhaft gebildeten Spanier erfaßt und anerkannt. Seine klaren medizinischen Formulierungen machten Eindruck auf die 1697 in Sevilla gegründete Königlich Medizinische Gesellschaft, die 1700 von der dortigen Universität beschuldigt wurde, durch »in England und Holland aufgenommene Doktrinen des Descartes« beeinflußt zu sein. Trotz dieser Angriffe erfreute sich die Gesellschaft weiterhin der königlichen Gunst unter Karl II. und Philipp V. und nahm schließlich Feijóo als Ehrenmitglied auf. Der Graf von Peñaflorida, der später die Gesellschaften der *Amigos del País* gründete, schrieb an einen Jesuiten: »Vor einigen Jahren ist ein vortreffliches Werk erschienen, vortrefflich insbesondere für eine Nation, bei der die Wissenschaften noch in den Windeln liegen. Ich meine das *Teatro crítico* von Pater Feijóo.«[11] Obgleich dessen Arbeiten immer mehr Aufmerksamkeit weckten, wurde unter Philipp V. so gut wie nichts in seinem Sinne getan, so daß Feijóo 1742 klagte: »Jeder könnte sehr wohl meine Stimme hören, doch alle scheinen taube Ohren zu haben.«[12]

Zu seinem Glück war auch die Inquisition einmal taub. Aber Feijóo täuschte sich über das Heilige Officium keineswegs, wie aus folgendem Brief, den er im Oktober 1727 an einen Freund schrieb, ersichtlich wird:

Ich spreche als ein Anhänger Newtons ... Indessen fällt es mir gar nicht ein, mit meinem Kopf unnötig gegen eine Steinmauer zu rennen, etwa indem ich noch mehr Bücher kaufe, denn ich glaube, ich werde das bißchen Geld, das mir noch verblieben ist, für Wichtigeres brauchen. Man muß auch bedenken, daß da heute ein Großinquisitor regiert, der sehr am Altertum hängt und mit dem Donnerkeil in der Faust jedes Buch bedroht, in dem etwas von der unendlichen Menge des Wissens, das uns in Spanien unbekannt ist, gesagt wird. Bald nachdem sie ihn auf seinen Thron gesetzt hatten, bekam ich ein Schreiben von einem Priester in der Diözese von Teruel (einem Freund von mir aus Asturien), der mir mitteilte, daß dieser feine Herr für mich herzlich wenig Sympathie habe. Tatsächlich aber habe ich auch Nachricht von jemandem aus Madrid, der ihn in dieser Sache beruhigt hat und, wie sich dann ergab, war in diesem letzten Edikt, durch das achtzig Bücher geächtet oder Korrekturen unterworfen wurden, von meinem keine Silbe erwähnt. Dennoch muß ich ständig befürchten, daß, falls die zahllosen Ignoranten ihm das nahelegen, er sich doch noch gegen meine Bücher wendet, gerade wenn ich das am wenigsten erwarte[13].

Mit seinen Befürchtungen hatte Feijóo recht. Später mußte sein Freund und Studienkollege Padre Sarmiento seine Bücher durchsehen und mancherlei ändern, um den Zensor zufriedenzustellen.

Die offizielle Anerkennung durch König Ferdinand VI. hatte Feijóos Ruhm begründet und leitete den Umschwung zu einem neuen Bildungswesen in Spanien ein. Bis 1730 erschienen vom ersten Band seines *Teatro crítico* bereits vier Auflagen, und noch vor 1786 waren es fünfzehn vom *Teatro* und den *Cartas eruditas* geworden. Der Benediktinermönch wurde zum Pionier der in Spanien beginnenden Aufklärung. Das ausländische Gedankengut, das er in sich aufgenommen hatte, wurde den Spaniern, die weder Englisch noch Französisch lesen konnten, durch ihn vermittelt. Einer der ersten von einem spanischen Leser mit Jean-Jacques Rousseau hergestellten Kontakte wird wohl Feijóos in seinen *Cartas eruditas* veröffentlichte Erwiderung auf die 1750 erschienene Abhandlung Rousseaus *Si le rétablissement des sciences et des arts a contribué à épurer les mœurs* gewesen sein, mit der Rousseau einen von der Akademie zu Dijon ausgeschriebenen Preis gewonnen hatte [14].

Der Durchbruch aus der »geschlossenen Gesellschaft« ging nicht leicht vonstatten. Die gesamte Apparatur der Inquisition war auf die Verteidigung der althergebrachten Wahrheiten eingestellt, und für diese Aufgabe fand das Tribunal auch im 18. Jahrhundert neue Helfer. In früheren Zeiten hatte die Gesellschaft Jesu in Spanien sich durch ihren weitreichenden Weltblick und ihre liberale Ideologie ausgezeichnet. Niemals hatte sie Sympathien für das Heilige Officium bekundet, und der einzige Jesuit, der einmal (1666) Großinquisitor wurde, Eberhard Nithard, war ein Deutscher, der damit gegen die Wünsche der Gesellschaft verstieß. Im 18. Jahrhundert jedoch fanden die Jesuiten neue Feinde und dadurch auch neue Verbündete. Der Kampf gegen den Jansenismus in Frankreich hatte sich nun, wie wir aus den Instruktionen für Louville ersahen, auch nach Spanien fortgesetzt. Dabei war der Jansenismus in Spanien überhaupt nicht vertreten [15]. Vielmehr gab es dort nur weithin Widerstand gegen die »ultramontanen« und »probabilistischen« Theorien der Jesuiten, so daß mit der Zeit deren Gegner unterschiedslos einfach als »Jansenisten« bezeichnet wurden, und wenn sie noch so strenggläubig waren. Die Stärkung des Regalismus, der Anlaß zu ständigen Auseinandersetzungen über die Rechte des Papstes in Spanien gab, erbitterte ebenfalls die Jesuiten, so daß im weiteren Verlauf des 18. Jahrhunderts in den politischen und religiösen Konflikten ein unlösbarer Wirrwarr entstand, bei dem (grob formuliert) die Jesuiten die eine Partei und die Regalisten und Jansenisten die Gegenpartei bildeten. Bei diesem Ringen trat die Inquisition naturgemäß an die Seite der Jesuiten, die zu neuer, bis dahin noch nie erreichter Bedeutung gelangt waren infolge des ihnen allein bewilligten und während der langen Regierungszeit Philipps V. ausgeübten Rechts, den Beichtvater für den König zu stellen [16].

Die Allianz zwischen den Jesuiten und der Inquisition ist auch weit über das rein Religiöse hinaus interessant, weil sich die Inquisition nun, als sie begann, Leute von der jansenistischen Partei vor ihre Tribunale zu bringen, direkt in die Welt der Politik vorwagte. Eine der ersten schweren Streitigkeiten entstand um einige Schriften des italienischen Augustinermönchs Kardinal Noris, die von Rom gebilligt waren, trotzdem aber auf direktes Betreiben der Jesuiten in dem 1717 veröffentlichten Index der spanischen Inquisition verzeichnet wurden. Der Streit wurde erst 1758 beigelegt, als es dem Papst endlich gelang, die Streichung des Namens Noris aus dem Index zu erwirken [17]. Dieser Fall war kennzeichnend für die bei der spanischen Geistlichkeit zunehmende Spaltung zwischen denen, die den Jesuiten beistanden, und denen, die an den zu ihrem Amt gehörenden und selbständig genutzten Privilegien der spanischen Bischöfe festhielten, wie zum Beispiel Climent, der Bischof von Barcelona, der bei der Inquisition denunziert wurde, weil er die Jansenisten gepriesen habe. Erst 1761 jedoch wurde der andere Spalt, der zwischen Staat und Inquisition, deutlich sichtbar. In dem Jahr nämlich verbannte Karl III., Förderer der Aufklärung in Spanien, den Großinquisitor Quintano aus Madrid, weil er ohne seine – des Königs – Erlaubnis die päpstliche Bulle, mit der die Schrift *Exposition de la doctrine chrétienne* des französischen Geistlichen und Jesuitenfeindes Mésenguy geächtet wurde, bekanntgemacht hatte. Von dieser Zeit an durfte die Inquisition keinen päpstlichen Erlaß mehr ohne Genehmigung des Königs bekanntgeben. Wieder einmal hatten hier die Jesuiten eingegriffen und in ihrer Kampagne gegen Mésenguy die Entscheidung erwirkt. Unter diesen Verhältnissen war es nicht überraschend, daß, als die Regierung nach den Anstiftern des 1766 gegen den weithin verhaßten italienischen Minister Squillace gerichteten Volksaufstandes in Madrid forschte, die Jesuiten zu den Prügelknaben gemacht wurden. Wie weit sie sich den Mächtigen in Kirche und Staat entfremdet hatten, wird daraus ersichtlich, daß 46 von 60 Bischöfen für die im Jahre 1767 erlassene Verfügung stimmten, laut der die Gesellschaft Jesu unterdrückt und ihre Mitglieder des Landes verwiesen werden sollten. Mit dieser Maßnahme triumphierte in Spanien der politische Jansenismus.

Für die Inquisition aber war das nur der Beginn eines anderen Ringens. Im Jahre 1768 behauptete der Graf von Campomanes, der sich für die Vertreibung der Jesuiten mit eingesetzt hatte:

Die Tribunale der Inquisition bilden heutzutage die fanatischste und die am engsten mit den Jesuiten verbundene Körperschaft im Staat. Die Inquisitoren bekennen sich zu genau denselben Grundsätzen und Lehren. Um es klar zu sagen: Bei der Inquisition muß eine Reform durchgeführt werden [18].

Zu dieser Reform kam es jedoch nie. Wohl wurden die Vollmachten der Tribunale ein wenig beschnitten, radikale Maßnahmen aber nicht getroffen. Vielen Leuten erschien das ständige Rufen nach Reformen auch sinnlos. Nachdem die Verfolgungen der Judaisierenden abgeflaut waren und die Inquisition ihren politischen Einfluß verloren hatte, schien sie sowieso bald abzusterben und die Macht, gegen die Fortschritte der Aufklärung in Spanien anzugehen, nicht mehr zu besitzen. Die Reformer richteten sich nach dem Sprichwort: »Schlafende Hunde soll man nicht wecken.« Karl III. soll, als er gefragt wurde, weshalb er die Inquisition nicht abschaffe, gesagt haben: »Die Spanier wollen sie ja behalten, und mich stört sie nicht.« Dieser geruhsame Optimismus wurde bald danach schwer erschüttert durch den Fall des Pablo de Olavide.

Das Schicksal Olavides, auf das wir sogleich eingehen werden, muß im Rahmen der sich mehrenden Siege aufklärerischer Gedanken betrachtet werden. In der Hauptsache waren diese Triumphe der Erfolg einer Elite, die sich nicht mehr aus den Kreisen des alten Adels rekrutierte. Vielmehr waren es tüchtige Leute unter den dem Staat dienenden Parvenüs, Männer bürgerlicher Herkunft, so daß es zu der schon unter Philipp V. sich ankündenden Spaltung der herrschenden Klasse in der zweiten Hälfte des 18. Jahrhunderts endlich kam. Der größte Teil der dekadenten Altadligen blieb ungebildet und unkultiviert, hatte weder Lust zu arbeiten noch der Nation zu dienen, deren Führer sie gleichsam von selbst geworden waren; dennoch gab es unter ihnen auch eine Reihe kultivierter und aufgeklärter Männer, die zwar streng katholisch dachten und an den spanischen Traditionen hingen, immerhin aber bestrebt waren, von anderen Völkern zu lernen, dazu bewogen durch das, was Sarrailh als *ivresse de savoir* bezeichnet [19]. Die Inspiration für diese Menschen kam vor allem vom Ausland her. Die neuen Ideen begannen über die Grenzen nach Spanien einzusickern, durch die Häfen, die Zollschranken und die Polizeikontrollen. Wo immer ein fremdes Schiff spanischen Boden anlief, ob in Vigo oder Sevilla, ging auch ein Buch mit von Bord. Schon gegen Ende der Regierungszeit Karls II. waren die Werke der wichtigsten Philosophen Europas in Spanien erhältlich. Als 1691 die Inquisition in Sevilla einen Geistlichen niederen Ranges, Juan Cruzado de la Cruz, verhaftete, fand sie in seinem Besitz eine gewaltige Bibliothek – 1125 Bände –, darunter Werke in französischer, italienischer, englischer und holländischer Sprache. Unter anderem befanden sich darunter: ein Band der Werke von Francis Bacon; die Werke von Bartolomé de las Casas, die Briefe, die *Colloquia* und das *Enchiridion* des Erasmus; zwei Werke von Descartes; sechs Bände von Gassendi, das *Mare librum* von Grotius, die *Elements of Philosophy* von Hobbes in französischer Übersetzung sowie zahlreiche andere Bücher, die entschieden Interesse an gerade der von der Inquisition verbotenen und nur außerhalb Spaniens frei erhältlichen Literatur bewiesen [20]. Also war neues geistiges Gut schon lange vor Ankunft der Bourbonen vom Ausland her nach Spanien gelangt. In gewissen Kreisen freute man sich auch über diese Entwicklung, doch es dauerte noch lange, bis man ihnen auch amtlich erlaubte, von ihr offen Notiz zu nehmen.

Im Jahre 1739 hören wir noch Feijóo klagen: »Die ungeheure Verzögerung im Versand der Bücher aus Frankreich bereitet mir viel Ärger.« Er hatte nur Verachtung für die Leute, die »in affektiertem Ton von den Krankheitskeimen in der Luft aus dem Norden sprachen, was gewöhnlich bei der Unterhaltung über diese Dinge ihr Refrain war. Dabei eignet sich doch diese Luft wunderbar, um viele gute Katholiken, aber auch unwissende Katholiken, zu erleuchten« [21]. Aus dem Norden jedoch, von Frankreich, kamen Bücher – und Menschen – ins Land – und nicht nur aus Frankreich. Unter Ferdinand VI. und seinem Nachfolger wurde empfohlen, kulturelle und wissenschaftliche Verbindungen mit England, Schweden und anderen Ländern aufzunehmen, und immer mehr Beziehungen ins Ausland wurden angebahnt. Technische wie philosophische Literatur aller Art fand den Weg nach Spanien und war dort willkommen. Auch in anderer Hinsicht wich man, was noch erstaunlicher war, jetzt von der Tradition ab: Spanier reisten ins Ausland! Wie in England zur selben Zeit, so machten nun die jungen spanischen Adligen die »grande Tournée«. Der Graf von Peñaflorida studierte in Toulouse und schickte später auch seine Söhne dorthin und anschließend nach Paris, den Niederlanden, Skandinavien, Deutschland und Italien [22]. Der Schriftsteller José Cadalso reiste nach England, Frankreich und Italien. Am meisten haben vielleicht das Gebäude der offiziellen Denkweise in Spanien seine adligen Gesandten im Ausland unterminiert, wie zum Beispiel der Graf von Aranda, der als Botschafter in Versailles von 1773 bis 1787 Freundschaft mit Voltaire schloß; oder der Herzog von Alba, von 1746 bis 1749 gleichfalls Botschafter in Versailles und Freund Rousseaus; oder der Herzog von Almodóvar, Übersetzer der Schriften des Abbé Raynal und nacheinander Botschafter in Rußland, Portugal und England. Durch ihre Bewunderung der Errungenschaften anderer Nationen sowie durch den Umstand, daß sie gerade in ihrer amtlichen Tätigkeit die Aufklärung zu fördern vermochten, haben diese Adligen die Abwehr der in Spanien herrschenden Kaste gegen alles Fremde aufgebrochen und den Weg für die umwälzenden Neuerungen frei gemacht, unter denen das *ancien régime* dort zusammenbrach.

Die großartigen Vorkämpfer der neuen Reformbewegung in Spanien, Männer, die sich zwar bewußt von fremder Kultur beeinflussen, aber nie die nüchterne Wirklichkeit und die akuten Probleme ihres Landes außer acht ließen, waren Melchor Jovellanos und der Graf von Campomanes. Zur Reformpartei gehörten allerdings auch Männer, denen ihrer Natur und Erziehung nach die spanische Tradition fremd war, wie zum Beispiel Olavide.

In Peru erzogen und 1752 nach Europa ausgewandert, wohnte Ola-

261

vide in Spanien, verbrachte jedoch seine für neue Eindrücke empfänglichsten Jahre in Frankreich, in dessen Kultur und Gedankengut er sich völlig einlebte. Bald las er fast nur noch französische Bücher. Die Inquisitoren fanden 1776 in seiner Wohnung in Madrid unter etwa dreißig Druckwerken bloß zwei Bücher in spanischer Sprache. Olavide war der junge Mann, der sich der nach dem Aufstand gegen Squillace siegreichen Reformpartei anschloß, eine Stellung bei der Stadtverwaltung von Madrid und später (1767) den hohen Posten als Verwaltungsrat für Sevilla und Andalusien bekam. Während er in Sevilla amtierte, nahm die Regierung einen von ihm entworfenen Plan für Erziehungsreformen an (1769). Daraus ergab sich die Verwaltungsverfügung von 1770, durch die an allen spanischen Universitäten die Lehrpläne umgestellt wurden. Diese wichtige Maßnahme war der Beginn einer großen Umwälzung im höheren Bildungswesen Spaniens, doch das sollte Olavide selbst nicht mehr erleben. Seine bereits sehr schwierigen Verwaltungsaufgaben in Andalusien wurden weiter dadurch erschwert, daß ein ihm zur Durchführung übertragenes Projekt – die Sierra Morena durch ausländische Siedler urbar machen zu lassen – scheiterte, und überdies erschwert durch Streitigkeiten mit einem (als Berater für die deutschen Siedler tätigen) deutschen Kapuzinermönch, der ihn 1775 als den »gefährlichsten Intellektuellen in ganz Spanien« denunzierte [23], mit dem »Erfolg«, daß man Olavide nach Madrid zurückrief und die Inquisition ihn dort im November 1776 verhaftete. Die Anklage wurde mit Ketzerei und Atheismus begründet. In einem volkstümlichen Lied wurde er beschuldigt, alles andere als ein Christ zu sein. Es lautet:

> Olavide es luterano
> es francmasón, ateista,
> es gentil, es calvinista,
> es judió, es arriano,
> es Maquiavelo – es cristiano?
> Esta cuestión ventilada
> y a un Tribunal reservada
> resuelve que aqueste voto
> de todito tiene un poco,
> pero de cristiano nada [24] *

* Frei übersetzt:

Olavide ist ein Lutheraner, / ist Freimaurer, Atheist, / Heide und auch Calvinist, / Jude, Arier, Macchiavellist / – aber ist er auch ein Christ? / Gestellt ward diese Frage nun mal / und gelöst durch ein Geheimtribunal: / Daß er von alldem ein bißchen ist / keinesfalls jedoch ein Christ.

Nach altbewährter Praxis der Inquisition verschwand Olavide für zwei Jahre so spurlos, als sei er gar nicht mehr auf der Welt, und keiner seiner Freunde wußte, wo er sein mochte und ob er überhaupt noch lebte. Erst am 24. November 1778 wurde er zu einem hinter verschlossenen Türen stattfindenden *auto de fe* gebracht. Vor etwa vierzig eigens dazu eingeladenen Würdenträgern wurde die Anklage verkündet. Als Olavide hörte, daß er ein »ausgesprochener Ketzer« sei, rief er: »Nein, das bin ich nicht!« und fiel in Ohnmacht. Das Urteil über ihn lautete: Verbannung und acht Jahre Zwangsaufenthalt in einem Kloster. Die Prozeduren um seine Verurteilung erregten die Anwesenden immerhin so sehr, daß einige Tage später einer von ihnen, ein guter Freund Olavides, sich selbst beschuldigte, Bücher von Hobbes, Spinoza, Bayle, Voltaire, Diderot, d'Alembert und Rousseau gelesen zu haben. Doch die Inquisitoren weigerten sich, ihm Absolution zu erteilen, bevor er nicht alle seine gleichermaßen schuldigen Bekannten denunziert habe. Als er sich dazu gezwungen sah, bekam das Tribunal nach und nach eine Liste mit den Namen fast aller zur Regierung gehörenden Männer zusammen. Auch Aranda, Campomanes und Floridablanca waren genannt. Das Heilige Officium verzichtete auf ein weiteres Verfahren [25].

Olavide hatte man für einen Prozeß eigentlich nur herausgegriffen, um ein Exempel zu statuieren, und nicht etwa, weil ihm die schwersten Verstöße vorzuwerfen waren. Es war genugsam bekannt, daß Leute in noch höherer Stellung als er sich für die französischen Philosophen begeisterten und deren Bücher gelesen hatten. Olavide sollte ein Mahnmal sein, und diese Lektion blieb nicht unbeachtet. In ganz Spanien und auch in anderen europäischen Ländern kam nach seiner Verurteilung große Unruhe auf, da befürchtet wurde, daß die Inquisition ihre einstige große Macht wiedergewonnen habe. Von Rom schrieb der spanische Botschafter beim Heiligen Stuhl nach Hause: »Ist es denn immer noch möglich, so etwas mitzuerleben, wie es Olavide gerade hat erleiden müssen? Ich bin kein Freund von ihm, aber menschliches Mitgefühl läßt mich blutige Tränen weinen.« [26]

An Olavides Lektüre können wir das »Waffenarsenal« der Aufklärung studieren, gegen die die Inquisition ihre ganze Machtfülle ansetzte. Seine Privatbibliothek enthielt enorm viele französische Bücher, die großenteils auf dem Index standen, also in Spanien verboten waren. Darunter sämtliche Werke Voltaires, mehrere von Rousseau, Bayles *Dictionnaire*, die *Encyclopédie* etc. Die englischen Autoren in seiner Kollektion, sämtlich in französischer Übersetzung, waren Bacon, Locke, Pope, Defoe *(Robinson Crusoe)*, Fielding *(Tom Jones* und *Joseph Andrews)*, Richardson *(Pamela)*, Swift und Smollett [27]. Von diesen standen nur Fielding, Richardson und Smollett

263

nicht auf dem Index. Daß man Bücher dieser Art lesen müsse, war für die geistige Elite in Spanien inzwischen selbstverständlich geworden, als einziger Weg zu wirklichem Wissen, der Weg, den zu gehen die Universitäten seit langem versäumt hatten. Als Olavides Entwurf für eine Reform der Lehrpläne 1770 der Universität in Salamanca vorgelegt worden war, hatte sie ihre Mitwirkung verweigert mit der Entgegnung, daß alle modernen Philosophen gefährlich seien, insbesondere Descartes, bei dem man »Behauptungen finde, die aller natürlichen Vernunft und den katholischen Lehren widersprechen«. – »Wir haben auch«, hieß es weiter in der Erwiderung der Universität, »von einem gewissen Thomas Obbes und dem Engländer John Lochio sprechen hören, doch ersterer ist sehr knapp in seinen Formulierungen, und der zweite müßte, abgesehen von den großen Unklarheiten, die er bringt, äußerst vorsichtig gelesen werden.«[28] Kaum erstaunlich, daß José Cadalso seine beißende Ironie über die »höchst gebildete Universität« von Salamanca ergoß, die nach seinen Worten »weder Mathematik noch Physik noch Anatomie, Naturgeschichte, Völkerrecht oder Orientalische Sprachen oder dergleichen Kleinkram lehre, jedoch Männer heranbilde, die fähig seien, mit imponierendem Stimmaufwand 77 777 Syllogismen von *Baralipton frisesomarum* oder *Sapesmo* zu bilden oder über das Problem mit der Sprache der Engel in den himmlischen Heerscharen oder die Einrichtung des Himmels zu reden«[29]. Das traf indes nicht auf alle Stätten der Bildung zu. Nach 1770 entschieden sich die Universität Alcalá und einige andere für allmählichen Wandel. Bis 1784 hatte die Universität Valencia in ihre Vorlesungen über Philosophie Condillac einbezogen. Der Kronrat von Kastilien hatte 1774 einen Wettbewerb um einen Leitfaden für Philosophie, der die Theorien von Descartes, Malebranche und Leibniz enthalten sollte, ausgeschrieben und 1779 den Text des Kapuziners Villalpando lobend anerkannt. 1781 riet der Vorsteher der spanischen Karmeliter allen ihm unterstehenden Lehrern dringend, Condillac, Locke, Wolf, Leibniz, Descartes und Bacon zu lesen.

An dieser erfolgreichen Einführung europäischer und vor allem französischer Gedanken und Ansichten waren vor allem die schon erwähnte Elite und die für größere Bildung aufgeschlossenen Adligen beteiligt. Mit der durch sie bewirkten geistigen Revolution vermochten sie aber nicht einfach die Stagnation des Bildungswesens auf der Halbinsel zu beenden und die mit religiösen Dogmen befestigten Bollwerke der »geschlossenen Gesellschaft« zu zertrümmern. Bei Jovellanos und Campomanos hatte dieses Wirken einen tieferen Sinn. Sie planten, wie Olavide, aus der beginnenden Aufklärung geistiges Rüstzeug für weitere soziale und wirtschaftliche Reformen in Spanien zu schmieden. Die dringenden wirtschaftlichen Probleme des Landes waren ihnen viel wichtiger als die Existenz der Inquisition, die ihnen allerdings auch nicht gleichgültig war. Jovellanos wußte nur zu gut, daß, wie er es ausdrückte, das »Heilige Amt unaufhörlich zuschlägt und sich offenbar durch die wachsende Zahl seiner Feinde nicht kleinkriegen läßt. Es ächtet unentwegt alles Neue, alles, was die Vergangenheit kritisiert, und alles, was für geistige Ungebundenheit und Freiheit spricht.«[30] Er wußte jedoch, daß sie, die Reformer, einstweilen mit der Masse der noch gar nicht Aufgeklärten ringen mußten und es unklug gewesen wäre, sich gegen die Inquisition zu stemmen, solange nicht das ganze Volk denselben Wunsch hatte. In einer Antwort an seinen englischen Brieffreund Alexander Jardine faßte Jovellanos seine Zustimmung zu dessen Ansichten wie folgt zusammen:

Ihr habt Eure Meinung von der Inquisition vollkommen klar zum Ausdruck gebracht. In diesem Punkt stimme ich Euch ganz zu und glaube, daß es viele, sehr viele Leute gibt, die ebenso denken. Dächte man doch nur überall so! Solange das aber nicht der Fall ist, können wir diesen Mißstand nicht geradewegs angreifen. Dann würden wir alles verlieren. Das Ergebnis wäre das gleiche wie schon früher: Es würden die Grundmauern des Systems nur noch verstärkt und sein Wirken noch grausamer und tückischer [31].

Es mag daran erinnert werden, daß die Inquisition gegen die von Peñaflorida gegründeten Gesellschaften der *Amigos del País*, die sich wirtschaftlichen Reformen in ganz Spanien widmen wollten, keineswegs feindlich angegangen war. Sobald jedoch die Rede auf radikale Veränderungen der sozialen Struktur kam, war es aus mit der Toleranz des Heiligen Officiums, das dann sofort zum Angriff überging. Im Jahre 1795 veröffentlichte Jovellanos seine berühmte Schrift *Informe de ley agraria* (Bericht über das Landwirtschaftsgesetz), die von der Inquisition prompt verworfen wurde, weil in ihr das Festhalten der Kirche und des Adels an riesigen Erbgütern (den *mayorazgos*) als unmoralisch bezeichnet wurde. Dieses *Informe*, erklärte das Tribunal, müsse verboten werden, weil es nicht nur »antikirchlich sei, sondern auch die *mayorazgos* zu zerstören trachte und somit den Gedanken der Gleichberechtigung im Besitz von Geldwerten und Ländereien fördere« [32]. Auf diese Weise stellte die Inquisition sich eindeutig an die Seite der Grundbesitzer und auch gegen jederlei Reform der geistigen und der sozialen Struktur des *ancien régime*.

Die einzige dem Tribunal im 18. Jahrhundert noch verbleibende starke Waffe war die Zensur, doch auch dieses Recht stand ausschließlich der Inquisition zu. Zwar war es der Inquisition freigestellt, Listen verbotener Bücher herauszugeben, doch größtenteils wurde die wirklich anerkannte Zensur durch den Rat von Kastilien vorgenommen. Dessen auf das Jahr 1544 zurückgehendes Recht, Lizenzen zu erteilen, wurde 1705 und 1728 neu bestätigt. 1749 verfügte Ferdinand VI., daß der Rat über sämtliche Druckwerke nach wie vor absolut zu bestimmen habe[33]. Unter Karl III. wurde am 16. Juni 1768 diese Zensuraufsicht wiederum bestätigt, und ein großzügiges Reglement räumte den Autoren das Recht ein, gegebenenfalls Begründungen für ihre Arbeit vorzutragen, während alle gedruckten Werke frei im Verkehr bleiben durften, bis die jeweiligen Urteile über sie vorlagen. Auch war für jedes Verbot das Plazet der Regierung erforderlich. Schließlich wurde 1773 den Bischöfen das Recht, das Imprimatur zu erteilen oder abzulehnen, genommen und blieb nun allein der Regierung vorbehalten. Die gesamte Aufsicht über die Literatur mußten infolgedessen Laien übernehmen, vorwiegend kenntnisreiche Leute, die dem Rat von Kastilien beigeordnet wurden. Es kam dabei auch zu merkwürdigen Situationen. So zum Beispiel, als Jovellanos als staatlicher Zensor einerseits gegen die Veröffentlichung von Voltaires *Alcira* 1784 Einspruch erhob, weil das Buch spanienfeindlich sei, und anderseits Übersetzungen aus dem Lateinischen nur kritisierte, weil sie sprachlich ungenau waren[34].

Die Zensur durch die kirchlichen Behörden wurde neben der staatlichen fortgesetzt. Ähnliche Systeme gibt es heute noch in einigen Ländern. Wenn man damals auch vielleicht die staatliche Zensur als die bedeutendere angesehen hat, wurde dennoch der Index der Inquisition mit so viel Respekt beachtet, daß es riskant sein konnte, ihn einfach zu ignorieren. Eben deshalb ist es wichtig, die Entwicklung des Index im 18. Jahrhundert zu verfolgen.

Der erste Inquisitionsindex des 18. Jahrhunderts erschien 1707. Begonnen hatte ihn Diego Sarmiento, der 1699 verstorbene Großinquisitor, und abgeschlossen wurde er durch Vidal Marín, der bis zu seinem Tode (1709) Bischof und Großinquisitor von Ceuta war. In vieler Hinsicht ist dieser der am wenigsten interessante aller Indizes. Zeitlich hat er seinen Platz zwischen der starren Orthodoxie des 17. und dem Einsickern aufklärerischer Gedanken des 18. Jahrhunderts. Daher behandelt er zum größten Teil dieselben Bücher wie der vorherige. Zu den neu verzeichneten Titeln gehörten der *Augustinus* von Cornelius Jansen, dem Bischof von Ypern, und John Miltons 1651 in London veröffentlichte Schrift *Pro populo Anglicano defensio*. Der Jansenismus hatte schon 1645 begonnen, die Regierung zu beunruhigen, als sein Erscheinen in Flandern Philipp IV. so aufbrachte, daß er bald Verordnungen dagegen erließ[35]. Unter Philipp V. entwickelten sich diese und andere religiöse Streitfragen nicht spürbar, und die Zensoren hatten damit kaum Kummer, wenngleich die Inquisition 1739 es für geboten hielt, noch einen Anhang zum Index von 1707 herauszugeben. In das Jahr 1739 fiel auch der vermutlich einzige Versuch, das *Teatro crítico* von Feijóo zu zensieren. Nachdem der Autor eine Erklärung über Sinn und Absicht dieses Werkes gegeben hatte, scheint man auf weitere Überprüfung verzichtet zu haben [36]. Zu den Werken von Gewicht, die unter Philipp V. noch auf den Index kamen, ist die *Historia civil de España* des Mönchs Nicolás de Jesús Belando zu zählen. Von seinem Werk wurde der vierte Abschnitt geächtet und dessen Vernichtung befohlen, wegen der darin, bei Behandlung des Falles Macanaz, offen erkennbaren Feindschaft des Autors gegen die Inquisition und den Papst.

Der Index von 1747, ein umfangreiches Werk in zwei schweren Bänden, wurde vom Großinquisitor Francisco Pérez de Prado y Cuesta herausgegeben und kam sofort in schlechten Ruf, weil es den Jesuiten gelungen war, die Aufnahme vieler Schriften ihrer Gegner zu erreichen, so auch der Schrift des Kardinals Noris. Besonders viel böses Blut machte die Tatsache, daß ein Anhang zu diesem Index unter dem Titel *Verzeichnis jansenistischer Bücher* veröffentlicht wurde. Dieser Katalog war nur eine Kopie der *Bibliothèque janséniste*, einer Liste angeblich jansenistischer Bücher, die, von einem belgischen Jesuiten 1722 auf eigene Faust zusammengestellt, in Rom 1745 geächtet wurden. Daß die Inquisitoren bei den Kontroversen zwischen den Jesuiten und den Jansenisten auf die Seite der Orthodoxen traten, zeigte, daß der Index nun zu einem Parteiwerkzeug geworden und somit die Ära der politischen Konflikte eingeleitet war.

Die neue Periode der Zensur unterschied sich auch in anderer Hinsicht von der früheren. Schon der Typ der Zensoren war jetzt ein anderer. Im 16. und 17. Jahrhundert hatten die geistig bedeutendsten Männer Spaniens bei der Ausarbeitung der Grundsätze für den Index geholfen. Auch so hervorragende Gelehrte wie Juan de Mariana, Juan de Pineda und Arias Montano hatten gelegentlich die Vorarbeiten geleistet. Im 18. Jahrhundert bemächtigten sich unwissende und kleinliche Geistliche der Zensur. In der Dogmatik und den politischen Prinzipien auf sicherem Boden, verurteilten sie jedes Buch, das die geistige Finsternis in Spanien zu erhellen drohte. Vor allem deshalb verachteten die intelligenten Leute diese Inquisitionszensur und sprachen geringschätzig über sie, bis der Fall Olavide sie wie ein Schock gleichsam aufweckte. Aber auch die Maßnahmen der Zensur hatten sich geändert. Vor dem 18. Jahrhundert hatte man besondere Sorgfalt darauf verwendet, Bücher nur zu reinigen (so daß sie dann zur Veröffentlichung freigegeben werden konnten), und damals bestand der größte Teil im Index eben aus Werken, bei denen nur eine Reinigung verlangt wurde. Da nun aber mit der Aufklärung auch ketzerische Lehren ins Land drangen, hielt man es für unmöglich, die einzelnen zu beanstandenden Stellen überall herauszusuchen wie früher, und ächtete daher Bücher gleich ganz und gar, so daß bald sehr viel mehr Werke verboten als nur zur Reinigung bestimmt wurden. Die dritte große Veränderung im Zensurwesen war noch auffälliger. Früher hatten die Zensoren den Blick vor allem auf protestantische und andere Ketzereien gerichtet und daher den Index mit den Namen unbedeutender Theologen befrachtet, bei denen sie Kritik für notwendig hielten. Jetzt aber bekam der Index ein weniger theologisches, dafür ein mehr politisches Gesicht. Bei den nun verbotenen Autoren war Ketzerei kaum oder überhaupt nicht festzustellen, vielmehr setzten sie sich für Gedanken wie Freiheit, Gleichheit und Toleranz ein, also für politische Ideen, gegen die wegen gewisser in ihnen enthaltener Unterstellungen die Inquisition energisch Front zu machen entschlossen war. Durch politische Lehren herausgefordert, begab sie sich jetzt in die Arena der Politik.

Ihr erster neuer Angriff richtete sich gegen die »Jansenisten«. Dieses Wort war noch immer in Gebrauch, obgleich es schon seit langem nichts klar Definiertes mehr bezeichnete. Alle Werke der Aufklärung im ganzen 18. Jahrhundert wurden jetzt als »jansenistisch« unter die Lupe genommen. Da die meisten ausländischen Bücher, die nach Spanien kamen, in französischer Sprache verfaßt waren (sogar englische wurden in französischer Übersetzung geliefert, weil Französisch die einzige überhaupt von weiteren Kreisen verstandene Fremdsprache war), wurden die Attacken gegen den »Jansenismus« einfach zu einem Feldzug gegen »subversive« französische Literatur. Lasen Spanier etwas von Locke oder von Pope, dann meistens in einer französischen Fassung. »Englisches Gedankengut durch französische Schreibfedern« nannte Feijóo das. Wir werden daher vor allem das Schicksal französischer Bücher in Spanien näher zu betrachten haben[37].

Die Verdammung des *Dictionnaire philosophique* von Pierre Bayle im Jahre 1747 kennzeichnete ein Abweichen von der bisherigen Praxis, denn dieser Bann erfolgte nicht durch den Index, sondern durch ein Edikt der Inquisition. In den nächsten Jahren wurden die immer zahlreicher werdenden Bücherverbote sämtlich durch Edikte verkündet. Unter den 74 im Jahre 1756 auf diesem Wege verdammten Büchern waren 42 in französischer Sprache. Von da ab sank der Anteil der französischen nie unter ein Drittel der abgelehnten Literatur und betrug oft mehr als die Hälfte. Diese Zahlen beweisen die außerordentliche Bedeutung, die damals französisches Gedankengut in Spanien hatte. Von 1747 bis 1807 wurden etwa 500 verschiedene

Bücher in französischer Sprache durch die Inquisition geächtet, der größte Teil davon in der Zeitspanne nach der Französischen Revolution. In der ganzen Zeit erschien nur ein einziger neuer Index, der *Indice último* des Bischofs von Jaén und Inquisitors Agustín Rubín de Cevallos, herausgegeben 1790. Zwischen 1747 und 1790 fielen unter die von der Inquisition verworfenen Bücher: Montesquieus *Esprit des lois*, verboten 1762; Voltaires gesamte Werke, ebenfalls 1762 verboten; Rousseaus gesamte Werke, verboten 1764; Holbachs *Système de la nature*, verboten 1779, Pierre d'Etoiles *Journal du règne d'Henri IV.*, verboten 1750; Algernon Sydneys *Discours sur le gouvernement*, verboten 1767, und Vattels *Droit des gens*, verboten 1779. Diese und viele andere Werke, manche wichtig, andere von nur geringer oder gar keiner Bedeutung, eröffneten den lesenden Menschen in Spanien eine neue Welt. Trotz aller Gegenmaßnahmen der Inquisitoren war es nicht mehr schwierig, sich verbotene Bücher zu beschaffen. Besonders gegen Ende des Jahrhunderts war es, wie der zur Regierungszeit Karls IV. lebende Historiker Muriel schrieb, »nicht mehr nötig, in die Hauptstadt oder die großen Städte zu reisen, um diese Bücher zu finden, wie das bis dahin gewesen war. Das Angebot der aus Frankreich importierten Schriften wurde so groß, daß die damit Handelnden sogar persönlich in dünn bevölkerte Dörfer fuhren und sie dort zu herabgesetzten Preisen anboten.« [38] Ein besonders eifriger Funktionär der Inquisition in Cádiz, einem stets für verbotene Waren recht offenen Hafen, trieb im Laufe von neun Jahren nicht weniger als 8 000 verbotene Bücher auf, davon 2 600 allein im Jahre 1776. Dabei betrachtete er das nur als durchaus mäßigen Erfolg. Im Dezember 1776 schrieb er an die Suprema: »In den französischen Buchhandlungen dieser Stadt verkauft man nach wie vor verbotene Bücher, und andere gibt es in spanischen Läden. Die Stadt ist voll von ihnen.« [39]

In anderen spanischen Seehäfen war es das gleiche Bild: Also hatte sich die Zensur der Inquisition als Fehlschlag erwiesen. Zum Teil hatte das auch der Rat von Kastilien bewirkt, der im Widerstand gegen die Inquisition den Verkauf zahlreicher Werke zuließ. Mehrere Bücher Voltaires wurden in Spanien veröffentlicht, nachdem vereinbart worden war, daß der Name des Autors in ihnen nicht vorkommen dürfe. Auch Bücher von Condillac und dem Abbé Raynal wurden zum Verkauf freigegeben. Der Bücherschmuggel ging mit vollem Einverständnis prominenter Regierungsmitglieder weiter. So verschaffte sich zum Beispiel Jovellanos englische und französische Schriften durch die mit ihm befreundeten Konsuln in Santander und La Coruña. Die staatlichen Zensurvorschriften vom Juni 1768 enthüllten offen die Opposition der staatlichen Behörden gegen die

Inquisition. Diese Gegnerschaft wurde bewußt zum Ausdruck gebracht in einem von Floridablanca und Campomanes formulierten Edikt vom 3. Mai 1768, in dem es hieß, »der Mißbrauch, den das Heilige Officium mit dem Verbot von Büchern treibt, ist eine der Ursachen des in weiten Kreisen des Volkes herrschenden Unwissens« [40]. Als die Universitätsbildung immer mehr verbessert wurde und eine kultivierte, vorwiegend zum Adel gehörige Elite sich der Einführung von Reformen im Sinne der geistigen Aufklärung widmete, wurden die von der Inquisition erlassenen Bücherverbote immer weniger beachtet. Prozesse wie der gegen Olavide vermochten zwar das Volk zu erschrecken, jedoch das Eindringen neuer Gedanken nach Spanien nicht aufzuhalten. Mit dem Einsturz der alten Grenzen kam es auch zu noch rechtzeitigen Reformen nicht nur allgemein im sozialen und wirtschaftlichen Leben der Bevölkerung, sondern speziell in den Provinzen, wo die Inquisition am härtesten durchgegriffen hatte. Am 12. Februar 1773 schickten die Chuetas von Mallorca ein Gesuch um bessere Behandlung an Karl III. Sie wurden darin unterstützt durch den Bischof von Palma sowie Regierungsbeamte auf der Insel. Der Erfolg waren mehrere Verfügungen des Königs, erlassen in den Jahren 1782, 1785 und 1788, mit denen jede Zurücksetzung der Chuetas verboten und ihnen die Möglichkeit, jede amtliche Stellung zu bekleiden, eröffnet wurde [41].

In diesem Stadium der Spannung zwischen starrer Tradition und Reformen sollten wir kurz betrachten, wie es in Spanien den Freimaurern erging, wobei uns jetzt die sich um das Freimaurertum rankenden Übertreibungen und Legenden nicht beschäftigen, vielmehr nur die Tatsache, daß im 18. Jahrhundert nach Meinung vieler fest an den Traditionen hängender Spanier das Freimaurertum die große Verschwörung war, zu der als wesentlicher Bestandteil der Jansenismus gehörte. Lea nennt als Gründungsdatum der ersten Freimaurerloge in Spanien das Jahr 1726 [42]. Doch einerlei, wann und wo sie in Spanien entstand, sie scheint jedenfalls am Ende der Regierungszeit Philipps V. viele Mitglieder gehabt zu haben. Papst Clemens XII. ließ 1738 den ersten Bannfluch über diese Vereinigung verkünden, verdammte die Geheimhaltung ihrer Bräuche und drohte Katholiken, die ihr beitraten, mit Exkommunikation. Die spanische Regierung hielt sich an die Bedingungen des Bannfluchs, indem sie begann, Freimaurer gerichtlich zu verfolgen, nachdem Philipp V. sie auch von Staats wegen 1740 verdammt hatte. Ferdinand VI. folgte 1751 seinem Beispiel. Der vermutlich als erster vor Gericht gestellte und wegen dieses Verbrechens Verurteilte ist wahrscheinlich der Kanonikus Roscobel im Jahre 1744 gewesen. Nach ihm wurden unter derselben Beschuldigung durch das Tribunal weitere Personen verhört, die das

Vorhandensein einer Organisation enthüllten, deren geheime Tätigkeit leicht zur Erregung von Unzufriedenheit mit dem Regime führen konnte. Um 1760 wurde eine selbständige Großloge in Spanien aktiv, und in den nächsten Jahren verlautete gerüchtweise, daß Männer wie Aranda, Campomanes, Jovellanos und der Herzog von Alba auch Freimaurer seien. Die politische Aktivität einiger Mitglieder kam 1796 ans Licht, als der bei einer Verschwörung von Republikanern gefaßte Plan nicht zur Ausführung kam und alle daran Beteiligten verhaftet wurden. Abgesehen davon aber scheint die Zahl der Freimaurer bis zum Beginn des sogenannten Halbinselkriegs nicht sehr zugenommen zu haben, als die auf spanischem Boden operierenden französischen und englischen Truppen den Aufbau von Freimaurerlogen förderten. Ob die damalige Bedeutung der Freimaurerei übertrieben wurde oder nicht – sicher ist jedenfalls, daß die Inquisition nur sehr wenigen Personen wegen ihrer Mitgliedschaft bei einer Loge den Prozeß gemacht hat. Zwischen 1780 und 1814 waren es nur 19 Fälle; im Jahre 1815 allerdings 25. Dann sank die Zahl ab: 1817 auf 14, 1818 auf 9 und 1819 auf 7. Aus diesem Bild läßt sich entnehmen, daß die Anonymität des Freimaurertums zu Übertreibungen der Mitgliederzahl und seines Einflusses führte. Und das ist schon deshalb wahrscheinlich, weil die Freimaurerei mit Argwohn als ein geheimer, fremdartiger Bund von Ketzern und Atheisten betrachtet wurde. Auch Olavide hat man, neben anderen für die allgemeine Aufklärung tätigen Männern, für einen Freimaurer gehalten. Wer moderne oder »ausländische« Ansichten vertrat oder gegen erstarrte Traditionen protestierte, konnte als Freimaurer abgestempelt und so für jedes das Land treffende Unheil mitverantwortlich gemacht werden. Sah ein Protestant gleichsam unter jedem Bett einen Jesuiten, so entdeckte der Inquisitor dort Freimaurer. Vielleicht ist diese ganze Geschichte nur als Kuriosum von Bedeutung.

Der ständige Fortschritt der Reformtätigkeit, das Mitwirken aufgeklärter Geistlicher hierbei und der gleichzeitige Machtverlust der Inquisition – das alles war am Ende des 18. Jahrhunderts wohl geeignet, liberal denkende Menschen mit Zuversicht zu erfüllen. Doch plötzlich wurde diese Entwicklung jäh unterbrochen durch die die ganze Welt aufrüttelnde Französische Revolution. Sehr bald nach deren Ausbruch begann die Inquisition in Spanien, Massen französischer Flugschriften zu entdecken, in denen die Macht der Könige als Unrecht verworfen und die Lehre von den Menschenrechten verkündet wurde. Die Inquisitoren reagierten rasch. Am 13. Dezember 1789 erließ die Suprema eine Verfügung, durch die derartige Druckschriften in Spanien verboten wurden. In dem Edikt wurden die Revolutionäre angeprangert als

Leute, die, sich betrügerisch als Verteidiger der Freiheit ausgebend, in Wahrheit gegen diese arbeiten, indem sie die politische und soziale Ordnung stören und damit auch die Hierarchie der Christlichen Religion... und behaupten, auf den Ruinen von Religion und Monarchie die Freiheit zu errichten, eine Chimäre, diese Freiheit, die, wie sie irrtümlich glauben, allen Menschen zugestanden sei von der Natur, da diese, wie sie unbedacht sagen, alle Menschen gleich und alle voneinander abhängig geschaffen habe.

Dieses Edikt bekam Unterstützung in Gestalt der von Floridablanca unterzeichneten königlichen Verordnung vom 29. Dezember, wonach die Einfuhr jeglichen der katholischen Lehre widerstreitenden Materials nach Spanien verboten wurde. Diese Verordnung wurde im Januar 1790 wiederholt. Gleichzeitig wurde der spanische Gesandte in Paris, Graf Fernán Núñez, angewiesen, alle in Frankreich lebenden Spanier zu ersuchen, keinerlei Nachrichten über die dortigen Vorgänge in die Heimat zu schicken. Im Mai 1790 machte Núñez in einem Schreiben seine Regierung besorgt darauf aufmerksam, daß Franzosen nahe der Grenze ein ganzes Lager von revolutionären Flugschriften angelegt hätten, um diese nach Spanien zu schicken. Solche Vorsichtsmaßnahmen erklären auch, warum der seit 1788 regierende König Karl IV. sich mit der Inquisition verbündete, um das Land gegen die von Norden hereindrängenden aufrührerischen Ideen zu schützen. Von nun an sollten alle revolutionären Gedanken als Ketzerei beurteilt werden. Ein neuer Vorhang des Schweigens wurde über Spanien gebreitet, der jedoch das Land bei weitem nicht so von der Außenwelt abschloß, wie es im 16. Jahrhundert der Fall gewesen war. Da in den für den Außenhandel wichtigen Städten Spaniens sich zahlreiche Franzosen aufhielten und der Handel mit Frankreich beträchtlich war, ließ es sich gar nicht vermeiden, daß Neuigkeiten vom Ausland durchsickerten. Um diesen Umstand zu bekämpfen, griff man zu der radikalen Maßnahme, alle Ausländer, insbesondere die Franzosen, zu zwingen, entweder in Spanien festen Wohnsitz zu nehmen oder das Land zu verlassen. Vor diese Wahl gestellt, verließen Tausende Spanien. Ein weiteres Zeichen für die Abkehr von der liberaleren Politik war die Art und Weise, wie Karl III. seine zu reformfreudigen Minister behandelte. Francisco Cabarrús, der, erst 1789 in den Grafenstand erhoben, durch seine liberalen Theorien bekannt war, wurde bei der Inquisition denunziert, im Juni 1790 verhaftet und auf eine Burg bei La Coruña verbannt. Sein Freund Jovellanos, der sich damals in Salamanca befand, eilte im August heim, um sich für ihn zu verwenden, wurde jedoch vier Tage später mit einem geringfügigen Auftrag in die Provinz Asturien versetzt, was einer Verbannung gleichkam. Im folgenden

Jahr traf die Ungnade auch Campomanes, der seines Postens als Gouverneur im Kronrat von Kastilien enthoben, wenn auch nominell weiterhin als Mitglied geführt wurde.

Die Reaktion griff auf alles über. Furcht vor einem Umsturz hatte die Konservativen in der Beamtenschaft zu einem Bündnis mit der Inquisition getrieben. Am 24. Februar 1791 vereitelte Floridablanca, der seine bislang liberale Haltung aufgegeben hatte, um der führende Minister bei der Regierung zu werden, die Bestrebungen der intelligenten Schicht Spaniens durch eine Verfügung, die sämtliche nichtamtlichen Zeitschriften verbot [43]. Gleichzeitig mit diesem Verbot ging die Inquisition wieder scharf gegen die volkstümliche Presse und einzelne Redakteure und Schriftsteller vor. Einer von diesen, Mariano Luis de Urquijo, wagte es 1791, die Übersetzung eines Buches von Voltaire mit dessen Namen auf dem Titelblatt zu veröffentlichen. Er wurde sofort vor die Inquisitoren zitiert, doch ehe es in der Sache zu einer Entscheidung kam, vollzog sich ein Wechsel in den Regierungsämtern. Im Februar 1792 wurde Floridablanca durch den berühmten Unterdrücker der Jesuiten, den Grafen von Aranda, ersetzt, der Urquijo in sein Kabinett berief, nachdem dieser mit einer milden Rüge von der Inquisition freigelassen worden war.

Dieser Wechsel im Kabinett besserte die Lage nicht wesentlich. Es mußten, wegen der von Frankreich ausgehenden Propaganda für die Republik, weiterhin einschränkende Maßnahmen getroffen werden. In Spanien war die allgemeine politische Erregung merklich gestiegen. Ein Zeitgenosse berichtet:

> In Madrid hört man in den Gastwirtschaften und über die Tische hin, beim Wein wie auch in den Kaffeestuben, nichts anderes als von Schlachten, Revolution, Konvent, Nationalversammlung, Freiheit und Gleichheit [44].

Dieses Interesse an den großen Tagesfragen schürten die französischen Propagandisten, indem sie die Schrecken der Inquisition stark übertrieben und die Spanier als bedauernswerte Opfer klerikaler Tyrannei schilderten. Typisch dafür war der Text einer Rede, die ein junger Flüchtling aus Spanien, der ehemalige Priester José Marchena, in Bayonne vor dem *Club des Amis de la Constitution* hielt. Diese Rede wurde in Spanien unter dem Titel *A la nación española* als Druckschrift vertrieben. In ihr wurden die Spanier aufgefordert, sich durch Vernichtung der Inquisition ihre Freiheit zu erobern.

> Ist es nicht Zeit für die Nation, das unerträgliche Joch, unter dem die Gedankenfreiheit erdrückt wird, abzuschütteln? Ist es nicht Zeit für die Regierung, mit dem Tribunal der Finsternis, das sogar für eine Despotie entehrend ist, Schluß zu machen? [45]

In einer anderen, um 1794 nach Katalonien eingeschleusten Flug-schrift wurden die Spanier gefragt:

> Kämpft ihr denn noch für die höllische Inquisition, die es zur Zeit des braven *sans-culotte*, des Herrn Jesus Christ, gar nicht gab? ... [für] diese teuflische Inquisition, die, indem sie den Namen eines Gottes des Friedens und der Güte benutzt, Verzweiflung über eure Familien bringt und sogar über eure Gedanken befiehlt? [46]

Diese Ermahnungen beunruhigten niemanden und brachten sich durch Übertreibungen selbst um ihre Wirkung. Die Inquisition unter Karl IV. hatte nichts mehr von den Schrecknissen früherer Zeiten, und selbst ein ihr so feindlicher zeitgenössischer Kritiker wie Llorente beschrieb die Inquisitoren unter der Regierung Karls IV. als »Män-ner von größter Weisheit und ganz besonderer Mäßigung« [47]. Falls sich Sympathien für Frankreich entwickelt hatten, wurden sie alsbald wieder durch die Hinrichtung Louis XII. und den dann einsetzenden Terror der Jakobiner ausgelöscht. In Spanien führte der Aufstieg Manuel Godoys, des hübschen und hochbegabten Günstlings der Königin, dazu, daß Aranda 1794 abgesetzt und Floridablanca aus seinem Gefängnis in Pamplona entlassen wurde. Wieder einmal schwang das Pendel zum Traditionalismus hin. Als die Inquisitoren 1794 eine Hetzschrift mit dem Titel *Exortación al pueblo español para que ... se anime a cobrar sus derechos** entdeckten, versuchten sie wieder ein ähnliches Exempel zu statuieren wie zuvor mit Olavide, indem sie jetzt als Verfasser des Traktats einen Rechtsgelehrten der Universität Salamanca, Ramón de Salas, opferten, der 1796 gezwun-gen wurde, *de levi* abzuschwören, obwohl nicht bewiesen werden konnte, daß er der Verfasser war, und der Text nichts Ketzerisches enthielt. Das schlimme Jahr 1794 ragt ferner hervor durch die Ernen-nung des reaktionären Bischofs von Toledo, Francisco de Lorenzana, zum Großinquisitor an Stelle seines liberalen Vorgängers Manuel Abad y la Sierra, der den Posten nur sechzehn Monate innegehabt hatte. Dieser Rückschritt vollzog sich ganz im Sinne des königlichen Befehls vom 31. Juli, durch den der Unterricht in Öffentlichem Recht und Völkerrecht in Spanien verboten wurde.

Das Heilige Officium kam mit seiner eigenen Zensur (wieder) den Geboten des *ancien régime* nach. Immer mehr französische Bücher wurden geächtet, als die Pfeiler der Orthodoxie zu bröckeln begannen und die Saat der Lehren der Revolution auf spanischem Boden breit ausgestreut wurde. Versuche, die Grenzen abzuriegeln, scheiterten

---

* »Ermahnung des spanischen Volkes, sich zur Verschaffung seiner Rechte zu ermannen.«

kläglich. Laut Mitteilung des Tribunals von Logroño an die Suprema machte »die Menge der aus Frankreich kommenden aufrührerischen Schriften es unmöglich, Anklagen gegen sämtliche Leute einzuleiten, die diese importieren, auf Lager halten und in Umlauf bringen, wozu noch der Mangel an Theologen kommt, die genügend von der französischen Sprache kennen, um in der Lage zu sein, sie zu zensieren«[48]. Doch ohne zu bedenken, daß sie die Befolgungen ihrer Zensurvorschriften gar nicht zu erzwingen vermochte, setzte die Inquisition die Ächtung von Büchern genauso fort wie früher. Der Index von 1790 enthielt unter den Verdammungen auch eine französische Übersetzung von John Clelands *Fanny Hill,* und in den folgenden Jahren wurden auch bedeutendere ausländische Bücher verdammt, darunter die philosophischen Werke Diderots (verboten 1806), eine französische Fassung von Lockes *Essay Concerning Human Understanding* (1804), Popes Schriften in französischer Übersetzung (1804), Adam Smiths *Wealth of Nations* auf französisch (1792), Bourgoings *Nouveau voyage en Espagne* (1797) sowie sein *Tableau de l'Espagne moderne* (1805), Gibbons *Decline and Fall of the Roman Empire* auf französisch (1806), Edmund Burkes *Reflections on the French Revolution* auf französisch (1796), Choderlos de Laclos' *Liaisons dangereuses* (1791), Abbé Prévosts *Manon Lescaut* (1797 zusammen mit anderen Werken verboten, in Wiederholung des schon 1789 verkündeten Banns), Laurence Sternes Werke (die französische Übersetzung der *Sentimental Journey* wurde 1801 sowie 1804 verboten), Restif de la Bretonnes *Les Nuits de Paris* (1806) sowie sehr viele andere Bücher von größerem oder geringerem Wert. 1790 verbot die Zensur das klassische spanische Werk *Celestina,* das zu besitzen sie sogar denen verbot, die besondere Erlaubnis zum Lesen geächteter Bücher hatten. Das Verbot all dieser Bücher vermochte deren Verbreitung aber nicht mehr aufzuhalten. Ein Geistlicher bezeugte 1778, daß »Voltaire, Rousseau und die übrigen Anführer bei der heutigen Pietätlosigkeit auch in die fernsten Winkel Spaniens eingedrungen« seien, und ein Prediger in Salamanca verdammte »diese Bücher, welche insgeheim zirkulieren, zu jedem Preis gesucht und mit Inbrunst und Entzücken gelesen und sogar von jungen Mädchen und Knaben mit einem Hunger verschlungen werden, den ein kranker, erst durch die Neuartigkeit und gerade durch das Verbieten gereizter Appetit erzeugt hat«[49]. Auch Llorente stellte fest, daß erst die Verbote von Büchern die Aufmerksamkeit auf sie zogen und ihren Umsatz vergrößerten. So trug also die Inquisition durch ihre Unterdrückungsmaßnahmen direkt dazu bei, den Gebildeten die Augen für die Bedeutung der Literatur aus Frankreich zu öffnen. In der Tat hatte die Regierung sich zu plumper Methoden bedient, um eine vermeintliche Bedrohung abzuwenden. Die Zensoren mochten verkünden, daß ausländische Literatur den Atheismus verbreite und zur Rebellion in Spanien anreize, doch die Lesenden im Lande begehrten diese Bücher ja nur, um ihre Neugier und ihr Verlangen nach mehr Wissen zu befriedigen. Falls Leute mit überhitzter Phantasie sich eine blutige Revolution in Spanien ausmalten, genügte der Verlauf der Ereignisse in Frankreich bestimmt zur Dämpfung ihres Eifers. Die Spanier wünschten sich nur Reformen und mehr Bildung, nicht aber den Sturz der Monarchie und nicht einmal die Beseitigung der Inquisition.

Die Periode der geschilderten Reaktion in Spanien ging nach dem Juli 1795 zu Ende, als durch den Vertrag von Basel nach dreijährigem Krieg Frieden zwischen dem republikanischen Frankreich und dem monarchistischen Spanien geschlossen wurde. Die Ereignisse bewiesen, daß in Spanien kaum die Gefahr einer republikanischen Revolution bestand, und nun, da die Bedrohung durch subversive Einflüsse und Eingriffe seitens anderer Völker vorbei war, begann Godoy sich ernstlich für Fortschritte im Sinne der Aufklärung zu interessieren. Er war bereits 1794 einverstanden gewesen, daß eine spanische Ausgabe der Werke von Adam Smith ihm gewidmet wurde, und 1797 wurden Übersetzungen der Bücher von Tom Paine und John Locke im Buchhandel angeboten [50]. 1797 wurden die Liberalen wieder in die Regierung aufgenommen, Cabarrus wurde Gesandter in Frankreich, und auch Jovellanos und Urquijo bekamen wichtige Posten. Wieder einmal sah es aus, als hätte die Partei der Jansenisten triumphiert, doch dieser Zustand war von nur kurzer Dauer. Im März 1798 zog Godoy sich aus der Regierung zurück, und im August wurde Jovellanos entlassen. Urquijo blieb Erster Minister und fand daher 1799 die Gelegenheit, Karl IV. die Abschaffung der Inquisition zu empfehlen [51]. Doch auch seine Tage waren gezählt. Er wurde im Dezember 1800 entlassen und in Pamplona gefangengesetzt. Die Motive für seine Entlassung wurden offenbar durch die am 10. Dezember 1800 erfolgende Veröffentlichung der gegen die »religiösen Jansenisten« gerichteten päpstlichen Bulle von 1794 mit dem Titel *Auctorem fidei*, deren Bekanntgabe in Spanien man damals verhindert hatte, während jetzt die Traditionalisten ihre Verkündung zuließen. Die Niederlage der »politischen Jansenisten« wurde am deutlichsten unterstrichen durch die Verhaftung von Jovellanos im März 1801 und seiner Überführung nach Mallorca, wo er bis 1808 als Gefangener blieb.

Aus der Geschichte dieser Jahre geht hervor, daß die Inquisition zuletzt offen als politische Körperschaft und weniger in der ihr zugeschriebenen Rolle als Bekämpferin der Ketzerei tätig geworden war. Aber einerlei, welche politischen Wechselfälle dabei mitgewirkt haben mögen, es ist ihr, wenn sie auch unter der Regierung Karls IV.

wieder an Macht gewann, doch völlig mißlungen, die Uhr in Spanien zurückzudrehen. Und zwar vor allem, weil sie das Vertrauen der aristokratischen Elite des Landes und somit deren Unterstützung verspielt hatte und die Zügel der Macht von einer neuen Klasse ergriffen wurden, zu der Männer gehörten, die sich für die Förderung wirtschaftlicher Vereinigungen einsetzten, sowie Leute wie die Mitglieder der Cortes von Cádiz, die in der Inquisition nur eine die Entwicklung der Wissenschaften, der Industrie und der Landwirtschaft hemmende Schranke erblickten. Die bürgerliche Revolution in Spanien zerschlug die Stützen, auf die sich die Inquisition stets fest verlassen hatten, und riß, indem sie deren Vormacht brach, auch die Schranken nieder, hinter denen die »geschlossene Gesellschaft« eingesperrt gewesen war.

Die Abschaffung der Inquisition

> Völker, die ihr erst nach uns kommen werdet,
> Nationen, die ihr eines Tages der Religion
> beitretet, ihr künftigen Generationen – werdet
> ihr, nach und nach, begreifen können, daß es
> einmal bei der katholischen Kirche ein Tribunal
> gegeben hat, welches die Heilige Inquisition
> genannt wurde?
> Ruiz Padrón, vor den Cortes zu Cádiz, im
> Jahre 1813

Gegen Ende der Regierungszeit Philipps V. befand sich die Inquisition finanziell und personell auf dem Wege zum Untergang. In dem Maße, in dem bei ihr die Aussichten auf gute Einnahmen sanken, verminderte sich auch die Menge der Laien, die sich sonst scharenweise nach den beim Dienst für die Inquisition gewährten Privilegien gedrängt hatten. Die meisten Tribunale in Spanien hatten weit höhere Ausgaben, als die Einnahmen verschiedenster Art betrugen. Zu den Tribunalen, die besser dastanden, gehörte das Inquisitionsgericht von Sevilla, das noch nach 1760 beträchtliche Überschüsse verbuchen konnte. Bei Einnahmen in Höhe von durchschnittlich mehr als zwanzig Millionen Maravedis und Ausgaben zwischen fünfzehn und achtzehn Millionen machte das Tribunal regelmäßig einen Jahresgewinn von zwei bis fünf Millionen[1]. Dieser Wohlstand entsprach noch ganz der Lage von 1731, als die Tribunale in Sevilla und in Santiago die beiden einzigen waren, die dank ihrer Überschüsse unabhängig existieren konnten, während alle übrigen (außer Valencia, dessen Bilanz immer einigermaßen ausgeglichen war) tief in Schulden steckten, mit einem Defizit von zusammen über 55 000 Reales[2]. Greifen wir jedoch noch etwas weiter zurück, zu den Abrechnungen für 1705, in die ruhige Periode vor der letzten großen Verfolgung von Conversos, dann stellen wir fest, daß damals sämtliche Tribunale beträchtliche Defizite aufwiesen[3]. Trotz dieser Schwankungen nach oben und unten läßt das Gesamtbild im 18. Jahrhundert schließlich die wachsende Verarmung erkennen. Beim Tribunal von Zaragoza, dem 1705 seine noble Residenz im Palast Aljafería genommen wurde, hatte die Krone sogar großzügig zu den Gehältern der Inquisitoren beisteuern müssen, und zwar bis 1725. Während dieses finanziellen Rückgangs fiel auch der Personalbestand des Tribunals stark ab. Hatten früher die Cortes eigentlich immer über den allzu großen Kreis der Vertrauten *(familiares)* der Inquisition geklagt, so jammerten nun diese selbst über die sinkende Zahl dieser ihrer Mitarbeiter. Auf

Grund der für Kastilien beschlossenen Concordia hatten die Inquisitoren von Toledo, wie sie 1748 hervorhoben, einen Anspruch auf 805 *familiares* gehabt und verfügten jetzt nur noch über 99 Gehilfen. In Granada, wo damals die Concordia 554 *familiares* bewilligt hatte, standen nur noch 84 auf der Gehaltsliste, und in ganz Aragonien, das sich 1 215 *familiares* leisten durfte, waren es bloß noch 35 [4]. Dieses Schrumpfen der Mitgliederzahl war bei sämtlichen Tribunalen festzustellen.

In gewisser Weise war diese Entwicklung durchaus sachgerecht. Mit dem Nachlassen der Aktivität und der stärkeren Zentralisation des Verwaltungsapparats wurde Sparsamkeit bei den Provinztribunalen eine Notwendigkeit. Mancher Fall wurde daher der Suprema überlassen. Wie sehr die Tätigkeit vermindert war, zeigt ein Vergleich der ersten Hälfte des Jahrhunderts mit der zweiten. Unter Philipp V. wurden laut Llorente von den Tribunalen insgesamt 782 *autos de fe* veranstaltet, mit Tausenden von Opfern. Unter Karl III. und Karl IV. dagegen wurden bei diesen Zeremonien nur zehn Personen verurteilt und nur vier von ihnen verbrannt. In den neunundzwanzig Jahren der Regierung dieser beiden Könige wurden überhaupt nur sechsundfünfzig Personen zu öffentlicher Buße verurteilt [5]. Alle übrigen Anklagen und Urteile erfolgten geheim, d. h. bei nichtöffentlichen *autos de fe*. Überdies ging es bei vielen Prozessen um politische Fragen, da die Inquisition sich nun an eine überwiegend politische Rolle gewöhnt hatte und daher die Zahl der rein religiösen Fälle noch niedriger lag.

Entsprechend der organisatorischen und finanziellen Schrumpfung verminderte sich auch der Einfluß der Inquisition auf die auf geistigen Fortschritt bedachte Elite Spaniens. In dieser neuen Situation, für die der Fall Jovellanos charakteristisch ist, kam es zu einer fundamentalen Krise des *ancien régime*, und zwar zu einer Krise, die sich entscheidend auf die soziale Struktur des Landes auswirkte und bei der das Heilige Officium nur als einer der Faktoren, wenn auch ein wichtiger, in Erscheinung trat. Die Entwicklung der Krise läßt sich gut an der Bewegung der Preise im 18. Jahrhundert verfolgen. Bis zum Ende der Regierung Philipps V. spiegelte sich in den mäßigen Preisen für Lebensmittel eine wirtschaftliche Stabilität unter sozial ruhigen Verhältnissen, deren Stetigkeit keinen Anlaß zu wirtschaftlichen oder politischen Unruhen gab. Von da an jedoch erlebte Spanien eine ständig fortschreitende Inflation, gleichzeitig mit dem ganzen westlichen Europa. Die erste und wichtigste Folge in diesem Land mit vorwiegend agrarischer Wirtschaft war eine gründliche Änderung der Bodenpreise, so daß es nun mehr denn je auf die Erträge aus dem Boden ankam und somit auch das Interesse an einer Bodenreform wuchs. In dieser Zeit entstanden wirtschaftliche Vereinigungen und vervielfachten sich die Proteste gegen die feudalen Privilegien der großen Schafzüchter, der sogenannten Mesta. Es wurden auch Proteste gegen den Grundbesitz der Kirche laut, ganz besonders nach Veröffentlichung des Traktats *De la Regalía de Amortización* des Grafen Campomanes im Jahre 1765. Zur selben Zeit führte die im Einverständnis mit der Regierung vermehrte Zahl der Handelsgesellschaften zu starker Zunahme des Handels mit Ostindien und Westindien und steigendem Import von Edelmetallen aus Amerika. Infolge dieser Ausdehnung der Geschäfte bildete sich in den großen Häfen, vor allem in Barcelona, eine wohlhabende handeltreibende Bürgerschicht. Der schnelle wirtschaftliche Aufschwung, der gegen Ende des Jahrhunderts zum Höhepunkt der Inflation führte, beschleunigte neue soziale und politische Entwicklungen, unter denen das Verhalten der fortschrittlich denkenden Schichten sich gänzlich änderte.

Der eigentliche Anlaß zu dem kulturellen und sozialen Umschwung war diese Expansion, ein Umstand, der gar nicht nachdrücklich genug betont werden kann. Als nämlich jetzt die spanischen Adligen ausländische Bücher lasen, taten sie das nicht nur aus Interesse an der Kultur anderer Völker, sondern auch weil sie von ihnen lernen und ausländische Methoden zur Bewältigung der wirtschaftlichen Probleme Spaniens anwenden wollten. Sogar bei Olavide, dem eifrigen Leser französischer Werke, bildeten den Kern seiner Bibliothek eine Auswahl von Büchern über politische Ökonomie. Bücher über Landwirtschaft, Industrie und Handel wurden nicht nur importiert, vielmehr begannen auch die Spanier selbst jetzt derartige Lehrbücher zu schreiben. Bei diesem neuen Interesse an den Voraussetzungen einer gesteigerten Produktivität blickte man mißbilligend auf den Ballast, den die Inquisition, unter der Spanien so lange Zeit gelitten hatte, immer noch weiterschleppte. Die Gegnerschaft gegen die Inquisition sammelte sich vor allem bei den Liberalen, die aus den Werken der Aufklärung und der Französischen Revolution gelernt hatten und sich deshalb bereit machten, die alten Pfeiler der staatskirchlichen Verfassung umzustürzen. Ein scharfsinniger Beobachter notierte damals, daß der Begriff Bürgertum überall in Spanien mit liberalem Denken identifiziert werde, während das einfache Volk und der größte Teil der Aristokratie noch für die alten Traditionen einträten [6]. Daß das Volk schon während der ganzen Dauer der Inquisition in diese Gruppen geteilt gewesen war, erschwert jeden Versuch, die sich nun vollziehende Wandlung als einen Freiheitskampf des ganzen Volks darzustellen.

Die Ereignisse bewiesen jetzt von Jahr zu Jahr deutlicher, daß die Inquisition vergeblich gegen die große Wandlung ankämpfte. Sie hatte 1756 empört Rousseaus *Origine de l'inégalité,* Voltaires *Lettres Philosophiques* sowie die Werke von Burlamaqui und La Bruyère in den Index aufgenommen, doch ungeachtet dieser Maßnahmen fuhren die Minister der Krone in der Realisierung ihres Programms fort und zerstörten 1758 die Feudalprivilegien und das finanzielle Rückgrat der einst machtvollen Mesta durch die Aufhebung der Sondersteuern, die diese bei den von ihr bislang Abhängigen erhoben hatte. Bei jedem Schritt rückwärts wurden jetzt zwei vorwärts getan. 1766 waren Rousseaus *Lettres de la Montagne* und Diderots *Pensées Philosophiques* auf den Index gekommen. Im selben Jahr wurde durch den Aufruhr um Squillace die Macht der Jesuiten gebrochen, und am 2. Mai verfügte die Regierung die erste einer Reihe weitgehender landwirtschaftlicher Reformen im Süden Spaniens. Erst im Jahr davor, also 1765, war im Baskenland die Gesellschaft der *Amigos del País,* die für Reformen in der Landwirtschaft eintrat, gegründet worden und hatte die Regierung das von Cádiz ausgeübte Monopol des Handels mit Amerika gebrochen, indem sie den Handel auf neun Hafenstädte in Spanien und fünf amerikanische Inseln ausweitete. Das Drängen nach kaufmännischer Bewegungsfreiheit gehörte mit zu den Forderungen politischer Freiheit, und so wurde der wachsende Druck, mit dem in Spanien der freie Handel erzwungen werden sollte, begründet mit dem Prinzip, daß die persönliche Freiheit das unabdingbare Recht des einzelnen Menschen sei. Zwar wurde 1778 durch die Verurteilung Olavides ein Schritt rückwärts getan, doch in demselben Jahr sicherte man die Ausdehnung des spanischen Handels durch die Verordnung, daß fortan allen spanischen Häfen der Handelsverkehr mit Amerika uneingeschränkt erlaubt sein solle. Der Index war jetzt offenbar nur noch eine kleinliche, unbedeutende Bremse bei Fortschritten, die schon längst weit über alle Schranken, die vielleicht von der Inquisition noch gesetzt werden konnten, hinausgingen.

»Das Heilige Officium war jetzt«, wie damals der Historiker Muriel formulierte, »nichts weiter als eine Art Kommission zum Zensieren von Büchern und mußte sogar, um sich wenigstens das zu erhalten, Zurückhaltung und Toleranz üben.«[7] Das klarste Anzeichen für diesen Zwiespalt zwischen der Inquisition und der Gesellschaft, in der sie wirkte, wurde 1797 erkennbar, als Condorcets *Progrès de l'esprit humain* in den Index aufgenommen wurde, denn gerade in diesem Jahr erließ Godoy die erste in Spanien ergangene Verfügung, die wahre Toleranz bewies. Durch seinen Erlaß vom 8. September wurde nämlich jedem ausländischen Gewerbetreibenden, selbst wenn er Protestant war, erlaubt, sich in Spanien niederzulassen, vorausgesetzt, er respektierte die Religion des Landes. Der einzige Schatten aus der Vergangenheit blieb, daß Juden in demselben Erlaß die Einreise strikt verboten wurde.

Die Inflation erlebte infolge der durch die Kriege wachsenden Schwierigkeiten zwischen 1800 und 1814 ihren Höhepunkt. Von 1793 bis 1795 hatten spanische Heere gegen die Franzosen gekämpft, und unmittelbar nach dem Friedensschluß war der Krieg gegen England (1796) ausgebrochen. 1797 wurde Spanien, weil es sich als unmöglich erwies, das Monopol des Handels über den Atlantik unter den britischen Angriffen aufrechtzuerhalten, gezwungen, seinen amerikanischen Kolonien Aktionsfreiheit zu geben und ihnen den Handel mit neutralen Mächten zu erlauben. Genau betrachtet, war Südamerika für Spanien nun schon verloren. Die militärischen Lasten machten die Staatskasse arm, und während die Regierung immer mehr von ihrem Kredit einbüßte, schnellten die Kosten für den Lebensunterhalt empor. Zwischen 1780 und 1800 stieg der Lohn eines Arbeiters nur um 12,5 Prozent bei allgemeinen Preissteigerungen um 50 Prozent. Karl IV. mußte entdecken, daß aus den mit ihm verbündeten Franzosen praktisch eine Besatzungsmacht geworden war. Der Annexion Portugals durch französische Truppen unter Junot (1807) folgte 1808 die zwangsweise Einrichtung französischer Garnisonen in spanischen Städten, als Murat französischer Befehlshaber in Spanien wurde. Streitigkeiten bei Hofe führten zum Zerwürfnis zwischen Karl IV. und seinem Sohn Ferdinand, der im März 1808 als Ferdinand VII. den Thron bestieg, nachdem Godoy abgesetzt und Karl zur Abdankung gezwungen worden war. Da sich jedoch das französische Oberkommando weigerte, diesen Wechsel auf dem Thron anzuerkennen, wurde die königliche Familie veranlaßt, nach Frankreich in die dicht hinter der Grenze gelegene Stadt Bayonne zu reisen und ihren Streitfall Napoleon zu unterbreiten. In Bayonne angekommen, befanden Karl und Ferdinand sich in Napoleons Gewalt. Der Kaiser überredete Ferdinand zum Verzicht auf die Krone, bewog aber sofort danach Karl, sie an Frankreich abzutreten. Dann geruhte er, seinen Bruder Joseph Bonaparte zum neuen König von Spanien zu machen.

Die wirtschaftlichen Nöte jener Jahre lösten Unruhen im Volk aus. Als nun die Bevölkerung von Madrid auch noch erleben mußte, daß Murat einfach über die Königsfamilie verfügte, entlud sich ihr Protest am 2. Mai 1808 in einem Aufstand gegen das französische Besatzungsheer, und alsbald war der Unabhängigkeitskrieg entflammt. Die blutige Niederwerfung des Madrider Aufstands führte indes nicht sofort überall zur Rebellion. Die Konservativen insbesondere hatten Grund, mit der in Bayonne festgelegten Verfassung zufrieden zu sein, weil durch sie dem Lande der Fortbestand des katholischen

Glaubens als Staatsreligion garantiert wurde. Überdies war die neue Verfassung von einem aristokratischen Gremium, das sich als Cortes bezeichnet hatte, entworfen worden. Die Inquisition fand an dieser Verfassung nichts zu beanstanden und unterstützte entschieden das neue Regime. Bereits am 6. Mai bewies sie ihren Nutzen durch ein an alle Tribunale gesandtes Rundschreiben, mit dem sie den Aufstand vom 2. Mai als »skandalösen Tumult des gewöhnlichen Volks« verurteilte und behauptete, es hätten »Bosheit oder Unwissen die Ahnungslosen und die simplen Gemüter zu revolutionären Störungen verleitet, und zwar unter dem Deckmantel von Patriotismus und Liebe zu ihrem Monarchen« [8]. Diese Erklärung hinderte Joseph indes nicht daran, gleich bei seiner Ankunft durch einen Erlaß die Auflösung der Inquisition und die Übernahme ihrer Vermögenswerte durch die Krone anzuordnen. Theoretisch war dadurch die Existenz der Inquisitionsgerichte beendet, doch da praktisch die Franzosen sich kaum die Mühe machten, in deren Tätigkeit einzugreifen, setzten die Inquisitoren ihr Werk, wo die Verhältnisse es zuließen, auch jetzt noch fort. Seltsamerweise gehörten zu jenen Spaniern, die wie die Suprema die französische Herrschaft stützten und bei Unruhen gegen das eigene Volk einschritten, die hervorragendsten Liberalen aus der Regierungszeit Karls IV. In der Reihe der Minister Josephs waren die Namen Cabarrus, Urquijo und auch Juan Antonio Llorente zu finden [9]. Im Grunde durchaus patriotische Männer, die edle Ziele im Auge hatten, wurden sie dennoch von ihren Landsleuten als Verräter an der Nation gebrandmarkt, und zwar mit Recht, wenn man bedenkt, daß sie eine Regierung unterstützten, die den weitaus meisten Spaniern verhaßt war. Weshalb gingen sie diesen Weg? Fest steht, daß ihre Motive ehrlich und auch vertretbar waren, da sie in der »Kollaboration« wohl die einzige Möglichkeit sahen, ihrem Vaterlande in seinen Nöten zu helfen [10]. Für uns ist in dem Zusammenhang wichtig, daß diese Männer – also gerade die Minister, die unter Karl III. und Karl IV. Reformen angestrebt hatten – eine Partei der Mäßigung bildeten zwischen den beiden extrem franzosenfeindlichen Bewegungen, nämlich den Konservativen und den »linken« Liberalen. Als Joseph Bonaparte und mit ihm die *afrancesados* vertrieben waren, standen die zwei Flügelparteien sich in dem schwer angeschlagenen Spanien unversöhnlich gegenüber. Eine der großen Streitfragen zwischen ihnen war die Inquisition.

Am 24. September 1810 traten in Cádiz die Cortes zusammen, zu denen Vertreter aus allen nicht mehr von französischen Truppen besetzten Gegenden erschienen. Bei dieser historischen Versammlung waren, wie ein Historiker vermerkt, weniger als die Hälfte der etwa hundert Deputierten Liberale [11], doch eine so simple Einteilung ent-

283

spricht nicht den Tatsachen, weil erstens viele politisch noch schwankten und zweitens die manchmal mehr als zweihundert Deputierten nie alle gleichzeitig an den Sitzungen teilnahmen. Das großartige Werk der zu diesem Zweck einberufenen Cortes wurde die berühmte Verfassung von 1812, durch die das spanische Bürgertum zum erstenmal mit den Traditionen brach, so daß sich unter dieser Konstitution hinfort alle diejenigen fanden, die liberale Ideen zu verwirklichen gedachten. Der Hauptkampf entspann sich jedoch um die Inquisition, und daß dabei von beiden Seiten die unvernünftigsten Argumente vorgebracht wurden, war zu erwarten gewesen. Die Erlaubnis, offen über dieses Problem zu debattieren, gab eine Verordnung vom 18. Oktober 1810, mit der die Pressefreiheit dekretiert wurde. Durch diese Maßnahme entzog man der Inquisition ihre letzte Möglichkeit, sich noch durchzusetzen: die Zensur. Noch wurden allerdings die Tribunale selbst nicht direkt angegriffen, und erst im Januar 1811 wurden Stimmen laut, die zum erstenmal klipp und klar die Abschaffung der Inquisition forderten. In dem Bericht eines Komitees, das beauftragt worden war, ihren Status zu überprüfen, wurde (im Juli 1811) die Wiedereinsetzung der Suprema empfohlen. Es wurde jedoch daraufhin nichts unternommen, sondern die Sache bis zum Ende des Jahres 1812 aufgeschoben. Im März 1812 wurde dann von den Cortes die neue Verfassung angenommen, die auch klarstellte, inwieweit nun über die Inquisition debattiert werden konnte. Im Dezember gingen den Cortes zwei Berichte zu. In der von der Minderheit verfaßten Stellungnahme wurde behauptet, es sei bei der Inquisition nur die Prozeßmethode an sich verfassungswidrig, während die Mehrheit in ihrem Bericht darlegte, daß allein schon die Existenz einer Inquisition mit der Verfassung unvereinbar sei. Der Bericht der Mehrheit basierte auf den Folgerungen, die aus einem umfangreichen geschichtlichen Überblick über die Tätigkeit der Inquisition seit ihrem Ursprung gezogen wurden [12]. Bei den Streitgesprächen über das Thema, die den ganzen Januar 1813 andauerten, stand dann das Geschichtliche weniger im Vordergrund.

Die in den Cortes ausgetragenen erbitterten Debatten über die Inquisition hatten faktisch mit ihr kaum etwas zu tun. Wer die Reden der damaligen Abgeordneten liest, gelangt zu dem betrüblichen Schluß, daß nur wenige von ihnen wirklich wußten, welche große Rolle die Inquisition in der Geschichte ihres Landes gespielt hatte. Es gab mancherlei gelehrte Äußerungen zur Frühgeschichte des Tribunals, die zweifellos vorwiegend aus Llorentes berühmter *Memoria Histórica* zitiert wurden, denn diese Schrift war schon im November 1811 vor der Königlichen Historischen Akademie verlesen worden. Llorentes großes Geschichtswerk jedoch war noch nicht erschienen, und da so etwas gänzlich fehlte, erschöpfte sich der Wortstreit der Deputierten in Verallgemeinerungen, Mutmaßungen und falschen Begriffen, wobei offenbar wurde, daß sie über die Eigenart und die Methoden der Inquisition im 17. und 18. Jahrhundert überhaupt nicht im Bilde waren. Klar wurde freilich aus diesen Debatten, daß im Unterbewußtsein der Abgeordneten, der konservativen wie der liberalen, noch unverändert und uneindämmbar die Judenfeindschaft fortlebte. Noch erstaunlicher ist, daß niemand die Stimme gegen den Ausschließlichkeitsanspruch der katholischen Religion in Spanien erhob. Mit anderen Worten: Der Angriff auf die Inquisition erfolgte nicht aus antikirchlichen Motiven, vielmehr gerade, wie einige Liberale hervorhoben, aus besonders großer Besorgnis um die Erhaltung des Katholizismus. Wenn die Konservativen sich anstrengten, die Inquisition zu verteidigen, so vor allem, weil sie Attacken auf die kirchliche Rechtsprechung und eine Störung der Einheit der Religion befürchteten. Die Liberalen dagegen appellierten an christliche Grundsätze und faßten ihr Anliegen in drei Hauptpunkte zusammen [13]: daß erstens die Inquisition nicht erforderlich sei, da die Kirche vorher dreizehn Jahrhunderte ohne sie ausgekommen sei; daß zweitens ursprünglich die Bischöfe die einzigen kompetenten Amtspersonen für die Beurteilung von Glaubensfragen und Ketzerei gewesen seien und drittens das Heilige Officium mit der Verfassung nicht vereinbar sei. Das dritte Argument war das stärkste. Diese Begründungen wurden auch außerhalb der Cortes betont durch kluge Flugschriftenverfasser, die das Volk dafür zu gewinnen suchten. Der bedeutendste Konservative unter ihnen war ein Dominikaner namens Francisco Alvarado, dessen Briefe zu diesem Thema unter dem Titel *El filósofo rancio* (Der alte Philosoph) veröffentlicht wurden. Auf seiten der Liberalen zeichnete sich Antonio Puigblanch aus, dessen Pamphlete unter dem Titel *La Inquisición sin máscara* (Die Inquisition ohne Maske) gesammelt und 1811 veröffentlicht wurden. Puigblanchs Argumente lauteten zusammengefaßt [14]:

1. Da die Inquisition ein kirchliches Tribunal ist, ist ihre Strenge unvereinbar mit dem Geist der Demut, der die Priester des Evangeliums auszeichnen sollte.

2. Die bei diesem Tribunal üblichen harten Strafen widersprechen der Lehre der Heiligen Väter und der Zucht der Kirche in ihren glücklichsten Zeiten.

3. Die Inquisition, die keineswegs zur Erhaltung des wahren Glaubens beiträgt, ist nur dazu angetan, Heuchelei zu fördern und das Volk zur Rebellion zu reizen.

4. Bei der Art der Prozeßführung dieses Tribunals werden alle Rechte des Bürgers mit Füßen getreten.

5. Die Inquisition hat in den Ländern, wo sie eingerichtet wurde, nicht nur den Fortschritt der Wissenschaft verhindert, sondern auch verderbliche Irrtümer verbreitet.

6. Das Tribunal hat bei der Absetzung von Königen mitgewirkt und solche selbst vollzogen.

7. Während die Inquisition ihr Entstehen dem Verfall der moralischen Erziehung und dem lässigen Gebaren der Geistlichkeit verdankt, errichtet sie noch Hindernisse gegen entsprechende Reformen, die unumgänglich nötig sind, wenn die Nation gedeihen soll.

Keine der Parteien versuchte auch nur, über Geschichte und Charakter der Inquisition vernünftig zu debattieren. Nach der Darstellung der Konservativen repräsentierte sie das Beste und Heiligste, das es je in Spanien gegeben hatte. Den Liberalen zufolge jedoch hatte sie ihr Vaterland ruiniert und es im Ausland in Verruf gebracht. Seit langem war sie nur noch ein Schatten im Vergleich zu ihrer früheren Bedeutung, und so war das, worum die Streiter von 1813 in Wirklichkeit kämpften, gar nicht die Vergangenheit, sondern die Zukunft. Sie sorgten sich nicht um die wahre Natur einer sowieso dem Tode geweihten Einrichtung, sondern um den Verlauf, den die Geschichte ihres Landes zu nehmen hatte. So gesehen, bezeichneten diese Debatten das Ende eines unseligen Kapitels und den Beginn eines neuen, vielleicht noch unseligeren und noch blutigeren Abschnitts der spanischen Geschichte.

Der Sieg der Liberalen manifestierte sich schließlich in dem Erlaß für die Abschaffung der Inquisition vom 22. Februar 1813, der mit 90 gegen 60 Stimmen angenommen wurde [15]. Durch ihn wurde die Inquisition nicht faktisch abgeschafft, sondern nur erklärt, daß sie »mit der Verfassung unvereinbar« sei. Es wurde jedoch gleichzeitig die gesamte Rechtsprechung in Fragen des Glaubens und der Ketzerei wieder den Bischöfen übertragen, indem man die uralten Gesetze des Königreichs wieder für gültig erklärte. Mit der Behauptung, daß diese Maßnahme populär gewesen sei, träfen wir weit an der Wahrheit vorbei. Die Minister Karls III., die erkannt hatten, daß man im Volk doch noch sehr viel von der Inquisition hielt und in ihr eine für den katholischen Glauben notwendige Institution sah, unterließen klugerweise den Versuch, sie gänzlich abzuschaffen. Die Abgeordneten in Cádiz dagegen erkannten nicht, daß sie sich durchaus nicht im Sinne der überwiegenden Mehrheit des Volkes entschieden hatten. Schon am 25. Januar, dem Tage vor der Abstimmung der Cortes über die Rückgabe der Jurisdiktion an die Bischöfe, hatte die Stadt Córdoba beschlossen, bei den Cortes eine Bittschrift um Wiedererrichtung der Inquisition einzureichen [16]. Córdoba aber war maßgebend für die von sehr vielen Spaniern in allen Gegenden des Landes vertretene Mei-

nung, daß die Liberalen bei den Cortes eine starke Opposition mißachtet hätten, nur um ihr eigenes Parteiprogramm durchzusetzen –
eine Politik, nach der auch später in der Geschichte Spaniens nur zu
oft verfahren wurde. Die Bischöfe und anderen Geistlichen sowie die
Masse der Gläubigen weigerten sich, der Auflösung einer vom Papst
sanktionierten Einrichtung zuzustimmen, die allein der Papst für
ungültig zu erklären berechtigt sei. Am 5. März erhob der päpstliche
Nuntius in diesem Sinne schriftlich Widerspruch, indem er darlegte,
daß die Abschaffung der Inquisition die Rechte Seiner Heiligkeit
verletze; er schloß mit dem in freundlicherem Ton vorgetragenen
Ersuchen, die Abschaffung aufzuschieben, bis Frieden geschlossen und
mit der Zustimmung des Papstes und vielleicht auch des ganzen Volks
zu rechnen sei.

Inzwischen hatte das unkluge Vorgehen der Liberalen im Lande zu
bürgerkriegsähnlichen Zuständen geführt. Die Weigerung der maß-
geblichen Geistlichen in Cádiz, den Erlaß über die Abschaffung von
den Kanzeln verlesen zu lassen, erregte den Argwohn, daß dort ein
Staatsstreich geplant werde, woraufhin die Cortes am 8. März als
Notmaßnahme den Regentschaftsrat auflösten, der theoretisch in
Abwesenheit des Königs das Land regierte. Die Regenten wurden
durch andere ersetzt und Maßnahmen befohlen, um die Entschlüsse
der Regierung mit Gewalt durchzuführen. Der päpstliche Nuntius
war inzwischen ausgewiesen worden und hatte sich nach Portugal
zurückgezogen. In dieser Atmosphäre der harten Gegensätze verloren
die Liberalen vielleicht mehr, als sie bereits gewonnen hatten. Als im
März 1814 König Ferdinand seinen Thron in einem von Feinden
befreiten Spanien wieder bestieg, war der rechte Moment für die
Reaktion gekommen. Nach seiner triumphalen Rückkehr durch Katalonien und Valencia ließ er am 10. Mai, kurz bevor er Madrid betrat,
den dortigen Saal der Cortes besetzen, und alle prominenten liberalen
Abgeordneten wurden auf seinen Befehl geächtet. Die Cortes wurden
aufgelöst, die Verfassung wurde gleichzeitig annulliert und so das
ganze Werk der liberalen Revolution zunichte gemacht. Am 21. Juli
setzte eine Verordnung des Königs den gesamten Apparat der Inquisition wieder in Gang.

So rückschrittlich diese Maßnahme damals den Spaniern vorgekommen sein mag – praktisch trug sie nur wenig, fast nichts, zum
Wiederaufleben der Inquisition bei. Die Krone beanspruchte weiterhin das ausschließliche Recht zur Zensur, und der Schaden, den die
Inquisition seit 1808 an Ansehen und Eigentum sowie durch finanzielle Verluste erlitten hatte, war nicht wiedergutzumachen. Im übrigen war es unmöglich, ihr die einmal konfiszierten Werte, die eigenen wie die staatlich genehmigten, zurückzugeben. Trotz der Gunst

des Königs, die dieser vor allem dadurch bewies, daß er der Kongregation des heiligen Pedro Martyr den Status eines Ritterordens verlieh, vermochte die Inquisition von ihrer früheren Autorität kaum etwas wiederzuerringen, und die wenigen Fälle, mit denen sie sich in jenen Jahren befaßte, wurden mit vorbildlicher Geduld und Mäßigung behandelt. Die finanziellen Einbußen der Tribunale waren groß. Papiere und Abrechnungen waren verlorengegangen oder vernichtet, so daß Ansprüche nicht gültig bewiesen werden konnten. Das zum Beispiel in den *juros* angelegte Kapital war infolge der Inflation und des Bankrotts der Regierung verloren. Gehälter konnten schon seit fast einem Jahrzehnt nicht mehr gezahlt werden. Zwischen 1808 und 1814 hatte der Großinquisitor von Valladolid nur ein Sechstel seines Gehalts bekommen, und fünf Jahre später beklagten er und seine Mitarbeiter sich bei der Suprema, sie wüßten nicht mehr aus und ein, weil sie die ihnen zustehenden Beträge noch immer nicht erhalten hätten [17]. In dieser Lage, mittellos und machtlos, erkannten die Inquisitoren, daß sie nun jede Hoffnung, mit ihrer regulären Tätigkeit noch einmal zu beginnen, aufgeben mußten. Die wenigen Anklagen, die sie zwischen 1814 und 1819 noch erhoben, wurden (wie Lea schreibt) mit »ganz bewußter Höflichkeit und dem offenbaren Wunsch, niemanden unnötig zu kränken« [18], durchgeführt. Während so die einstige Macht der Inquisition sich verflüchtigte, machten sich weithin Unzufriedenheit und Ärger über die unter dem Regime der Bourbonen begangenen Fehler bemerkbar.

Die im Jahre 1820 aufziehende Revolution brachte Spanien gewissermaßen in eine Linie mit dem gesamten unzufriedenen bürgerlichen Europa und bewies, wie gebrechlich doch das reaktionäre Kernstück war, auf dem Ferdinands Macht beruhte. Bei den ersten Anzeichen von Rebellion in den Provinzen erließ der König am 9. März eiligst eine Verfügung, durch die im ganzen Reich die Inquisition abgeschafft werden sollte. Und doch tat er diesen Schritt zu spät, denn in Barcelona und auf Mallorca verwüsteten Volksmengen bereits die Paläste der Tribunale. Nun wiederholten sich historisch schon abgetane Vorgänge. Die von Ferdinand am 6. März einberufenen Cortes hatten sich bemüht, nachzuweisen, daß die Liberalen ebenso hart und fanatisch sein konnten wie ihre Gegner. Im August wurden die Jesuiten, denen man 1797 ihr Auftreten wieder erlaubt hatte, abermals unterdrückt, und in den folgenden Monaten kam es zu einer wahren Flut von schärfsten antiklerikalen Erlassen, wie Spanien sie bis dahin noch nicht erlebt hatte. Die allgemeine Ordnung zerfiel rasend schnell, und es kam zum Bürgerkrieg, aus dem das Land auch nicht erlöst wurde, als 1823 französische Truppen eingriffen, Ferdinand wieder auf den Thron hoben, von dem er wenige Monate vorher abgesetzt worden war. Obwohl die Macht des Königs neu bestätigt wurde und er alle seit dem 7. März 1820 erlassenen Verfügungen widerrief, errang er die absolute Herrschaft über das Land nicht wieder. Die lange Liste der Hingerichteten und Eingekerkerten, die Ferdinands erneute Thronbesteigung kennzeichnete, bewies über jeden Zweifel, daß Spanien jetzt in zwei unversöhnlich verfeindete Lager zerspalten war, die nie wieder zusammenfinden sollten.

Trotz des Widerrufs aller Erlasse seit dem 7. März 1820, der auch eine erneute Einsetzung der Inquisition erwarten ließ, unternahm Ferdinand keinen derartigen Schritt. Möglicherweise hatte er erkannt, daß sie nun für ihn eher eine Belastung als eine Hilfe sein würde. Einzelne Tribunale wirkten auch jetzt noch in schattenhafter Existenz, doch alle Gesuche um völlige Wiedereinführung – wie zum Beispiel das vom August 1825 aus Córdoba, in welchem behauptet wurde, daß seit der Abschaffung »in Spanien die christliche Moral, die sonst des Spaniers zweite Natur war, verschwunden sei« – wurden geflissentlich ignoriert [19]. In dieser letzten Periode der spanischen Inquisition kam es zu der wahrscheinlich auch letzten »amtlichen« Hinrichtung wegen Ketzerei, und zwar hatte den Prozeß gar nicht die Inquisition selbst, sondern die bischöfliche Behörde in Valencia durchgeführt. Der Angeklagte war Cayetano Ripoll, ein Lehrer, der im Unabhängigkeitskrieg gegen die Franzosen gekämpft hatte, als Gefangener nach Frankreich transportiert worden war und sich dort zum Deismus bekehren ließ. Nach Spanien zurückgekehrt, wurde er denunziert, weil er seine Schüler nicht zur Messe führte und bei Gebeten in der Schule »Gelobt sei Gott« anstatt »Ave Maria« sagte. Er wurde 1824 verhaftet, eingekerkert und erst nach zweijähriger Gefangenschaft verurteilt zum Tode durch Erhängen und Verbrennen. Das Verbrennen war nur ein symbolischer Akt, wobei ein mit Flammen bemaltes Faß unter den Galgen gestellt wurde. Gehängt aber wurde er wirklich am 26. Juli 1826.

An diesen und noch ähnlichen Verfolgungen beteiligte die Inquisition sich nicht. Sie verharrte gleichsam in der Schwebe bis zur Regentschaftszeit der Königin Christina, die nach dem Tode Ferdinands im September 1833 als Vertreterin ihrer noch unmündigen Tochter Isabella II. die Regierung übernahm. Nun wurden die letzten Schritte zum endgültigen Begräbnis der Inquisition getan. Bei den dieserhalb von der Regierung im Juli 1834 abgehaltenen Konferenzen wurde deutlich, daß man sie allgemein bereits für erledigt hielt und daher eine nochmalige offizielle Abschaffung kaum mehr als eine Formalität sein könne. Trotzdem wurde schließlich am 15. Juli 1834 durch einen Regierungserlaß ihre endgültige Auflösung verfügt und ferner bestimmt [20], daß ihr gesamtes Eigentum sowie die Stiftspfründe mit zur Tilgung der Staatsschulden verwendet werden, die bis dahin bei den Tribunalen noch tätigen Beamten jedoch die ihnen zustehenden Gehälter weiterhin beziehen sollten. Von diesem 15. Juli an war in Spanien die Inquisition erloschen.

Die einst so mächtigen, gefürchteten Tribunale verschwanden ganz geräuschlos, wie verschluckt inmitten der grausamen Konflikte des 19. Jahrhunderts, ohne den geringsten Beistand durch die Schicht, die zuvor über sie zu gebieten hatte, und ganz unbeachtet von der Geistlichkeit und dem Volk, in dessen Augen sie doch, solange sie bestanden, gleichsam die stärksten Symbole für das Christentum gewesen waren. Es gab noch Gruppen und einzelne Leute, die ihr Hinscheiden bedauerten, doch auch für sie hatte die Inquisition jede praktische Bedeutung verloren, so daß an ihren Gesprächen über sie höchstens noch ihre derzeitige politische Einstellung zu erkennen war. Nach 1834 blieb nur noch die Aufgabe, die Gewinne und Verluste zu schätzen und sich ein Bild von den Gesamtkosten des Heiligen Officiums zu machen. Das hatte jemand bereits getan, und zwar der letzte Kanzleisekretär der Inquisition, der Domherr Juan Antonio Llorente, der 1817 und 1818 in Paris die vier Bände seiner *Histoire critique de l'Inquisition d'Espagne* veröffentlichte.

Llorente und seine Tätigkeit soll hier nicht unerwähnt bleiben. Geboren 1756 und für den Beruf des Geistlichen erzogen, war er 1789 Obersekretär beim Inquisitionstribunal in Logroño geworden. Er versuchte 1794, Pläne für Reformen des Tribunals unter liberaleren Richtlinien durchzusetzen, doch diese Absicht wurde vereitelt, als Jovellanos und den übrigen Reformern 1798 ihre Machtbefugnisse entzogen wurden. Er unterstützte 1799 Urquijo bei dessen berühmtem Erlaß, laut dem die spanische Kirche so gut wie ganz von Rom getrennt werden sollte, verscherzte sich aber damit die Gunst seiner Vorgesetzten und verlor seine Stellung bei der Inquisition. Als die Franzosen die Herrschaft auf der Halbinsel übernahmen, gehörte Llorente zu denen, die sich den für Joseph Bonaparte eintretenden *afrancesados* anschlossen. Diese Wendung öffnete ihm viele Türen, und so wurde er mit der Verwaltung der Archive der schon unterdrückten Inquisition betraut. Die aus diesen Originalschriftstücken gewonnenen Erkenntnisse ermöglichten ihm 1811, vor der Königlichen Historischen Akademie zu Madrid seine *Memoria Histórica* zu lesen. Weitere Arbeiten, die ihn beschäftigten, wurden unterbrochen, als die Franzosen aus Spanien abzuziehen begannen. Infolgedessen wurde seine Geschichte der Inquisition erst 1817 in französischer Sprache von einem Verlag in Paris veröffentlicht, wohin Llorente mit zahlreichen Originaldokumenten aus den Archiven der Inquisition geflüchtet war. Nach Spanien kehrte er zurück, als die Liberalen nach der Revolution von 1820 eine Amnestie verkündeten, und starb in Madrid wenige Tage nach seiner Ankunft im Februar 1823.

Llorentes historisches Werk ist nicht nur interessant, weil es schon vor der endgültigen Abschaffung der Inquisition verfaßt wurde, sondern auch, weil es den ersten, auf Originaldokumenten fußenden Bericht über eine Einrichtung gibt, die sich gerade durch äußerste Geheimhaltung so mächtig entwickelte. Bis dahin wußte fast das ganze Volk selbst von den einfachsten Vorgängen bei der Inquisition so gut wie nichts und wurde bewußt in seiner Unwissenheit gehalten. Das Werk weist nicht wenige Schwächen auf, doch hat Llorente sich bemüht, eine wahrheitsgetreue Geschichte der Inquisition zu schreiben. Leider wurde sein Werk bald von interessierter Seite für antikatholische Propaganda benutzt. Die Leute, die das taten, wiesen darauf hin, daß man Llorente als ehemaligem Sekretär der Inquisition doch alles glauben müsse, und begrüßten seinen geschichtlichen Rückblick als einen Triumph der Freiheit über die Finsternis. Was er verdammte, wurde genau wiederholt; wo er jedoch milderte, ignorierte man das. So geriet sein Werk bald gleichsam in die Rumpelkammer gefälschter Historie, als sei es nichts weiter als eins der zahlreichen ordinären Pamphlete gegen die Geistlichkeit. Damit aber wurde Llorente ein Unrecht zugefügt, das nie gebührend wiedergutgemacht worden ist. In Spanien fand noch vor zwei Generationen der hervorragende Gelehrte Menéndez Pelayo in Llorente die schönste Zielscheibe für seinen ätzenden Spott und »zertrümmerte« dessen Werk so gründlich, daß seitdem kaum je ein Schriftsteller ihn in Schutz zu nehmen gewagt hat. Dabei enthält Pelayos Kritik weniger Greifbares, als seine Parteigänger zugeben wollen. Die Vorurteile und Irrtümer Llorentes sowie seinen weitschweifigen Stil hat Menéndez Pelayo zu Recht gegeißelt. Doch zügellose Gehässigkeit, nicht die Absicht, ernsthaft zu kritisieren, trieben Pelayo zu der Behauptung, Llorentes Geschichtswerk sei »so schlecht geschrieben, daß es nicht einmal beanspruchen dürfe, als Büchlein oder Roman bezeichnet zu werden«. Man müsse es eine »schandbar schlechte Arbeit« nennen, eine »ständig abschweifende und ungeordnete Erzählerei, obskur und zusammenhanglos, voll von Wiederholungen und Wirrnissen, ganz ohne kompositorische Begabung«, ein »hassenswertes und abstoßendes Buch, schlecht konzipiert, schlecht eingeteilt und schlecht geschrieben, heuchlerisch und unehrlich und trockener als die Libysche Wüste« [21]. Nur wenige moderne Schriftsteller werden diese Attribute als gerecht empfinden, die als Zubehör mit ins Arsenal der Konservativen kamen, zum Gebrauch gegen abfällige Äußerungen über die Inquisition.

In einer Hinsicht allerdings hat Llorente die ungünstige Kritik der Historiker verdient. Bei seinem Bemühen, das von der Inquisition bewirkte menschliche Leid zu berechnen, versuchte er, die Gesamtzahl der Opfer einfach durch Multiplizieren der ihm verfügbaren Durchschnittszahlen (verschiedener Tribunale) zu ermitteln, und kam so zu folgenden unglaubhaften Resultaten: 31 912 Erlösungen *in persona*, 17 659 *in effigie* und 291 450 Bußen, insgesamt also 341 021 Opfer [22]. Aus dem gesamten historischen Beweismaterial geht hervor, daß diese stark übertriebene Rechnung keinesfalls auf sicheren Grundlagen beruht. Obwohl es keine Möglichkeit gibt, die Gesamtzahl der Opfer noch genau festzustellen, gestatten uns die vorhandenen Akten immerhin, Gesamtzahlen in bestimmten Zeitspannen aufzudecken.

Nach den Berichten von Hernando del Pulgar hat bis etwa 1490 die Inquisition in Spanien 2 000 Menschen verbrannt und 15 000 mit Hilfe des Gnadenedikts versöhnt [23]. Sein Zeitgenosse Andrés Bernáldez schätzte, daß allein in Sevilla zwischen 1480 und 1488 das Tribunal über 700 Menschen verbrannte und über 5 000 versöhnte, ganz zu schweigen von den vielen zu ewigem Kerker verurteilten Opfern [24]. Ein späterer Historiker, der Chronist Diego Ortiz de Zúñiga, behauptete, es hätten zwischen 1481 und 1524 in Sevilla mehr als 20 000 Ketzer ihren Verbrechen abgeschworen, und mehr als 1 000 Verstockte seien auf den Scheiterhaufen gekommen [25]. Nach einem anderen Bericht aus der Anfangszeit sind 1485 in Guadalupe bei sieben *autos de fe* 124 Menschen *in persona* und *in effigie* verbrannt sowie »Unzählige« zu den verschiedensten Bußen, darunter Kerkerhaft, verurteilt worden [26]. Diese Beispiele, die alle aus der Frühzeit der Tribunale stammen, beweisen, daß damals die Verfolgung von Ketzern

Tribunal	Zeitraum	Erlösungen		Andere Opfer
		in persona	in effigie	
Ciudad Real [27]	1484–1531	113	129	27
Toledo [28]	1485–1501	250	500	5 400
Toledo [29]	1575–1610	11	15	904
Toledo [29]	1648–1794	8	63	1 094
Badajoz [30]	1493–1599	41	–	190
Valladolid [31]	1485–1492	50	6	?
Zaragoza [32]	1485–1502	124 *	32	458
Valencia [31]	1485–1592	643	479	3 104
Barcelona [33]	1488–1498	23	430	420
Mallorca [34]	1488–1729	120	496	664
Kanar. Inseln [35]	1504–1820	11	107	2 145

* Von diesen wurden 64 allein wegen des Mordes an Arbués verbrannt. Von 1503 bis 1574 gab es in Zaragoza 44 Verbrennungen.

mit großer Strenge durchgeführt wurde. Für spätere Perioden haben wir weniger zuverlässige Auskünfte, eigentlich nur unsichere Vermutungen. Wie viele Menschen den Tribunalen in den Jahren nach 1720 zum Opfer fielen, hatten wir schon überprüft. Wir können nur noch in Form einer Tabelle das zusammenfassen, was sich an genauen Zahlen für eine Reihe von Tribunalen ermitteln ließ.

Diese Zahlen vermitteln eine annähernde Vorstellung von dem Verhältnis zwischen den Hinrichtungen und den übrigen Bestrafungen, so daß wir vom Ausmaß des Wirkens der Inquisition eine ungefähre Vorstellung bekommen. Doch die Zahlen berichten nicht die ganze Wahrheit. Das bloße Zählen geopferter Menschenleben gibt keinen Begriff von der weitreichenden Macht des Heiligen Officiums. Die Inquisition hat weniger Menschen ums Leben gebracht als verbrecherische Dummheit und politische Unterdrückung in anderen Ländern Europas. Wesentlich ist, historisch gesehen, vor allem ihr Einfluß auf die sozialen und religiösen Umstände in der Entwicklung Spaniens, denn für die in der gesellschaftlichen und kirchlichen Wirklichkeit herrschenden Kreise war das Heilige Officium zugleich Werkzeug und Meister, Waffe und Wächter. Es trug gewissermaßen in einer Hand den Ölzweig des Friedens und in der anderen das Schwert der Vernichtung.

Schlußbetrachtung

O duro Oficio, quién te llama Santo?
João Pinto Delgado *Autobiografía* (1633–34)

»Heutzutage, da wir über unsere Erkenntnisse offen sprechen können«, schrieb Prescott 1837 in seiner *History of the Reign of Ferdinand and Isabella* am Anfang eines Kapitels über die Inquisition, »erfüllt uns Abscheu bei dem Gedanken, daß Menschen, so erhaben ihre Position auch sein mag, sich anmaßen, in die heiligen Bezirke des Gewissens einzudringen, über die jedes menschliche Wesen unbedingt allein zu verfügen hat.« Schriftsteller, denen die Sitten einer späteren Zeit bekannt sind, in der die Gedankenfreiheit mehr als einmal unterdrückt wurde und man in das Gewissen fast aller Mitmenschen gründlich eindrang und es verdarb, würden vielleicht die Inquisition unter ganz anderen Gesichtspunkten beurteilen. Sie ausschließlich als ein Werkzeug fanatischer Intoleranz anzusehen, wäre nicht gerecht. Man sollte sie nicht nur als ein Kapitel aus der Geschichte der Intoleranz darstellen, sondern als einen ganz bestimmten Teil der sozialen und religiösen Entwicklung Spaniens. Es wäre schwierig, nachzuweisen, daß allein kleinliche und scheinheilige Frömmelei die verschiedenen in diesem Buch behandelten Ereignisse verschuldet habe. Die Intoleranz der spanischen Inquisition muß in Beziehung gesetzt werden zu der Vielfalt geschichtlicher Faktoren, unter denen das religiöse Problem nicht immer den bedeutendsten Platz einnahm. Die schon lange verworfene und doch immer wieder hervorgeholte Legende, die Inquisition sei eine gleichsam selbstverständliche Entwicklung aus dem Katholizismus gewesen, hätte gar nicht aufzukommen brauchen, wenn die wahren Verhältnisse von Anfang an mit einiger Aufmerksamkeit studiert worden wären. Die Legende bildete sich im 16. Jahrhundert. Es war John Foxe, der Märtyrologe, der seine Zeitgenossen warnte mit den Worten

... dieser furchtbare Apparat der Tyrannei könnte jederzeit in Ländern, wo die Katholiken in der Mehrzahl sind, eingeführt werden, und wie sehr sollten daher wir, die wir noch unbelastet sind vom Fluch eines so willkürlich entscheidenden Gerichts, darauf achten, daß es nicht auch bei uns eingeführt wird [1].

Für Foxe und andere war die Inquisition nur ein weiteres Beispiel der von Rom kommenden Übel, daher wurde sie in den Werken dieser Autoren als in höchstem Grade intolerant dargestellt.

Sobald den Inquisitoren ein schuldloser Mensch mißfällt, werden alle Mittel angewandt, um seine Verurteilung leichtzumachen. Falsche Eide und Zeugnisse werden benutzt, um den Angeklagten für schuldig zu erklären, während alle Gesetze und schützenden Einrichtungen geopfert werden, um nur eine heuchlerische Rache zu befriedigen [2].

Protestanten haben das Auftreten der Ketzer als Kampf um die Befreiung von einer tyrannischen Religion beschrieben. Überall, wo der Katholizismus siege, werde (so behaupteten sie) nicht allein die religiöse, sondern auch die bürgerliche Freiheit vernichtet. Entsprechend dieser Auslegung hatte also die Reformation die Menschen von den Fesseln finsteren Aberglaubens befreit. Propaganda in diesem Sinne erwies sich als äußerst zugkräftig während der politischen Konflikte im 16. Jahrhundert, und es gab ja auch stets Leute, die, vor der Inquisition geflüchtet, neuen Stoff für die Legende lieferten. Sogar noch um die Mitte des 19. Jahrhunderts läßt sich eins der besten Beispiele für solche Propaganda in John Motleys hervorragendem Geschichtswerk *The Rise of the Dutch Republic* finden, das erstmalig 1855 in London veröffentlicht wurde. Motley hielt sich so eng an die Wahrheit, daß er glaubwürdig erscheint, und konnte noch ein halbes Jahrhundert nach Llorente über die spanische Inquisition schreiben wie folgt [3]:

Sie lehrte die Wilden in Indien und Amerika, bei dem Worte Christentum zu erschauern. Aus Angst, sie könne bei ihnen eingeführt werden, erstarrten anfangs die Ketzer in Italien, Frankreich und Deutschland in Strenggläubigkeit. Sie war ein Gerichtshof, der keiner weltlichen Behörde Rechenschaft abzulegen hatte, vielmehr allen anderen Tribunalen übergeordnet war. Es war das ein Richterkollegium von Mönchen, gegen das es keine Berufung gab. Es hatte seine Vertrauensleute in jedem Hause, ergründete die Geheimnisse jeder Wohnstube, richtete und führte seine grausigen Urteile durch, ohne jemandem verantwortlich zu sein. Es verurteilte nicht Taten, sondern Gedanken, maßte sich an, in das Gewissen jedes Menschen eindringen zu dürfen und dann die Verbrechen, die es dort angeblich entdeckte, zu bestrafen. Sein Verfahren lief nach entsetzlich simplen Richtlinien ab: Es verhaftete bei bloßem Verdacht, folterte bis zum Geständnis und strafte dann durch das Feuer des Scheiterhaufens. Zwei Zeugen und davon nur je einer für eine angebliche Tatsache, genügten, um das Opfer in grauenvolle Kerkerhaft zu bringen. Dort wurde es nur

295

ungenügend ernährt, durfte nicht sprechen, nicht einmal singen – ein Zeitvertreib, zu dem es, wie begreiflich, wohl auch kaum Neigung verspürte – und blieb dann sich selbst überlassen, bis Hunger und Elend seine Widerstandskraft brachen. Sobald man diesen Zeitpunkt für gekommen hielt, wurde das Opfer neuen Verhören unterzogen. Gestand der Gepeinigte und schwor seiner Ketzerei ab, so mußte er, auch wenn er tatsächlich schuldlos war, meistens das Büßerhemd anziehen und verlor »nur« sein gesamtes Vermögen, das konfisziert wurde. Beteuerte er weiterhin seine Schuldlosigkeit, so genügten zwei Zeugen, um ihn auf den Scheiterhaufen zu schicken, und schon einer genügte für die Folterbank. Man teilte ihm mit, wessen er beschuldigt sei, stellte ihn jedoch niemals den Zeugen gegenüber. Ankläger konnten sein Sohn, sein Vater oder seine geliebte Frau sein, denn alle waren bei Todesstrafe verpflichtet, den Inquisitoren jedes verdächtige Wort mitzuteilen, das einer ihrer engsten Verwandten vielleicht gesprochen hatte. War damit die Anklage untermauert, so wurde der Gefangene durch Foltern gequält. Die Folterbank war das eigentliche Gericht und des Verbrechers einziger Advokat seine Tapferkeit, denn sein pro forma ernannter Verteidiger, der mit ihm persönlich überhaupt nicht in Verbindung treten durfte und weder Schriftstücke als Unterlagen hatte noch die Ermächtigung, Gegenbeweise zu beschaffen, war nur eine Marionette und machte, indem er bloße Formalitäten ableierte, wie zum Hohn die Prozedur noch qualvoller. Die Folterung fand um Mitternacht statt, in einem düsteren, durch Fackeln schwach beleuchteten Verlies. Das Opfer, ob Mann, ältere Frau oder zartes Mädchen, wurde gänzlich entkleidet und auf der hölzernen Bank lang ausgestreckt. Wasser, Gewichte, Feuerbrände, Winden, Schrauben – alle die Geräte, mit denen die Sehnen sich recken ließen, ohne zu reißen, die Knochen gequetscht wurden, ohne zu brechen, und der ganze Körper ungemein gemartert werden konnte, ohne daß aus ihm das Leben entwich –, das alles wurde nun betätigt. Der Henker, der, in einem bis auf die Füße fallenden schwarzen Gewand steckend, durch Löcher in der sein Gesicht verhüllenden Haube das Opfer anstarrte, unterwarf es nacheinander allen Arten der Tortur, die sich die Mönche mit teuflischer Erfindungsgabe ausgedacht hatten. Schon in der Phantasie wird einem übel, wenn man versucht, diese fürchterlichen Tatsachen wirklich ganz aufzudecken.

Bei der Darstellung der Inquisition als einer Bedrohung der menschlichen Freiheit spielten auch politische Überlegungen mit – daß sich nämlich die Inquisition als das mächtige Werkzeug Spaniens, jenes Feindes der protestantischen Religion, schildern ließ. Also wurden Angriffe auf sie und Geschichten über ihre Schrecknisse mit als Waffen bei der gegen Spanien in Westeuropa betriebenen Propaganda benutzt, denn es begannen außer den Protestanten auch mehrere katholische Mächte den Spaniern die Hegemonie streitig zu machen. In den Niederlanden liefen Gerüchte um, denen zufolge Spanien beabsichtigte, auch dort die Inquisition als Hilfsmittel zur Unterwerfung des Landes einzuführen. Im Jahre 1566 rief eine Streitschrift mit dem Titel *Les subtils moyens par le Cardinal Granvelle avec ses complices Inventez, pour Instituer l'abhominable Inquisition avec la Cruelle observation des Placcartz Contre ceulx de la Religion* die protestantischen Adligen in den Niederlanden auf, die Freiheiten ihres Landes gegen die Despotie des Heiligen Officiums zu verteidigen. In Wirklichkeit besaßen jedoch damals die Niederländer schon eine eigene Inquisition, die, wie Philipp II. selbst zugab, »gnadenloser war als die unsrige«[4]. Das erwähnte Gerücht wurde eigentlich nur dazu benutzt, Spanien zu diskreditieren und eine Rebellion vorzubereiten. Wilhelm von Oranien verwandelte in seiner berühmten *Apologia* von 1581, die er als Erwiderung auf eine Verfügung, die ihn ächtete, schrieb, die Diskussion um die Inquisition in ein brillantes Beispiel antispanischer Propaganda. Die Hinrichtung von Ketzern sei, erklärte er, eine ganz natürliche Beschäftigung der blutdürstigen Spanier: »Der lodernde Schein der Feuer, in denen sie so viele arme Christen quälten, hat meine Augen niemals so entzückt oder erfreut, wie es beim Zuschauen den Herzog von Alba und die Spanier jubeln ließ.« Und dann kam noch der scharfe Seitenhieb: »Ich werde mich nicht mehr wundern über das, was alle Welt glaubt, nämlich daß die allermeisten Spanier und vor allem die, welche sich als Edelleute betrachten, von maurischem oder jüdischem Blut sind[5].« Das war für den empfindlichen *hidalgo* wahrlich eine Beschimpfung. Es mußte, falls Europa für die Revolte in den Niederlanden Sympathie haben sollte, eine Legende von spanischer Grausamkeit und Barbarei geschaffen werden, und dafür eignete sich natürlich am allerbesten die Inquisition. Wie wirksam die Propaganda in dieser Richtung war, läßt sich ermessen an der überall in protestantischen Ländern herrschenden Furcht, daß sie, falls Spanien oder die Katholiken sie regierten, die Einführung der berüchtigten Tribunale erleben würden. Während der Religionskriege in Frankreich fürchteten die Hugenotten, daß Heinrich II. im Einvernehmen mit Philipp II. von Spanien auch in Frankreich die Inquisition einzuführen beabsichtige. Wilhelm von Oranien und Graf Egmont waren darüber so bestürzt, daß sie 1561 den Kardinal Granvelle baten, das zu dementieren[6]. Doch Philipp hatte, abgesehen von der Einführung in seinen italienischen Staatsgebieten, kaum die Absicht, die spanische Inquisition zu exportieren. Sogar in England, wo er als Gemahl der dortigen Königin einigen Einfluß hatte, wurde niemals ein Schritt zur Einführung der Tribunale getan. In Wahrheit hatten die meisten europäischen Länder schon ihre eigenen Behörden, um mit den Ketzern fertig zu werden, und waren auf ausländische Hilfe nicht angewiesen. Da im übrigen die spanische Inquisition ihrer Art nach nicht in erster Linie als Bekämpferin des Protestantismus gedacht war, hätten bei der Einführung in andere europäische Staaten ihre Aufgaben beträchtlich geändert werden müssen. Schließlich war auch die Außenpolitik Philipps II. keineswegs nur protestantenfeindlich, so daß mit der Darstellung Spaniens als einer besonders fanatisch katholischen Macht die Wirklichkeit der internationalen Politik im 16. Jahrhundert verzerrt wird.

Die Verhältnisse, unter denen die Legende aufkam, müssen wir also im Auge behalten. Die vielen Streitschriften und Bücher, die seit dem 16. Jahrhundert über die Greuel der spanischen Inquisition geschrieben wurden, ausreichend zu studieren, würde ein umfangreiches Buch erfordern, doch läßt sich das Bild, das sie vermittelten, leicht erahnen. Der wichtigste all dieser Propagandisten ist vermutlich Reinaldo González Montano gewesen, ein Spanier, der dem Heiligen Officium in die Hände fiel und nachher flüchtete. Er veröffentlichte 1567 in Heidelberg sein Buch *Sanctae Inquisitionis Hispanicae Artes aliquot detectae ac palam traductae*. Der lebendige Stil und die Phantasie des Autors machten dieses Buch sogleich zu einem internationalen Erfolg. Es wurde in die wichtigsten Sprachen Westeuropas übersetzt, in verschiedenen Ausgaben mehrmals neu aufgelegt und diente als Quelle für weitere Literatur zu diesem Thema. Ein Jahr nach seinem Erscheinen wurde es von einem Regierungsbeamten ins Englische übersetzt und mit einer Widmung für Matthew Parker, den Erzbischof von Canterbury, veröffentlicht. Als historische Quelle ist dieses Buch wertlos, war aber als Beispiel der fortgesetzten Verzerrung der Tatsachen und einer giftigen Schmähliteratur offenbar bedeutend genug, um von Menéndez Pelayo bewundert zu werden. Abgesehen von seinen sonstigen Vorzügen enthielt es eine Warnung für die protestantischen Ehemänner, ihre Frauen und Töchter gut zu behüten. Der folgende Abschnitt berichtet von den Gefangenen der Inquisition, die in die Folterkammern gebracht und vor den Richtern vollständig entkleidet werden. Das geschah auch mit den Frauen:

Und hier geben diese stinkigen Böcke offen zu, daß sie auf das teuflische Vergnügen nicht verzichten wollen, das sie bei diesem schmachvollen und unanständigen Anblick genießen, obwohl die armen Wesen, die das zu ertragen haben, es schon mit Schmerzen und Schande überteuer bezahlen müssen. Welches sicher eine gute Gelegenheit ist, zu sagen, daß, wenn über das schändliche und unverschämte Verhalten der Väter dieses sogenannten Glaubens erst einmal draußen leise und laut getuschelt und geredet wird, daß dann von denjenigen, deren Weiber oder Töchter entweder schon die gemeine Behandlung durch diese sogenannten heiligen Väter durchgemacht haben oder sie später durchmachen müssen oder ihr gerade jetzt ausgesetzt sind und unter der schandbaren Schurkerei leiden – daß von diesen Männern alle Leute, wohin sie auch gehen mögen, sich mit größtem Schaudern abwenden und den Verkehr mit ihnen meiden sollten [7].

Im Lauf der Zeit gingen bei diesen sagenhaften Schilderungen infolge der Bemühungen protestantischer Eiferer, die Sache, um deretwillen ihre Märtyrer litten, im Gespräch zu halten, alle Maßstäbe verloren. Einer der Auflagen von Foxes *Book of Martyrs* im 19. Jahrhundert fügte ein Reverend namens Ingram Cobbin als Anhang den folgenden Bericht über die Inquisition bei, dem er mit erlogenen Einzelheiten, die noch weit über Foxes Originalschilderung hinausgehen, besondere Spannung zu verleihen suchte. Während der napoleonischen Kriege in Spanien seien, so versichert Reverend Cobbin seinen Lesern, die französischen Befreiungstruppen in die geheimen Zellen des Tribunals in Madrid eingedrungen:

Hier fanden sie die Foltergeräte von jederlei Art, die Menschen oder Teufel mit ihrer Erfindungsgabe sich ausdenken konnten. Das erste Gerät, das sie bemerkten, war ein Apparat, an dem das Opfer festgebunden wurde, dem dann, bei den Fingern beginnend, alle Gelenke an den Händen, den Armen und am ganzen Körper eins nach dem andern gebrochen und auseinandergezerrt wurden, bis es unter Qualen starb.

Das zweite [war die Wasserfolter]. Das dritte war ein infernalisches, flach liegendes Gerät, an das man das Opfer fesselte. Dann legte man es zwischen etwa vierzig Messer, und zwar so, daß beim Drehen der Maschine mit einer Kurbel dem Leidenden das ganze Fleisch in kleinen Stücken von den Gliedern gefetzt wurde. Das vierte Gerät übertraf die anderen noch an satanischer Erfindungskunst. Es war äußerlich eine große Puppengestalt, üppig gekleidet und geputzt wie eine schöne Frau, die mit ausgebreiteten Armen bereit war, ihr Opfer zu umfangen. Vor ihr war auf dem Fußboden ein Halbkreis angezeichnet, und der Mensch, der diesen tödlichen Strich überschritt, berührte dadurch eine Sprungfeder, durch welche diese höllische Maschine geöffnet wurde. Die Arme umklammerten ihn sofort, und tausend Messer zerschnitten ihn in ebenso viele Stücke [8].

Den Spaniern selbst bewies eine so groteske Entstellung der Wahrheit nur, daß der Außenwelt daran lag, entgegen allen Tatsachen die Schwarze Legende (Leyenda Negra) von einem lichtscheuen, grausamen und fanatischen Spanien aufrechtzuerhalten. So bekam die Inquisition historisch ihren Platz neben den übrigen den Spaniern angekreideten Untaten: den Religionskriegen, der Vernichtung der Indianer in Amerika, der Vertreibung der Juden und der Mauren. Und die in Jahrhunderten verfaßte polemische Literatur über die Inquisition ist umfangreicher als die über jene anderen Vorgänge zusammen. Ein nicht geringer Teil davon muß den Italienern angerechnet werden, die in ihrem Kampf gegen den spanischen Imperialismus in Italien mit der Verbreitung der Schwarzen Legende, schon lange bevor die Revolte der Holländer das Gewissen des protestantischen Europa wachrüttelte, den Anfang machten [9]. Gerade in den italienischen Provinzen der spanischen Krone kam es zu den größten und erfolgreichsten Aufständen gegen die Inquisition. Die Unruhen in Sizilien 1511 und 1516 wurden zum Teil durch den allgemeinen Haß auf die *familiares* der Tribunale verursacht. Ferdinand der Katholische versuchte, die spanische Inquisition auch in Neapel, das bereits eine bischöfliche Inquisition besaß, einzuführen, doch wirksame Proteste verhinderten das. Aber die Sache war damit noch lange nicht abgetan, und so kam es 1547 und 1564 in dieser Provinz schon zu Aufständen, als Gerüchte umliefen, daß dort ein spanisches Tribunal eingesetzt werden solle. Auch 1563 mußte Philipp II. eine Niederlage einstecken, als bei seinem Versuch, die bischöfliche Inquisition in Mailand durch die spanische Inquisition zu ersetzen, allgemeiner Widerstand laut wurde. Das entscheidende Motiv dieses Widerstands war nicht besondere Furcht vor den spanischen Tribunalen, sondern italienischer Nationalismus. Eben deshalb ist es manchmal schwer, italienischen Berichten über die Inquisition ohne weiteres zu glauben, und auch in den sonst sehr wertvollen Berichten der Botschafter Venedigs steckt der Fehler, daß sie sie ausnahmslos als eine despotische, über eine Nation von Heuchlern gebietende Institution schildern. So behauptete 1525 der Botschafter Contarini, daß vor dem Heiligen Officium jedermann zittere. Botschafter Badoero sprach 1557 von den durch die Prozeduren der Inquisition ausgelösten Todesängsten. Botschafter Tiepolo äußerte 1563, allein bei dem Namen schaudere es schon jeden, weil die Inquisition über das Leben, das Eigentum, die Ehre und sogar die Seelen der Menschen absolut gebiete. Und 1565 erwähnte Botschafter Soranzo in einem Bericht, die Inquisition habe größere Autorität als der König [10]. Diese Darstellungen waren keineswegs »vorurteilsfreie Berichte«, wie Lea behauptet, vielmehr waren es subjektive Werturteile, bei denen feindliche Untertöne selten fehlten. Francesco Guicciardini, Botschafter von Florenz bei König Ferdinand, vertrat auch den Standpunkt der Italiener, wenn er zum Beispiel über die Spanier schrieb, daß sie »zwar in den Äußerlichkeiten und ihrem Auftreten vor anderen sehr religiös, in Wahrheit das jedoch keineswegs seien« [11]. Fast mit den gleichen Worten hatte das der Venetianer Tiepolo 1563 gesagt. Solche Heuchelei im Religiösen und obendrein noch die Inquisition, das zeugte nach Ansicht der Italiener davon, daß das Tribunal nicht um der Reinheit der Religion willen, sondern nur um die Juden zu berauben, gegründet war. Diese oder ähnliche Schlußfolgerungen ließen jedenfalls die Prälaten beim Heiligen Stuhl jedesmal durchblicken, wenn sie zugunsten verfolgter Conversos eingriffen. Im übrigen wurde auch die Rassenmanie der spanischen Behörden in Italien verspottet, wo die jüdische Gemeinde vergleichsweise ruhig lebte. So berichtete 1652 der spanische Botschafter aus Rom:

In Spanien gilt es als ganz schlimm, von einem Ketzer oder einem Juden abzustammen, doch hier lacht man über so etwas und über uns, weil wir uns damit befassen [12].

Diese Abneigung zwischen den beiden führenden lateinischen Nationen ist von Bedeutung, weil sie zeigt, daß die Tendenz zu solchen Ansichten nicht nur in protestantischen Ländern Europas zu beobachten war, sondern auch die entsprechende Reaktion der Katholiken mit zum Gesamtbild gehört.

Während es relativ leicht ist, die in Europa vorherrschenden Meinungen über Spanien und die Inquisition zu ergründen, ist es schwierig, einigermaßen genau festzustellen, wie die Spanier selbst über das Tribunal dachten. Das war auch für Llorente die Schwierigkeit beim Verfassen seiner *Memoria Histórica*, wenn er nachzuweisen suchte, daß die Inquisition in Spanien wirklich gehaßt wurde. Wie konnte sie eigentlich verhaßt sein? Llorente selber räumte doch ein, daß in kaum einem einzigen der in den drei Jahrhunderten vor ihm veröffentlichten Bücher abfällig über die Inquisition geschrieben worden war. Da könnte nun eingewandt werden, die Zensur habe ja nur die günstig von den Tribunalen sprechende Literatur erlaubt und schon deshalb müsse diese weit überwiegen. Doch das wäre nur ein Teil der Wahrheit. Es besteht nämlich kein Zweifel, daß in den drei oder vier Jahrhunderten seit der Gründung der Inquisition das ganze spanische Volk durchaus für ihre Beibehaltung war. Das traf vor allem auf die Kastilianer zu. Letzten Endes war sie doch nicht eine dem Volk durch Tyrannen aufgezwungene despotische Einrichtung, sondern der logische Ausdruck der damals in Spanien allgemein herrschenden sozialen Vorurteile. Sie wurde geschaffen, um ein soziales Problem zu bewältigen, und solange die Spanier dieses Problem noch nicht für völlig gelöst hielten, stellten sie die Notwendigkeit der Inquisition gar nicht in Frage. Es gibt praktisch so gut wie keine historischen Beweise dafür, daß irgendwo im Lande bedeutender Widerstand gegen die Inquisition geleistet worden ist, abgesehen von den ihr aus begreiflichen Gründen feindlichen Conversos, gegen die sie vorzugehen hatte. Sonstige Opposition entstand wie in Italien und Aragonien aus regionalistischen bzw. nationalistischen Motiven, ferner aus Konflikten um die Rechtsprechungsbefugnis zwischen den weltlichen und den bischöflichen Gerichten und schließlich aus rein wirtschaftlichen Gründen, wenn nämlich die Großgrundbesitzer im eigenen Interesse ihre Pächter zu schützen suchten. Aber in keinem dieser Fälle wurde jemals dringend um Abschaffung der Inquisition ersucht. Soweit kam es offenbar nie. Bezeichnend ist auch, daß liberale und kritische spanische Katholiken bis zum 19. Jahrhundert es nicht unterließen, in ihren Schriften die Inquisition geziemend zu loben. Und schließlich läßt sich ein Anzeichen für ihre relative Popularität noch aus einem negativen und doch wichtigen Beweis ableiten. In jenen Zeiten, in denen das Volk seiner Unzufriedenheit mit Königen, Ministern oder Kirchenmännern und deren Politik mit Spott Luft verschaffte, in denen ferner der Grad des Judenhasses schon an der Masse judenfeindlicher Verse erkennbar war und die Meinungen der Antiklerikalen in zahllosen politisch gefärbten Schmähschriften zum Ausdruck gebracht wurden – ist es da nicht verblüffend, keine Lieder und Sprichwörter zu finden, die Abneigung gegen das Heilige Officium bekundeten, wenn wir absehen von der bekannten, jedoch zahmen Redensart: *»Con el Rey y con la Santa Inquisición, chitón!«?* (»Über den König und über die Heilige Inquisition: kein Wort!«) [13]

Vor diesem Hintergrund einer breiten Unterstützung der Inquisition treten die Ausnahmen um so markanter hervor. Und doch waren es – soweit wir wissen – nur sehr wenige. »Es erscheint unmöglich, daß so viele gebildete Männer, wie Spanien sie in jenen drei Jahrhunderten hervorgebracht hat, alle derselben Meinung gewesen sein können [14]!« schreibt Llorente. Hat es denn gar keine Katholiken gegeben, die das Vorhandensein der Tribunale als Widerspruch gegen die wahre Religion empfanden? Tatsache ist, daß bis ins 18. Jahrhundert die offensichtlich einzige Opposition im Lande die der katholischen Conversos gewesen ist. Gewiß gab es einzelne Persönlichkeiten, die, wie Juan de Mariana, ihre Aversion gegen die Zwangstaufen deutlich zum Ausdruck brachten [15]. Es gab Alonso de Virués, der für religiöse Toleranz eintrat und gegen die Zwangstaufen protestierte sowie »gegen jene, die weder mit Kerkerstrafen noch mit Knuten, Ketten oder dem Beil sparsam umgehen; denn solches ist die Wirkung dieser entsetzlichen Mittel: daß die Qualen, die sie dem Leibe zufügen, niemals den Zustand der Seele zu ändern vermögen« [16]. Eine wirkliche Ernüchterung trat erst im 18. Jahrhundert ein. Die kommenden Veränderungen kündigen sich in den Worten eines in Laguna (Teneriffa) geborenen Apothekers an, der, 1707 von der dortigen Inquisition verhaftet, gesagt haben soll, daß man

in Frankreich wohl leben könne, weil es dort nicht die Armut und Knechtschaft gibt wie heutzutage in Spanien und Portugal, denn in Frankreich versuchen sie gar nicht herauszufinden und legen überhaupt keinen Wert darauf, zu wissen, wer jedermann ist und zu welcher Religion er sich bekennt. Und so kann dort, wer anständig lebt und einen guten Leumund hat, das werden, was er werden möchte [17].

Ähnlich äußerte sich eine Generation später (1741) ein anderer auf den Kanarischen Inseln geborener Spanier, der Marquís de la Villa de San Andrés. Er lobte Paris, wo der Mensch frei und ungezwungen leben könne und »niemand dich fragt, wohin du gehst, oder dich aushorcht, wer du wohl bist, wo dich zu Ostern kein Priester fragt, ob du auch zur Beichte gegangen bist« [18]. Der Geist der Männer, die so sprachen, war es, der den Schutzwall, den die »geschlossene Gesellschaft« um sich errichtet hatte, zu zerstören drohte. Darin äußerte sich einerseits der Drang nach Freiheit, aber auch ein Verlangen nach Gerechtigkeit. Das Schicksal der Juden und Mauren bedrückte das Gewissen kluger Staatsmänner noch immer. Als José Carvajal sich für die Angriffe zu interessieren begann, die Salucio gegen die *limpieza*-Vorschriften richtete, ging es ihm hauptsächlich um »die gottlose Grausamkeit, mit der sie die Menschen behandelt haben, die nicht zur katholischen Religion gehörten, indem sie ihnen den Eintritt durch sämtliche menschlichen Türen verschlossen« [19]. Das war 1751. Eine ähnliche Haltung bewies 1798 Jovellanos. Nach seiner Meinung war die schwerste Belastung für die Inquisition deren Behandlung der Conversos:

> Daraus erwuchs die Schande, mit der die Nachkommen dieser Conversos bedeckt wurden, die nach der Volksmeinung als ehrlos galten. Die Gesetze stützten das und billigten die Regeln der *limpieza de sangre*, die so viele schuldlose Leute nicht nur von ehrenhaften Stellungen und Vertrauensposten ausschlossen, sondern auch vom Zutritt zu kirchlichen Ämtern, zu Kollegien, Klöstern und sogar Gilden und sonstigen Handelsvereinigungen. Das führte zu einer Verewigung des Hasses nicht nur gegen die Inquisition, sondern gegen die Religion überhaupt [20].

Jovellanos verlangte, daß mit den von der Inquisition gegen eine ganze Volksschicht verübten Ungerechtigkeiten unbedingt Schluß gemacht werden müsse. Dem Tribunal fehle nunmehr jede theoretische Rechtfertigung für seine Existenz, da die neue Bedrohung der Religion jetzt nicht mehr von den Juden, den Mauren und den Ketzern ausgehe, sondern von Leuten, die den Glauben verlören. Gegen diese werde die Inquisition kaum nützen, weil ihre Geistlichen unwissend und unfähig seien. Nun sei die Zeit gekommen, sich von einer so überflüssigen Einrichtung zu befreien, die Ungerechtigkeiten der vergangenen Zeit wieder auszugleichen und den Bischöfen ihre früheren Vollmachten in Ketzereifragen zurückzugeben.

Trotzdem waren Jovellanos und seine katholischen Gesinnungsfreunde bei der Regierung und unter dem Adel als Revolutionäre nicht radikal. Größer als ihr Verlangen nach Reformen und Veränderungen des sozialen Gesamtbilds war doch ihre Sorge, den Bestand des Reichs nicht zu gefährden. Die katholischen Liberalen wollten, wenngleich sie gegen die Inquisition opponierten, nicht zu weit gehen. Jovellanos schrieb seinem Freund Jardine: »Sie billigen den Gedanken an Rebellion, ich jedoch nicht. Ich erkläre mich sogar offen dagegen und bin weit davon entfernt, derartige Gedanken etwa für verdienstvoll zu halten [21].« Bei dieser Einstellung war es dann bald kaum noch wichtig, wie die Katholiken allgemein über die Inquisition dachten. Die zögernde Haltung der katholischen Liberalen wurde von den Wogen wilder Erregung überspült, die Leute aufrührten, deren Haß und Mißtrauen nicht nur dem Heiligen Officium galten, sondern schließlich auch der Religion überhaupt.

Inwieweit aber war die Inquisition selbst schuld an der Zunahme der Ungläubigen? So gestellt, läßt sich diese Frage niemals einwandfrei beantworten. Es obliegt nach wie vor den Gegnern der Inquisition, Beweise für ihre Behauptungen zu liefern. Der sonst so gründliche Historiker Lea verfällt bei dieser Frage in ganz simple logische Fehler. Nachdem er die Äußerungen von Italienern über die religiöse Oberflächlichkeit der Spanier angeführt hat, zitiert er noch andere Zeugen für die respektlose Haltung der Spanier hinsichtlich der katholischen Religion. Die Inquisition, folgert er, habe zwar Einheit im Dogmatischen und in der Wahrung der religiösen Bräuche erzwungen, es sei ihr aber nicht gelungen, die Menschen zu echter Achtung vor der Religion zu erziehen [22]. Hierbei sind die zugrunde gelegten Quellen zum Teil falsch gedeutet, und auch die Schlußfolgerungen können nicht überzeugen. Ebensogut könnten der Inquisition auch alle anderen während der Zeit ihres Wirkens vorgekommenen Fehler und Mißgriffe der Spanier zur Last gelegt werden. Daher stecken in Menéndez Pelayos Satire auf die Leute, die dem Tribunal die Schuld an sämtlichen Übeln in Spanien gaben, durchaus richtige Gedanken:

Warum gab es in Spanien keinen Gewerbefleiß? Wegen der Inquisition. Weshalb sind wir Spanier faul? Wegen der Inquisition. Warum gibt es in Spanien Stierkämpfe? Wegen der Inquisition. Warum halten die Spanier ihre *siesta*? Wegen der Inquisition [23].

Auch mit dem Niedergang Spaniens hat man die Inquisition in Zusammenhang gebracht. Soweit aber dieser Niedergang die Folge wirtschaftlicher Misere war, kann die Schuld nur mittelbar der Inquisition zugeschoben werden. Die Vertreibung der Juden, das Vorurteil gegen niedere Arbeit und vieles andere gingen nicht zuerst von der Inquisition aus, sondern entsprangen den sozialen Vorstellungen der Spanier. Die Schuld, die die Inquisition daran tragen soll, müssen mit ihr jene gesellschaftlichen Gruppen und Schichten teilen, die das Wirken des Tribunals veranlaßt hatten. Der Antisemitismus kam zuerst, die Inquisition nachher. In gewisser Hinsicht könnte die Last der Verantwortung mehr als jedem anderen den herrschenden Klassen Kastiliens zugeschoben werden, da seit Beginn der Regierungszeit Ferdinands des Katholischen diese Klassen es waren, die das Schicksal der Halbinsel lenkten. Und sie waren es auch, die Aragonien, Katalonien und Valencia die Inquisition aufzwangen. Gewiß, es besteht kein Zweifel daran, daß durch die Einführung der Inquisition anfangs die Wirtschaft in den großen Städten ernstliche Nachteile erlitt. Doch auch in dieser Beziehung muß man sich vor Übertreibungen hüten. In Barcelona allerdings verursachte – um ein Beispiel zu nennen – der Einsatz des Tribunals in den Jahren nach 1480 bedenkliche Verschiebungen in der gesamten Wirtschaft. Wir kennen die Namen von mindestens 280 Männern, die samt ihren Familien aus der Stadt flohen, unter ihnen Großkaufleute und hohe Verwaltungsbeamte. So auch der Chef des Kanzleramts, Antonio de Bardaxi, der zum Vatikan flüchtete, um Hilfe zu erbitten. Die meisten von ihnen durften, da die katalanischen Behörden die Inquisition als Feind betrachteten, ihren beweglichen Besitz ins Ausland mitnehmen. Jedenfalls aber war die Inquisition nicht die Ursache des wirtschaftlichen Niedergangs in Katalonien, denn dieser hatte schon früher begonnen und wurde durch sie höchstens beschleunigt [24].

Wichtiger ist die Frage, ob der kulturelle Abstieg, der sich von der Mitte des 17. bis zur Mitte des 18. Jahrhunderts vollzog, der Inquisition zur Last gelegt werden kann. Dieser kulturelle Verfall ist eine Tatsache, doch daß die Inquisition ihn verschuldet hat, ist weniger sicher. »Unnötig darauf hinzuweisen«, schreibt Lea, »daß ein System, welches mit allen Mitteln der Inquisition und der Staatsgewalt die Gedankenfreiheit beschnitt, schon allein den Verfall der Bildung und der Literatur in Spanien ausreichend erklärt [25].« Für den englischen Historiker Lord Acton war der Schaden, den die Inquisition der Literatur zufügte, die »auffälligste und verdächtigste Tatsache in der Geschichte der Neuzeit« [26]. Es stimmt freilich, daß die Inquisition in Jahren, in denen die Zahl der übrigen Opfer zurückging, gegen gewisse Intellektuelle vorging, wie der hier mehrfach zitierte Bericht Marianas zeigt. Auch besteht kein Zweifel, daß selbst große Theologen, Dichter und Schriftsteller sich peinlich genau an die Vorschriften der Zensur halten mußten. Zu den wenigen, die sich erlauben durften, über diese bedrohliche Einengung der schöpferischen Freiheit zu lachen, gehörte die heilige Teresa von Avila (und das wohl nur, weil

305

sie keine »Intellektuelle« war). Ferner ist auch kaum zu bezweifeln, daß die Inquisition als Wächterin der »geschlossenen Gesellschaft« und als Wahrerin des rechten Glaubens mit ihrer Zensurpraxis die Entwicklung der experimentellen Wissenschaft aufgehalten hat. Aber – hat sie noch mehr als das bewirkt? Über ein Jahrhundert nach Einführung der Inquisition standen Sprache, Kunst und Literatur Spaniens in Europa und der europäisierten Welt an führender Stelle [27]. In manchen Disziplinen, zum Beispiel Mathematik, Botanik und Metallurgie, hielt Spanien durchaus den Vergleich mit den Leistungen jeder anderen Nation in Europa aus [28]. Spanien drosselte zwar die Einfuhr neuer Lehren und Erkenntnisse aus dem Ausland, doch blieb das Land seinerseits nicht ohne Wirkung auf eben dieses Ausland. Das Studium an ausländischen Universitäten war den Spaniern größtenteils verschlossen, doch sie kamen als Reisende dorthin, lernten fremde Sprachen und nahmen bisweilen fremde Gebräuche an [29]. Das wäre anders auch kaum denkbar gewesen, da Spaniens politische Interessen sich über den ganzen Kontinent bis nach Rußland ausgedehnt hatten. Auf der Halbinsel war die Literatur durchaus nicht verboten, es sei denn, sie gefährdete wichtige Kirchenlehren, indem sie von der amtlichen Auslegung abwich. Aber Widersprüche und negative Reaktionen kamen doch vor, und geistige Atrophie war die Folge. Zu Beginn des 17. Jahrhunderts erklärte Mariana, er habe sein Geschichtswerk aus dem Lateinischen übersetzt, weil es in Spanien nur noch wenige Leute gäbe, die dieser Sprache mächtig seien [30]. Die klassischen Studien verkümmerten. Hatte die Inquisition jemals gegen sie agiert? Die wissenschaftliche Praxis verfiel ganz, doch wo ist der Beweis, daß die Inquisition die Wissenschaften mißbilligte? Im 16. Jahrhundert nahm Salamanca als erste Universität Europas Vorlesungen über das System des Copernicus auf, das, wie in ihrem Statut von 1594 vermerkt wurde, zum Lehrplan gehörte. Zehn Jahre vorher hatte der Spanier Diego de Zúñiga dieses System erläutert und es in der großenteils ptolemäischen Gelehrtenwelt verteidigt. Und nach Spanien hatte sich 1612 Galilei zurückziehen wollen, als ihn in Italien Verfolgung bedrohte [31]. Zwei Jahrhunderte später jedoch änderte sich dieses Bild. 1804 veröffentlichte der Professor für Astronomie an der Universität Salamanca ein Buch, in dem er vorsichtig erklärte, Copernicus' Lehre widerspreche nicht der Heiligen Schrift [32]. Was war aus Copernicus geworden? Wohin verschwand sein Name in diesen zwei »verlorenen« Jahrhunderten? Kein Index der spanischen Inquisition hat jemals ein Werk von ihm verboten, auch keins von Galilei, Kepler und Tycho Brahe.

Um diese Fragen wenigstens teilweise zu beantworten, müssen wir uns den spanischen Universitäten zuwenden. Zu oft in der Geschichte der Neuzeit haben die Universitäten, von der Reformation an bis in unsere Zeit, noch so lange wie irgend möglich die Freiheit der Lehre gewahrt, ohne sich von den Behörden hereinreden zu lassen. Galileis Feinde saßen nicht in Rom, sondern an der Universität in Pisa. Arias Montanos Arbeiten wurden nicht von den Inquisitoren bedroht, sondern von Mitgliedern des Lehrkörpers der Universität Salamanca. Auch El Brocenses Laufbahn wurde unmittelbar mehr durch seine Kollegen gefährdet als durch das Heilige Officium. Die Wege der akademischen Welt teilten sich unter Philipp II. Ein paar Liberale – Juan de Valdés, Pedro de Lerma, Francisco Enzinas – verließen Spanien um der Geistesfreiheit willen oder aus religiösen oder rassischen Gründen und arbeiteten im Ausland weiter. Andere, die zurückblieben, wurden allmählich zum Schweigen gebracht oder starben. Die bedeutenden Universitäten Alcalá und Salamanca, die laut Statut jedem Christen offenstanden, begannen im 16. Jahrhundert ihren demokratischen Charakter zu verlieren und wurden zu Reservaten der Aristokratie. Nach und nach nahmen junge Adlige die *colegios* für sich allein in Anspruch [33]. Unter ihrem Einfluß wurden nur noch die Lehrfächer gepflegt, die dem »Bedarf« der Aristokratie genügten. Um die Mitte des 16. Jahrhunderts kündigte sich im gesamten Bildungswesen der Verfall an. Die medizinischen Fakultäten, die dank der großartigen Tradition der maurischen und jüdischen Ärzte einst der Ruhm Spaniens gewesen waren, verkümmerten. Zum Teil lag das daran, daß man die in Spanien nachwirkende Kultur der nichtchristlichen Rassen noch immer mit Argwohn betrachtete. Überdies verdächtigte man jede neue Erkenntnis der medizinischen Forschung der Ketzerei, wie bei Servet, dessen für ketzerisch erklärtes Buch über die Dreieinigkeit 1531 veröffentlicht wurde, zweiundzwanzig Jahre vor der Publikation seiner Erkenntnisse vom Blutkreislauf. Hier hatte in beiden Fällen die Inquisition ernste Verantwortung zu tragen. Bezeichnend aber ist auch, daß der ärztliche Beruf als eine nur aufs Geldverdienen abzielende Tätigkeit verachtet wurde, und bei den damals gültigen Wertvorstellungen wurde ein Beruf, den so lange Zeit Juden ausgeübt hatten, nicht als eines *hidalgo* würdig angesehen. Gegen Ende des 16. Jahrhunderts gaben an den Universitäten die Reaktionäre den Ton an. El Brocense verlor einmal die Beherrschung und rief aus: »Wenn sie mir nachweisen, daß ich mich mit meinem Glauben nach dem heiligen Thomas richte, dann werde ich darauf kacken und mir einen anderen suchen!« Doch im 17. Jahrhundert waren dann die Lehren des heiligen Thomas von Aquin und des Aristoteles die nicht zu erschütternden Pfeiler der Philosophie in Spanien. Anstelle des leidenschaftslosen wissenschaftlichen Experiments trat der Gehorsam gegenüber der Obrigkeit. Die Werke des Aristoteles und des Thomas von Aquin wurden für die Lehrpläne in einer Weise zurechtgestutzt, gegen die die Verfasser selbst gewiß umgehend protestiert hätten. So kam es, wie später Feijóo beklagte, dahin, daß in Spanien die Quellen des Wissens versiegten und die Wissenschaft erstarb. Gegen Ende des 16. Jahrhunderts gab es sowohl in Alcalá wie auch in Salamanca keinen Professor für Mathematik. Es blieb Philipp II. vorbehalten, 1590 die Einsetzung eines neuen Lehrstuhls für Mathematik zu befehlen, weil es an Fachleuten für die Artillerie mangelte! Die Lehrstühle für Physik, Naturphilosophie und Astronomie in Salamanca wurden allerdings von Zeit zu Zeit besetzt, jedoch mit Professoren von gänzlich unbekanntem Ruf. »Es gab«, sagt La Fuente, »Professoren, die einen Lehrstuhl bekommen hatten und überhaupt nicht lehrten [34].« Wie es mit Copernicus gegangen war, so ging es auch mit allen übrigen Wissenschaftlern, und an dieser Entwicklung war die Inquisition erst in zweiter Linie schuld. Ein *trahison des clercs* von ungeheurem Ausmaß, ein völliger Schwund des Verantwortungsbewußtseins bei den führenden Akademikern der Nation ließen die geistige Welt Spaniens für länger als ein Jahrhundert erstarren. Obendrein hemmte die Inquisition, die jeden, der vom Schema abweichende Gedanken vertrat, zur Rechenschaft zog, die Entwicklung neuer Erkenntnisse. In den experimentellen Wissenschaften wie Physik, Biologie, Medizin, Landwirtschaftskunde, Mathematik etc. blieb Spanien für mehrere Generationen gleichsam tot. Nach der Mitte des 17. Jahrhunderts war in Salamanca und Alcalá die Zahl der immatrikulierten Studenten so klein wie noch nie, und auf den Antragsformularen für Medizin und Mathematik stand nicht ein einziger Name! [35] Dieser Niedergang ist besonders erstaunlich, weil nie auch nur ein einziges wissenschaftliches Buch von Bedeutung auf den Index gesetzt wurde und die Inquisition nur gegen Gelehrte auftrat, die in die Schriften über ihre Forschungen theologische Theorien mischten.

Tatsächlich ist jener »Niedergang« zu kompliziert, um ihn allein der Inquisition anzulasten. Wir haben versucht, die Inquisition als eine organische Funktion im Rahmen eines Ganzen zu schildern, als untrennbar von den sozialen und wirtschaftlichen Kräften, die den ganzen Volkskörper betrafen. Da die Inquisition nur ein Teil dieses Ganzen war, hat sie am Aufstieg Spaniens ebenso mitgewirkt wie an seinem Niedergang. So gesehen, ignoriert die Behauptung, sie sei die Ursache des Niedergangs gewesen, ein weites Feld miteinander verflochtener Probleme. Andererseits ist die in manchen Kreisen noch immer beliebte These, daß die Inquisition, weil die Periode ihrer größten Macht zeitlich auch die der größten Ausdehnung des spanischen Reichs und seiner Leistungen war, mit beigetragen habe zur

Glorie des *siglo de oro*, eine Übertreibung in der anderen Richtung. Beide Thesen gehen fehl in ihrem Versuch, die Vor- bzw. Nachteile der Inquisition mit dem Aufstieg oder Niedergang Spaniens unter den Habsburgern zu identifizieren. In Wahrheit hat sie beide geschichtlichen Vorgänge miterlebt, ohne für den einen oder anderen allein verantwortlich gewesen zu sein. In den ersten Jahren ihrer Existenz und im 16. Jahrhundert wurde sie von Spaniens bedeutendsten Staatsmännern unterstützt, und Inquisitoren wie Ximénez de Cisneros, Manrique und Quiroga gehörten zu den großartigsten Männern ihrer Zeit. Führende Persönlichkeiten aus Staat und Kirche erblickten in der Inquisition die sicherste Abwehr gegen den in anderen Ländern zu beobachtenden Verfall, und so wurde das Banner des Heiligen Officiums auch in Mexiko, in Lima, Goa und Manila gehißt. Im 17. Jahrhundert kam es mit dem äußeren Zusammenbruch der spanischen Macht nach den Schlachten bei den Dünen (1639) und bei Rocroi (1643) auch zu einer gewissen Skepsis im Lande selbst. Es war ein Inquisitor, der zur Regierungszeit Philipps IV. auf Abschaffung der *limpieza*-Statuten drängte, und unter Karl II. führte die Tatsache, daß (zum ersten- und auch letztenmal) ein Jesuit als Großinquisitor eingesetzt wurde, zu politischer Diskreditierung der Suprema und unter Philipp V. zu mehrmaliger Entlassung von Inquisitoren. Schon eine Weile vor Beginn des 18. Jahrhunderts saßen in den Tribunalen keine geistig hervorragenden Männer mehr. Jovellanos protestierte dagegen, daß sie auch jetzt noch Bücher zensierten, und bezeichnete ihre Mitglieder als »Ignoranten, zu dergleichen Beurteilungen gar nicht fähig«. Diese Beispiele genügen, um die Parallelität zwischen der Geschichte der Inquisition und der des Landes zu illustrieren.

Geschichte, behauptet Croce, sei stets gegenwartsbestimmt. In gewissem Sinn – und doch auch wieder anders, als es der Philosoph meint – trifft das auch auf die in diesem Buch behandelten Vorgänge und Ereignisse zu. Die Tragweite der hier erörterten Themenkomplexe stellt den Historiker von heute vor nicht geringe Schwierigkeiten. Bei weitem der größte Teil der heutzutage in Spanien greifbaren Bücher und Schriften über die Inquisition schildert dieses Tribunal als notwendigen tragenden Bestandteil der nationalen Struktur in der Vergangenheit, der, entstanden während der Blütezeit Spaniens unter den legendären katholischen Monarchen, seitdem für mehr als drei Jahrhunderte all das, was dem Volk heilig war, zu bewahren suchte. Die ideologischen Voraussetzungen für einen so unkritischen Standpunkt sind im modernen Spanien offensichtlich noch allzuweit verbreitet, als daß sie dort ernsthaft in Frage gestellt werden könnten. Juan Valera hat bereits im 19. Jahrhundert für diesen Zustand eine interessante Erklärung gefunden. Der Grund für das

Sichzurückziehen und die Dekadenz Spaniens, behauptet er, sei ein »Fieber des Hochmuts« gewesen, welches das Land ergriff. »Wir meinten, das neue auserwählte Volk Gottes zu sein, und verwechselten patriotisches Geltungsbedürfnis mit Religion [36].« In einer Epoche des politischen Chaos und der Unsicherheit blickten die Konservativen wehmütig auf das 16. Jahrhundert zurück und meinten, in ihm nur politische Stabilität, religiöse Einigkeit und kulturelle Glanzleistungen auf der Halbinsel zu erkennen, während gleichzeitig auch jenseits der Meere die spanischen Soldaten, Entdecker und Missionare die Nation zu einer weder vorher noch nachher jemals wieder erreichten Größe emporführten. Es blieb einem Regime im 20. Jahrhundert vorbehalten, Joch und Pfeilbündel, das Emblem der Katholischen Majestäten, zu übernehmen und Verhaltensweisen zu sanktionieren, die an jenes goldene Jahrhundert erinnern. Da (so wird gefolgert) die Inquisition gerade damals am stärksten florierte und allein sie die religiöse Einheit und die Reinheit des Glaubens in einem zerfallenden Christentum sicherte, müsse es doch zur Entwicklung des goldenen Zeitalters eben durch ihr Wirken, zumindest jedoch nicht gegen ihre Tätigkeit gekommen sein. Was auch an diesem Standpunkt zutreffend sein mag – und selbst wenn man einräumen wollte, daß eine »geschlossene Gesellschaft«, wie Spanien es im 16. Jahrhundert war (und andere Nationen es im 20. gewesen sind), am besten gerüstet sei, um in geradezu phänomenaler Weise seine wirtschaftlichen Kräfte zu entwickeln und zu erweitern – es bleibt dennoch die Frage offen, ob der auf das gesamte Volk ausgeübte ideologische Druck sich zum Wohl der Nation ausgewirkt habe. Der durch die Katholischen Monarchen erzwungene innere Frieden und die durch die ersten Habsburger erzwungene Religionseinheit gaben Spanien einen besonderen Nationalcharakter, den es vordem nicht gehabt hatte. Aber: Gerade der Friede und die Einigkeit jener Jahre stellen den Historiker des 20. Jahrhunderts vor die Frage, warum denn eigentlich diese ganze Struktur zusammenbrach.

Einigen Historikern zufolge hat auch die relative Ruhe im 16. Jahrhundert ihren Preis gefordert. »Im 16. Jahrhundert hatten wir keine Religionskriege«, schreibt Sánchez Albornoz, »doch dafür haben wir sie im 20. Jahrhundert erlebt.« [37] Mit anderen Worten: Die *pax hispanica* der Habsburger war unechter Friede, vielmehr das Aufzwingen einer äußeren Ordnung ohne Sorge um die Erhaltung der Gerechtigkeit im Innern. Es wurde eine Ideologie verkündet, wobei man die Interessen bestimmter Volksschichten und Provinzen ignorierte. Falls es je eine Versöhnung der Parteien gegeben hat, also der Conversos und Altchristen, der Royalisten und Comuneros, der Kastilianer und Katalanen, dann war sie keine wirkliche, sondern nur vorgetäuscht.

Ramón Menéndez Pidal zufolge ist sie nicht einmal mit Erfolg vorgetäuscht worden. Nach seiner Meinung hat eine Versöhnung nie stattgefunden, sondern es hatte ständig Kampf, oft nur stummen, doch nie ganz unterdrückten Kampf zwischen »zwei Spanien« gegeben [38]. Das Ineinandergreifen des afrikanischen und des europäischen Spanien, des liberalen und des reaktionären, verursachte die Spannungen, die den fortwährenden Streit in der Geschichte Spaniens erklären. Die »zwei Spanien« folgten »dem unheilvollen Schicksal der beiden Söhne des Ödipus, die sich nicht einigen konnten, gemeinsam zu regieren, und sich gegenseitig tödliche Wunden schlugen«. Menéndez Pidal schaute voraus in eine Zeit, in der es schließlich zur Versöhnung kommen würde, in der eine in gegenseitiger Toleranz lebende Gesellschaft in der Arbeit für gemeinsame Ziele zusammenfinden müsse. Auf ihre besondere Art lassen diese Erklärungen sich beide in bezug zu dem mächtigen Eindruck bringen, den die Inquisition, geschichtlich gesehen, auf Spanien ausgeübt hat. Die aufgeklärten Geistlichen des 18. Jahrhunderts hatten recht, als sie erkannten, daß die rassischen Doktrinen um die *limpieza* innerhalb der nationalen Gesellschaft soziale Ungerechtigkeit verursachten und, wie sogar einmal ein Inquisitor es formuliert hatte, eine Hälfte Spaniens gegen die andere aufhetzten. Es mag sein, daß die Inquisition und was sie mit sich brachte von der Masse des spanischen Volkes akzeptiert wurden, doch es gab auch stets eine geringe Minderheit von Leuten, die der Meinung waren, daß ein kirchliches Tribunal sich mit der Propagierung der Rassenfeindschaft im 17. Jahrhundert und der Verteidigung absolutistischer Herrscherrechte im 18. gar nicht hätte beschäftigen dürfen. Zu einer Zeit, als die spanische Kirche und das Heilige Officium sich der Aufgabe widmeten, die Schranken zwischen dem Spanien der Reconquista und der in Gärung befindlichen Umwelt zu verstärken, war es ein internationaler Orden, die Gesellschaft Jesu, der, von Spaniern gegründet und in den ersten Jahrzehnten seines Bestehens auch von Spaniern geleitet, versuchte, dem Gewissen seiner Landsleute die Werte wieder deutlich zu machen, die bei dem Sichabschließen von der übrigen Welt gar nicht mehr zu erkennen gewesen waren. Doch Spanien zog diesen »Exklusivismus« vor, einen »patriotischen Eigendünkel«, der den Dissidenten im Lande die Existenzberechtigung absprach und die Dissidenten draußen gar nicht erst zur Kenntnis nehmen wollte. Das Schicksal der Inquisition war nicht nur, Werkzeug und Erzwingerin dieses Exklusivismus zu sein, sondern später auch als Urheberin sämtlicher daraus noch erwachsenden Übel bezeichnet zu werden. Durch ihr Verhalten erregte sie im 16. Jahrhundert Furcht und Abscheu und kam im 19. Jahrhundert überall in schlechten Ruf.

Zur liberalen Schule der Spanien-Historiker gehören viele Köpfe, und doch hat sie bis jetzt erst wenige Werke hervorgebracht, in denen das geschichtliche Bild revidiert wird. Nur als Ausnahme findet man, daß in einem die allgemeine Entwicklung des Landes schildernden Buch davon gesprochen wird, daß die Inquisition für die Religion und das öffentliche Leben Spaniens schädlich gewesen sei [39]. Das Haupthindernis für eine durchgreifende Revision liegt darin, daß das Thema, wie von jeher, so angefaßt wird, als stehe allein die Frage religiöser Toleranz im Mittelpunkt dieses Problems. Wo ausschließlich mit diesem Begriff argumentiert wurde, war es verhältnismäßig leicht, die Inquisition zu entschuldigen, nämlich mit der Begründung, daß damals sowieso Zeiten der Unduldsamkeit gewesen seien und die Protestanten ebenso viele Ketzer hingerichtet hätten wie ihr schärfster Gegner, das spanische Tribunal. Würden Zahlen allein genügen, so könnte sicher einleuchtend dargetan werden, daß außerhalb Spaniens religiöser Fanatismus – wie etwa in Frankreich die Bartholomäusnacht oder ähnliche Massaker in den Niederlanden oder in Deutschland – in einer einzigen Nacht mehr Menschenopfer forderte als die spanische Inquisition während der ganzen Zeit ihres Bestehens. Wir sahen bereits, daß allein der Hexenwahn in Deutschland mehr Menschen das Leben gekostet hat als die Intoleranz in Spanien. Doch das bloße Zitieren von Totenziffern ist kein Argument. Für Menschen, die unter dem Schatten Hitlers gelebt haben, hat sich die Perspektive völlig geändert. Wer Julio Caro Barojas Werk über die Juden in Spanien gelesen hat oder die Arbeiten von Antonio Dominguez Ortis und Albert Sicroff über den *limpieza*-Kult, der wird von dem erniedrigenden und immer finsterer werdenden Phantom des Rassenhasses entsetzt sein.

Die Menschen, die sich dereinst, der Abstammung ihrer Vorfahren wegen, ausgeschlossen sahen von bestimmten Berufen, Ämtern und sozialen Positionen, und die Menschen, die es im 20. Jahrhundert nicht anders traf, ferner jene, die als Ausgestoßene behandelt wurden, weil sie sich nicht vollständig assimilieren wollten – ihrer aller Schicksal macht die Geschichte der Vergangenheit zur zeitgenössischen. Das Problem der Inquisition bleibt nicht länger ein rein religionsgeschichtliches, sondern wird zu einem soziologischen, zu etwas, das als Teil eines Ganzen und nicht als isolierte Erscheinung betrachtet werden muß.

Auf diesen Seiten haben wir die in Spanien herrschende Schicht als die Schöpferin einer Ideologie angesehen, die, zum Guten oder zum Bösen, über das spanische Volk bis in die Neuzeit bestimmt hat. Daß die durch diese Klasse formulierte Ideologie der Hauptfaktor bei der Schaffung der »geschlossenen Gesellschaft« im ehemaligen Spanien gewesen ist, kann nicht nachdrücklich genug betont werden. Ortega y Gasset beklagt in einem berühmten Essay von 1922, daß der Niedergang Spaniens verursacht worden sei durch die Unfähigkeit der aristokratischen Schicht, die Massen auf dem Lande zu regieren [40]. Wir müssen, um der Wahrheit näherzukommen, Ortegas Gedanken umkehren. Der Niedergang Spaniens war gerade die Folge der übermäßigen Macht des Adels. »Der Geist der Ritterlichkeit und des *hidalguismo* drang ins Mark des kastilianischen Volkes und schwächte es im Kern [41].« Überall, wo die Inquisition etabliert wurde, zog sie ihre Kraft aus dem einfachen Volk und dem dieses Volk beherrschenden Adel, den beiden traditionellen Säulen der gesellschaftlichen Ordnung in Spanien. Die Unterstützung durch die breite Masse hat manche Leute veranlaßt, Angriffe auf die Inquisition in der Neuzeit als Angriffe auf Spanien selbst zu brandmarken, und daß das so vielfach geschieht, zeigt deutlich, daß in gewissen Kreisen die Ideologie der »geschlossenen Gesellschaft« noch jetzt vorherrscht. Anderthalb Jahrhunderte nach seiner Abschaffung bleibt das Heilige Officium noch immer ein Teil der Gegenwartsgeschichte. Der Geist, der es gebar, existiert nach wie vor [42], und das Problem, zu dessen Lösung es geschaffen wurde – die Erhaltung der Religion –, bleibt bestehen, dringender und eindringlicher als je zuvor. Es gab eine Zeit, da das Banner der Inquisition auf allen Kontinenten der Welt wehte und in jedem Winkel der Monarchie, über der angeblich die Sonne nie unterging. Heute, nahezu zwei Jahrhunderte, nachdem sie über jenem Weltreich sank, wird es erforderlich, den Mythen ein Ende zu machen und mit der Versöhnung den Anfang.

Anmerkungen

Einführung

1. Zitiert in Américo Castro, *Spanien. Vision und Wirklichkeit*, Köln–Berlin 1957, S. 221.
2. Ebenda S. 225.
3. Jaime Vicens Vives (Hrsg.), *Historia social y económica de España y América* (5 Bde., Barcelona 1957), II, 417. Im folgenden zitiert als Vicens Vives (Hrsg.), *Historia*.
4. W. H. Prescott, *History of the reign of Ferdinand and Isabella* (London 1841), S. 146 ff.
5. Jaime Vicens Vives, *Historia Económica de España* (Barcelona 1959), S. 269. Im folgenden zitiert als Vicens Vives.
6. Julius Klein, *The Mesta. A study in Spanish economic history 1273–1836* (Cambridge, Mass., 1920), S. 37–38.
7. Vicens Vives, S. 269.
8. Siehe dazu allgemein *La Reconquista española y la repoblación del país* (Saragossa 1951).
9. Angel del Arco y Molinero, *Glorias de la Nobleza española* (Tarragona 1899).
10. Antonio José Saraiva, *A Inquisição portuguesa* (Lissabon 1956), S. 13: ›O rei abandona o seu papel tradicional de árbitro entre as diversas forças nacionais. O Estado torna-se absorvente, destrói as minorias, sejam elas os lavradores vilãos e livres, os hebreus ou os »mouriscos«, impoe uma vigorosa disciplina ideológica, esmagando todas as dissidências e oposiçoes e regressando à ideologia tradicional da grande época do feudalismo.‹
11. Vicens Vives, S. 270.
12. *Don Quijote*, Buch I, Kap. 21.
13. Ebenda, Buch I, Kap. 28.
14. Guicciardini, *Opere* (Bari 1929–1936), Bd. IX, S. 130, ›Relazione di Spagna‹.
15. Ramón Menéndez Pidal, *The Spaniards in their history* (London 1950), S. 131.
16. Américo Castro, ›Algunas observaciones acerca del concepto del honor en los siglos XVI y XVII‹, *Revista de Filología Española*, III (1916).
17. Antonio José Saraiva, a. a. O., S. 10–12.

18. ›La nobleza castellana brilló por su ausencia en la conquista de América‹, Vicens Vives (Hrsg.), *Historia*, III, 422.
19. Ebenda, III, 528.
20. Hierzu siehe allgemein Antonio Domínguez Ortiz, ›Los extranjeros en la vida española durante el siglo XVII‹, *Estudios de Historia Social de España* (Madrid 1960), IV, ii, S. 293–426. Siehe auch André-E. Sayous, ›La Genèse du système capitaliste: la pratique des affaires et leur mentalité dans l'Espagne du XVIe siècle‹, *Annales d'Histoire Economique et Sociale* (1936), S. 334–354.
21. Domínguez Ortiz, ›Los extranjeros‹, S. 300.
22. Menéndez Pidal, S. 135.

Zweites Kapitel: Die große Diaspora

1. ›La Biblia de Mose Arragel de Guadalfajara‹, zitiert in Américo Castro, *Spanien. Vision und Wirklichkeit*, S. 473.
2. Abraham A. Neuman, *The Jews in Spain. Their social, political and cultural life during the Middle Ages* (2 Bde., Philadelphia 1944), II, 184.
3. Pedro López de Ayala, *Crónica de Enrique III*, zitiert in Julio Caro Baroja, *Los Judíos en la España moderna y contemporanea* (3 Bde., Madrid 1962), I, 106 n. 19.
4. Siehe Caro Baroja, I, 21–110.
5. Américo Castro, 462–475.
6. Neuman, II, 217; vgl. auch Américo Castro, S. 475–477, sowie Caro Baroja, II, 162–190.
7. Américo Castro, S. 480.
8. Américo Castro, S. 481. Die in Naturalien eingetriebenen Zehnten wurden während des Hochamts am Ostersonntag versteigert. Ebenda, S. 525.
9. Neuman, II, 221.
10. Fritz Baer, *Die Juden im christlichen Spanien* (2 Bde., Berlin 1929), II, 223, 428.
11. Andrés Bernáldez, *Memorias del reinado de los Reyes Católicos* (Biblioteca ›Reyes Católicos‹, Madrid 1962), Kap. CXII, S. 256.
12. Manuel Serrano y Sanz, *Orígenes de la Dominación Española en América* (Bd. XXV, Nueva Biblioteca de Autores Españoles, Madrid 1918), S. 46–47.
13. Antonio Domínguez Ortiz, *Los conversos de origen judío después de la expulsión* (Madrid 1957), S. 146.
14. Diese Zahl, die keinen Anspruch auf Exaktheit erhebt, ist durch Addition von geschätzten Zahlen der jüdischen Bevölkerung vor 1492 und den Angaben in Vicens Vives (Hrsg.), *Historia*, II, 417, zustande gekommen.
15. Bernáldez, Kap. XLIII, S. 98.
16. Serrano y Sanz, S. 37–38.
17. ›Copia de los sanvenitos que corresponden a la villa de Aguilar de la Frontera‹, British Museum (im folgenden zitiert als B.M.), Add. MS. 21447 f. 137–139.

18. A. Rodríguez Moñino, ›Les Judaisants à Badajoz de 1493 à 1599‹, *Revue des Etudes Juives* (1956), S. 73–86.
19. Zitiert in Neuman, II, 264.
20. Henry Charles Lea, *A history of the Inquisition of Spain* (4 Bde., New York 1906–1908), I, 120. Im folgenden zitiert als Lea.
21. José Amador de los Ríos, *Historia social, política y religiosa de los Judíos en España y Portugal* (3 Bde., Madrid 1875–1876), III, 242.
22. Es handelt sich um Pedro de Caballería, Verfasser des antisemitischen Traktats *Zelus Christi contra Judaeos, Sarracenos et infideles*.
23. Cecil Roth, *The Spanish Inquisition* (London 1937), S. 30.
24. Luciano Serrano, O.S.B., *Los conversos D. Pablo de Santa Maria y D. Alfonso de Cartagena* (Madrid 1942), S. 23–24.
25. Published by Rodrigo Amador de los Ríos in *Revista de España*, CV bis CVI (1885).
26. Ich habe die Ausgabe zugrunde gelegt, die 1849 in Madrid von Antonio Luque y Vicens veröffentlicht wurde. Der *Tizón* ist auch abgedruckt in Caro Baroja, III, 287–299.
27. Caro Baroja, II, 264.
28. Nicolás López Martínez, *Los Judaizantes castellanos y la Inquisición en tiempo de Isabel la Católica* (Burgos 1954), Appendix IV, S. 391–404.
29. Fidel Fita, ›Nuevos datos para escribir la historia de los judíos españoles: La Inquisición en Jérez de la Frontera‹, *Boletín de la Real Academia de la Historia* (im folgenden zitiert als B.A.H.), XV (1889), S. 313–332.
30. Neuman, II, 274.
31. Isidore Loeb, ›Le nombre des Juifs de Castille et d'Espagne‹, *Revue des Etudes Juives*, XIV (1887). Loeb meint, daß 20 000 mehr während der Vertreibung umgekommen sind und daß 50 000 in Spanien zurückblieben; so kommt er auf eine Gesamtzahl von 235 000 Juden in Spanien. Zu weiteren Zahlenangaben über die Vertreibung siehe Caro Baroja, I, 182–189.
32. Zitiert in Caro Baroja, II, 15 n. 19.
33. Bernáldez, Kap. CX, CXII.
34. Zitiert in Lea, I, 143.
35. Siehe Caro Baroja, I, 191–270, und Cecil Roth, *A History of the Marranos* (Philadelphia 1941).
36. Bernáldez, Kap. CXII, S. 262.

Drittes Kapitel: Die Inquisition kommt auf

1. Antonio Domínguez Ortiz, *Los conversos*, Appendix II, S. 217–219.
2. Vergl. Caro Baroja, I, 269–270.
3. Hier und im folgenden Abschnitt Caro Baroja, II, 162–244.
4. Lea, I, 148–149.
5. Ebenda, I, 295.
6. Die hier zitierte Dokumentation stammt aus Eloy Benito Ruano, *Toledo en el siglo XV* (Madrid 1961), Appendices 16, 18, 19, 22 und 44.

7. Luis Delgado Merchán, *Historia documentada de Ciudad Real* (Ciudad Real 1907), Appendix 16, S. 419.
8. Caro Baroja, III, 279–281.
9. Lea, I, 134. Zu diesem Fall siehe Fidel Fita, ›La verdad sobre el martirio del Santo Niño de La Guardia‹, B.A.H., XI (1887), S. 7–160. Siehe auch H. C. Lea, ›El Santo Niño de La Guardia‹, *Chapters from the Religious History of Spain* (Philadelphia 1890), S. 437–468; und Caro Baroja, I, 165–176.
10. Siehe Cecil Roth, *The ritual murder libel and the Jew* (London 1934).
11. Nicolás López Martínez, *Los Judaizantes castellanos*, S. 193.
12. Hernando del Pulgar, *Crónica de los Reyes Católicos* (Bde. V–VI, Colección de Crónicas Españolas, Madrid 1943), V, 337.
13. *Relación Histórica de la Judería de Sevilla* (Seville 1849), S. 24–26.
14. Bernáldez, Kap. XLIV, S. 99–100.
15. Bernardino Llorca S.J., *La Inquisición en España* (Barcelona 1936), S. 79.
16. Bernáldez, Kap. XLIV, S. 101.
17. Lea, I, 587, Appendix X.
18. Lea, I, 233.
19. Lea, I, 590, Appendix XI.
20. Zitiert in Ferran Soldevila, *Historia de España* (7 Bde., Barcelona 1952), II, 432 n. 88, 89.
21. Lea, I, 244–245. Vergl. Juan Antonio Llorente, *Memoria Histórica sobre cual ha sido la opinión nacional de España acerca del tribunal de la Inquisición* (Madrid 1812), S. 89, dort die Jahreszahl 1485.
22. Zitiert in Llorente, *Memoria Histórica*, S. 90–91.
23. Lea, I, 247.
24. Lea, 592–611, Appendix XII.

Viertes Kapitel: Eine Minderheit in Opposition

1. Llorca, *La Inquisición en España*, S. 166.
2. Llorente, *Memoria Histórica*, S. 37.
3. Biblioteca Nacional, Madrid (im folgenden zitiert als B.N.), MS. 1517. Zur allgemeinen Untersuchung von Pulgars allgemeiner Stellung, siehe Francisco Cantera, ›Fernando de Pulgar y los conversos‹, in *Sefarad*, IV (1944).
4. Juan de Mariana, *Historia General de España* (Biblioteca de Autores Españoles, Bde. XXX–XXXI, Madrid 1950), XXXI, S. 202.
5. ›Baptizati invite non recipiunt Sacramentum, nec characterem baptismalem, sed remanent infideles occulti‹: Ludovico a Páramo, *De origine et progressu officii Sanctae Inquisitionis* (Madrid 1598), S. 165.
6. José de Sigüenza, *Historia de la Orden de San Jerónimo*, II, 306–307, zitiert in Caro Baroja, I, 150 n. 61.
7. Bernardino Llorca S.J., *Bulario Pontífico de la Inquisición Española en su período constitucional (1478–1525)* (Miscellanea Historiae Pontificae, Bd. XV, Rom 1949), S. 113–115.

8. Mariana, a. a. O.
9. Bernáldez, Kap. XLIV.
10. H. Graetz, ›La police de l'Inquisition d'Espagne à ses débuts‹, B.A.H., XXIII (1893), S. 383–390.
11. *Colección de documentos inéditos para la Historia de España*, Bd. CXII (Madrid 1895), S. 279: Luis Ramírez y las Casas Deza, *Anales de Córdoba*.
12. Siehe die klare Darstellung bei Lea, I, 190–211.
13. Zitiert in Lea, I, 195.
14. Archivo General de Simancas (im folgenden zitiert als A.G.S.), Patronato Real, Inquisición, leg. 28 f. 39.
15. Lea, I, 211–212.
16. A.G.S. Patronato Real, Inquisición, leg. 28 f. 16.
17. Archivo Histórico Nacional, Madrid (im folgenden zitiert als A.H.N.), Inquisición, leg. 4724² no. 8.
18. Pascual Gayangos und Vicente de la Fuente, *Cartas del Cardenal Don Fray Francisco Jiménez de Cisneros, dirigidas a Don Diego López de Ayala* (Madrid 1867), S. 261. Cf. Lea, I, 217.
19. Lea, I, 215.
20. Llorente, *Memoria Histórica*, S. 119–131.
21. A.G.S. Patronato Real, Inquisición leg. 28 f. 45.
22. Llorente, *Memoria Histórica*, S. 156.
23. Lea, IV, 250.
24. J. I. Gutiérrez Nieto, ›Los conversos y el movimiento comunero‹, *Hispania*, 94 (1964), S. 237–261.
25. B. M. Egerton MS. 1832 f. 37–40.

Fünftes Kapitel: Schweigen ist auferlegt ...

1. Marcel Bataillon, *Erasme et l'Espagne* (Paris 1937), S. 529.
2. Zitiert in Prescott, *History of the reign of Ferdinand and Isabella*, S. 345.
3. Ebenda, S. 349.
4. Ebenda, S. 346.
5. Bataillon, S. 302.
6. Ebenda, S. 298.
7. Lea, III, 415. Siehe auch John E. Longhurst, *Luther and the Spanish Inquisition: The Case of Diego de Uceda 1528–1529* (Albuquerque 1953).
8. Manuel Serrano y Sanz, ›Juan de Vergara y la Inquisición de Toledo‹, *Revista de Archivos, Bibliotecas y Museos* (im folgenden zitiert als R.A.B.M.), V (1901) und VI (1902).
9. Marcelino Menéndez y Pelayo, *Historia de los Heterodoxos Españoles* (8 Bde., Buenos Aires 1945; die erste Ausgabe erschien 1881), IV, 129. Im folgenden zitiert als Menéndez Pelayo.
10. John E. Longhurst, *Erasmus and the Spanish Inquisition: The Case of Juan de Valdés* (Albuquerque 1950).
11. Zitiert nach Lea, III, 419.

12. Bataillon, S. 529.
13. Ernst Schäfer, *Beiträge zur Geschichte des spanischen Protestantismus und der Inquisition im sechzehnten Jahrhundert* (3 Bde., Gütersloh 1902), II.
14. Bataillon, S. 584.
15. Zu Egidio und anderen Protestanten siehe Edward Boehmer, *Bibliotheca Wiffeniana: Spanish Reformers of two centuries, from 1520* (3 Bde., London 1874–1904). Zur Gemeinde in Sevilla siehe Schäfer, I, 345–367; II, 271–426.
16. Schäfer, I, 233–248; III, 1–813.
17. Menéndez Pelayo, V, 89.
18. A.G.S. Patronato Real, Inquisición leg. 28 f. 37. Der letzte von mir zitierte Satz ist bei Lea, III, 435, falsch übersetzt, der L. P. Gachard zugrunde legt. Er heißt: ›Ich kann nicht versprechen, ob es zur Ausführung später noch einen König geben wird.‹ Im Original heißt es: ›No me prometo que al adelante será el Rey ni nadie parte para hazerlo.‹
19. Lea, III, 571, Appendix VIII.
20. Schäfer, II, 286–288.
21. B.N. MS. 9175 f. 258–260.
22. Schäfer, II, 1–106.
23. López Martínez, *Los Judaizantes castellanos*, S. 375: ›Los focos principales de alumbrados coincidan con antiguos centros de judaizantes. Esta última observación cabe también con respecto a los grupos luteranos.‹
24. B.N. MS. 13267 f. 281.
25. Rafael Gibert, ›Las universidades bajo Carlos V‹, in *Carlos V (1500 bis 1558). Homenaje de la Universidad de Granada* (Granada 1958), S. 475–500.
26. Zu Luis de León siehe u. a. Lea, III, 149–162; Luis Alonso Getino O.P., ›La causa de Fr. Luis de León ante la crítica y los nuevos documentos históricos‹, R.A.B.M., IX (1903) und XI (1904); *Colección de documentos inéditos*, Bde. X–XI (1847).
27. Miguel de la Pinta Llorente, *Proceso criminal contra el hebraista salmantino Martin Martínez de Cantalapiedra* (Madrid 1946), S. 392.
28. *Colección de documentos inéditos*, Bd. XLI (1862), S. 316.
29. Ebenda, S. 387.
30. Antonio Tovar und Miguel de la Pinta Llorente, *Procesos inquisitoriales contra Francisco Sánchez de las Brozas* (Madrid 1941), S. xliv.
31. Américo Castro, ›Erasmo en tiempo de Cervantes‹, *Revista de Filologia Española*, XVIII (1931), S. 364–365.
32. Ebenda, S. 366.
33. Bataillon, S. 760. Siehe auch Mario Scaduto S.J., ›Lainez e l'Indice del 1559‹, *Archivum Historicum Societatis Jesu*, XXIV, 47, Jan.–Juni 1955.
34. Lea, III, 485.
35. *Tres indices expurgatorios de la Inquisición Española en el siglo XVI* (Madrid 1952).
36. I. S. Révah, ›Un index espagnol inconnu‹, in *Homenaje a Dámaso Alonso* (3 Bde., Madrid 1963), III, 131–146. Zu den Indizes allgemein, siehe Heinrich Reusch, *Der Index der verbotenen Bücher* (2 Bde., Bonn

1883–1885). Siehe auch die Apologie von Miguel de la Pinta Llorente, ›Aportaciones para la historia externa de los índices expurgatorios españoles‹, *Hispania*, XII (1952), S. 253–300.

37. Antonio Rumeu de Armas, *Historia de la Censura literaria gubernativa en España* (Madrid 1940), S. 16–20. Siehe dazu auch die Apologie von Antonio Sierra Corella, *La censura de libros y papeles en España y los índices y catálogos españoles* (Madrid 1947).

38. ›Dictamen de Jerónimo Zurita acerca de la prohibición de obras literarias por el Santo Oficio‹, R.A.B.M., VIII (1903), S. 218–221.

39. B.N. MS. 718 f. 30–32.

40. Fray Justo Cuervo, ›Fray Luis de Granada y la Inquisición‹, in *Homenaje a Menéndez y Pelayo* (2 Bde., Madrid 1899), I, 733–743.

41. Ein Verzeichnis aller Buchläden in Madrid kurz nach 1600 bringt B.N. MS. 718 f. 323, 325.

42. A.H.N. Inquisición leg. 4470[1] no. 3.

43. A.H.N. Inquisición leg. 4517[1] no. 1.

44. A.H.N. Inquisición leg. 4470[1] no. 4; leg. 4517[1] no. 1.

45. A.H.N. Inquisición leg. 4470[1] no. 3.

46. Menéndez Pelayo, V, 482.

47. Juan Antonio Llorente, *Histoire Critique de l'Inquisition d'Espagne* (4 Bde., Paris 1817–1818), I, 343–345.

48. Siehe dazu A. Paz y Melia, *Papeles de Inquisición: catálogo y extractos* (2. Ausgabe, Madrid 1947), S. 23, 69, 71.

49. ›Las obras de caridad que se hazen tibia y flojamente no tienen mérito ni valen nada‹: *Quijote*, II, 36. Siehe auch A. Castro, ›Cervantes y la Inquisición‹, *Modern Philology*, 27 (1929–1930), S. 427–433.

50. *Escritos de Santa Teresa*, in *Biblioteca de Autores Españoles*, Bd. 53, Madrid 1861.

51. Miguel de la Pinta Llorente, *La Inquisición Española y los problemas de la Cultura y de la Intolerancia* (Madrid 1953), S. 152–153.

52. A. Castro, ›Erasmo en tiempo de Cervantes‹, S. 365 n. 2.

53. Cf. Pierre Chaunu, ›Inquisition et vie quotidienne dans l'Amérique espagnole au XVIIe siècle‹, *Annales E.S.C.*, 1956.

54. A.H.N. Inquisición leg. 4480 no. 21. Zu Las Casas siehe Lewis Hanke, *The Spanish Struggle for Justice in the Conquest of America* (Philadelphia 1949).

Sechstes Kapitel: Das Ende der Mauren in Spanien

1. Américo Castro, *Spanien – Vision und Wirklichkeit*.

2. Vergl. die Dokumente in H. C. Lea, *The Moriscos of Spain: their conversion and expulsion* (London 1901), S. 409–414.

3. Fernand Braudel, *La Méditerranée et le Monde méditerranéen à l'époque de Philippe II* (Paris 1949), S. 580.

4. Tulio Halperin Donghi, ›Les Morisques du royaume de Valence au XVIe siècle‹, *Annales E.S.C.*, 1956, S. 165. Siehe auch den wichtigen Artikel des gleichen Autors: ›Un conflicto nacional en el siglo de oro‹, *Cuader-*

nos de Historia de España (Buenos Aires), XXIII–XXIV (1955) und XXV–XXVI (1957).

5. Braudel, S. 579.
6. Lea, *The Moriscos*, S. 95 n. 3; S. 98 n. 1.
7. Lea, III, 375.
8. Pascual Boronat, *Los Moriscos españoles y su expulsión* (2 Bde., Valencia 1901), I, 412.
9. B.N. MS. 721 f. 39–46.
10. B.M. Add. MS. 10238 f. 188.
11. Pierre Chaunu, ›Minorités et conjoncture. L'expulsion des Morisques en 1609‹, *Revue Historique*, 1961, S. 90.
12. Henri Lapeyre, *La Géographie de l'Espagne morisque* (Paris 1959), S. 31 bis 32.
13. Braudel, S. 591.
14. Lapeyre, S. 204–206.
15. Juan Reglá, ›La expulsión de los moriscos y sus consecuencias en la economía valenciana‹, *Hispania*, 23 (1963).
16. B.M. Egerton MS. 1151 f. 323, 336. Cf. Boronat, II, 657–661.
17. A.H.N. Inquisición leg. 4671[1].
18. *Quijote*, Buch II, Kap. 65.
19. John C. Salyer, ›La importancia económica de los Moriscos en España‹, *Anales de Economía*, IX, 24 (1949), S. 123.
20. Boronat, II, 196–197; F. Janer, *La condición social de los Moriscos de España* (Madrid 1857), S. 114, 116.
21. Reglá, ›La expulsión‹, S. 213.

Siebtes Kapitel: Rassereinheit und Rassismus

1. Claudio Sánchez Albornoz, *España, un enigma histórico* (2 Bde., Buenos Aires 1962), I, 677.
2. Américo Castro, ›Algunas observaciones acerca del concepto del honor‹, S. 40–41.
3. Marcel Bataillon, ›Honneur et Inquisition‹, *Bulletin Hispanique*, XXVII (1925), S. 15–17.
4. *Quijote*, Buch I, Kap. 47.
5. Domínguez Ortiz, *Los conversos*, S. 58–59.
6. A.H.N. Inquisición libro 497, f. 22–23.
7. Siehe zu diesen drei Schriftstellern Albert Sicroff, *Les controverses des statuts de ›pureté de sang‹ en Espagne du XVe au XVIIe siècle* (Paris 1960), S. 36–74.
8. Sicroff, S. 78.
9. Zum folgenden siehe Sicroff, S. 96 ff.
10. ›Sobre el Estatuto de limpieza de la Sancta Iglesia de Toledo‹, B.N. MS. 13267 f. 278.
11. ›La contradición hecha por algunas dignidades y canonigos de la Santa Iglesia de Toledo‹, B.N. MS. 1703 f. 1–17.
12. Sicroff, S. 138 n. 184.

13. Alle diese Fälle sind dokumentiert in Lea, II, 300–306.
14. Caro Baroja, II, 304–305.
15. A.H.N. Inquisición libro 497 f. 50.
16. Narciso Hergueta, ›La Inquisición de Logroño. Nuevos datos históricos‹, B.A.H., XLV (1904), S. 422–439.
17. Zitiert in Eusebio Rey, ›San Ignacio de Loyola y el problema de los »Cristianos nuevos«‹, *Razón y Fe*, 153 (1956), S. 178–179.
18. Sicroff, S. 272–273.
19. Zitiert in Eusebio Rey, op. cit., S. 190. Zur Frage der Feindschaft des spanischen Klerus und der Inquisition zu den Jesuiten, siehe Antonio Astrain S.J., *Historia de la Compañía de Jesús en la Asistencia de España* (7 Bde., Madrid 1902–1925), Bde. I–III.
20. A.H.N. Inquisición leg. 4994[3].
21. ›Papel que dió el Reyno de Castilla a uno de los Sres Ministros de la Junta diputada para tratarse sobre el Memo[1] presentado por el Reyno a S.M. con el libro del P[e] Mro. Salucio, en punto a las probanzas de la limpieza y nobleza del refe[o] y demás Reynos‹, B.N. MS. 13043 f. 116 bis 127.
22. Domínguez Ortiz, *Los conversos*, Appendix IV (e), S. 233.
23. B.N. MS. 18718 no. 8.
24. Menéndez Pidal, *The Spaniards in their history*, S. 227.
25. ›Discurso de un Inquisidor hecho en tiempo de Phelipe Quarto, sobre los estatutos de limpieza de sangre de España, y si conviene al servicio de Dios, del Rey y Reyno moderarlos‹, B.N. MS. 13043 f. 132–171.
26. ›Discurso politico del desempeño del Reyno‹, in Caro Baroja, III, 318 bis 320.
27. ›Que los hijos y descendientes de los nuebamente conbertidos a la fee deben gozar de todas las honras que los Christianos viejos‹, Bodleian Library, Oxford, MS. Arch. . 130 no. 32.
28. Carvajal an Joseph de Luyando, 28. Sept. 1751, B.N. MS. 13043 f. 130.
29. Domínguez Ortiz, *Los conversos*, S. 129 n. 14.
30. Baruch Braunstein, *The Chuetas of Majorca. Conversos and the Inquisition of Majorca* (Columbia University Oriental Series, Bd. 28, Pennsylvania 1936), S. 123.
31. Lea, II, 314, zitiert Tomas Bertrán Soler, *Un milagro y una mentira* (Valencia 1858).
32. Domínguez Ortiz, *Los conversos*, S. 130.
33. *Regla y Establecimientos de la Orden y Cavallería del glorioso Apostol Santiago* (1655), tit. I, Kap. 5.

Achtes Kapitel: Die spanische Inquisition – ihr Aufbau

1. Lea, I, 174.
2. Diese und alle vorhergehenden Anweisungen sind aufgeführt in A.H.N. Inquisición libro 497.
3. Lea, II, 168–178.

4. Lea, I, 541–555.
5. Gehaltsangaben nach Lea, II, 194–203.
6. Lea, II, 251.
7. A.H.N. Inquisición leg. 4696[2].
8. Llorca, *Bulario Pontífico*, S. 200–206.
9. Alle Zahlenangaben nach A.H.N. Inquisición leg. 4723[3].
10. Lea, II, Appendix XVII.
11. A.H.N. Inquisición leg. 5144[1].
12. Hernando del Pulgar, *Los claros varones de España y las treinta y dos cartas* (Madrid 1747), Brief 24, S. 252.
13. Diego Ortiz de Zúñiga, *Annales de Sevilla* (Madrid 1677), año 1480, S. 389.
14. Lea II, 367.
15. Fidel Fita, ›La Inquisición en Guadalupe‹, B.A.H., XXIII (1893), S. 283 bis 288.
16. A.H.N. Inquisición leg. 4776–4779. Vergl. Braunstein, *The Chuetas*, S. 68–69, wo eine abweichende Zahl genannt ist.
17. Pedro Sanahuja O.F.M., *Lérida en sus luchas por la fe* (Lerida 1946), S. 162.
18. A.H.N. Inquisición legs. 4535[3], 4561[3], 4562[2].
19. A.H.N. Inquisición leg. 5083[1].
20. Lea, II, 8.
21. Siehe Astraín, *Historia de la Compañía de Jesús*, Bde. I–III.
22. Meine Darstellung basiert auf Menéndez Pelayo, V, 9–82; Gregorio Marañón, ›El proceso del Arzobispo Carranza‹, B.A.H., CXXVII (1950), S. 135–178; und Lea, II, 48–86.
23. Marañón, a. a. O., S. 145.

Neuntes Kapitel: Die spanische Inquisition – ihre Prozeßmethoden

1. Vergl. Caro Baroja, I, S. 82–84.
2. *Records of the Spanish Inquisition, translated from the original manuscripts* (Boston 1828), S. 27.
3. W. de Gray Birch, *Catalogue of a collection of original manuscripts ... of the Inquisition in the Canary Islands* (2 Bde., London 1903), I, 103, 112. Im folgenden zitiert als Birch.
4. Lea, II, 99.
5. *Records of the Spanish Inquisition*, S. 78–113.
6. Lea, II, 572.
7. A.G.S. Patronato Real, Inquisición leg. 28 f. 45. Vergl. Lea, I, 585–586.
8. *Discusión del proyecto de decreto sobre el Tribunal de la Inquisición* (Cádiz 1813).
9. *Colección de documentos inéditos*, CXII, 264–265, 270.
10. ›Extracts from a narrative of the Persecution of Hippolyto Joseph da Costa Pereira Furtado de Mendonca, a native of Colonia-do-Sacramento, on the River La Plata‹, abgedruckt in der englischen Version von Philip Limborchs *The History of the Inquisition* (London 1816), S. 521–530.

Eine weitere Beschreibung der Gefängnisse Lissabons, in B.N. MS. 718 f. 316.

11. Miguel de la Pinta Llorente, *Las cárceles inquisitoriales españolas* (Madrid 1949), S. 115.
12. Birch, I, 367–368.
13. Pinta Llorente, *Las cárceles*, S. 102.
14. Birch, I, 235.
15. Lea, II, 534.
16. A.H.N. Inquisición libro 497 f. 45–46.
17. Lea, III, 33.
18. Lea, III, 2.
19. Lea, III, 25.
20. Birch, I, 381–382.
21. Ebenda, I, 378–379.

Zehntes Kapitel: Die spanische Inquisition – Prozeß und Urteil

1. Lea, III, 46.
2. Siehe oben, Kap. 9, Anm. 5.
3. Lea, III, 68.
4. Siehe oben, Kap. 9, Anm. 2.
5. Lea, III, 552–554. Aus Leas Klassifizierung der Strafen geht nicht klar hervor, ob er Einzelpersonen in eine einzige Kategorie einordnet oder in mehrere, wie das bei einem Mann geschehen müßte, der zur Versöhnung verurteilt wurde mit dem Einzug von Gütern und der Auflage, einen *sanbenito* zu tragen.
6. Lea, III, 156.
7. B.N. MS. 9475.
8. Lea, III, 205.
9. Llorente, *Histoire Critique*, IV, 92.
10. Fidel Fita, ›La Inquisición Toledana. Relación contemporanea de los autos y autillos que celebró desde el año 1485 hasta el de 1501‹, B.A.H., XI (1887), S. 294–296.
11. Vergl. meinen Artikel ›The Decline of Castile: the last Crisis‹, *Economic History Review*, 1964.
12. *An authentic Narrative of the original, establishment, and progress of the Inquisition* (London 1748), S. 35–39. Joseph del Olmo, *Relación Histórica del Auto General de Fe que se celebró en Madrid este año de 1680* (Madrid 1680).
13. Fidel Fita, ›La Inquisición de Logroño y un judaizante quemado en 1719‹, B.A.H., XLV (1904), S. 457–459.
14. Jose Simon Díaz, ›La Inquisición de Logroño (1570–1580)‹, *Berceo*, I (1946), S. 100–101.
15. A.H.N. Inquisición leg. 4696 [2].
16. A.H.N. Inquisición leg. 5047 [3].
17. A.H.N. Inquisición leg. 4724 [1] no. 1.
18. Braunstein, *The Chuetas*, S. 65.

Elftes Kapitel: Besondere Zuständigkeiten

1. B.N. MS. 9475, MS. 9304.
2. Birch, I, 198.
3. Llorca, *Bulario Pontífico*, S. 215–219.
4. B. M. Egerton MS. 1832 f. 37–38.
5. Lea, IV, 362.
6. Páramo, Buch III, Kap. 10, S. 838. Eine ausführliche Behandlung dieser Sache in Lea, IV, 95–137.
7. Lea, IV, 197.
8. B.N. MS. 9475.
9. Lea, IV, 205.
10. *Malleus Maleficarum (Der Hexenhammer)*, hrsg. von R. J. W. Schmidt (Berlin 1906).
11. R. Trevor Davies, *Four Centuries of Witch-Beliefs* (London 1947), S. 153.
12. G. L. Kittredge, *Witchcraft in Old and New England* (New York 1956), S. 368.
13. Llorente, *Histoire Critique*, II, 43.
14. Sebastián Cirac Estopañán, *Los procesos de hechicerías en la Inquisición de Castilla la Nueva* (Madrid 1942), S. 196.
15. Llorente, *Histoire Critique*, II, 61–76; Menéndez Pelayo, V, 405–408.
16. B.N. MS. S. 718 f. 271.
17. B.N. MS. 20–31 f. 229–232.
18. Lea, IV, 233–234.
19. B.N. MS. 6751 f. 53–62.
20. Albert Loomie S.J., ›Religion and Elizabethan Commerce with Spain‹, *Catholic Historical Review*, April 1964, S. 30–31.
21. Consulta del Consejo de Estado, 31. März 1653, A.G.S. Estado leg. 2528.
22. Lea, III, 447.
23. Lea, III, 462.
24. L. de Alberti und A. B. Wallis Chapman (Hrsg.), *English Merchants and the Spanish Inquisition in the Canaries* (Royal Historical Society publications, Bd. xxiii) (London 1912), S. 80 n. 1.
25. Birch, I, 221–233.
26. Alberti und Chapman, S. x.
27. A.G.S. Estado leg. 2981.

Zwölftes Kapitel: Die letzten Tage der Conversos

1. Caro Baroja, I, 440.
2. Ebenda, I, 449. Über die Conversos allgemein siehe auch I. S. Révah, ›Les Marranes‹, *Revue des Etudes Juives*, 1959–1960, S. 29–77.
3. Lea, III, 239 ff.; A. Herculano, *História da origem e estabelecimento da Inquisição em Portugal* (3 Bde., Lissabon 1907), I, 228–286.
4. Lea, III, 259.
5. Lea, III, 265–266.
6. B.N. MS. 721 f. 127–131; Llorente, *Histoire Critique*, II, 400; Lea, III, 267.

7. Bodleian Library, Oxford, Arch. Σ. 130 no. 8; Gaspar Matute y Luquín, *Colección de los Autos generales y particulares de Fe celebrados por el Tribunal de la Inquisición de Córdoba* (Córdoba 1840), S. 65, 127; B.N. MS. 718 f. 375 und MS. 6751 f. 53.

8. Lea, III, 267–270.

9. Elkan Adler, ›Documents sur les Marranes d'Espagne et de Portugal sous Philippe IV‹, *Revue des Etudes Juives*, XLIX (1904), S. 63–65. Siehe auch XLVIII–XLIX (1904); L (1905) und LI (1906).

10. Zitiert in Caro Baroja, II, 56–57.

11. Zu Olivares' Judenfreundlichkeit siehe Domínguez Ortiz, *Los conversos*, S. 110 ff.

12. Caro Baroja, II, 59.

13. Zu Saravia siehe A. Domínguez Ortiz, ›El proceso inquisitorial de Juan Núñez Saravia, banquero de Felipe IV‹, *Hispania*, 61 (1955); vom gleichen Autor, *Política y Hacienda de Felipe IV* (Madrid 1960), S. 127–137; Caro Baroja, II, 60–67.

14. Hierzu und zu den folgenden Fällen siehe Caro Baroja, II, 68–131.

15. Nähere Angaben in A.H.N. Inquisición leg. 5096 [2].

16. Nähere Angaben zum Hause Montesinos in A.H.N. Inquisición leg. 4971 [1].

17. B.N. MS. 718 f. 375.

18. A.H.N. Inquisición leg. 5019 [5].

19. A.G.S. Contadurias Generales leg. 190.

20. A.H.N. Inquisición leg. 5047 [1].

21. B.N. MS. 9475; José del Olmo, *Relación*; Matute y Luquín, S. 210.

22. *Inquisición de Mallorca. Reconciliados y Relajados 1488–1691* (Barcelona 1946), S. 201–275.

23. Ebenda, S. 109–199.

24. Zum folgenden siehe Braunstein, *The Chuetas*.

25. Caro Baroja, III, 21.

26. Caro Baroja, III, 73–75, 387–391.

27. Lea, III, 553.

28. Diese Aufstellung basiert auf *Spanish Tracts 1683–1725* (B. M. 4625 g. 1); *Relaciones de Autos de Fe, 1721, 1722, Madrid* (B.M. 4071 bb [43] 1–15); *autos de Fe* (B. M. 4071 i. 3); und Matute Luquín.

29. Lea, III, 311.

30. G. Desdevises du Dézert, ›Notes sur l'Inquisition espagnole au dix-huitième siècle‹, *Revue Hispanique*, VI (1899), S. 490.

31. *The Bible in Spain* (London 1930), S. 155.

32. *A journey through Spain in the years 1786 and 1787* (3 Bde., London 1792), III, 84. Zitiert in Caro Baroja, III, 26 n. 43.

Dreizehntes Kapitel: Politischer Konflikt

1. Lea, II, 110.

2. B.N. MS. 718 f. 38. Siehe auch f. 3–4 und f. 8, für Briefe von 1518 und 1519.

3. In B.N. MS. 718 f. 108–110, ›Remisiones de causas hechas por los summos Pontifices a la Inquisición de España‹, Beispiele von 21 Anträgen, die in die Zeit zwischen 1569 und 1608 zu datieren sind.
4. Lea, I, 567–569, Appendix I.
5. Lea, IV, 249–275.
6. Lea, IV, 252.
7. J. H. Elliott, *The Revolt of the Catalans* (Cambridge 1963), S. 456.
8. B.N. MS. 2569.
9. So zitiert in Sánchez Albornoz, II, 563. Lea, IV, 250, spricht von vier Geistlichen.
10. Gregorio Marañón, *Antonio Pérez. (El hombre, el drama, la época)* (2 Bde., Madrid 1947). Im folgenden zitiert nach der deutschen Ausgabe: *Antonio Pérez. Der Staatssekretär Philipps II.*, Wiesbaden 1959.
11. Marañón, S. 15, 18.
12. Ebenda, S. 60.
13. Ebenda, S. 301, 302.
14. Ebenda, S. 307.
15. Ebenda, S. 60.
16. Zu diesem Fall, siehe Lea, II, 133–157.
17. Menéndez Pelayo, VI, 66.
18. Seine Laufbahn behandle ich in meinem Artikel ›Melchor de Macanaz and the foundations of Bourbon power in Spain‹, in *English Historical Review*, 1965.
19. *Proposiciones que de orden de S.M. hizo Dn Melchor de Macanaz.* Es existieren zahlreiche Exemplare mit unterschiedlichen Titeln, siehe B.N. MS. 10745.
20. Antonio Valladares de Sotomayor, *Semanario Erudito* (Madrid 1788), VIII, 206–285.
21. B.N. MS. 2768, S. 10.
22. Archives du Ministère des Affaires Etrangères, Paris, Mémoires et Documents (Espagne), 250 f. 177.
23. Für die Annahme in Caro Baroja, III, 59–60, daß Macanaz die Conversos begünstigte, selbst ein Converso war oder die Inquisition abschaffen wollte, fehlen jede Beweise.
24. Macanaz an Grimaldo, 14. März 1722, B.N. MS. 767 f. 1.
25. B.N. MS. 10745 f. 37.
26. B.N. MSS. 5958, 10701, 10655.
27. Lea, I, 306.
28. Lea, I, 330–331.
29. Lea, I, 447.
30. Lea, I, 469–470.
31. Menéndez Pelayo, VI, 56.
32. *Consulta que hizo la Junta que mandó formar es Sr Rey Dn Carlos 2º a su Magd para reformar abusos de Inquisición*, Real Academia de la Historia, Madrid, Est. 24 gr. 5a B. no. 129 f. 308–352. Andere Exemplare noch in B.N. MS. 6202 und 5547. Menéndez Pelayo datiert dieses Dokument fälschlicherweise auf 1693.

Vierzehntes Kapitel: Das ancien régime

1. Marquis de Louville, *Mémoires secrets sur l'établissement de la Maison de Bourbon en Espagne* (Paris 1818), S. 34.
2. Antonio Domínguez Ortiz, *La Sociedad Española en el siglo XVIII* (Madrid 1960), S. 299.
3. Archives du Ministère des Affaires Etrangères, Paris, Correspondance Politique (Espagne), 203 f. 141.
4. Macanaz, *Regalías de los Señores Reyes de Aragón* (Madrid 1879), S. 15.
5. Zitiert in Jose Deleito y Piñuela, *La vida religiosa española bajo el cuarto Felipe* (Madrid 1952), S. 330.
6. ›Carta que escribió Don Joseph del Campillo al Señor Don Antonio Gerónimo Mier, Inquisidor de Logroño‹, *Semanario Erudito*, XXIV, 194–204.
7. Marcelino C. Peñuelas, ›El siglo XVIII y la crisis de la conciencia española‹, *Cuadernos Americanos* (Mexico), Bd. CIX no. 2 (1960), S. 148–179.
8. Zitiert in Gregorio Marañón, *Las ideas biológicas del P. Feijóo*, als Einleitung zu *Obras escogidas del P. Fray Benito Jerónimo Feijóo*, Bd. II (Biblioteca de Autores Españoles, Bd. 141, Madrid 1961). S. xix.
9. Ebenda, S. xxiii.
10. *Teatro crítico*, VII, xiv, 24; I, vi, 43. Zitiert in Marañón, S. lxxv.
11. Marañón, S. cxliii.
12. *Cartas eruditas*, I, xxxv, 8. Zitiert in Marañón, S. ciii.
13. Marañón, S. xxiv.
14. Siehe J. R. Spell, ›Rousseau's 1750 *Discours* in Spain‹, *Hispanic Review*, II, iv (1934), S. 334–344.
15. Siehe Jean Sarrailh, *L'Espagne éclairée de la seconde moitié du 18e siècle* (Paris 1954), S. 702–708. Sarrailh betont jedoch, daß eine Anzahl spanischer ›Jansenisten‹ vom moralischen Aspekt her als solche bezeichnet werden könnten.
16. Astraín, *La Compañía de Jesús*, VII, 147–168.
17. Lea, IV, 284–291.
18. Zitiert in Richard Herr, *The Eighteenth-Century Revolution in Spain* (Princeton 1958), S. 28.
19. Sarrailh, S. 101–141, 147.
20. A.H.N. Inquisición leg. 4695 [2].
21. Marañón, S. lxxv, xix.
22. Sarrailh, S. 287–372, 441–470.
23. Marcelin Défourneaux, *Pablo de Olavide ou L'Afrancesado (1725–1803)* (Paris 1959), S. 327.
24. Zitiert in Caro Baroja, III, 159.
25. Défourneaux, S. 362–363.
26. Sarrailh, S. 623.
27. Défourneaux, Appendix II, S. 476–491.
28. Sarrailh, S. 91.
29. Ebenda, S. 98–99.

30. Ebenda, S. 305.
31. Ebenda, S. 305.
32. Ebenda, S. 380.
33. Antonio Rumeu de Armas, *Historia de la Censura*, S. 24–26. Siehe auch M. Serrano y Sanz, ›El Consejo de Castilla y la censura de libros en el siglo XVIII‹, R.A.B.M., XV (1906) und XVI (1907).
34. Serrano y Sanz, R.A.B.M., XV (1906), S. 36; Rumeu de Armas, Appendix I, S. 205–211.
35. A.H.N. Inquisición leg. 4477 no. 1.
36. A.H.N. Inquisición leg. 4425 no. 11.
37. Im folgenden stütze ich mich auf Marcelin Défourneaux, *L'Inquisition espagnole et les livres français au XVIIIe siècle* (Paris 1963).
38. Andrés Muriel, *Historia de Carlos IV* (2 Bde., Madrid 1959, Biblioteca de Autores Españoles, Bde. 114–115), I, 269–270.
39. Défourneaux, *L'Inquisition*, S. 96.
40. Sarrailh, S. 292.
41. Braunstein, *The Chuetas*, S. 123.
42. Lea, IV, 299.
43. Herr, S. 262.
44. Zitiert in Carlos Corona Baratech, *Revolución y reacción en el reinado de Carlos IV* (Madrid 1957), S. 238.
45. Herr, S. 409.
46. Nach Herr, S. 290–291.
47. Llorente, *Historie Critique*, IV, 92.
48. Défourneaux, *L'Inquisition*, S. 104.
49. Ebenda zitiert J. R. Spell, *Rousseau in the Spanish world before 1833* (Texas 1938), S. 91. Über die Infiltration von Ideengut siehe auch Défourneaux, ›Les dernières années de l'Inquisition espagnole‹, *Annales Historiques de la Révolution Française*, 172, April–Juni 1963, S. 161 bis 184.
50. Herr, S. 358, 361.
51. Llorente, *Histoire Critique*, IV, 108.

Fünfzehntes Kapitel: Die Abschaffung der Inquisition

1. A.H.N. Inquisición leg. 5126 [4].
2. Lea, II, Appendix XVII.
3. Siehe Zahlenangaben in A.G.S. Gracia y Justicia leg. 622.
4. A.H.N. Inquisición leg. 5025 [1]. Diese Zahlenangaben lassen vermuten, daß die Angaben von Lea, II, 597, Appendix VII, unvollständig sind.
5. Llorente, *Histoire Critique*, IV, 31–32, 92.
6. Edward Blanquiere, *An historical review of the Spanish Revolution* (London 1822), zitiert in Caro Baroja, III, 164.
7. *Historia de Carlos IV*, I, 270.
8. Lea, IV, 539, Appendix III.
9. Miguel Artola, *Los Afrancesados* (Madrid 1953), S. 109 n. 55.
10. Ebenda, S. 25–51.

11. Zitiert in Lea, IV, 403 n. 2.
12. ›Dictamen presentado a las Cortes generales‹, in *Discusión del proyecto de decreto sobre el Tribunal de la Inquisición*.
13. Siehe Miguel Artolas Einleitung zu *Memorias de tiempos de Fernando VII*, II, xli (Biblioteca de Autores Españoles, Bd. 98, Madrid 1957).
14. Antonio Puigblanch, *The Inquisition Unmasked* (2 Bde., London 1816), I, 10–11.
15. *Discusión del proyecto*, S. 687.
16. *Colección de documentos inéditos*, CXII, S. 260–263.
17. A.H.N. Inquisición leg. 4618 [2].
18. Lea, IV, 432.
19. *Colección de documentos inéditos*, CXII, S. 275.
20. Lea, IV, 545, Appendix VIII.
21. Menéndez Pelayo, VII, 21–22.
22. Siehe die Behandlung bei Lea, IV, 518, 524.
23. Pulgar, *Crónica*, Kap. 96, S. 336.
24. Bernáldez, Kap. 44, S. 101.
25. Zúñiga, *Annales de Sevilla*, año 1524, S. 482.
26. B.A.H., XXIII (1893), S. 283–288.
27. Diese Angaben aus Lea, IV, 520, unterscheiden sich beträchtlich von den Zahlen in Delgado Merchán, S. 217–225, und in Páramo, S. 170. Nach Delgado Merchán verurteilte das Tribunal zwischen 1483 und 1485 zur Verbrennung 39 Personen, zur symbolischen Verbrennung 118 und zur Buße 9. Fidel Fita, ›La Inquisición de Ciudad Real en 1483–1485‹, B.A.H., XX (1892), kommt auf eine Gesamtzahl von 279 Opfern, von denen über 160 tatsächlich oder symbolisch verbrannt wurden.
28. B.A.H., XI (1887), S. 289–321.
29. Lea, IV, 523.
30. A. Rodríguez Moñino, ›Les Judaisants à Badajoz de 1493 à 1599‹, *Revue des Etudes Juives*, 1956, S. 73–78. Hierunter fallen auch die symbolisch Verbrannten.
31. Lea, IV, 522.
32. Lea, I, 592–611, Appendix XII. Vergl. José Amador de los Ríos, *Historia ... de los Judíos*, III, 616–627.
33. Lea, IV, 521–522.
34. Braunstein, *The Chuetas*, Appendix III, S. 182–183.
35. Birch, I, xxiv.

Sechzehntes Kapitel: Schlußbetrachtung

1. *The Book of Martyrs* (Ausgabe von 1863, London), S. 153.
2. Ebenda, S. 154.
3. Motley, a. a. O. (Ausgabe von 1912, London), S. 165.
4. M. Dierickx S.J., ›La politique religieuse de Philippe II dans les anciens Pays-Bas‹, *Hispania*, XVI (1956), S. 137.
5. *An Apology or Defence of William the First of Nassau, Prince of Orange, etc., in answer to the Proclamation against and Proscription of him by*

330

the King of Spain, siehe die Übersetzung in *Phenix*, XIII (1707), S. 497, 530.

6. J. W. Thompson, *The Wars of Religion in France* (New York n.d.), S. 12.
7. Reginaldus Gonsalvius Montanus, *A Discovery and playne Declaration of sundry subtill practises of the Holy Inquisition of Spain* (London 1569), f. 23.
8. *The Book of Martyrs*, S. 1060.
9. Hierzu siehe allgemein Sverker Arnoldsson, *La leyenda negra: Estudios sobre sus orígenes* (Göteborg 1960).
10. Vergl. Lea, IV, 514, der *Relazioni Venete*, Serie I, zitiert.
11. ›Relazione di Spagna‹, *Opere*, IX, 131.
12. Miguel de la Pinta Llorente, *Aspectos históricos del sentimiento religioso en España* (Madrid 1961), S. 37.
13. Vergl. Gonzalo Correas, *Vocabulario de refranes y frases proverbiales* (Madrid 1924), S. 124.
14. Llorente, *Memoria Histórica*, S. 38.
15. *Historia General de España*, Buch 26, Kap. 13 (Biblioteca de Autores Españoles, Bd. 30, S. 256).
16. Zitiert in Llorente, *Histoire Critique*, II, 14–15.
17. Birch, II, 905.
18. Zitiert in Vicens Vives ed., *Historia*, IV, 247.
19. Carvajal an Luyando, 28. Sept. 1751, B.N. MS. 13043 f. 130.
20. Jovellanos, ›Representación a Carlos IV sobre lo que era el Tribunal de la Inquisición‹, in *Obras*, Bd. 5 (Biblioteca de Autores Españoles, Bd. 87, Madrid 1956), S. 333–334.
21. Sarrailh, S. 317.
22. Lea, IV, 504.
23. Menéndez Pelayo, *La Ciencia Española* (Madrid, Ausgabe von 1953), S. 102–103.
24. Pierre Vilar, *La Catalogne dans l'Espagne moderne* (3 Bde., Paris 1962), I, 507.
25. Lea, IV, 528.
26. Lord Acton, *Essays on Church and State* (London 1952), S. 393.
27. Julián Juderías, *La Leyenda Negra* (13. Auflage, Madrid 1954), S. 99 ff. Es ist erstaunlich, daß ein so nationalistisches und xenophobisches Werk dreizehn Auflagen erlebt hat.
28. Siehe Felipe Picatoste y Rodríguez, *Apuntes para una Biblioteca Científica Española del siglo XVI* (Madrid 1891).
29. Menéndez Pidal, *The Spaniards in their history*, S. 223–224.
30. *Historia General de España*, prologue (Biblioteca de Autores Españoles, Bd. 30, S. li).
31. Picatoste, S. 339–344. Der Hinweis auf Galileo befindet sich auf S. 341 n. 2.
32. Corona Baratech, *Revolución y Reacción*, S. 122–123.
33. Vicente de la Fuente, *Historia de las Universidades, colegios y demás establecimientos de enseñanza en España* (3 Bde., Madrid 1884–1885), II, 428.
34. Ebenda, II, 487.

35. Alberto Jiménez, *Ocaso y Restauración. Ensayo sobre la Universidad Española Moderna* (Mexico 1948), S. 49.
36. ›Del Influjo de la Inquisición y del fanatismo religioso en la decadencia de la literatura española‹, in *Disertaciones y Juicios literarios* (Madrid und Paris 1878), S. 107.
37. *España, un enigma histórico*, II, 563.
38. *The Spaniards in their history*, S. 204–245.
39. Ein Beispiel bietet José Deleitos Arbeit, siehe Anm. 5 zu Kap. 15.
40. *España invertebrada*. Obras completas, Bd. 3. 3. Aufl., Madrid 1955
42. Vgl. hierzu die Meinung von Caro Baroja, III, 258: ›La Inquisición ha desaparecido, pero no el espíritu inquisitorial.‹

Zeittafel

1469   *Spanien:* Heirat zwischen Prinz Ferdinand von Aragonien und Prinzessin Isabella von Kastilien

1474   *Spanien:* Beginn des kastilischen Erbfolgekrieges gegen Frankreich und Portugal

1478   *Spanien:* Auf Antrag von Ferdinand und Isabella verfügt Papst Sixtus IV. die Einführung der Inquisition

1479   *Spanien:* Frieden von Alcacovas: Ende des kastilischen Erbfolgekrieges — Vereinigung von Kastilien und Aragon — Beginn der Ausbildung des spanischen Staates

1480   *Spanien:* Amtliche Berufung von Inquisitoren

1481   *Spanien:* Erste Ketzerverbrennungen in Sevilla

1482   *Spanien:* Ernennung von weiteren Inquisitoren — Ausbreitung der Inquisitionstribunale im ganzen Land — ein Protest Papst Sixtus' IV. gegen die Praktiken der Inquisition wird nach der Parteinahme Ferdinands für die Inquisition wieder zurückgezogen.

1483   *Spanien:* Tomás de Torquemada wird durch Papst Sixtus IV. als Generalinquisitor für Aragonien, Valencia und Katalonien bestätigt — Vereinigung der Inquisition in einem Oberhaupt unter dem unmittelbaren Einfluß der Krone durch Einrichtung eines besonderen Staatsrates für die Inquisition

1484   *Rom:* Tod von Papst Sixtus IV. — Nachfolger: Innozenz VIII. — Eskalation der Entartung und des sittlichen Verfalls am päpstlichen Hof

1485   *England:* Schlacht bei Bosworth: Heinrich VII. entscheidet den englischen Thronstreit zugunsten des Hauses Tudor

1487   Bartolomeo Diaz umsegelt die Südspitze Afrikas

1492   *Spanien:* Eroberung von Granada (letzter maurischer Staat auf europäischem Boden) — Edikt zur Vertreibung der Juden
Auf der Suche nach dem westlichen Seeweg nach Indien

entdeckt Christoph Kolumbus Amerika — Martin Behaim entwirft den ersten Globus

1493 *Deutsches Reich:* Tod Friedrichs III. — Nachfolger ist sein Sohn Maximilian I.

1494 *Spanien:* Vertrag von Tordesillas: Teilung der Welt in ein spanisches und portugiesisches Kolonialreich
Frankreich: Eroberung Neapels durch Karl VIII. — Beginn der habsburgisch-französischen Konflikte

1496 *Spanien:* Philipp der Schöne (Habsburger) heiratet die spanische Erbtochter Johanna die Wahnsinnige

1498 *Frankreich:* Tod Karls VIII. — den Königsthron übernimmt Ludwig XII. — Fortführung der Konfliktpolitik mit Habsburg
Vasco da Gama entdeckt den Seeweg nach Indien

1504 *Spanien:* Tod Isabellas von Kastilien

1505 *Spanien:* Johanna die Wahnsinnige wird zur Königin von Kastilien erklärt

1506 Tod von Christoph Kolumbus

1508 *Spanien:* Durch öffentlichen Druck veranlaßt, beschließt der besondere Staatsrat für die Inquisition die Verhaftung des Inquisitors von Cordoba
Deutsches Reich: Maximilian I. nimmt ohne päpstl. Krönung den römischen Kaisertitel an

1509 *England:* Tod Heinrichs VII. — Nachfolger ist Heinrich VIII.

1511 *Rom:* Papst Julius II. gründet mit Spanien, Maximilian I. und Heinrich VIII. die »Heilige Liga zur Befreiung Italiens« gegen Ludwig XII.

1513 *Rom:* Tod Julius II. — Nachfolger ist Leo X. (Medici)
Niccolo Machiavelli (1469—1527): »Il Principe« (Theorie des Machtstaates)

1514 *Rom:* Leo X. erneuert das »Ablaßsystem« (Grund: Förderung des Baus der Peterskirche)

1515 *Spanien:* Eroberung von Navarra — Eingliederung in das spanische Reich
Frankreich: Tod Ludwigs XII. — Nachfolger: Franz I.

1516 *Spanien:* Tod Ferdinands von Aragonien — Nachfolger: Karl I. von Spanien
Erasmus von Rotterdam (1467—1536): griechische Ausgabe des Neuen Testaments

1517   *Deutsches Reich:* Anschlag der 95 Thesen durch Martin Luther (1483—1546)

1519   *Spanien:* Hernán Cortés unterwirft die Azteken in Mexiko
Deutsches Reich: Tod Maximilians I. — den Streit um seine Nachfolge als dt. Kaiser zwischen Franz I. von Frankreich und Karl I. von Spanien gewinnt sein Enkel Karl, der als Karl V. zum deutschen Kaiser gewählt wird.
Rom: Papst Leo X. beschränkt die Vollmachten, die seine Vorgänger der spanischen Inquisition gewährt haben, auf die Grundsätze des geltenden Kirchenrechts.

1520   *Spanien:* Aufstand der Stadtgemeinden
Deutsches Reich: Martin Luther verfaßt 2 Programmschriften — Durchbruch der Reformation

1521   *Spanien:* Der Aufstand der Stadtgemeinden wird niedergeschlagen — Vernichtung der alten Ständeordnung — 1. Krieg Karls V. gegen Frankreich
Deutsches Reich: Reichstag zu Worms: Ächtung Luthers durch Karl V. (Wormser Edikt) — Einsetzung eines ständischen Reichsregiments — Karl V. überträgt für die Dauer seiner Abwesenheit die habsburgischen Erblande im Reich seinem Bruder Ferdinand (österreichische Linie der Habsburger)

1525   *Spanien:* Karl V. siegt über Franz I. in der Schlacht bei Pavia — Franz I. gerät in spanische Gefangenschaft

1526   *Spanien:* Frieden von Madrid zwischen Spanien und Frankreich: Franz I. verliert Mailand, Genua, das Herzogtum Burgund und Neapel an Karl V.
Frankreich: Nach seiner Freilassung widerruft Franz I. die Bedingungen des Friedens von Madrid und schließt mit Papst Clemens VII. die »Heilige Liga« von Cognac, die den Anlaß zum 2. Krieg zwischen Karl V. und Frankreich bildet

1527   *Rom:* Sacco di Roma: das kaiserliche Söldnerheer erobert und plündert Rom — lutherische Söldner verhöhnen den Papst

1529   *Spanien:* Frieden von Cambrais im 2. Krieg Karls V. gegen Frankreich
Deutsches Reich: 1. Belagerung Wiens durch die Türken

1530   *Deutsches Reich:* Kaiserkrönung Karls V. in Bologna

1531   *England:* Heinrich VIII. zwingt den Klerus zur Anerkennung des Königs als kirchliches Oberhaupt

Spanien: Unterwerfung des Inka-Reiches durch Francisco Pizarro

1533 *England:* Heinrich VIII. trennt sich von seiner Frau Katharina von Aragonien und heiratet die Hofdame Anna Boleyn

1534 *Spanien:* Ignatius von Loyola gründet die »Societas Jesu«
England: Suprematsakte: Bestätigung der anglikanischen Staatskirche durch das Parlament
Rom: Papst Paul III. — Beginn des Reformpapsttums

1536 *Frankreich:* Das Bündnis Franz I. mit den Türken führt zum 3. Krieg Karls V. gegen Frankreich

1538 *Frankreich:* Frieden von Nizza zwischen Franz I. und Karl V.

1540 *Rom:* Bestätigung des Jesuitenordens durch Papst Paul III.

1542 *Frankreich:* Franz I. beginnt den 4. Krieg gegen Karl V.
Rom: Wiedereinführung der Inquisition durch Papst Paul III.

1544 *Deutsches Reich:* Mit Unterstützung der protestantischen Reichsstände besiegt Karl V. Frankreich und schließt mit Franz I. den Frieden von Crépy

1545 *Deutsches Reich:* Konzil von Trient: Die protestantischen Reichsstände verweigern die Teilnahme

1546 *Deutsches Reich:* Aufstand der protestantischen Fürsten im schmalkaldischen Krieg

1547 *Deutsches Reich:* Niederwerfung des protestantischen Aufstands und Verhaftung ihres Führers Philipp von Hessen
Frankreich: Tod Franz' I. — Nachfolger: Heinrich II.
England: Tod Heinrichs VIII. — Nachfolger: Eduard VI.

1548 *Deutsches Reich:* Augsburger Interim: Die Auseinandersetzungen zwischen den protestantischen Reichsständen und Karl V. werden bis zur Klärung durch ein Konzil zurückgestellt

1549 *England:* Common Prayer Book: Einführung einer anglikanischen Liturgie (lutherisch-calvinistisches Mischbekenntnis)

1552 *Deutsches Reich:* Bündnis zwischen den protestantischen Fürsten und Heinrich II. — die drei Bistümer Metz, Toul und Verdun kommen zu Frankreich

1553 *England:* Nach dem Tod Eduards VI. übernimmt Maria die Katholische den Thron (verheiratet mit Philipp von Spanien) — scharfe Verfolgung der evangelischen Partei in England

1556 *Deutsches Reich:* Nach dem vergeblichen Versuch der Zurückeroberung von Metz, Toul und Verdun dankt Karl V. verbittert ab — sein Bruder Ferdinand erhält die deutsche Kaiserwürde, Spanien fällt an Karls Sohn Philipp

Spanien: Philipp II. übernimmt das spanische Erbe — als Spanier, Habsburger und Katholik fühlt er sich verpflichtet, die Christenheit im katholischen Glauben unter der Führung Spaniens zu einen — erneute Ausweitung der Inquisition, Unterdrückung und Vertreibung der maurischen und jüdischen Minderheiten

1557 *Spanien:* Beginn des Baus der »Escorial« (Residenz, Kloster und Grabstätte der spanischen Könige)

1558 *England:* Nach dem Tod Marias der Katholischen übernimmt Elisabeth I. den englischen Thron — scharfe antikatholische Reaktion
Karl V. stirbt im Kloster San Yuste

1559 *Frankreich:* Tod Heinrichs II. — Nachfolger: Franz II. — Beginn der französischen Bürgerkriege

1560 *Frankreich:* Tod Franz' II. — sein Nachfolger Karl IX. (10 J.) steht unter der Regentschaft seiner Mutter Katharina Medici

1562 *Frankreich:* Blutbad von Vassy: Verfolgung der Hugenotten durch die katholische Partei Frankreichs (Guise) — Spanien unterstützt die Guise — England unterstützt die Hugenotten

1566 *Spanien:* Erste Protestantenaufstände in Flandern

1567 *Spanien:* Entsendung des spanischen Feldherrn Alba nach Flandern — Niederschlagung des Aufstandes und Errichtung einer Militärdiktatur durch Alba — Einrichtung von Sondergerichten zur Aburteilung der Rebellen

1568 *Spanien:* Hinrichtung des flandrischen Statthalters Egmont

1571 *Spanien:* Sieg über die Türken in der Seeschlacht bei Lepanto

1572 *Frankreich:* Bartolomäusnacht: Ermordung von ca. 20 000 Hugenotten
Spanien: Neuer Aufstand in den spanischen Niederlanden unter der Führung von Wilhelm von Oranien

1579 *Spanien:* Union von Utrecht spaltet die spanischen Niederlande in einen katholischen und protestantischen Teil

1580 *Spanien:* Philipp II. erobert Portugal

1581 *Spanien:* Union von Utrecht erklärt ihre Unabhängigkeit von Spanien

1584   *Spanien:* Ermordung Wilhelm von Oraniens in Delft — Bündnis mit der katholischen Liga Frankreichs
        England: Gründung der ersten englischen Kolonie Virginia

1585   *Spanien:* Rückeroberung Flanderns und Brabants und Eroberung Antwerpens
        England: Nach dem Fall Antwerpens unterstützt England offen den Kampf der Niederländer gegen Spanien

1587   *England:* Hinrichtung Maria Stuarts, die, unterstützt von der katholischen Partei des Landes, Thronansprüche gegen Elisabeth geltend machte — offener Konflikt mit Spanien

1588   *England:* Vernichtung der spanischen Armada im Ärmekanal

1589   *Frankreich:* Heinrich IV. von Bourbon gewinnt den Kampf um die französische Krone

1590   *Spanien:* Philipp II. greift in die französischen Hugenottenkriege ein

1598   *Spanien:* Frieden von Vervins mit Frankreich: Spanien verzichtet auf jede Einmischung in Frankreich — Tod Philipps II. — Nachfolger: Philipp III., der den Staat seinem Günstling Graf Lerma überläßt — Niedergang der Macht Spaniens

1600   *Spanien:* Niederlage der Spanier im niederländischen Freiheitskampf gegen Moritz von Oranien

1603   *England:* Tod Elisabeths I. — Nachfolger: Jakob I. (Stuart)

1604   *England:* Frieden mit Spanien — Versuch eines Ausgleichs mit den Katholiken

1605   *England:* Pulververschwörung der Katholiken

1609   *Spanien:* Waffenstillstand mit den Niederlanden auf 12 Jahre — Beginn der Ausweisung der Mauren

1610   *Frankreich:* Tod Heinrichs IV. — Nachfolger: Ludwig XIII. — Beginn des Ausbaus des absolutistischen Staates

1615   Cervantes (1547—1616): »Don Quichote«

1618   Ausbruch des Dreißigjährigen Krieges

1621   *Spanien:* Philipp IV. — unter seiner Herrschaft regiert Herzog Oliváres das Land — Wiederaufnahme des Krieges mit den Niederlanden

1625   *Spanien:* Die Flotte Karls I. von England (Cadiz-Expedition) wird zurückgeschlagen

1640   *Spanien:* Erhebung Kataloniens — Revolution in Portugal, Befreiung von der spanischen Oberherrschaft

1643 *Spanien:* Herzog Oliváres wird gestürzt
1648 Ende des Dreißigjährigen Krieges
Spanien muß im Westfälischen Frieden die Unabhängigkeit der Niederlande anerkennen — Krieg mit Frankreich
1659 *Spanien:* »Pyrenäenfrieden« mit Frankreich: Abstieg Spaniens, Beginn des »französischen Zeitalters«
1665 *Spanien:* Karl II.
1668 *Spanien:* Frieden mit Portugal: Anerkennung der Unabhängigkeit Portugals
1700 *Spanien:* Karl II. setzt Philipp von Anjou als seinen Erben ein — Beginn des spanischen Erbfolgekrieges
1701 Bildung einer Allianz (England, Holland, Österreich, Preußen, Hannover, Portugal) gegen Ludwig XIV. und seinen Schützling Philipp von Anjou
1704 *Spanien:* Verlust von Gibraltar an England
1713 *Spanien:* Frieden von Utrecht: Teilung Spaniens: Hauptland und Kolonien gehen an Philipp von Anjou, die Nebenlande gehen an Österreich, Sizilien kommt an Savoyen, England erwirbt Gibraltar
1715 *Spanien:* Philipp V. schließt Frieden mit Portugal
1717 *Spanien:* Kardinal Alberoni will die Hegemonie über Italien zurückgewinnen — Eroberung Siziliens und Sardiniens
1718 *Spanien:* Niederlage in der Seeschlacht bei Kap Passaro — Entlassung Alberonis durch militärischen Druck
1720 *Spanien:* Frieden von Cambray: Sizilien an Österreich, Sardinien an Savoyen
1724 *Spanien:* Ludwig I.
1733 *Spanien:* Bündnis zwischen Frankreich und Spanien — Teilnahme am polnischen Thronfolgekrieg
1740 *Spanien:* Teilnahme am österreichischen Erbfolgekrieg
1743 *Spanien:* Abschluß des zweiten Paktes zwischen Spanien und Frankreich in Fontainebleau
1746 *Spanien:* Ferdinand IV.
1748 *Spanien:* Ende des österreichischen Erbfolgekrieges, Spanien erhält im Frieden von Aachen Parma, Piacenza und Guastalla
1750 *Spanien:* Vertrag mit Portugal über die Rückgabe der Kolonie Sacramento

1752 *Spanien:* Defensivbündnis mit Österreich zur Erhaltung der Neutralität in Italien

1755 Zerstörung Lissabons durch ein Erdbeben

1759 *Spanien:* Karl III.

1761 *Spanien:* drittes spanisch-französisches Familienabkommen

1762 Jean Jacques Rousseau (1712—78): »Contrat social«

1763 *Spanien:* Im Frieden von Paris (Ende des Siebenjährigen Krieges) verliert Spanien Florida und erhält Louisiana

1767 *Spanien:* Ausweisung der Jesuiten aus Spanien und den spanischen Besitzungen

1771 *Spanien:* Der Gerichtshof der Nuntiatur wird durch einen Kirchengerichtshof ersetzt, der nur aus Spaniern besteht

1773 Boston Tea-Party — Beginn der Lösung der nordamerikanischen Kolonien vom Mutterland England

1774 *Spanien:* Angriff auf die spanischen Städte Ceuta und Melilla durch den Sultan von Marokko

1775 Beginn des Unabhängigkeitskrieges Nordamerikas

1776 *Spanien:* Ausbruch neuer Feindseligkeiten mit Portugal um die Kolonie Sacramento
USA: Unabhängigkeitserklärung der 13 Vereinigten Staaten — erste Formulierung der Menschenrechte

1777 *Spanien:* Frieden von Ildefonso: Spanien erhält Sacramento

1783 *Spanien:* Im Vertrag von Versailles erhält Spanien Menorca und Florida von England zurück
England: Erkennt im Vertrag von Versailles die Unabhängigkeit der USA an — erste Niederlage seit dem Ende des Hundertjährigen Krieges

1788 *Spanien:* Karl IV.

1789 *Frankreich:* Sturm auf die Bastille — Ausbruch der Französischen Revolution

1793 *Spanien:* Kriegserklärung an das revolutionäre Frankreich

1795 *Spanien:* Frieden von Basel mit der Republik Frankreich, Haiti wird französisch

1796 *Spanien:* Vertrag mit Frankreich: Spanien stellt Frankreich seine Flotte zur Verfügung

1800 *Spanien:* Frankreich erhält Louisiana zurück

1803 *Frankreich:* Napoleon verkauft Louisiana für 15 Millionen Dollar an die USA

1805 *Spanien:* Seeschlacht bei Trafalgar: Die spanisch-französische
Flotte wird von den Engländern besiegt
1808 *Spanien:* Beginn der Unruhen gegen den frankreichfreundli-
chen Minister Godoy — Abdankung Karls IV. zugunsten seines
Sohnes Ferdinand VII. — Aufstand der Madrider Bevölkerung
gegen die französischen Truppen schlägt fehl — durch den
Druck Napoleons treten Karl und Ferdinand zugunsten Joseph
Bonapartes (Bruder Napoleons) zurück — Volkserhebungen in
ganz Spanien — nach anfänglichen Erfolgen der Spanier erobert
Napoleon Madrid zurück, kann den Freiheitskampf der Spanier
jedoch nicht völlig auslöschen
1810 *Spanien:* Beginn der Freiheitskämpfe der südamerikanischen
Kolonien
1812 *Spanien:* Befreiung Madrids mit Hilfe der Engländer unter
Wellington — Verkündung der »Konstitution des Jahres
Zwölf«, Beibehaltung der Monarchie, aber Beschneidung der
Rechte des Königs
1813 *Spanien:* Englische und spanische Truppen besiegen das französische Heer König Josephs bei Vitoria
1814 *Spanien:* Ferdinand VII. wird von den spanischen Cortes zum
König ernannt — Rückkehr Ferdinands aus der Verbannung
Frankreich: Die Armee der Koalition zwingt Napoleon durch
militärische Überlegenheit zum Abdanken
1815 Wiener Kongreß: Restauration der konservativen Kräfte in
Europa
1819 *Spanien:* Verkauf von Florida an die USA — Proklamation
Groß-Kolumbiens (erster Präsident: Simón Bólivar)
1820 *Spanien:* Revolution der Liberalen — Ferdinand VII. muß die
Verfassung von 1812 beschwören
1821 *Spanien:* Unabhängigkeitserklärung Mexikos
1823 *Spanien:* Militärische Intervention Frankreichs aufgrund des
Beschlusses des Kongreß von Verona, der die freiheitlichen
Regungen Spaniens unterdrücken will — Ferdinand wird durch
die französische Besatzung wieder in die Lage versetzt, absolute Gewalt auszuüben
1824 *Spanien:* Ende der südamerikanischen Freiheitskriege: Spanien
verliert alle Kolonien in Amerika außer Kuba und Puerto
Rico

1830   *Spanien:* Ferdinand VII. verkündet die »Pragmatische Sanktion«
       (Erbfolgeregelung)

1832   *Spanien:* Konflikte um die spanische Thronfolge

1833   *Spanien:* Tod Ferdinands VII. — Regentschaft Maria Christi-
       nas — Karl von Bourbon läßt sich zum Gegenkönig ausrufen —
       Ausbruch des ersten Karlistenkrieges — Isabella II. wird zur
       Königin von Spanien ausgerufen

1834   *Spanien:* Veröffentlichung des »Estatuto Real« (liberale Ver-
       fassung) — Abschaffung der Inquisition

1843   *Spanien:* Ende der Bürgerkriege um die Thronnachfolge:
       Isabella II. wird für mündig erklärt und legt den Eid auf die Ver-
       fassung ab

Namenregister

Abad y la Sierra, Manuel 274
Abarbanel, Isaac 22, 29, 235
Abel, Juan de 176
Abélard 100
Abenamir 116
Abolasia, Juan Fernández 43
Acton, Lord 305
Adrian von Utrecht 67 f., 95, 144 f., 177
Alarcon, Francisco de 191
Alba, Herzog von 12, 261, 271, 297
Alberoni 247
Albornoz, Sánchez 310
Alcalá de Henares, Universität 74 f.,
    79 ff., 126, 129, 133, 162, 264,
    307—308
Alcatraz, Tribunal von 148
Alcor 76, 111, 247
d'Alembert 263
Alexander VI. 153
Alfonso X. 21
Algeciras, Diego de 63
Alhama 12
Almazán, Miguel de 62
Almeida, Serafina de 227
Almenara, Marqués de 245
Almodóvar, Herzog von 261
Almoraviden 9, 19
Althusius 102
Alumbrados: siehe Illuminismus
Alvarado, Francisco 285
Alvárez, Fernando 25
Alvárez de San Pedro, Luis 238
Alvero de Luna 22
Amadis 97
Amerika, Inquisition in 108—109
    Juden und Entdeckung von 34
    Adelige und Erschließung von 16
Amigos del País 257, 265, 281
De l'Ancre 208
Aquin, Thomas von 92, 307—308
Aragonien, Einführung der Inquisition
    und Opposition 40, 46—51, 64
Aranda, Graf von 140, 261, 263, 271,
    273—274

Aranda, Pedor de 161
Araoz, Antonio de 133—134
Arbués de Epila, Pedro 48, 50, 292
Arcos, Herzog 83
Arias Montano, Benito 92—93, 267, 307
Aristoteles 307—308
Arles, Konzil von (1235) 20
Augustinus, Heiliger 57
Auto de fe, Verfahren bei 42, 47,
    188—198
Avila, Tribunal von 43, 61, 148
Avila, Alfonso de 25
Avila, Juan de 33, 99
Avila, Heilige Teresa von 33, 106,
    305—306
Ayora, Gonzalo de 62
Azpilcueta, Martín de 95, 123, 165, 183

Bacon, Francis 102, 260, 263—264
Badajoz 23, 292
Badoero 300
Balaguer 148
Barbastro 148
Barcelona, Tribunal von 44, 47, 53, 86,
    147—148, 150, 292, 305
Bardaxi, Antonio de 305
Baroja, Julio Caro 312
Baronio, Kardinal 98
Bayle, Pierre 263, 268
Belando, Nicolás de Jesús 267
Bélez, Arzt 34
Benadeba, Pedro Fernández 43
Bernáldez, Andrés 22—23, 30—31,
    42—43, 60, 155, 292
Bibel, Ächtung der 96
Bigamie 70, 201—202
Bischöfe und Inquisition 161—166
Boccaccio 97, 99
Borgia, Franziskus 99, 134, 240
Borja, Kardinal 232
Boronat 121
Borrow, George 235—236
Bourgoing 275

343

Brahe, Tycho 102, 306
Bravo 63
Bretonne, Restif de la 275
Breves 68
Brito, Francisco Díaz Méndez 226—227
Brocense, el: siehe Sánchez, Francisco
Brook, William 86
Brunon de Vertiz, Joseph 186
Bullinger, Henry 96, 208
Burgos 81, 148
Burke, Edmund 275
Burlamaqui 281
Burton, Nicholas 86, 215
Butzer 96, 123

Caballería, de la, Familie 25, 51
Caballería, Alfonso 33
Caballería, Pedro 36
Cabarrús, Francisco 272, 276, 283
Cabra, Graf von 61
Cadalso, José 261, 264
Cádiz, Cortes von 172, 233, 283—287
Calahorra, Tribunal von 86—87, 209
Calatayud 148
Calatrava-Orden 78, 103, 228
Calcena, Juan Roiz de 61, 66, 67
Calvin 208
Campillo, Joseph del 255
Campofrío, Juan Roco 138
Campomanes, Graf von 259, 261, 263—264, 270—271, 273, 280
Candelaria, Catalina de 176
Canisius, Peter 94
Cano, Melchor 99, 161—163
Cantalapiedra, Martín Martínez 90—91, 93
Capon, Ruy 25
Cardoso, Luis Márques 226, 228
Carranza, Bartomolé de 135, 161—166, 176, 185—186, 241, 244
Carrillo, Alonso 38
Cartagena, Alonso de 26, 56, 126
Carvajal, Galíndez 112
Carvajal, José 303
Castilla, Diego de 129
Castillo, Francisco del 229
Castro, León de 89, 91—93
Castro, Pedro de 163
Castro, Rodrigo 164
Castro Yñes de 202
Catharina von Aragonien 17
Cazalla, Agustín 83, 86, 88
Cazalla, Juan 78—79, 86, 88
Cazalla, María 78—79, 86
Cazalla, Pedro 83, 163
Celestina 33, 97, 275

Cella 49
Cervantes, Miguel de 32, 95, 102, 106, 108, 120, 122
Chaves, Pater 244
Choderlos de Laclos 275
Christina, Königin 289
Chuetas 230, 270
Ciudad Real, Tribunal von 38, 43, 53, 124, 148, 292
Cleland, John 275
Clemens VII. 204, 238
Clemens VIII. 160
Clemens XII. 270
Clemens XIV. 39
Climent, Felipe 33, 259
Cobbin, Ingram 299
Coello, Francisco 227—228
Colloquia 94
Columbus 34
Comte, Juan 47
Comuneros 69—71, 112, 240, 310
Concordias, mit Aragonien 64, 68, 150, 250
Concordias, mit Kastilien 150, 250, 279
Concordias, mit Katalonien 202, 250—251
Concordias, mit Moriscos von Valencia 114—115
Concordias, mit Valencia 150, 250
Condillac 264, 269
Condorcet 281
Constantino 83—84, 86
Contarini 145, 300
Conversos 13—14, 17, 20, 28, 31, 32, 33—41
Copernicus 306, 308
Córdoba, Kalifat von 19
Córdoba, Tribunal von 28, 43, 61—62, 87, 148, 153—154, 158, 174—175
Córdoba, Sancho de 117
Coronel: siehe Senior, Abraham
Cortes, Onofre 230
Cortes von Aragonien (1533) 173, 202—203
Cortes von Burgos (1367) 21
Cortes von Cadiz: siehe Cadiz
Cortes von Coruña (1520) 68
Cortes von Guipúzcoa (1527) 133
Cortes von Madrid (1405) 20
Cortes von Monzón (1510) 64, (1512) 64, (1533) 14, 115
Cortes von Ocaña (1469) 21
Cortes von Toledo (1480) 10—11, 29, 44, 172, (1525) 69
Cortes von Tarazona (1484) 48
Cortes von Toro (1371) 20
Cortes von Valladolid (1518) 66, 69, 171

Cortes von Zaragoza (1518) 67
Cortizos, Manuel 227—228
Croix, Ursule de la 170—171
Cromwell, Oliver 214, 217, 222
Cruzado de la Cruz, Juan 260
Cuenca, Tribunal von 37, 87, 92, 148,
    158, 209—210

Daroca, Tribunal von 148
Dávila, Juan Arias 39, 161
Delgado, Francisco 135
Delgado, João Pinto 295
Descartes 256, 264
Deza, Diego de 25, 37, 61—63, 105, 125,
    144—145
Diamante, Esteban Luis 225
Díaz, Froilan 146—147, 245
Díaz, Juan 123
Diaz de Montalvo, Alonso 126
Diderot 263, 275, 281
Domingo de Sardo, Fray 212
Dominikaner 92—93, 127, 134, 144, 160,
    162, 195, 207, 209
Donatisten 57
Dryander: siehe Enzinas

Eboli, Fürstin von 241—243
Edward I. 13
Egidio: siehe Gil, Juan
Egmont, Graf 297
Eminente, Francisco Báez 228
Eminente, Juan Francisco 228
Enchiridion 76—77, 95, 260
Enguera, Juan 144
Enrique, Manuel 225
Enríquez, Jorge 171
Enzinas, Francisco 80—81, 307
Erasmus, Desiderius 73—78, 80—82, 84,
    94—95, 98—101, 104, 107, 163
Escobar, Gabriel 186
Escobar de Corro, Juan 131
Escobedo, Juan de 242—243
Escorial 104
Espila, Juan de 48
Espina, Alonso de 36, 47
Etoile, Pierre d' 269

Familiares 60, 116—117, 149—151, 164,
    167, 193, 195—196, 249—250,
    278—279, 300
Farnese, Elisabeth 247
Feijóo, Benito Jeronimo 255—258,
    267—268, 308

Ferdinand von Aragonien 7, 9, 22, 25, 29,
    32, 34, 40—41, 44—49, 61—62,
    64—65, 110—112, 142, 144, 156, 174,
    190, 204, 237—240
Ferdinand III. 8, 14
Ferdinand VI. 256—257, 261, 266, 270
Ferdinand VII. 233, 282
Fernández, Alonso 76
Fernández, Francisco 202
Feudalismus 14
Finanzgebaren der Inquisition 151—159
Floridablanca, Graf von 263, 270,
    272—274
Folterung 177—181
Fonseca, Alonso de 75
Fonseca Piña, Simon de 225
Foxe, John 294—295, 299
Franziskaner 127, 160
Freimaurer 234, 270—271
Fueros 46—50, 56, 64, 223, 240,
    244—246, 250
Fugger 17

Galeerenstrafe 190
Galilei 306—307
Galíndez de Carvajal, Lorenzo 27
Ganganelli, Kardinal 39
Gaspar, George 216
Gattinara, Mercurino 68
Gefängnisse der Inquisition 174—177
Genueser Finanziers 17
Gerichtsgewalt der Inquisition 201—204
Germanías 69, 112
»Geschlossene Gesellschaft« 16, 109,
    253—256, 258, 264, 277, 303, 306,
    310, 312—313
Gibbon, Edward 275
Gibraltar 231
Gil, Juan 82—83
Ginesta, Pedro 169, 185
Ginot, Dionis 201
Girón, Pedro 25
Giudice, Kardinal 246—247
Godoy, Manuel 274, 276, 281—282
Gómez, Leonor 86
Gómez, Ruy 241—242
Gongora, Luis de 106
González de Mendoza, Pedro 40, 128,
    143
González Montano, Reinaldo 298
Gotteslästerung 202—203
Grajal, Gaspar de 90—91, 93
Granada, Tribunal von 8, 9, 12, 16, 22,
    29, 69, 87, 96, 104, 111, 115, 148, 150,
    158, 190, 209, 279
Granada, Fray Luis de 99, 201

345

Granvelle, Kardinal 243, 297
Greco, El 108
Gregor XIII. 165—166
Grimaldo 247
Guadalupe, Tribunal von 148, 156—157
Gudiel, Alonso 91, 93
Guicciardini, Francesco 15, 300

Ha-Lorqui, Jehoshua 36
Harvey, William 212
Heinrich II. 21—22, 297
Heinrich III. 26
Heinrich IV. 10, 21, 38, 119, 124
Heinrich VIII. 89, 100, 101
Hermandades 9—10, 150
Hernández, Francisca 78—79
Hernández, Julián 84, 103
Herrezuelo 86
Hexerei 205—213
Hieronymus, Orden 58
Hill, John 177
Hobbes, Thomas 263
Hoflaquen, George van 180—181
Hojeda, Alonso de 40—42
Homosexualität, Bestrafung der 204
Holbach 269
Hooker, Thomas 102
Hopkins, Matthew 208
Huesca, Tribunal von 148
Hugenotten 216, 297
Humeya, Aben 110, 113

Illuminismus 77—79, 82, 88, 106, 168,
186, 245
Index verbotener Bücher 94, 104, 134,
166, 258, 263—269, 275, 281, 306, 308
Iñigo, Martin 48
Innocenz VII. 47
Innocenz VIII. 59, 207, 238
Isabella von Kastilien 7, 9, 17, 22, 32,
40—41, 44, 47, 65, 110—111, 142, 144,
156, 204
Isabella II. 234, 289
Isidro de Arguello, Gaspar 145
Italiano, Agostino 17
Izquierda, Joana 210—211

Jaén, Tribunal von 43, 63—64, 115
Jaén, Alonso de 169
Jaime I., 22
Jakob I. 208, 214
Janer, Florencio 121
Jansen, Cornelius 266

Jansenismus und Jansenisten 254,
258—259, 266, 268, 270, 276
Jardine, Alexander 265, 304
Jerez de la Frontera 148
Jeronimiten 82, 127
Jesuiten 94, 99, 134—135, 161, 257—259,
267, 271, 281, 288
Jiménez, Fernando 128
Johann III. 220
Johanna die Wahnsinnige 65
Johannes XXII. 205
Joseph Bonaparte 282—283, 290
Jovellanos, Melchor 253, 261, 264—266,
269, 271—272, 276, 279, 290,
303—304, 309
Juan II. 38, 51
Juan de Austria 241, 242—243
Juana, Regentin 96
Judaizantes 50—51, 125
Juden 8—9, 12—13, 17, 19—28, 29—31,
32, 34, 50
Juden als Ärzte 21
Juden als Geldleute 21—22
Juden auf Mallorca 51—52
Juglar, Gaspar 48
Julius II. 203
Junot 282

Karl I. 144
Karl II. 146, 228, 251, 256, 260, 309
Karl III. 259—260, 266, 270, 272, 279,
283, 286
Karl IV. 234, 269, 272, 274, 276, 279,
282, 283
Karl V. 27, 34, 52, 55, 65—71, 75—76,
78, 80, 82—85, 112, 114—115, 117,
122, 127, 156, 160, 171, 238, 240, 249
Karl, Erzherzog 239
Katharina von Aragonien 89
Kepler, Johann 102, 306
Kramer, Heinrich 207

La Bruyère 281
La Fuente 308
Laguna, Andrés 34, 88
Laínez, Diego 33, 83, 94, 134
Las Casas, Bartolomé de 108—109
Las Casas, Diego de 68
Las Navas de Tolosa 9
Las Palmas, Tribunal 148, 216—217
Leibniz 264
Leo X. 68
León, Fray Luis de 33, 90—94, 176
Leonart, Felipe 170, 185

Lérida, Tribunal von 148, 157
Lerma, Pedro de 75, 80—81, 88, 307
Levi, Salomon Ha 25
Leyes de Toro 11
Libro verde de Aragón 26, 137
Limpieza de sangre 117, 124—125,
  127—130, 132—141, 144, 219, 223,
  228, 233—234, 251, 253, 303, 309,
  311—312
Llerena, Tribunal von 40, 63, 87, 148,
  158
Llorente Juan Antonio 55, 274—275,
  279, 283—284, 290—292, 295,
  301—302
Lochio, John 264
Locke, John 263—264, 268, 275—276
Logroño, Tribunal von 86—87, 105, 132,
  148, 211—213, 255, 275, 290
Lope de Vega 108
López, Alonso 230
Lorenzana, Francisco de 274
Louis XII. 274
Louville, Marquis de 254
Löwen, Universität 94—95, 99
Loyola, Ignatius von 133—135, 161
Lucero, Diego Rodríguez 61—63, 147
Luther, Martin, und Luthertum 73,
  75—78, 81—82, 84—88, 95, 101,
  163—164, 169—170, 184, 208, 215

Macanaz, Melchor de 239—241,
  245—248, 251—255, 267
Malebranche 264
Malleus Maleficarum 207, 210
Mallorca 229—231
Manrique, Alonso 37, 71, 76, 78, 81, 114,
  116—117, 309
Manrique, Rodrigo 81
Marañón, Gregorio 241, 244
Marchena, Diego de 127
Marchena, José 273
Mariana, Juan de 55, 57, 59—60, 73, 93,
  102, 106, 167, 267, 292, 305, 306
Marín, Vidal 266
Marrano 20, 37
Martín, Sancho 52
Martyr, Pedro 74, 150, 193, 288
Mas, Josef 202
Mauren 8—9, 13, 19, 70—71, 110—115,
  156, 299, 303, 307
Mayorazgos 11, 265
Medina, Bartolomé de 89
Medina del Campo, Tribunal von 17, 41,
  43, 56, 148
Meding Sidonia, Herzog von 12
Melanchthon 208

Mendoza, Alvaro de 128
Mendoza, Antonio de 254—255
Mendoza, Balthasar de 146—147
Mendoza y Bobadilla, Francisco 26
Menéndez Pelayo, Marcelino 105,
  245—246, 291, 298, 304
Merlo, Diego de 56
Mésenguy 259
Mesta 11, 17, 121, 280—281
Milton, John 266
Miranda 116
Mondéjar, Marquis de 70
Montesinos Téllez, Fernando de 227
Montesquieu 269
Moore, Thomas 73, 100
Morillo, Miguel de 41
Moriscos 111—121, 187, 230
Moses Arragel 21
Motley, John 295—296
Moya, Marquis von 12
Mozárabes 8
Mudéjares 8, 111
Munebrega, Pedro Pérez de 52
Murat 282
Murcia, Tribunal von 87, 146, 148, 158
Murcia de la Llana, Francisco 139
Muriel, Historiker 269, 281
Muslimen 8, 19, 31, 110, 118, 168

Napoleon 155, 282
Navarra, Tribunal von 87, 209, 211
Navarro, Juan 174
Nebrija, Antonio de 74—75, 105—106
Newton 257
Nikolaus V. 37
Niño de Guevara, Fernando 248
Nithard, Eberhard 258
Noris, Kardinal 258—259, 267
Núñez, Graf Fernán 107, 272

Obbes, Thomas 264
Olavide, Pablo de 260, 264, 268,
  270—271, 274, 280—281
Olivares, Conde de 34, 138, 223—226,
  234, 245, 251
Oranien, Wilhelm von 297
Orihuela, Tribunal von 148
Oropesa, Alonso de 126
Ortega y Gasset 313
Ortis, Antonio Dominguez 312
Osuna, Universität 101, Tribunal 148
Oviedo, Francisco de 138

Padrón, Ruiz 278
Paine, Tom 276

347

Palacios Rubios 27
Palma de Mallorca, Tribunal 51—53, 140, 148, 157, 168, 229—231, 292
Pansa, Sancho 32, 123
Páramo, Luis de 57
Parker, Matthew 298
Pasarino, Alfonso und Gaspar Rodríguez 225
Pascual, Mateo 80
Paternoy, Sancho de 33, 50—51
Paul IV. 94, 164, 238
Paul V. 245
Pellicer de Ossau 222—223
Peñaflorida, Graf von 256—257, 261, 265
Perdomo, Isabel 176
Pereira, Francisco López 228
Pérez, Antonio 33, 101, 241—245, 247
Pérez, Géronimo 22
Pérez de Prado y Cuesta, Francisco 267
Perpignan, Tribunal von 148
Petersen, Jakob 180
Philipp I. 144
Philipp II. 26, 84, 86, 89, 92, 96, 108, 113, 115, 117—118, 129, 134, 149, 151, 164—165, 220, 238—239, 241—247, 297—298, 300, 307—308
Philipp III. 120, 136, 221—222, 248
Philipp IV. 15, 131, 137—139, 222—224, 251, 254—255, 266, 309
Philipp V. 146, 200, 228, 231, 239, 241, 245—246, 249, 252, 258, 260, 266—267, 270, 278—279, 309
Philipp von Österreich 65
Pichón, Joseph 22
Pidal, Ramón Menéndez 17, 311
Pineda, Juan de 267
Pinto, Manuel, Fernández 224
Pius IV. 165, 205
Pius V. 129, 163, 165—166
Plessis Mornay, Philippe du 102
Pole, Reginald 163
Ponce de la Fuente, Constantino 82
Ponce de León, Don Juan 83—84
Pope, Alexander 263, 268, 275
Portocarrero, Kardinal 232, 248
Portugal, Inquisition in 219—229
Pragmatische Sanktion 95
Prat, Juan 68
Prescott 294
Prévost, Abbé 275
Priego, Marquis von 61
Prinz von Wales 17
Protestanten 214—215, 217, 234
Puigblanch, Antonio 285
Pulgar, Hernando del 12, 25, 27, 41—42, 56—58, 60, 155, 191, 292

Quevedo, Francisco de 34, 104, 138
Quintano, Großinquisitor 259
Quiroga, Gaspar de 91—92, 100, 104, 206, 242—244, 309

Ramírez, Diego 164
Raynal, Abbé 261, 269
Reconquista 8, 12, 16—17, 22, 27, 88, 110, 113, 119, 121—123, 253, 311
Regalismus 246, 248, 251—252, 258
Reina, Cassiodoro de 83
Rerny, Nicholas 208
Ribadenaira, Pater 135
Ribera, Juan de 116, 118, 120
Ribero, Alonso 191
Richardson, Samuel 263
Ripoll, Cayetano 289
Rojas, Fernando de 33
Roscobel, Kanonikus 270
Rousseau, Jean-Jacques 257—258, 263, 269, 275, 281
Rubín de Cevallos, Agustín 269
Ruiz, Gonzáles 169
Ruiz de Medina, Juan 41
Ruiz Pesoa, Simon 228—229

Saavedra Fajardo 15
Salamanca, Universität von 74—75, 89—93, 107, 124, 126—127, 206, 247, 264, 274, 306—308
Salas, Joseph Antonio de 103
Salazar, Diego Gómez de 228
Salazar Frias, Alonso de 211—212
Salucio, Agustín 136, 140, 219, 303
Salvatierra, Martín de 118
San Esteban, Kloster 104
San Isidro, Kloster 82—83, 86
San Martín, Juan de 41
San Plácido, Kloster 245
San Yuste, Kloster 84, 89
Sanbenito 24, 60, 131—132, 189, 196, 198—199, 210, 212, 226, 234
Sánchez, Francisco 92—93, 95, 307
Sánchez, Gabriel 33—34, 50—51
Sandoval y Rojas, Bernardo de 101
Santa Fé, Francisco de 51
Santa Fé, Jerónimo de 36, 51
Santa María, Pablo de 24—25, 36
Santa Paula 82
Santo Pomás, Kloster 144
Santangel, Luis de 33—34, 51
Santiago, Tribunal von 87, 148, 150, 158, 278
Saravía, Diego de 225

Saravía, Enrique 224—225
Saravía, Juan Nuñez 224
Sarmiento, Diego 266
Sarmiento, Pedro 37, 257
Sarrailh, Jean 260
Sauli, Manuel 43
Sauvage, Jean le 66—67
Segovia, Tribunal von 43, 70, 148
Selden, John 102
Senior, Abraham 22, 29, 32
Sephardim 31
Sepúlveda, Juan Ginés de 109
Servet, Miguel 96, 123, 307
Sesso, Carlo de 83, 86, 163
Sevilla, Tribunal von 41.—43, 59, 80,
82—84, 86—87, 96, 106, 148, 153, 158,
168, 174, 278, 292
Siculo, Lucio Marineo 74—75
Sigüenza, Tribunal von 148
Sigüenza, José de 58, 62
Sicroff, Albert 312
Siliceo, Juan Martínez 70, 88, 127, 129,
133—135, 160—162
Simancas, Diego de 135
Sixtus IV. 41, 44—46, 59, 142—143,
237—238
Sixtus V. 165, 206
Smith, Adam 275—276
Smollett 263
Solís, Francisco de 246
Soranzo 300
Soto, Pedro de 164
Sotomayor, Antonio de 101, 248
Spinoza 263
Sprenger, Jakob 207
Squillace, Minister 259, 262, 281
Sterne, Laurence 275
Suárez, Francisco 108
Susán, Diego de 42—43, 155
Suprema 145—147, 151—153, 155—157,
173, 184, 186, 188, 199, 204, 209—212,
214, 238, 247—249, 269, 271, 275, 279,
283—284, 288, 309
Swift, Jonathan 263
Sydney, Algernon 269

Talavera, Hernando de 25, 58, 62, 110,
161
Talavera de la Reina 65
Taragona, Tribunal von 148
Tarazona, Tribunal von 148
Teruel, Tribunal von 49—50, 148
Tiepolo 300
Tizón de la Nobleza de España 26
Toledo, Unruhen in 22, 28, 37, 155
Toledo, Tribunal von 38, 43, 60, 70,

78—79, 87, 96, 148, 150, 158—159,
170, 178, 187, 209—210, 213, 292
Torquemada, Juan de 25
Torquemada, Tomás de 25, 37, 40,
43—44, 46—48, 104, 130, 142—145,
149, 160, 239
Torralba, Eugenio 209—210
Torralba, Gaspar 185
Torralva, Bartolomé de 43
Tortosa 82
Tovar, Bernardino de 78—79
Townsend, Joseph 235—236
Trient, Konzil von 87, 162—163

Uceda, Diego de 78, 184—185
Unmoral 204—205
Urban VII. 165
Uría, Juan de 64
Urquijo, Mariano Luis de 273, 276, 283,
290

Valdeolitas 210
Valdés, Juan de 80, 82—83, 85, 95, 99,
162—164, 205, 209, 307
Valencia, Tribunal von 24, 44, 48, 69, 74,
87, 96, 112, 114, 120, 148, 180, 278,
292
Valera, Cipriano de 83
Valera, Juan 309—310
Valladolid, Unruhen in 28
Valladolid, Tribunal von 43, 70, 78—79,
83—84, 86—87, 89—93, 96, 148, 158,
173—174, 213, 292
Valls, Rafael 230
Varela, Pedro 234
Vargas, Aldonca de 169
Vattel 269
Vázquez, Mateo 242—243
Velázquez, Diego de 108
Vergara, Francisco de 75
Vergara, Juan de 73, 75, 78—81, 88, 129
Vergüenza 123
Villa de San Andrés, Marquís de 303
Villalar 71
Villalobos, Francisco 34
Villapando, Kapuziner 264
Villanueva, Francisco 133
Villanueva, Jeronimo de 245
Villena 124
Villena, Marquis von 25
Virués, Alonso de 79—80, 302
Vitoria, Francisco de 108
Vivar, Manuel Santiago 233
Vives, Juan Luis 33, 73, 75, 79, 81, 100
Voltaire 263, 266, 269, 273, 275, 281

349

Wolf 264
Wucher 203—204

Ximénez de Cisneros, Francisco 63,
65—67, 74—76, 79, 104—105,
110—111, 125—126, 144, 156, 171, 309

Zapata, Antonio de 101, 251
Zapata, Diego 231—232

Zapata, García de 127—128
Zaragoza, Tribunal von 22—23, 26, 44,
48—49, 68, 87, 104, 108, 120, 148, 150,
174, 204, 209, 244, 278, 292
Zarate, Pedro de 133
Zenete, Marquis von 12
Zensur 100, 253, 265—276, 281, 284, 287,
306, 309
Zúñiga, Diego Ortiz de 292, 306
Zurita, Jerónimo de 48, 97, 107
Zwingli 96, 100

HEYNE GESCHICHTE

Die Reihe »Heyne Geschichte« hat die Aufgabe, sowohl die großen Epochen als auch wesentliche Marksteine bis hin zu entscheidenden Tagesereignissen in der Geschichte aller Völker und Zeiten im Taschenbuch darzustellen.

Paul Sethe
Deutsche Geschichte im letzten Jahrhundert von 1848 bis 1960
1 / DM 8,80

Alistair Cooke
Amerika – Geschichte der Vereinigten Staaten
2 / DM 9,80

Peter Norden
Prag, 21. August
3 / DM 7,80

Friedrich Heer
Das Heilige Römische Reich
4 / DM 8,80

Karl Buchheim
Die Weimarer Republik
5 / DM 6,80

Herbert Rosinski
Die deutsche Armee
6 / DM 8,80

Werner Scheck
Geschichte Rußlands
7 / DM 8,80

Alfred Mühr
Herrscher in Purpur
8 / DM 8,80

Germán Arciniegas
Geschichte und Kultur Lateinamerikas
9 / DM 10,80

Marlis G. Steinert
Die 23 Tage der Regierung Dönitz
10 / DM 8,80

Fritz Schachermeyr
Griechische Geschichte
11 / DM 8,80

William L. Shirer
Der Zusammenbruch Frankreichs
12 / DM 17,60 (2 Bände)

Wilhelm von Schramm
Aufstand der Generale
13 / DM 7,80

Paul Sethe
Morgenröte der Gegenwart
14 / DM 9,80

Dick Wilson
Mao Tse-tungs Langer Marsch
15 / DM 8,80

Matthias Pusch
Der Dreißigjährige Krieg
16 / DM 6,80

Maurice Ashley
Das Zeitalter des Absolutismus
17 / DM 9,80

Alfred Mühr
Die deutschen Kaiser
18 / DM 8,80

E. J. Feuchtwanger
Preußen
19 / DM 8,80

Waldemar Erfurth
Der finnische Krieg 1941–1944
20 / DM 8,80

Kurt Frischler
Das Abenteuer der Kreuzzüge
21 / DM 8,80

Paul Dreyfus
Die Résistance
22 / DM 8,80

Reinhard Raffalt
Große Kaiser Roms
23 / DM 8,80

Donald Bullough
Karl der Große und seine Zeit
24 / DM 9,80

Ernst Walter Zeeden
Das Zeitalter der Gegenreformation
25 / DM 7,80

Wilhelm Heyne Verlag München

HEYNE BIOGRAPHIEN

Die Taschenbuchreihe mit den bedeutenden Biographien der Großen aus Kunst, Kultur und Politik.

53 / DM 7,80

54 / DM 7,80

55 / DM 8,80

56 / DM 7,80

57 / DM 7,80

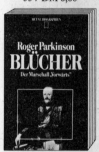
58 / DM 8,80

59 / DM 6,80

60 / DM 7,80

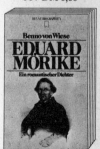
61 / DM 7,80

Wilhelm Heyne Verlag München